中国金融科技
发展概览

(2018~2019)

AN OVERVIEW OF
CHINA FINTECH DEVELOPMENT
(2018-2019)

陈 静/主编

社会科学文献出版社
SOCIAL SCIENCES ACADEMIC PRESS (CHINA)

《中国金融科技发展概览（2018～2019）》
编 写 组

主 编 陈 静 国家信息化专家咨询委员会委员、中国人民银行科技司原司长、中国互联网协会互联网金融工作委员会常务副主任

副主编 韩国新 国家开发银行信息科技局副局长

陈满才 中国工商银行金融科技部副总经理

王 怡 中国农业银行科技与产品管理局副总经理

郭为民 中国银行首席科学家

王世辉 中国银行数字资产管理部总经理

王申科 中国建设银行金融科技部副总经理

张漫丽 交通银行信息技术管理部副总经理

李朝晖 中国邮政储蓄银行信息科技管理部总经理

周天虹 招商银行信息技术部总经理

万 化 上海浦东发展银行信息科技部副总经理

俞 枫 国泰君安证券公司信息技术总监

冯 键 中国再保险（集团）股份有限公司信息技术中心总经理

陈 翀 兴业数字金融服务（上海）股份有限公司总裁

闫庞勇　华为金融解决方案部总监

杜　艳　亚太未来金融研究院院长

江艾芸　中国互联网协会互联网金融工作委员会执行

秘书长、金融科技创新联盟秘书长

统　稿　周永林　中国工商银行金融市场部资深经理、博士

欧阳日辉　中央财经大学中国互联网经济研究院副院长

第一章　金融科技发展概况工作组

艾有为　国家开发银行信息科技局应用管理处处长

张潇潇　国家开发银行信息科技局应用管理处一级经理

张　龙　中国民生银行总行信息科技部处长助理

侯　进　中国民生银行总行信息科技部

第二章　移动金融工作组

王海雷　中国农业银行科技与产品管理局处长

庞　博　中国农业银行网络金融部副处长

金　鑫　中国农业银行科技与产品管理局资深专员

张　一　中国农业银行软件研发中心资深专员

武　超　中国农业银行科技与产品管理局高级专员

肖　萃　中国农业银行科技与产品管理局高级专员

郑　莹　中国农业银行网络金融部高级专员

高　见　中国工商银行软件开发中心经理

韩　雷　华为技术有限公司

郭瑜斌　中国银行个人数字金融部助理总经理

张　莉　中国银行个人数字金融部主管

崔兴伟　中国银行个人数字金融部经理

夏　雷　招商银行信息技术部副总经理

梁剑锋　招商银行信息技术部资深工程师

巨晓红　中国银联金融与民生事业部副总经理

蒋海俭　中国银联云闪付事业部副总经理

第三章　金融云计算工作组

李山河　兴业数字金融服务（上海）股份有限公司
　　　　总裁助理

许志恒　兴业银行云计算中心总经理

孙　佳　兴业银行云计算中心系统总监

黄　杰　兴业银行战略与研究部总监

陆徐骏　兴业银行解决方案部经理

孙　曼　中国民生银行总行信息科技部副处长

马兴超　中国民生银行总行信息科技部

王梦雅　中国再保险（集团）股份有限公司信息技
　　　　术中心高级经理

张　悦　中国再保险（集团）股份有限公司信息技
　　　　术中心主管

栗　蔚　中国信息通信研究院云计算与大数据研究所
　　　　云计算部主任

徐恩庆　中国信息通信研究院云计算与大数据研究所
　　　　云计算部副主任

董恩然　中国信息通信研究院云计算与大数据研究所
　　　　云计算部工程师

第四章　金融分布式架构工作组

施青华　交通银行信息技术管理部

刘　健　华为技术有限公司金融解决方案架构师

蒋健源　华为技术有限公司金融解决方案架构师

吴　林　华为技术有限公司金融解决方案架构师

翟　宾　中国民生银行总行信息科技部高级总监

许翠萍　中国民生银行总行信息科技部职员

金官丁　上海热璞网络科技有限公司首席技术官

黄小慧　上海热璞网络科技有限公司总裁助理

田清波　上海热璞网络科技有限公司华南方案交付服
务总监

汪　洋　上海热璞网络科技有限公司数据库技术专家

第五章　金融大数据工作组

曹汉平　中国银行数字资产管理部副总经理

朱大磊　中国银行金融科技研究中心主管

杨　涛　中国银行金融科技研究中心高级经理

王思遥　中国银行金融科技研究中心经理

王　宁　牛津大学 NIE 金融大数据实验室首席数据
科学家、牛津大学金融数学系高级研究员

郑　震　腾讯金融云副总经理

赵明明　腾讯云银行行业总监

邵阔义　中国银联商业服务事业部总经理

尚明栋　北京九章云极科技有限公司联合创始人兼
CTO

韩　卿　上海跬智信息技术有限公司联合创始人
&CEO

第六章　金融智能工作组

李　锋　上海浦东发展银行创新技术主管

杨　洋　上海浦东发展银行创新研发工程师、博士
胡瑛皓　上海浦东发展银行创新研发工程师
鲁　进　上海浦东发展银行创新技术研发工程师
潘仰耀　上海浦东发展银行创新管理岗
年升华　上海浦东发展银行创新业务岗
禹亚南　中国邮政储蓄银行信息科技管理部副总经理
钟　亮　中国邮政储蓄银行信息科技部创新实验室负
　　　　责人
李　蔷　中国邮政储蓄银行信息科技部创新实验室项
　　　　目经理
周　寅　中国工商银行软件开发中心高级经理
罗　樋　中国工商银行软件开发中心经理
刘　攀　中国工商银行软件开发中心经理
陈家隆　中国工商银行软件开发中心经理
王小东　中国再保险（集团）股份有限公司信息技
　　　　术中心经理助理
尚明栋　北京九章云极科技有限公司联合创始人兼CTO
魏丽宏　中国银联商业服务事业部副总经理
常　琳　百度智能云金融业务部产品总负责人
肖　岩　百度智能云金融业务部研发总负责人
谢国斌　百度智能云金融业务部算法研发负责人
周淑萍　百度智能云金融业务部对私产品负责人
陈　浩　百度智能云金融业务部对私产品研发负责人

第七章　金融物联网工作组
赵开山　中国工商银行金融科技部副处长
吴　蕃　中国工商银行软件开发中心资深经理

郑广斌　中国工商银行软件开发中心高级经理

袁广亮　中国工商银行软件开发中心经理

施好健　中国工商银行软件开发中心经理

宋宇诚　中国工商银行软件开发中心助理经理

杜媛媛　中国工商银行软件开发中心助理经理

魏薇郦　中国工商银行软件开发中心经理

钟春彬　中国工商银行软件开发中心经理

高　伟　中国工商银行软件开发中心经理

王亚新　中国工商银行软件开发中心经理

第八章　金融区块链工作组

巫飞宇　中国银行数字资产管理部高级经理

王　越　中国银行数字资产管理部经理

张育明　招商银行区块链负责人

陈　鹏　招商银行区块链工程师

王连诚　中国民生银行信息科技部区块链实验室主管

侯　超　中国民生银行信息科技部区块链项目经理

张梦涵　中国民生银行信息科技部区块链项目经理

朱建明　中央财经大学信息学院教授

丁庆洋　中央财经大学信息学院博士生

刘子昱　中国再保险（集团）股份有限公司信息技术中心高级经理

俞　威　中国再保险（集团）股份有限公司信息技术中心高级副经理

陈小琛　中国再保险（集团）股份有限公司信息技术中心高级副经理

徐　维　中国再保险（集团）股份有限公司信息技

术中心经理助理

周继恩　中国银联云计算中心副总经理

第九章　金融网络安全工作组

梅继雄　国泰君安信息技术部规划发展主管

徐小梅　国泰君安信息技术部战略分析师

吕博良　中国工商银行软件开发中心经理（二级）

刘庆富　复旦大学经济学院教授、复旦－斯坦福中国
金融科技与安全研究院执行院长

吴　刚　华为技术有限公司安全产品领域副总裁

王　峰　华为技术有限公司安全产品领域副总裁

王　帆　华为技术有限公司安全 Marketing 与解决方
案总监

赖后华　华为技术有限公司安全 Marketing 与解决方
案资深规划经理

吴大明　亚信安全咨询规划和解决方案中心总经理

陆　霖　亚信安全金融解决方案中心副总经理

廖双晓　亚信安全资深战略咨询顾问

童　伟　亚信安全金融解决方案中心高级经理

王　姝　中国再保险（集团）股份有限公司信息技
术中心高级工程师

第十章　金融科技监管工作组

刘祥东　亚太未来金融研究院研究总监

赵　博　亚太未来金融研究院研究助理

胡洪涛　亚太未来金融研究院研究助理

战略合作伙伴

华为技术有限公司

协办单位

亚马逊 AWS
兴业数字金融服务（上海）股份有限公司
上海跬智信息技术有限公司

主编简介

陈　静　毕业于清华大学，教授级高级工程师。现任国家信息化专家咨询委员会委员、中国互联网协会互联网金融工作委员会常务副主任兼专家委主任、北京市信息化专家咨询委员会委员等。西南财经大学、中国对外经贸大学、西安交通大学等兼职教授。享受国务院特殊贡献津贴专家。1993年前任中国科学院成都计算机应用研究所所长。1994年后任中国人民银行科技司副司长、司长，兼任全国银行信息化领导小组办公室主任等。2005~2007年任中国人民银行参事。

曾长期主持中国人民银行科技司工作，负责中国银行业信息化建设规划、标准化、信息安全保障等工作，主持并负责中国人民银行科技管理及信息化建设工作。主持的重大工程主要包括全国及人民银行通信网络、中国现代化支付系统、监管及业务应用系统、办公自动化系统、信息安全保障、金卡工程及银行卡联网通用、筹建中国银联公司等。负责金融信息化国家科技攻关、国家中长期科技发展规划中金融科技发展及信息化的编制等工作。

战略合作伙伴简介

华为技术有限公司

华为技术有限公司（以下简称"华为"）创立于1987年，是全球领先的ICT（信息与通信）基础设施和智能终端提供商，致力于把数字世界带入每个人、每个家庭、每个组织，构建万物互联的智能世界。目前华为有19.4万员工，业务遍及170多个国家和地区，服务30多亿人口。

华为在通信网络、IT、智能终端和云服务等领域为客户提供有竞争力、安全可信赖的产品、解决方案与服务，与生态伙伴开放合作，持续为客户创造价值，释放个人潜能，丰富家庭生活，激发组织创新。华为坚持围绕客户需求持续创新，加大基础研究投入，厚积薄发，推动世界进步。

协办单位简介

亚马逊 AWS

自 2006 年初，亚马逊 AWS（Amazon Web Services）即开始向各界提供云计算 IT 基础设施服务。目前，AWS 在美国、欧洲、巴西、新加坡、日本、澳大利亚、中国等建立了 20 多个数据中心 60 多个可用区，为全球 190 个国家和地区数百万个活跃客户（包括政府部门、金融机构和非政府组织）提供可靠度高、可扩展、低成本的云计算服务。

AWS 用户日益增多，主要是由于这些用户体验到了多方面的市场竞争优势。一是无需前期投资，只需按使用量付费即可；二是利用 AWS 规模优势，有效降低了用户成本；三是用户用多用少，灵活自如；四是节约了用户的采购、部署时间，实现了敏捷交付使用；五是使用户从系统运营中解脱出来，可集中关注业务创新；五是利用 AWS 全球部署资源，使用户可以同步满足全球各地区需求。AWS 经历了十多年持续安全合规运行，得到了众多客户的普遍认可，目前已通过 CSA、ISO9001、ISO 27001、PCI DSS、SOC 等行业审核和认证。

AWS 在中国通过与持有相关电信牌照的国内合作伙伴，即北京光环新网科技股份有限公司、宁夏西云数据科技有限公司开展技术合作，由合作伙伴运营云计算服务平台并提供涉及大数据、人工智能、物联网、区块链等领域的涵盖计算、存储、数据库、网络以及安全管理在内的 100 多种云服务，并且在持续扩展中。通过与合作伙伴的深度合作，AWS 保证中国用户能够体验到与中国以外地区的 AWS 用户相同或相近的国际领先的云技术和云服务。

兴业数字金融服务（上海）股份有限公司

兴业数字金融服务（上海）股份有限公司（以下简称"兴业数金"），是兴业银行集团旗下金融科技子公司。作为集团高科技内核和创新孵化器，兴业数金通过上海、成都、杭州、深圳及其他区域研发创新团队，全面负责兴业银行集团科技研发和数字化创新工作。对外，兴业数金致力于运用云计算、人工智能、开放 API、流程机器人、区块链等前沿科技，为商业银行数字化转型提供解决方案，输出科技产品与服务。

上海跬智信息技术有限公司

上海跬智信息技术有限公司（Kyligence）成立于 2016 年 3 月，是由首个来自中国的 Apache 软件基金会 Top－Level 开源项目 Apache Kylin 的核心团队组建，专注于大数据分析领域创新的数据科技公司，提供基于 Apache Kylin 的下一代企业级数据仓库及商务智能大数据分析平台和解决方案，从私有部署到云计算平台，都能使用户在超大规模数据集上获得极速的洞察能力，以释放数据价值，驱动业务增长。

Apache Kylin 是全球领先的开源大数据 OLAP 引擎，2014 年开源，2015 年 11 月毕业成为第一个来自中国的 Apache 软件基金会 Top－Level 项目，能够在万亿级数据上提供亚秒级的查询响应，并被全球数千家企业和组织机构用于大数据关键分析应用。2015 年、2016 年，Apache Kylin 蝉联 InfoWorld BOSSIE 奖之"年度最佳开源大数据工具奖"。目前，Kylin 已在包括 eBay、百度、美团、京东、网易、今日头条、中国移动、中国电信、OPPO、国泰君安等企业的业务场景中使用。

目前，Kyligence 已推出基于 Apache Kylin 的企业级产品 Kyligence Enterprise、云计算核心产品 Kyligence Cloud 等多个产品及服务，并已为 Kyligence 赢得了海内外多家金融、保险、证券、电信、制造、零售、广告等行业的企业级客户，包括中国建设银行、华为、欧莱雅、Xactly、招商银行、中国联通、上汽集团、太平洋保险集团、中国银联等行业领导者。

Kyligence 公司的技术团队是国内少有的专注于基础技术领域研发的团

队，推动着屡获大奖的开源项目 Apache Kylin 的发展和演进，同时拥有成熟的企业级服务团队，为客户提供端到端的完善服务和支持。

2016 年成立之初，Kyligence 即获得来自国际知名创投基金红点中国的数百万美元的种子轮投资；2017 年 4 月，完成 800 万美元 A 轮融资，由宽带资本和顺为资本领投，红点继续跟投；2018 年 6 月，完成由斯道资本（富达国际自有投资机构）领投的 1500 万美元 B 轮投资，原有股东均有跟投；2019 年 3 月，Kyligence 获得了斯道资本领投的 2500 万美元 C 轮投资。

目前，Kyligence 以双总部运营，中国总部位于上海，美国总部位于加利福尼亚硅谷圣何塞。

前　言

金融机构历来是科技创新的忠实拥护者、积极支持者和领先应用者。"在今天的金融领域，科技力量已从过去的支撑、保障的从属地位，向引领、重塑的驱动地位转变，已成为金融业重要的核心竞争力。"过去的一年是全球金融科技快速发展的一年，也是我国金融科技在金融机构、科技企业和监管机构共同努力下，加快新技术应用落地、深化金融科技监管和统筹规划的一年。

习近平总书记在中共中央政治局第十八次集体学习中提出，要把区块链作为核心技术自主创新的重要突破口，加快推动区块链技术和产业创新发展。一年来，金融区块链逐步从描绘蓝图到走向应用落地：中国人民银行贸易金融区块链平台、中国银联电子合约及存证平台、中国再保险集团核共体"核·星"平台、招商银行供应链金融协作平台等纷纷上线运行。金融区块链未来发展值得期待。

党的十九届四中全会首次将"数据"列为生产要素参与分配，标志着以数据为关键要素的数字经济进入新时代。大数据与人工智能技术在金融领域得到广泛应用，如上海市政府利用公共数据资源助力普惠金融发展，国家开发银行基于知识图谱的新一代元数据管理平台，中国工商银行智能反洗钱、智能推荐系统，中国农业银行利用大数据平台打造小微金融服务体系，中国银行新一代网络金融事中风控系统，中国邮政储蓄银行智能客户服务，浦发银行语音交互银行等。大数据与人工智能技术在打造智慧银行、智能合规监管等方面不断发挥作用。

移动互联、模式识别、生物识别等技术进一步普及，移动端 App、移动支付等移动金融服务已成为金融服务重要渠道。移动支付已成为全球支付产业最靓丽的风景线。移动金融在"5G"和万物互联时代必将迎来更大发展机遇。

金融机构大力推进数字化转型。国有银行、股份制银行、地方银行均开始拥抱开放银行经营理念、打造共享共赢"生态圈"。中国农业银行、中国民生银行、中国人保集团、银河证券等各类金融机构积极向基于分布式架构和云计算的智能敏捷基础设施转型升级。

一年多来，金融科技在发展过程中也面临数据侵权、P2P伪创新、金融风险交叉性和复杂性提升、金融科技监管难度加大等一系列新问题、新挑战。中国人民银行《金融科技发展规划（2019—2021年）》明确了科技创新的边界和发力方向，提出了"守正创新、安全可控、普惠民生、开放共赢"的16字原则，并逐步建立健全金融科技监管基本规则体系，这为我国金融科技未来健康快速发展奠定了坚实基础。

《中国金融科技发展概览（2018～2019）》作为如实反映我国金融科技创新发展状况的权威年度报告，总结一年多来我国金融科技发展中的经验与得失，展望下一年发展趋势，自2016年首次出版发行以来，已连续出版三年，受到社会各界广泛关注和好评。

《中国金融科技发展概览（2018～2019）》是在中国互联网协会互联网金融工作委员会联合金融科技创新联盟统一组织协调下，在各成员单位大力支持下，由从事金融科技工作的一线管理层、专家和研究人员共同参与编写，在每年几十场金融科技专题研讨会、创新创业大会，案例征集评选，全国高校金融科技创新大赛，定向企业走访调研等富有成果的活动基础上，独家收集整理大量一手应用创新和实践案例，是国内出版的一部较全面的反映金融科技发展情况的报告，具有很强的时效性、专业性和参考价值，为政策制定者、金融与科技从业人员、研究人员提供了较为鲜活、翔实的参考资料。在此，我对所有支持、参与和为本报告做出贡献的各位领导、专家及社会科学文献出版社编辑同志，致以最诚挚的谢意！

受条件所限，《中国金融科技发展概览（2018～2019）》在内容和案例方面仍有需进一步完善之处。未来，我们希望有更多的金融机构、科技企业及相关领导和专家，积极参与报告的编撰，使报告能够更加全面、准确、及时地反映我国金融科技发展状况，为推动我国金融科技持续健康发展，共建优质金融科技生态做出更大的贡献！

国家信息化专家咨询委员会委员

中国人民银行科技司原司长

中国互联网协会互联网金融工作委员会常务副主任

2020 年 1 月

目　录

第一章　金融科技发展概况

第一节　金融科技发展综述
——金融机构全面发力金融科技

我国金融科技发展迅猛，以移动互联网、云计算、大数据、人工智能、物联网、区块链等为代表的新技术应用深刻改变了我国金融业的服务业态和经营发展模式。金融业紧跟技术的高速迭代步伐，进一步与信息技术全面融合发展，使金融服务模式不断创新，服务效率和质量得到了极大提升。金融业加快推进新技术应用的探索和创新实践，不断提升自身的竞争力，有效地推动了金融的改革、创新和发展。金融科技给金融业带来全新机遇的同时，也对金融信息保护与网络安全、金融科技监管等方面提出新挑战。

为了应对内、外部环境的变化，金融机构高度关注风险管理，落实金融监管要求，重视自主创新，积极开展金融科技研究和探索，应用科技前沿技术，将新技术布局延伸到传统金融业务难以覆盖到的金融服务场景中，更好地服务实体经济和社会民生。国有大型金融机构进一步加强开放合作，陆续与金融科技企业、互联网企业开展深入合作，金融科技领域行业深度分工的局面逐渐形成。

（一）移动金融呈现多元化、智能化发展趋势

我国目前是全球最大的移动市场，截至 2018 年底，我国独立移动互联网接入用户已达到 12 亿，规模几乎是北美地区的四倍。我国移动金融市场已经从数量增长逐步向质量增长转变，随着终端技术、5G 通信技术的发展及金融科技的持续推进，移动金融呈现多元化、智能化发展趋势，场景驱动

的移动支付市场竞争日益激烈。在市场表现方面，各类金融机构尤其是商业银行已将移动 App 作为其竞争的主战场，呈现智能化、平台化的发展思路，如银联云闪付 App 作为银行业扫码支付应用，主动杀入移动支付市场。各类移动端安全应用、无感支付、刷脸支付等体验型应用层出不穷。移动金融在创新与安全的博弈中发展，安全问题日益引起重视。随着智能手机的普及，手机应用日渐多样化，互联网不断深入人们的生活，移动端也承载了比以往更多的数据信息，监管部门随之颁布一系列相关管理规定及要求，监管进一步完善。

总体来说，2018～2019 年，我国移动金融呈现明显的从发展"量"到提升"质"的转变，各机构围绕着客户体验、安全可靠以及金融科技应用，不断提升移动金融服务能力。

（二）金融云计算发展态势良好，创新和服务能力显著提升

云计算已经成为全球信息产业界公认的发展重点，各国政府积极通过政策引导、资金投入等方式加快本国云计算的战略布局和产业发展，全球信息产业企业不断加快技术研发、企业转型以抢占云计算市场空间。目前我国云计算产业保持了较好的发展态势，创新能力显著增强、服务能力大幅提升、应用范畴不断拓展，已成为提升信息化发展水平、打造数字经济新动能的重要支撑。

2018 年全球云计算市场规模总体呈稳定增长态势。2018 年以 IaaS、PaaS 和 SaaS 为代表的全球公有云市场规模达到 1363 亿美元，同比增长 23.01%。我国云计算市场规模达到 962.8 亿元，同比增长 39.2%，增速显著高于全球其他市场，公有云市场规模达到 437 亿元，私有云市场规模达到 500 亿元，预计未来几年将会稳步增长，2022 年将会达到千亿元市场规模。云计算在未来将成为我国信息技术发展的重要领域之一。

从政策环境看，政府积极推动云计算产业落地，2018 年 7 月，工业和信息化部印发《推动企业上云实施指南（2018—2020 年）》，工业和信息化部与国家发展和改革委员会两部委联合印发《扩大和升级信息消费三年行

动计划（2018—2020 年）》，推动企业利用云计算加快数字化、网络化、智能化转型，推进互联网、大数据、人工智能与实体经济深度融合，大力推动信息消费向纵深发展，激发经济发展内生动力，明确了 2020 年全国新增上云企业 100 万家的目标。

从标准环境看，为规范金融领域云计算平台的技术架构要求、安全技术要求和容灾要求，中国人民银行于 2018 年 8 月 15 日发布了《云计算技术金融应用规范　技术架构》（JR/T 0166—2018）、《云计算技术金融应用规范　安全技术要求》（JR/T 0167—2018）、《云计算技术金融应用规范　容灾》（JR/T 0168—2018）三项金融行业标准，此三项标准是中国人民银行首次牵头编写的关于云计算技术的行业标准，成为我国金融机构提供云计算服务的基本要求，并形成基于此套标准的测评、评估机制。

随着金融行业"互联网＋"战略实施，金融机构开始高度关注分布式云计算架构下 IT 的发展与应用部署。技术实力和经济基础比较强的大中型金融机构偏向于私有云的部署方式，通过云计算技术建设弹性数据中心、云化备份灾备环境，通过云计算分布式架构和云原生技术实现云平台资源弹性伸缩，支撑金融机构数字化转型。中小型金融机构由于其经济实力和技术能力偏弱，所以通常采取行业云的方式，通过与可信受托机构的合作，以较低的成本、可控的风险快速实现业务的快速交付部署，节约科技成本。

金融行业的特性对云计算业务的连续性有严格要求。金融机构对 IT 系统的稳定性、可用性、网络延时以及数据安全性的要求非常高。金融机构应当以同样的标准进行云技术选型和平台建设，以满足金融业务安全性、连续性、稳定性和监督管理要求。即将出台的等级保护制度 2.0 在 1.0 的基础上，注重全方位主动防御、动态防御、整体防控和精准防护，实现了对云计算、大数据、物联网、移动互联和工业控制信息系统等保护对象全覆盖，以及除个人、家庭自建网络之外的领域全覆盖。网络安全等级保护制度 2.0 国家标准的发布，对加强我国网络安全保障工作，提升网络安全保护能力具有重要意义。

云计算给银行业务的发展带来了巨大的变革，而实际上，得益于云计算这种创新的计算资源使用方式以及基于互联网标准的连接方式，商业银行可以利用云计算，将依赖计算资源运作业务，以一种更便捷、更灵活的方式聚合并按需分享，实现更高效、更紧密的多方协同。而基于云计算技术的云业务模式，可以通过资源聚合、共享和重新分配，实现资源的按需索取，其中资源包括业务处理能力、信息甚至实物资源等。伴随互联网对生活和产业的深度渗透及金融科技的进步，全球金融服务线上化的脚步不断加快，融入场景、融入生态、开放协同逐步成为未来所有机构开展金融业务的必然趋势。

（三）金融分布式架构逐步成为行业共识

当前金融业正面向数字化全面转型发展，分布式架构逐步成为行业共识。作为数字化转型的重点发力方向，分布式架构建设是各金融机构发力的重点。传统集中式架构存在"牵一发而动全身"的问题，无法满足当前高频度、场景化、潮汐式、爆发式的新金融业务场景对金融业务架构的要求。

本章在金融机构及相关金融科技企业的共同努力下，总结概括了2018年提出的金融分布式架构三个关键——基础设施云化、数据分布化、业务服务化/微服务化，并结合业务连续性的要求、兼容老系统的要求、可持续发展的需要阐述金融分布式架构转型的关键。同时，提出分布式数据库和分布式事务这两个关键技术的发展趋势，包括分布式数据库的多模数据管理、混合负载及新硬件的使用，分布式事务的事务消息等。

各金融机构已基于自身情况开展分布式架构转型规划和实践。中国农业银行基于"分布式 + 微服务"的系统架及组件化的开发部署模式开发了行云缴费平台，中国民生银行自主研发具备九大功能的分布式核心金融云平台，农信基于微服务的中间业务云平台及 PICC 的分布式微服务技术体系。这些优秀实践不仅推动了金融科技的发展，同时给各金融机构规划分布式架构转型提供了很好的参考经验。

（四）金融大数据引领创新

近年来，数据挖掘、数据资产管理等大数据技术及应用领域都有了新的发展和突破。《2019 年中国大数据产业市场前景研究报告》显示，2018 年我国大数据产业规模突破 6000 亿元，预计 2019 年中国大数据市场产值将达到 8080 亿元。从金融行业看，金融大数据应用已经从前几年的"点""线"阶段发展到"面"的阶段，银行、保险、证券、基金、第三方支付等金融领域全面涌现大量成功的应用案例，金融大数据已成为推动金融机构新一轮转型发展的核心动力。

政府层面加强金融大数据领域的顶层设计，推动数字经济发展、数字中国建设、大数据产业扩张、跨机构行业间数据融合共享；不断建设完善征信体系，中国人民银行牵头组建成立国家级网络金融个人信用基础数据库，并定名"百行征信"；加强金融业数据治理，中国银行保险监督管理委员会发布《银行业金融机构数据治理指引》；关注金融数据标准与数据安全保护工作，全国信息安全标准化技术委员会公布《信息安全技术个人信息安全规范（草案）》。与此同时，公安部首次开展大数据安全整治，促进大数据行业健康发展。

金融体系深化改革不断推进，金融机构更加注重提高服务实体经济能力，大力发展普惠金融，特别是在防范化解金融风险攻坚战方面开展了大量工作。围绕上述核心政策要求，金融机构全面运用大数据等数字化技术推进金融行业的数字化转型，聚焦普惠金融、数据通融、智能风控、创新服务等领域不断加强金融数字化创新。

金融与大数据的融合更加深入，这对创新金融产品和服务、提升金融服务品质和效率、加快金融数字化、提高金融服务实体经济能力具有重要意义，大数据逐步由支撑业务向引领业务的方向发展。

未来，金融大数据会进一步扮演核心角色，在偏远地区发展、金融风险管理、金融改革推进方面，持续、高效提升金融机构的数字化服务和数字化发展能力，在数字经济发展的进程中起到越来越重要的作用。但是，金融大数据也面临数据治理、信息安全等方面的挑战，如何平衡发挥大数据价值与加强数据管理的关系将是一个需要深入探索和研究的重要课题。

（五）金融智能向纵深发展

2018~2019年，人工智能技术不断发展，在政府政策支持、资本驱动下，人工智能呈现如下特征。一是人工智能技术进入大规模商用阶段，人工智能产品全面进入消费级市场。二是基于深度学习的人工智能的认知能力将达到人类专家顾问级别。在金融投资领域，人工智能已经有取代人类专家顾问的迹象，比如苏格兰皇家银行宣布用智能投资顾问取代500名传统理财师的工作。在美国，老牌金融机构察觉到了人工智能给行业带来的改变，纷纷收购人工智能相关的技术服务公司。三是人工智能实用主义倾向显著，未来将成为一种可购买的智慧服务。四是人工智能生态雏形形成，人工智能产业结构日趋完善。五是人工智能技术将严重冲击劳动密集型产业，改变全球经济生态。

聚焦金融领域，在大数据、人工智能、云计算、区块链等创新技术发展的推动下，这些新兴技术被广泛应用于金融服务，能够弥补短板、提升效率、促进研发、严防风险、聚焦客户，不断推动金融智能向纵深发展，并产生更加高效、安全、个性化、智能化的综合性金融解决方案。未来金融的形式将发生较大变化，传统网点将萎缩且逐渐转型，而随着5G技术和可穿戴设备的升级，金融服务的接口会越来越多，自动化财务室、开放银行、知识图谱等正逐步变为现实，AI、5G、物联网等新技术让金融产业能更有效地触及用户。

2018年是历经蜕变的一年，互联网金融风险专项整治工作深入开展，相关法律规范逐步完善，行政执法趋于严格。2018年也是孕育希望的一年，金融行业更加注重科学规划，金融科技基础设施建设取得重大进展，金融业行业技术规范制定有不少新突破，金融科技应用项目落地正在加速，金融智能化将全方位地改变金融机构，可以改变现有的运营体系、实现知识工程化，同时带来一定的安全隐患。

（六）金融物联网产业生态初具雏形

2018年物联网技术呈现边缘智能化、连接泛在化、服务平台化及数据延伸化等多个新的发展特征，金融物联网标准与安全日趋完善。同时，随着物联网应用场景的拓展，金融物联网内生动力不断增强，产业生态初具雏形。全球物联网产业规模由 2008 年的 500 亿美元增长至 2018 年的近 1510 亿美元，在连接数快速增长和梅特卡夫定律的作用下，金融物联网新一轮的应用已开启，落地增速加快，物联网在金融领域数字化变革中的赋能作用越来越显著。

在技术创新场景方面，金融机构如中国工商银行抢抓数字孪生技术发展机遇，将金融数字孪生技术应用场景总体规划分为有形资产和无形资产两个大的领域，充分利用了模型、数据，通过集成仿真，在数字空间分别建立与之对应的数字孪生体，实现物理世界与数字世界的双向反馈，通过模拟仿真，在新型数字化社交网点建设和科技设备孪生体管理等应用领域，实现资产全生命周期运行管理的优化，达到降本增效的目的。2018 年，中国工商银行持续提升物联网平台基础能力，为有效解决物联网等场景海量数据直连云端导致带宽成本高、处理时效差、数据隐私性低等问题，研究和构建"端边云一体化"的边缘计算体系，满足万物互联时代云端集中处理、边缘端分布计算的场景要求。在物联网技术能力不断提升的同时，中国工商银行聚焦服务实体经济，基于物联网技术，建设普洱茶溯源认证管理系统，践行产业互联网理念，将金融服务延伸至对公核心客户的实际工作中，切实解决客户业务痛点，解决传统信息不对称的问题，通过产业数字化赋能客户企业，推动形成政企银合作的生态体系。2018 年物联网金融实践收获丰硕成果。

未来，5G、AIoT 及边缘智能等技术突破将为金融物联网赋予更多的可能，融合区块链、人工智能及大数据等新技术，补齐技术产业短板，加速金融物联网应用场景落地，形成"促创新、保安全、定标准、建生态"的金融物联网新形态，助推普惠金融发展，深化服务实体经济。

（七）金融区块链应用落地成为发展主旋律

2018 年对全球区块链产业而言是有重要标志性意义的一年。全球监管对"加密货币"行业出台了严格规定，但应用落地也成为发展主旋律，未来区块链会加速与实体经济结合，逐渐落地成熟。2019 年 10 月 24 日，习近平总书记在主持中共中央政治局第十八次集体学习时强调："区块链技术的集成应用在新的技术革新和产业变革中起着重要作用。我们要把区块链作为核心技术自主创新的重要突破口，明确主攻方向，加大投入力度，着力攻克一批关键核心技术，加快推动区块链技术和产业创新发展。"习近平总书记的讲话将区块链技术上升到了一个新的高度，区块链再一次成为全社会谈论的焦点话题。区块链作为一项增强参与方之间信任的技术，成为数字化时代连接各参与方的基础，也成为金融和科技深度融合的重要方向。

在应用落地方面，政府机构主导的应用表现良好，2018年8月，深圳税务局在国家税务总局的指导下，联合腾讯、高灯科技在深圳市开出全国第一张区块链电子发票，深圳成为全国区块链电子发票试点城市，一年时间开票数量近600万张，金额近40亿元。2018年9月，由中国人民银行数字货币研究所与中国人民银行深圳市中心支行主导推动的"中国人民银行贸易金融区块链平台"正式上线，致力于解决中小企业融资难、融资贵问题，更好地服务实体经济，上线一年多实现业务上链3万余笔，业务发生5000余笔，业务量约合750亿元。

与此同时，各商业银行也在更广泛的领域展开探索。中国银行、中信银行、中国民生银行联合研发推出区块链福费廷交易平台（BCFT），并已经吸引平安银行、光大银行及多家城市商业银行加入。中国邮政储蓄银行建设了U链福费廷业务系统，实现了信用证从开具到承兑全流程链上跟踪，并建立"福费廷区块链系统交易市场"。中国银联推出电子合约及存证平台，为机构提供基于区块链技术的电子签约及存证解决方案，对电子合同的全生命周期进行管理。同时，招商银行联合多家机构共同建设标准分链，是一种面向节点运营方、开发人员以及DApp用户的开放许可链，提供数字化时代的金融基础设施。同时，招商银行携手中建电子商务有限公司打造了中建产业互联网协作平台，解决建筑行业供应链环节中所面临的企业融资难、融资贵、融资流程不透明、融资风险大等痛点问题，共创建筑行业金融服务新业态。国泰君安将区块链技术应用在ABS业务中，解决市场上ABS业务多方参与、中间环节较长导致的关键数据易被篡改、信息不对称等问题。中国再保险集团（以下简称"中再集团"）上线核共体"核·星平台"，利用区块链技术解决针对保险共同体成员单位多、业务流程复杂等问题，提升了业务数字化水平，为进一步推进再保险数字化奠定基础；中再集团、华泰财险和轻松筹网络科技公司三方共同打造"区块链＋意健险"产品全链条整合项目，实现产品从销售、承保到再保的流程联通，整合产业全链条。

有了国家及社会各界的大力支持，区块链相关的政策指引会越来越有利于行业发展，区块链技术发展将会越来越完善，应用探索也会更加深入，给金融科技创新带来更大帮助。

（八）金融网络安全成果与挑战并存

网络安全是国家安全和经济发展的战略资源，在金融行业中尤为重要，是我国重点保护的领域。近年来，5G、大数据、人工智能、区块链、云计算等新型技术在金融业的广泛运用，持续推动金融科技不断创新、变革，使金融运营成本降低、金融服务效率提高。但是相关安全投入不足，金融网络安全防御系统较为脆弱，存在潜在的安全问题。同时，网络攻击的犯罪分子逐渐转向团体化和组织化，并且其攻击目的性更强，攻击手段更加专业化，越来越难以防范。这需要我们更加重视金融网络安全，加强网络安全防御技术和应用研究，逐步完善相关的法律法规以保证金融网络安全。

2018～2019年，全球网络安全形势复杂多变。一方面勒索软件即服务（RaaS）等使攻击实现难度大幅度降低，网络安全攻击频率和数量大幅增加；另一方面，云、AI、区块链等新技术应用兴起，安全漏洞暴露增多，金融行业因具有特殊性，其网络安全更是遭受了极大的威胁。但个人信息保护随着公众意识的觉醒和监管要求的骤然提升得到前所未有的关注。2018～2019年，工信部、网信办等部门相继出台了《关于推动资本市场服务网络强国建设的指导意见》等一系列关于网络安全的政策法规，使数据最为集中的大数据平台的安全防护得到重视和提升，威胁情报和大数据技术的有效利用极大地提升了安全事件检测能力，也涌现一些积极主动应对的案例，并逐步深入应用领域。未来，金融企业仍应高度重视信息安全机制和平台建设，并密切关注国内外网络安全形势，跟踪最新的技术解决方案，运用新技术和安全管控机制更加有效地应对各种网络攻击，确保金融网络安全。

（九）监管层逐步力推监管科技的发展

金融体系的稳定和安全至关重要。党的十九大报告要求健全金融监管体系，守住不发生系统性金融风险的底线。金融科技创新重塑金融业态，给监管带来新的挑战，监管机构也在不断更新监管规则以应对这些新的变化，相继出台了多份法律法规或指导意见。例如，2018年1月，中国人民银行发布《中国人民银行关于优化企业开户服务的指导意见》；2018年8月，全国金融技术标准化委员会（以下简称"金标委"）发布关于征求《聚合支付安全技术规范》（征求意见稿）意见的通知；2018年8月，证监会正式印发《中国证监会监管科技总体建设方案》；2018年10月，金标委发布关于征求《支付受理终端注册数据规范》（征求意见稿）意见的通知；2018年10月，《北京市促进金融科技发展规划（2018年—2022年)》出台。尽管如此，面对迅猛发展的金融科技，相应的监管通常存在滞后的情况，主管机构的监管能力仍然存在局限性。

为此，监管层逐步力推监管科技的发展，将其应用场景拓展到身份识别、市场交易行为监测、合规数据报送、法律法规跟踪、风险数据融合分析、金融机构压力测试等六大方向。面对当前金融科技监管的新形势，未来需要在构建科学有效的监管规则和体系、出台对监管科技的规划、聚集全社会力量深化金融科技监管研究、持续强化合规科技和监管科技应用等方面努力。

第二节　金融科技发展主要特点

——着力数字化转型与生态建设

（一）适应数字经济发展，布局数字化战略转型

习近平总书记在"不忘初心、牢记使命"主题教育中提出："中国要强

盛、要复兴，就一定要大力发展科学技术，努力成为世界主要科学中心和创新高地。"各地政府对金融科技持支持态度，北京、上海、广州、深圳等一线城市以及西安、成都、杭州等二线城市纷纷出台金融科技发展指导意见，加强金融科技的研究和应用，如《北京市促进金融科技发展规划（2018年—2022年)》《广州市关于促进金融科技创新发展的实施意见》《湖南湘江新区管理委员会关于支持金融科技发展的实施意见（试行)》等。

为适应数字经济的发展，满足互联网时代客户对金融行业越来越高的服务要求，近两年国有大型金融机构陆续提出数字化战略，如中国工商银行的e-ICBC、中国农业银行的"金融科技+"、中国银行的科技引领数字化发展战略、中国建设银行的"最具智慧的银行"及交通银行的"数字化、智慧型交行"。以企业级视野为出发点，金融机构在保障安全运营的基础上，开展业务创新、流程再造，推动技术架构转型，加快对新技术吸收、应用，提升了科技转化能力和机构经营效率。金融科技已经成为驱动金融创新发展的强大动力，为金融机构数字化转型、业务转型、服务优化提供了新思路与新工具，助力金融机构实现数字化转型战略愿景，成为金融业争相布局的着力点。

（二）围绕国家重大战略，开拓普惠金融服务

党的十九大报告提出要加快金融供给侧结构性改革，着力加快建设实体经济、科技创新、现代金融、人力资源协同发展的产业体系，重点加强对小微企业、"三农"和偏远地区的金融服务，精准脱贫、乡村振兴和小微融资的紧迫性、重要性凸显。金融机构积极响应国家战略号召，建设普惠金融体系，分类施策，精准发力，推进民生政策，深度挖掘以"三农"、小微企业、贫困学生为主的客户群体的金融需求，大规模场景的实际需求越来越多。金融机构利用数字化、智能化手段，面向个人和小微企业打造普惠金融的零售化信贷金融生态圈，为其提供方便快捷的融资服务。金融科技给普惠金融带来了新模式、新方法和新路径，数字普惠金融进入快速发展阶段。数字普惠金融充分发挥移动终端优势，将

金融服务网络延伸至老少边穷地区，破解金融服务"最后一公里"的难题，全面提升金融服务民生的能力，为打赢脱贫攻坚战、支持实体经济发展提供支撑，最终实现脱贫致富、缩减城乡差距和夯实市场经济基础的目标。

（三）金融科技应用创新，金融生态圈迅猛发展

金融科技逐步向传统金融业态渗透，支付结算、智能投顾、供应链金融、大数据风险控制、区块链联盟链金融、基础设施、云计算等领域的创新应用，提供了高效便捷、信息透明的多样化金融服务，拓宽金融服务边界，优化金融产品特性，弥补了传统金融的短板。

科技产业不断探索创新合作新模式，传统金融机构从自主研发、成立金融科技部门，到与外部金融科技公司跨界合作，再到金融机构设立科技子公司与科技企业深度合作，运用新思维、构建新模式、创新新技术，构建开放、合作、共赢的生态圈，推动金融科技产业健康发展。截至2019年6月，已有中国工商银行、中国银行、中国建设银行、中国民生银行、光大银行、招商银行、平安银行、兴业银行等多家上市银行成立了金融科技子公司。大型金融机构的科技子公司以创新金融科技为手段，聚焦行业客户服务等金融场景，开展软件研发和产品运营等业务，与此同时积极转型，摸索赢利合作可能性，探索对外输出模式。

毕马威发布的2018年全球金融科技100强中，我国金融科技领域在全球范围内处于领先，蚂蚁金服、京东金融、陆金所排名前五位，金融科技营收规模逐步扩大，实力稳步提升。金融科技公司在不断成熟的过程中，继续迎来上市热潮，根据零壹数据不完全统计，2018～2019年，陆续有9家科技公司在港股、美股上市，共募集资金7.38亿美元，上市公司的技术输出业务收入也在稳步增长，但与2017年9家金融科技企业募集资金39.4亿美元相比，在整体融资规模上有一定的缩水，同时金融科技在监管政策收紧的大环境下，新注册公司数量有所下降，过剩产能逐步出清，行业进入结构优化调整期。

第三节　金融科技发展遇到的问题和挑战

——技术安全，金融风险与监管

（一）新技术带来新挑战，安全形势更加严峻

新技术的应用是一把双刃剑。在金融、科技充分融合发展的高速期，不断创新的技术提升了金融服务效率，也加大了网络安全和信息安全防控的难度。特征识别、云服务等新技术及金融信息系统的智能化、网络化、数字化，使安全风险比传统方式具有更大的复杂性、多样性和传导性。面对复杂的外部网络环境，金融机构要不断加强安全风险新特征的研究探索，提升开发水平和运维能力，强化信息科技治理和精细化管理能力，保障创新环境下的银行业务安全可控地开展。公安部也开启了"护网行动"，针对金融、电信等特别重要的领域，开展攻防演习，以攻促防，查缺补漏，全面排查安全隐患，提升信息基础设施安全防御能力，筑牢安全防线。

（二）金融业务风险复杂，监管体系不断完善

在科技的催化下，金融产品的风险更加复杂和隐秘。信息科技的广泛使用放大了信用风险、流动性风险等金融风险的外溢效应，防范金融风险的难度随之增加，传统风险管控措施显得捉襟见肘，金融机构的风险管控体系面临更加严峻的挑战，风险管理成为创新环境下尤为重要的环节。金融业积极运用新的技术手段探索化解金融风险的模式，运用先进技术辅助风险审查和合规检测，发展借助人工智能和大数据技术的反欺诈、反洗钱业务，对金融交易与经营状况进行合规排查，对监管数据与企业上报数据共享计算，有效辅助风险审查和决策，实现风险的"早识别、早预警、早发现、早处置"。

为应对新形势下金融科技的挑战，监管机构不断完善监管体系和制度，用科技手段解决金融科技监管问题，发展监管创新，寻找创新与监管的平衡点。2018年3月，国务院金融稳定发展委员会成立，形成"一委一行两会"

监管框架，为提升我国金融治理水平，处理去中介、跨界化、分布式、智能化的金融创新问题，深化金融监管奠定了良好的基础。随着我国监管体系的日益完善，2018年12月互联网金融风险专项整治工作领导小组办公室《关于做好网贷机构分类处置和风险防范工作的意见》、2019年1月《关于进一步做实P2P网络借贷合规检查及后续工作的通知》等一系列文件的发布，以及互联网金融风险专项整治的深入推进，存量风险有序化解，行业风险持续得到缓释，金融科技行业也逐渐回归理性。

第四节　金融科技发展趋势
——技术发展迅速，业态格局巨变

（一）金融科技新技术迅猛发展

数字化时代，信息技术发展瞬息万变。金融机构在关注重点系统的稳定性、可靠性和安全性的基础上，密切跟踪、研究、应用各类技术热点，对新技术的理解逐步加深，积极探索实践互联网新技术在实际业务中的应用，为传统金融注入活力，有效推动行业转型与创新发展，提升科技转化能力和经营效率，提升创新力和竞争力。兴业银行大数据智能风控系统"黄金眼"，利用机器学习算法，对未来三个月内可能降为"关注"类别以下的企业进行风险预警，准确率达到55%。2018年4月，中国银联在深圳正式落地"无感支付"，拓宽了客户不同场景的支付途径。2019年6月，中国工商银行、中国建设银行、中国银行、招商银行、浦发银行等多家银行的5G科技无人银行开业，运用最新金融智能科技成果，为客户搭建以智慧、共享、体验、创新为特点的全自助智能服务平台。

（二）金融科技业态格局巨变

以"鼎新"带动"革故"。金融科技催生大型科技公司（Bigtech）快速发展，给传统金融机构带来了前所未有的冲击。各大金融机构应对挑战，相继成立金融科技子公司，互联网巨头、金融 IT 服务商、金融科技创新企业将更多地进行科技能力对外开放，通过数据接口 API 技术实现银行与第三方之间的数据共享，采用提升客户体验的平台合作模式，从而使传统垂直的业务价值链被不断碎片化，金融中介的形式更加多样化。传统金融机构面对金融科技的冲击将会更多地向开放银行转型，形成一种全新的发展理念、银行形态、合作关系及服务模式。

2018 年至今，伴随着中国工商银行嵌入互联网场景的开放平台、浦发银行与 IBM 合作的面向生态融合的开放平台、百信银行的"智融 Inside"等产品上线，金融机构陆续推进各具特色的开放银行，抢占金融科技高地。金融机构与金融科技公司之间的竞合格局更加复杂。银行系科技子公司整体解决方案和成型产品的输出增加，各金融机构的技术水平越来越同质化，整体技术水平明显上升，行业技术服务供给关系发生了巨大变化。各大金融机构更多致力于推动数字化转型和智慧金融建设，中小金融机构更多致力于加快云化服务和数字化特色服务推进。

（三）金融机构核心科技安全可控

我国金融机构和金融科技企业将会更加重视加强安全可控能力来应对外部挑战和行业整体竞争压力，摆脱核心技术受制于人的局面，达到确保金融机构服务安全乃至国家信息安全的战略性要求。在金融和科技高度融合的大趋势下，金融机构将更多地聚焦科技自主创新能力，积极开展国产化架构转型、基础设施、产品应用的探索和实践，从国家、行业多个层面持续完善，健全创新机制，加大投入，培育人才队伍，探索多种与其他金融机构、金融科技企业的合作共赢，提升金融科技软实力，迎接安全可控带来的挑战和机遇。

（四）金融监管科技持续深化

新技术的快速发展和应用，在提高金融交易效率和质量的同时，将会带来较大的业务量规模及具有较大群体效应的长尾客户，可能带来数据信息安全隐患及数据滥用等一系列新问题，可能引发系统性风险。这将是监管部门面临的新挑战。如何控制系统性风险的发生及风险的传染性，如何深化金融监管体制改革，建立金融科技监管的长效机制，解决金融科技发展的外部性问题，将成为金融科技健康发展的关键。因此，监管科技有希望迎来快速发展，在监管领域开展广泛的新技术探索和应用，利用技术手段解决科技带来的风险，建立健全监管信息系统，利用机器学习、人工智能、生物识别、数字加密、分布式账本等一系列新技术，有效解决监管合规性要求和数字安全等技术问题，实现监管能力的飞跃性升级。

参考文献

张慧军：《金融机构如何以技术创新驱动金融业持续健康发展》，《财经界》（学术版）2016 年第 35 期。

刘秋万：《持续推进科技引领数字化发展战略　全面打造中国银行数字化能力》，《中国金融电脑》2019 年第 1 期。

侯敬文、程功勋：《大数据时代我国金融数据的服务创新》，《财经科学》2015 年第 10 期。

吴翔江：《"开放、合作、共赢"——携手共建网络金融生态体系》，《金融电子化》2018 年第 1 期。

梁春丽：《银行系金融科技子公司崛起》，《金融科技时代》2018 年第 6 期。

李伟：《金融科技发展与监管》，《中国金融》2017 年第 8 期。

杨莉：《用大数据助力互联网金融高效监管》，《人民论坛》2018 年第 15 期。

王祖继：《加快新常态下商业银行内涵式转型发展》，《清华金融评论》2017 年第 4 期。

江涌：《透视中国金融安全》，《商务周刊》2007 年第 13 期。

中国银行信息科技部：《严控移动金融风险，持续提升金融科技自主可控能力》，《中国金融电脑》2014 年第 12 期。

第二章 移动金融

第一节 移动金融发展概况
——呈现多元化、智能化发展态势

我国是全球最大的移动市场，截至 2018 年底，我国独立移动互联网接入用户已达到 12 亿，规模几乎是北美地区的四倍。2018～2019 年，在政策支持下，5G 技术在我国迅速投入市场应用，进一步拉动移动市场增长。在此背景下，我国移动金融发展也呈现从数量扩展转向质量增长、移动支付市场日趋成熟、场景竞争日益激烈等一系列新特点。监管部门针对互联网金融和金融科技监管频频表态、密集出台相关领域监管政策，移动金融监管体系逐步完善，监管政策日益成熟。

（一）互联网用户增长仍在拉动市场增长

移动互联网普及率稳步增长。根据 CNNIC 的数据，截至 2019 年 6 月，中国网民规模达到 8.54 亿人，互联网普及率达 61.2%，较 2018 年底提升 1.6 个百分点。其中，手机网民规模达到 8.47 亿人，较 2018 年底增加 2984 万人；网民通过手机接入互联网的比例达 99.1%，较 2018 年底提升 0.5 个百分点（见图 2 – 1 和图 2 – 2）。

移动金融应用保持快速发展。在网络支付方面，截至 2019 年 6 月，我国手机网络支付用户规模达 6.21 亿人，较 2018 年底增加 3265 万人，手机网络支付使用率达 73.8%。场景金融的快速发展，将线下零售高效接入互联网体系，网民在线下消费时使用手机网络支付的比例由 2017 年的 65.5% 提升至 67.2%。网络支付总体呈现竞争依然激烈、场景不断延伸、方式更

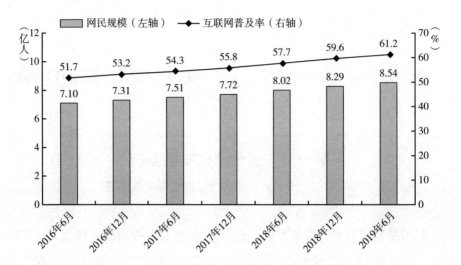

图 2－1　2016 年 6 月至 2019 年 6 月中国网民规模和互联网普及率

资料来源：CNNIC 第 44 次《中国互联网络发展状况统计报告》。

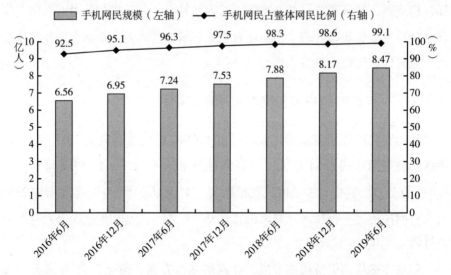

图 2－2　2016 年 6 月至 2019 年 6 月中国手机网民规模及其占比

资料来源：CNNIC 第 44 次《中国互联网络发展状况统计报告》。

为多元的特征。在互联网理财方面，我国购买互联网理财的网民规模达 1.7 亿人。商业银行投资理财产品体系日趋完善、产品门槛明显降低。

移动互联网发展潜力依然巨大。随着移动互联网发展的不断成熟,行业红利和人口红利已经逐渐告别野蛮增长时期,中国移动互联网市场正在从传统"最优市场"向更加广袤的外延延伸。在地区发展方面,截至 2019 年 6 月,我国农村网民规模较 2017 年增加 1596 万人,达到 2.25 亿人,农村地区互联网普及率为 38.4%,仍有巨大发展空间。在年龄结构方面,手机网民的增速从 20~29 岁的高点向两端迁移,低幼、中高龄网民进入高速增长期。截至 2019 年 6 月,40 岁及以上网民占比由 2018 年的 28.1% 增至 30.9%(见图 2-3)。在国际市场开拓方面,2018 年支付宝支付和微信支付已分别在超过 40 个国家和地区合规接入,我国企业已在 9 个国家和地区运营本土化数字钱包产品,并开始在非洲部署移动支付业务,市场前景广阔。未来,更加年轻、更加年长、更加乡土、更加远方的人群需求将成为移动互联网新的增长动力,中国移动互联网发展仍处于重要的战略机遇期。

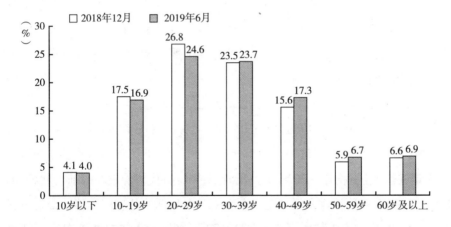

图 2-3 2018 年 12 月和 2019 年 6 月中国网民年龄结构

资料来源:CNNIC 第 44 次《中国互联网络发展状况统计报告》。

(二)终端技术、通信技术助力移动金融深入发展

调查显示,2018 年以来中国移动互联网活跃设备总数稳定在 10 亿部以上,增速有所放缓。但移动支付领域用户规模从 2016 年的 5.78 亿人增加到

超过 7.33 亿人；移动支付交易规模仅 2019 年上半年就超过 23 万亿美元，呈现不断上涨的势头。可以预见，随着移动终端厂商、通信运营商及金融机构、支付公司、互联网企业等各方运营力度逐步加大和资源不断投入，我国移动金融市场势必保持快速增长。

1. 移动终端已经成为移动金融重要工具

一是移动终端在金融服务中扮演的角色越发重要。从支付、刷公交卡到投资理财、消费贷款、保险等业务，越来越多金融服务通过移动终端来实现，将金融服务无缝接入人们的各类需求，打造融移动消费、移动支付、移动社交、移动营销和投资理财等为一体的移动金融生态。

二是移动支付应用广度和深度不断扩大进一步巩固了用户使用习惯。未来随着更多商业模式的创新，线上线下服务融合的加速，各种个性化、智能化应用场景的不断丰富，移动终端的重要作用越发凸显。

三是移动终端的智能化将推动实现"千人千面"精准直达。移动金融是金融科技创新最活跃的领域之一，依托具有较强处理能力、更加安全和便携的移动设备，能更有效地提升移动金融线上服务能力、推动人工智能、大数据、智能风控技术的应用。

2. 5G 技术发展对移动金融与新技术整合推动作用显著

综观全球，5G 已然成为最热门的话题之一，各国都在积极布局 5G。其中，中国的三大运营商已率先进入 5G 时代，分别在个别城市进行试点，2019 年进行 5G 试商用，2020 年正式商用，5G 时代仿佛就在眼前。回顾 3G 时代，智能手机的快速发展带动了金融服务向移动化的转变，移动金融拉开序幕。4G 时代，人工智能、云计算、大数据等技术也随着基础网络的升级得到普及，互联网金融依托移动互联也加快落地，产品及场景的创新使金融服务更加丰富和便捷，真正做到了触及客户，成为人们生活的一部分，由此可见，5G 的实施落地将为金融行业注入新的活力和生机。

一是云计算将得到广泛应用。依托 5G 技术，数据传输将更加快速、吞吐量更大，数据在传输中的限制将被削弱，从云端获取数据以及云端数据处理能力可以更加顺畅，从本质上缩短了与客户间的服务距离。同时，云技术的广泛应用势必将移动端的内容和计算能力向云端转移，有助于金融业务移动化、线上化的发展，另外，更低的网络延时也可以更好地提升客户体验。

二是现有金融服务模式将得到优化和创新。在智慧城市、万物互联的背景下，移动金融将迎来新的发展业态，现有金融服务场景已经无法满足更加广泛和多样的产品模式，诸如消费金融、移动支付、场景金融等概念将会发生巨大的变革。后续如何探索移动金融的发展方向，将是金融机构实现差异化竞争和提升核心竞争力的关键。

三是风险防范能力将得到有效提升。传统金融依据客户行为数据、全渠道业务数据、行业外数据等聚焦事中监控，加强事前、事后的认证和分析，可以达到对客户的风险预判，形成全流程反欺诈体系。但随着5G引领的金融业务变革，势必需要对反欺诈风险防控模式进行升级和重塑，各机构需要对更加多态和海量的数据进行识别。此外，随着物联网的发展，金融主体也许将不再局限于行为人，任何物品或虚拟事物都可能是金融服务的发起者，这就预示着需要更加广泛的风险防控模型和策略。未来需要创新，也需要把握创新转型与风险管控的平衡。

3. 移动端App（应用程序）成为金融机构的正面战场，客户活跃度成为核心指标

中国金融认证中心调查显示，2018年网上银行、手机银行、微信银行、电话银行用户占比分别为53%、57%、34%和22%，手机银行用户占比首次超越网上银行。根据易观千帆的金融类App统计，截至2019年8月，支付宝月活跃用户数（Monthly Active Users，MAU）以6.10亿居首位；国有商业银行中，中国工商银行App、中国建设银行App、中国农业银行掌上银行App的月活跃用户数分别为5891万、5556万和4329万。股份制银行中，招商银行App、招商银行掌上生活App、平安口袋银行App的月活跃用户数均超过3000万，分别为3541万、3265万和3004万，相差不大。银行App的MAU正在成为各家商业银行的"北极星指标"（North Star Metric，意为"唯一的指引"），而首先提出MAU目标的是招商银行。截至2019年6月

末，招商银行各 App 累计用户数达 9275.80 万。

一是 App 进一步发力金融交易，线上贷款增速惊人。在 MAU 引导下获客之后，则通过 App 实现线上展业，包括线上放贷获取息差，销售理财、代销基金或保险以获得中间业务收入，其中线上贷款增速较快。例如，中国工商银行 3000 亿元个人经营性贷款中，2019 年上半年猛增 859.81 亿元，增幅为 39.8%，主要是 e 抵快贷、经营快贷等线上贷款产品快速增长。中国农业银行截至 2019 年 6 月末线上贷款余额 3436 亿元，包括个人、小微、三农和供应链金融等领域。股份制银行中，2019 年上半年，招商银行通过 App 渠道成功办理的消费金融交易占信用卡消费金融交易的比重为 48.01%。兴业银行 9 月 17 日披露，手机 App 上线 2 个月，理财交易额增长 13.05%，信用卡现金分期、消费分期交易成功笔数分别增长 39% 和 165%。

二是依托 App 实现非持卡人的用户转化。App 的优势之一是将非持卡人转化为本行 App 用户，这是通过 Ⅱ 类账户实现的。由于银行 Ⅰ 类账户需要面签，而 Ⅱ 类账户可线上开通，方便快捷，不受地域限制，特别适合移动获客。银行 App 的一个重要经营策略就是接入外部场景，引导用户开立 Ⅱ 类账户，将非持卡人转化为本行 App 用户。此外，还可通过 API、H5 和 App 跳转等连接方式，实现金融与生活场景的连接。例如，2018 年 9 月，招商银行宣布其两大 App 均已支持用户手机号注册、支持多家银行卡绑定，打破了封闭账户体系。2019 年 9 月 17 日，兴业银行宣布，新版 App 接入生活缴费、在线商城等场景，非该银行卡持卡人也可通过其他行的借记卡注册成为用户。App 线上开户的背后则是各家金融机构场景的链接博弈。由于金融类 App 的转账、理财等金融场景本身的活跃度不高，远不及社交、电商等 "硬需求" 的活跃度，若要提高 MAU，需要银行构建属于自己的非金融场景。一种思路是聚合支付。例如，"工银 e 支付" 聚合支付陆续上线垫款清算、统一入账等，进入公共交通、教育、医疗、零售、餐饮、酒店、行政事业、公共缴费等领域。中国建设银行聚合支付覆盖餐饮商超、交通出行、物流、医疗等行业场景，截至 2019 年 6 月末有交易商户数 246 万，同比增长 41.24%。此外，则是将 App 接入非金融场景。中国农业银行 2019 年上半年互联网场景项目数达到 2634 个，主要是政务民生、消费零售和产业链三大类场景，其中消费零售场景拓展物业、房产、食堂、出行等。招商银行也曾表态，App 生态圈一是深耕核心金融场景，将其作为立足点；二是非金融的衍生场景，将社区频道、出行、生活缴费、便民服务等场景引入 App，从低频到高频一应俱全。截至 2019 年 6 月末，招商银行 App 账户总览、招乎、收支、转账、理财、生活、信用卡、活动等 8 个场景的 MAU 超过 1000万，App 非金融场景使用率达 63.43%。

（三）移动支付市场日趋成熟，支付巨头风光依旧

根据 CNNIC 发布的第 43 次《中国互联网络发展状况统计报告》，截至2018 年 12 月底，手机网络支付用户规模已达 5.83 亿人，年增长率为10.7%。据统计，2017 年中国移动支付中使用二维码扫一扫付款达到 5000亿次，2018 年达到 7000 亿次。艾媒咨询发布的中国移动支付市场的报告显示，2018 年超过 75% 的用户每月移动支付金额占总支出比重达到 43.6%。移动支付已经成为餐饮、便利店、网购、交通、医疗、外卖等日常消费场景中最常用的支付手段之一。此外，借助中国公民境外游热潮，中国移动支付跨境线下业务在海外市场继续快速成长。根据尼尔森联合支付宝发布的《2018 年中国移动支付境外旅游市场发展与趋势白皮书》，中国出境旅游的游客中使用过手机支付的比例已经达到 69%，手机支付交易额占总交易额的 32%，首次超过现金支付。

近年来手机支付领域不断涌现新成员，手机硬件厂商进军支付市场新闻屡见不鲜，华为的 Huawei Pay、小米的 Mi Pay、苹果的 Apple Pay、三星的Samsung Pay 等最具有代表性。2017 年底，中国银联携手各商业银行共同推出一款移动支付 App "云闪付"，在短短一年时间里用户数已经突破 1 亿人。2018 年 6 月底，中国银联推出 "碰一碰" 功能，通过 NFC 模式，手机只要与收银设备近距离接触即可完成付款；12 月，中国银联又联手华为推出了基于 Huawei Pay 的新功能 "卡码合一"，付款时在手机息屏状态下通过指纹验证后，即可快速调出 Huawei Pay 中的默认银行卡，手机屏幕上会同时显

示银行卡非接提示和银联二维码展示。"卡码合一"力图兼容 NFC 和二维码支付的平衡和尝试，有创新亮点。同时，中国银联联合各商业银行和华为、小米、OPPO 等主流手机厂商于 2018 年 12 月正式启动手机 POS 产品首批应用试点合作，有望开启智能手机与 POS 机二合一的时代。

即便如此，在巨大的移动支付市场中，支付宝支付和微信支付仍占据绝对领先的地位。根据益普索发布的《2018 第四季度第三方移动支付用户研究报告》数据，移动支付在移动网民中的整体用户渗透率为 94.7%。微信支付和支付宝支付的渗透率分别为 86.4% 和 70.9%，位居行业前二，两巨头的共同渗透率已达到 93.3%。云闪付渗透率已达到 18.0%，位居行业第三，虽相较 2018 年 9 月（11.6%）有明显提升，但相比微信支付和支付宝支付，仍然有很大的差距。易观发布的 2018 年第 4 季度《中国第三方支付移动支付市场季度监测报告》数据显示，支付宝支付与微信支付在整个移动支付市场的份额为 92.65%，继续双寡头竞争格局，国内移动支付市场在大局已定的情况下格局进一步稳固。

（四）场景竞争日益激烈，移动支付成重点环节

《中国支付清算发展报告（2019）》显示，当前电商流量已经触达天花板，移动支付在线上场景的竞争格局已经趋于稳定。移动支付的进一步扩张发展需要更多场景的支撑，线上支付场景的应用模式已较为完善，而线下场景具有高频小额的特征，且场景更加丰富、多样化，更加适合移动支付的发展，因此移动支付线下场景争夺成为必然。

各支付巨头纷纷在线下场景拓展上发力，实现广泛渗透，线下场景成为移动支付新的增长点。2018 年交通领域迎来移动支付的浪潮，NFC、二维码、生物识别等技术纷纷入局，公交、地铁等与民生息息相关的场景成为移动支付必争之地。目前支付宝、微信、云闪付等在公共交通上均有布局。截至 2018 年 9 月，接入支付宝扫码乘公交的城市突破 120 个，智慧出行迎来新时代。支付宝、微信乘车码采用"双离线二维码"技术，将二维码的验证结算时间压缩到 300 毫秒以内。云闪付同时支持 NFC 近场支付和二维码

支付，依托传统银行和地方政府的力量，已有 13 个城市的地铁线网和 370 多个市县的公交系统支持云闪付。目前，在线下的商场、餐馆、超市、便利店、医院、公共缴费、停车场、出租车、共享单车、校园、政务等诸多场景中已不乏移动支付的身影。但是线下场景需求多样，对支付技术稳定与效率的要求更高，同时商业环境较线上更为复杂，有比较固定的服务模式和利益格局。深入拓展线下场景，不仅意味着技术创新探索，还考验着支付机构、企业在产业协同方面的智慧。

随着 5G 技术加速推进，移动支付的发展迎来很多新的机遇，向更多产业和业态渗透。5G 意味着更高的速率、更加广泛的连接，我们将进入一个万物互联时代，给移动支付带来更大的想象空间，进而改变移动支付方式。万物互联时代，每件物品拥有自己的独立 IP，用户在选择商品的同时即完成物品的识别与支付。与此同时，基于 5G 的高速率传输，结合云计算、大数据、人工智能、生物识别等技术的应用，5G 时代的移动支付将更为安全。由此推断，移动支付还将继续渗透社会经济生活的各个领域，应用场景将得到进一步拓展。

（五）监管步入成熟完善期

2019 年 2 月，习近平总书记在中共中央政治局第十三次集体学习中指出，防范化解金融风险特别是防止发生系统性金融风险，是金融工作的根本任务。要运用现代科技手段和支付结算机制，适时动态监管线上线下、国际国内的资金流向流量，使所有资金流动都置于金融监管机构的监管视野之内。中国人民银行、银保监会等监管部门在近一段时期，针对互联网金融和金融科技监管频频表态，密集出台相关领域监管政策。从总体上看，在移动金融广泛应用和金融行业强监管的大趋势下，移动金融监管体系逐步完善，监管政策日益成熟，主要体现在以下几个方面。

1. 监管理念不断升级

为适应快速变化的移动金融发展趋势和日趋严格的国家金融工作要求，监管部门不断创新监管理念、调整监管策略，从响应式、被动式的静态监管逐步向前瞻性的动态监管演进。

一是由审慎监管向"双峰监管"转变。移动金融具有跨界化发展和综合化经营的特性，导致监管边界出现模糊和重叠。传统模式下的审慎监管策略，通过设置一系列规则确保金融机构的安全，从而保障金融体系的安全，已无法适应移动金融的跨界化趋势。另外，移动金融呈现"去中介化"的特点，金融中介机构在金融体系中的核心枢纽作用，被技术应用替代。监管部门借鉴国外先进经验，尝试"双峰监管"策略，即在继续深化面向机构的审慎监管原则的同时，强调功能监管、行为监管和混业监管。

二是注重监管一致性，推行穿透式监管。移动金融大量应用最新金融科技，重塑金融服务模式，提升金融服务效率和覆盖面，新的金融产品和金融场景不断涌现。科学技术所带来的巨大改变，给金融服务本质的界定带来了多重挑战。披上技术外衣后的金融，在监管主体和监管范围上，容易形成一定的监管套利空间。对此，中国人民银行副行长、国家外汇管理局局长潘功胜在2018年第二届中国互联网金融论坛上表示，不能以技术之名掩盖金融活动的本质，应按照实质重于形式的原则，落实穿透式监管，主要做相同的业务，监管的政策取向、业务规则和标准应该大体一致，坚持公平性，防止监管套利。

三是探索沙箱监管，平衡风险防控和支持创新的关系。对移动金融新生业态的监管，不仅要防范风险，还要鼓励创新，充分释放技术变革给金融服务带来的创新活力，提升金融效率。"沙箱监管"一词最早由英国金融行为监管局提出，旨在推动建立有效支持金融科技创新的监管机制。沙箱监管机制允许企业在特定范围内，试验新产品或新服务，对其商业模式进行持续评估改进，同时监管部门采取适当措施，避免损害消费者权益。2018年，欧盟成员国建立"金融科技促进者"的监管沙箱，使初创公司可以快速进入市场。

2. 监管内容不断扩展

一是持续强化面向资金的监管。2018年6月，在实施支付机构备付金集中存管新规半年后，中国人民银行发布了《关于支付机构客户备付金全部集中交存有关事宜的通知》。按照该文件要求，自2018年7月起，支付机构客户备付金交存比例逐月提高。截至2019年1月，已实现100%集中交存。该项措施使支付机构赢利模式发生转变，在促使行业深度洗牌的同时，有助于建立更加规范、更具可持续性的移动支付服务市场秩序，并减少擅自挪用资金带来的安全问题。

二是逐步完善面向技术的监管。按照中国人民银行要求，2018年6月底，支付机构受理的涉及银行账户的网络支付业务由直接连接银行账户的直连模式，全部迁移至"网络版银联"——非银行支付机构网络支付清算平台（以下简称"网联平台"）处理，即所谓"断直连"。自2017年8月起，中国人民银行正式发布"断直连"通知，到2018年4月条码支付业务按要求完成迁移，再到2018年6月完成全网业务迁移。监管部门在推动"断直连"工作上指向明确、步骤紧凑，其核心目的就是加强对新技术、新业态的全面监管，遏制第三方支付机构借助技术变革实现野蛮生长，形成更加规范化的市场环境。

3. 监管手段不断创新

随着技术手段在监管领域的应用，"监管科技"（RegTech）、"合规科技"（SupTech）成为时下热议的高频词。各国金融监管部门在针对移动金融等新兴金融业态进行监管手段创新方面，纷纷致力于对"监管科技"的深入运用。移动金融正在走向智能化、自动化，面向金融从业人员的监控和问责机制有可能面临失效。监管部门通过监管科技建立数字化监管体系，实现探索监管政策和监管规则的代码化，同时加强对技术实现过程的监管，提升监管的有效性和及时性。

第二节　移动金融典型案例
——从移动支付到移动综合金融服务创新

（一）中国工商银行"融e行"手机银行"幸福生活版"

2019年7月，中国工商银行全新推出手机银行"幸福生活版"，集合生物识别、语音交互、大数据、智能分析、智能风控等先进科技，设计研发适老亲老的业务流程，让老年人享受到移动金融服务的便利；创新性地将亲情关系引入金融服务，推出亲情账户，打造家庭线上金融服务。如果说原先各自管理、代际分隔的金融模式为"家庭金融1.0"，那么中国工商银行手机银行"幸福生活版"所创造的亲老关爱、互助互联的模式可以称为"家庭金融2.0"，中国工商银行再次成为家庭智慧金融服务的领航者。

1. 创新技术/模式应用

一是在模式创新方面，中国工商银行在产品设计中，充分考虑到父母的触网需求，基于完备的智能风控机制，创新性推出子女帮父母注册手机银行的功能，降低老年人使用移动金融服务的门槛，增添亲情互助。在银行业中首次推出"一键求助"功能，老年人在使用过程中，一旦遇到问题，使用一键求助可快速截图向子女咨询。作为家庭中坚力量，年轻人可以在中国工商银行手机银行中设置亲情关系，将父母长辈的账户信息、生日提醒等添加在亲情页中，以后就可快速交易，为父母代缴充值、查询转账，让尽孝也能碎片化。同时，基于家庭常见的小额便利充值缴费的需求，创新推出亲情卡功能，年轻人直接在线上为父母开立亲情卡并设置额度，老年人的后续消费和缴费使用子女的关联账户余额，既保障了老年人的安全要求，又满足了子女孝敬老人的需求。

二是在技术创新方面，中国工商银行为把家庭金融服务做到极致，将先进的技术形式充分应用在"幸福生活版"中，为老年人提供新的交互方式，比如支持纯语音双向交互，语音可搜索对应的功能，在交易关键节点通过500～3000赫兹最适宜人耳的频段朗读业务提醒；苹果手机用户还可通过Siri直接转账汇款，将"动手"变为"动口"，让老年人也享受到黑科技带来的便利。

2. 需要解决的问题

在手机银行业务创新方面，中国工商银行回归第一性原理，深入挖掘老年人使用手机银行"想用不会用"、"想用不敢用"和子女"想帮不好帮"、"想办不能代办"等痛点和需求。一是通过子女帮父母注册手机银行的功能，降低老年人使用移动金融服务的入门门槛；二是推出安全向导功能，引导老年人进行安全检测和一键上锁，解决老年人的安全顾虑；三是通过一键截屏功能，方便老人截图并转发求助亲友，解决老年人不熟悉手机截图的痛点；四是手机银行"幸福生活版"采用包容性设计，无论新老客户都只需要下载使用原中国工商银行"融 e 行"App，系统便会自动对 55 岁以上老年客户提醒切换，其他客户也可自由切换使用；五是将页面字号扩大至76px，部分热点显示区域大于 88px，提高辨识度和操作灵敏度，解决老花眼造成的不便；六是针对老年人最关心的资金安全问题，在转账汇款时，一旦金额大于 1 万元，系统会进行安全提示，同时为防范电信诈骗等外部风险事件，进行安全提示语音报读；七是针对老年人投资理财稳比赚更重要的需求，匠心打造一系列银发理财金融产品，给老年人稳稳的幸福。

3. 案例应用实践及效果

一是兼容性。中国工商银行手机银行"幸福生活版"在 200 款安卓手机设备覆盖的 31 款个人手机品牌中通过率为 100%，整体兼容性为行业领先。

二是性能。基础性能方面，从设备 CPU 占用率、内存占用、设备总流量消耗、应用启动时间 4 个指标进行测试，CFCA 兼容和性能测试平台提供的数据显示，手机银行"幸福生活版"启动时间较快，优于行业均值。

三是安全。52 项安全评测指标，涉及通信安全、客户端运行时安全、客户端交互安全、客户端安全防护、代码安全测评、客户端业务逻辑安全性评测六大部分，新版手机银行客户端整体表现良好。在登录界面进入后台时能够提醒用户，在一定程度上防范了被 Activity 组件劫持攻击的可能。在涉及敏感信息界面，存在风险提示并且添加了防截屏代码，有效避免被恶意软件截屏、录屏的可能，保障账户及个人信息的数据安全。

四是功能体验。将先进的技术形式充分应用在"幸福生活版"中，为老年人提供了新的交互方式，在业内确定了移动端家庭金融服务的"标杆"，整体体验更加简洁和智能，让用户感受到工行温度，特别是亲情账户、安全向导、语音交互、一键求助等功能将移动金融服务推向新高点。

（二）中国农业银行：智能掌上银行

中国农业银行智能掌上银行秉承"开放、个性、智慧、创新"的核心理念，以智能化建设为重点，充分发挥"大智移云区"的金融科技能力，全心为客户打造智慧金融服务。通过技术创新、业务创新等多维度创新，全新孵化智能推荐、智能转账、智能账户、农银智投、农银智融、智能营销等多款智能产品，提升掌上银行智能化水平；基于自主研发的分布式云金融服务平台，对首页频道、存款、基金、理财、保险、贷款等重点金融产品进行改版升级，为客户提供一站式的金融服务，全面提升客户体验；打通"掌银—微信—掌银"联动通道，借助用户的社交关系进行营销裂变，成为"获客"和"活客"有力抓手；进一步加强与人工智能、大数据分析、智能风控的融合，加强掌上银行综合服务能力，为移动互联网环境下的业务快速发展提供平台支撑。

1. 创新技术/模式运营

智能掌上银行基于自主研发的分布式云金融服务平台，高效处理客户海量高并发金融交易，采用了"两地三中心"部署模式，具备系统弹性扩容、实时监控等能力，为客户提供 7×24 小时移动金融服务。同时，使用自主研发的移动金融 App 开发平台，提供一站式移动 App 解决方案，具备工程模块化、功能组件化能力，兼容 H5、Hybrid 及 Native 开发模式，具备开发、测试、构建、发布、监控、反馈等研发全生命周期支持工具，为移动金融业务发展提供强大的平台支撑。

智能掌上银行与中国农业银行金融大脑深度融合，集成了人工智能核心技术，自此具备了感知能力与思考能力，为客户提供更多智能化的金融服务。例如，以智能转账功能为依托，在传统转账交易流程中融入人脸识别及活体检测技术，为客户提供便利的同时保障资金安全；基于语音识别、语义理解，推出以语音为核心的交易快速定位解决方案，使人机交互中的掌上银行具备能听、能理解、会思考的能力，帮助客户在掌上银行繁多的业务功能中准确命中需求；基于行业领先的光学字符识别技术，将银行卡、身份证件上的文字内容直接转化为可编辑文本，提供高精准、秒级识别体验。

智能掌上银行全面采用移动数据采集技术，在不同维度对用户行为、交易习惯及偏好进行实时收集，以此支撑 App 自身与业务产品迭代演进，也为全行后续差异化、精准化营销提供支持。一是基于客户行为数据及其使用偏好，通过大数据分析，对客户进行全维度画像，划分归属客群，依托智能引擎，实现产品、广告、功能的智能推荐，为客户提供"千人千面"的营销服务；二是运用专业量化模型，分散投资风险，为客户提供个性化、专属化基金组合投资建议，提高用户活跃度和增强用户黏性，以盘活中国农业银行自有产品；三是让数据说话，集合采集到的用户行为数据，从多线程、同步与异步操作、网络请求、UI 渲染机制、流程优化等多个方面对掌上银行进行持续优化，稳步提升系统性能；四是依托采集的行为数据，对客户体检进行优化，解决客户使用过程中痛点、难点问题，引入场景设计思维对重点金融产品进行改版，为客户提供更加友好、便捷的金融服务。

2. 需要解决的问题

智能掌上银行作为农业银行新零售业务战略转型的核心内容与主要战场，具有重大战略意义，是实现整个零售业务智能化、移动化、场景化和线上线下一体化目标的重要载体与连接点，通过构建智能化的金融服务体系，以期实现更广泛的人群覆盖、更精确的需求洞悉、更友好的服务体验、更即时的服务触达和更强大的风险防控，破解线上"获客、活客、留客"发展难题，引领新时代零售转型发展。

3. 案例应用实践及效果

智能掌上银行投产上线以来，注册用户数增长了 46%，交易金额增长了 77.4%，在践行普惠金融、创新移动产品等方面发挥了积极作用。智能掌上银行推出后，受到广泛认可，在 2018 年新浪财经举办的银行综合评选中荣获"最受欢迎手机银行"奖项后，2019 年度又获得"最佳创新金融科技银行"和"金融扶贫最佳贡献"两项大奖，特别是性能技术及创新等指标位居同业前列。

（三）中国农业银行：掌上银行扶贫商城

中国农业银行扶贫商城是中国农业银行重点面向 592 个定点扶贫县，与中央定点扶贫单位合作共建的，是在掌上银行打造的电商专区，旨在为定点扶贫县产品提供便捷的线上展销平台，方便各类企业或个人在线订购扶贫产品，为中国农业银行及其他中央定点扶贫单位开展消费扶贫工作提供平台支撑。

1. 创新技术/模式应用

近年来，互联网和信息技术不断创新并加速在农业农村普及，为消费扶贫提供了新形式、新手段。中国农业银行发挥城乡联动、点多面广、客户资源丰富、专业队伍过硬、技术力量强大的差异化优势，在金融业界率先推出了"互联网＋扶贫"电商消费扶贫全新模式，为832个国家扶贫重点县的商户和农户提供无偿的电商服务和专业指导，借助农行的渠道和客户实现农产品的全国推广和销售。

扶贫商城是中国农业银行围绕数字乡村发展战略开展场景服务的创新探索。对于个人类客户，将有助于带动掌银流量，促进 II/III 类账户开立，实现批量获客，稳定存款；对于机构类客户，将有助于通过消费扶贫，进一步深化与中央、国家机关及相关企业、各级政府等客户的合作。

2. 需要解决的问题

通过长期的实践探索可以看到，电商扶贫模式能够极大拓宽贫困地区农产品销售渠道，全面提升贫困地区农产品供应水平和质量，在生产、流通、消费各环节打通制约消费扶贫的痛点、难点和堵点，推动贫困地区产品和服务融入全国大市场。

通过共建平台，实现扶贫商城对银政企的开放入驻，持续创新，打造扶贫商城长期运营的全新模式；通过共销商品，发挥中国农业银行强大的线上平台和线下地推团队的力量，全面开展营销合作，通过定向营销、专项营销、联动营销等多种方式，塑造扶贫商城的特色口碑；通过全面共享资源，共享各方的客户资源、营销能力、平台设施和运营服务，与各合作方取长补短、优势互补；建立多方协同的扶贫机制，实现各方的利益共赢。

3. 案例应用实践及效果

截至2019年10月，已经有160家中央机关、事业、企业单位与中国农业银行确定合作意向，50家单位上线中国农业银行扶贫商城。

在扶贫商城的建设中，中国农业银行坚持开放共享、合作共赢的理念，以合作共建的模式，诚邀社会各方共同参与，并得到积极响应。当前党政机关和事业单位共同肩负着扶贫攻坚、定点帮扶的历史使命和目标，通过合作共建集众智、聚众力，促成政府、市场、社会三方互动，实现专项扶贫、行业扶贫、社会扶贫齐头并进，将扶贫攻坚工作做到实处、形成规模，形成全社会广泛参与消费扶贫的大格局。

（四）中国银行手机银行

中国银行手机银行基于传统银行服务和移动互联网客户特点，以智能化、个性化、社交化为建设理念，融合了生活、跨境、投资等各类金融服务场景，应用了人工智能、大数据、图像识别、生物识别、语音识别等众多创新技术，对产品进行智能化、简捷化、个性化、场景化的包装和改造，对客户进行全流程、一站式的引导和帮助，推出多项创新服务，成功构建了智能、开放、整合、特色、互动的一站式移动金融服务平台。

1. 创新技术/模式应用

一是个性展现，千人千面。利用大数据、云计算等新型数据挖掘技术，为客户提供智能客服、智能推荐、智能投顾等服务，为客户提供智能化、自动化的资产管理。打造军人、全球通等专区服务，为不同客群提供专属产品、定制服务，实现"千人千面"。

二是智能交互，瞬时响应。在线客服利用智能语音识别、自然语言处理等新一代人工智能技术，提升互动效率和体验，可根据客户操作行为洞察可能存在的问题，支持文本、语音、视频等多种互动方式，实现消息提醒与在线客服深层联动。引入新型媒体，打造"中银直播间"，近距离、深层次与客户交流客户关心的话题，打通直播和交易。

三是精准识别，安全高效。一是利用人脸、指纹等生物识别技术，建立智能风控体系，降低服务门槛，提升客户金融服务的安全性便利性。二是加强图像识别、语音语义识别等技术应用，简化交易流程，减少客户输入。三是利用增强现实（AR）技术推出外币通功能，结合中国银行在外汇领域的优势，为客户提供有关外币现钞的相关知识与服务。

四是灵活架构，开放共享。具备灵活的架构体系、标准化的技术支持和成熟的管理机制，可快速接入第三方合作伙伴，支持分行本地化创新和一体化特色业务场景拓展。为客户提供差异化服务，分地区、分品类打造特色生活服务场景。

2. 需要解决的问题

痛点一：客户的金融服务需求与客户碎片化的时间、无法前往网点的矛盾。

中国银行手机银行已实现自助注册功能，客户可全流程在线自助开通手机银行；手机银行可提供的金融服务超过200种，已实现线下可迁移产品100%覆盖；对于必须去网点的服务，通过线上线下融合，提供预约服务，减少客户的排队等待时间。

痛点二：复杂的金融服务与客户学习成本、操作体验之间的矛盾。

中国银行致力于打造适应互联网生态的服务与产品，推出宝宝存钱罐、余额理财等服务，操作简单，客户易懂；简化业务流程，通过为客户默认输入项，"猜想"并预填客户的输入内容等方式，降低操作复杂度；积极运用图像识别等技术，减少客户输入，创新操作体验，提升客户使用便利性。

痛点三：客户对于线上金融服务安全性的担忧与为了安全性牺牲服务体验的矛盾。

中国银行手机银行基于生物识别、大数据、云计算、人工智能等新技术，推出人脸识别、事中监控等创新安全认证服务体系及SIM盾、手机盾等创新安全认证手段，既兼顾了安全性，也保障了客户使用的便利性。尤其是针对当前电信诈骗等网络欺诈事件频发的情况，中国银行推出"新一代网络金融事中风控系统"，实现手机银行交易的7×24小时监控，对大额、频繁、可疑等异常交易进行实时阻断。

3. 风险控制

中国银行手机银行项目的实施与投产，均按照全行统一项目管理办法的要求，按照需求评估和细化—技术方案评估—技术排期—开发与测试—功能投产的流程执行，全流程透明，风险可控。

（五）招商银行：金融科技时代手机银行的技术探索与实践

近年来，基于"网点 + App + 场景"战略，招商银行以手机银行为核心，深化运用金融科技前沿技术，全面布局和拓宽业务场景与生态，取得了良好成效。根据招商银行2019年半年报，截至2019年6月末，招商银行App账户总览、招乎、收支、转账、理财、生活、信用卡、活动等8个场景的MAU超过1000万；App理财投资销售金额为3.91万亿元，同比增长30.33%，占全行理财投资销售金额的70%。与此同时，App非金融场景使用率达63.43%。

能取得上述业绩，与招商银行科技队伍锲而不舍的技术探索及实践是分不开的。作为目前招商银行最主要的业务流量入口，招商银行App在高可用系统架构、平台化、智能化、生态化、DevOps能力及系统风控能力建设等方面全方位布局（见图2-4），并持续优化提升，不仅为业务规模的快速发展提供了强有力的支持，更为拓展业务场景生态、发掘业务潜力赋能，成为金融科技时代驱动业务增长的关键动力引擎。

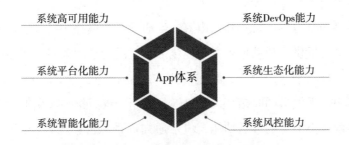

图 2 - 4　招商银行 App 技术布局

1. 高可用系统架构

招商银行提出了手机银行"三年两个亿 MAU"以及打造最佳客户体验手机银行的"北极星目标"。传统的单体架构存在维护成本高、扩展性差、交付周期长等痛点与不足，是无法支撑这样一个 MAU 量级和目标的。为此，招商银行对手机银行系统架构进行微服务化改造，分别从系统解耦和资源解耦两方面着手，解决了 5000 万量级 MAU 的高可用难题。

首先，从垂直方向对基础框架进行分层，分别为视图层、业务层及数据层。视图层主要客户端和前端 UI，相对比较多变，与实现业务逻辑的业务层进行分离，通过调用业务层组件实现业务功能。数据层则提供对外围系统调用的 RPC 组件。

其次，针对单一微服务部署模式存在的资源耦合浪费、伸缩扩展不灵活、应用发布关联影响等问题，通过引入反向代理、流量分类、请求转发等技术，实现对微服务资源部署的解耦，进而可以快速进行针对性扩容，也大大提升了交付能力。原来团队的项目 100 多功能点需要 60 个工作日，现在 30 个工作日就能交付了，大大缩短了交付周期。

2. 系统平台化

招商银行一直非常重视基础设施与平台化建设，通过加强基础设施建设，可以有效整合资源，聚集优势流量，提升自有产品价值服务质量，同时有利于外拓场景生态，扩展业务规模。目前，招商银行围绕手机银行 App，大力建设发展数字化中台，覆盖场景内容、智能运营、活动权益、社交分享、获客等诸多方面。

其中，场景内容平台为社区内容、生活场景及小程序提供经营平台。智能运营平台则提供了活动模组、个性化推荐、活动管理等多种智能运营中台能力。活动权益平台用积分、红包和用户建立行为引导，进行持续行为激励，培养用户习惯，同时拓宽了手机银行使用场景。招乎社交平台提供了公推和个推两大类消息的推送功能，包括通知场景、营销场景、订阅号场景、互动场景等多种能力。获客经营平台则提供了客户转介（Member Get Member，MGM）平台、红包平台、分行专区、网点线上店等中台能力。

基于招商银行的数字化中台，招商银行手机银行业务支撑能力持续提升。目前理财社区频道已达日均访问量（Page View，PV）37.2 万次，独立访客（Unique Visitor，UV）21.1 万次，而生活频道覆盖了超过 10 个生活场景，共计 514 家商户接入活动平台，2018 年共计开展活动 1292 次，每秒处理事务量（Transaction Per Second，TPS）峰值达 24000。

3. 系统智能化

智能化能力方面，招商银行大力发展大数据、云计算和人工智能技术等基础设施，以移动端为核心，在服务、产品、营销、运营、运维等五个方面都实现了不同程度的智能化。

智能化服务是招商银行 App 多年布局的方向。近年陆续推出面容支付、智能提醒、智能推荐、"小麦"智能助理等服务端，持续革新用户智能化体验（见图 2 - 5）。在智能产品方面，推出了智能资讯、智能收支、摩羯智投等产品，通过智能化提升服务质量，提高产品价值。在营销场景拓展方面，招商银行也在进行智能化布局，如"AR 看金""行庆扫 Logo"等，为移动端带了客观的流量增长和转化率。招商银行在运营方面也通过智能化改造降低运营成本，如 OCR 应用、智能舆情监控、智能自动文摘等。通过研发构建天眼监控系统、RTD 风控平台，提高了运维系统的智能化水平，有效提升了系统运维效率及风控能力。

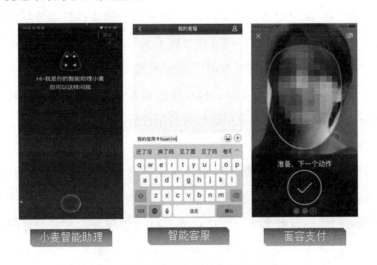

图 2 - 5 招商银行 App 智能产品示例

4. 系统生态化

在生态化能力方面，招商银行 App 提供了丰富的开放能力接口，为快速接入行内网业务场景生态服务，目前一共开放 API 91 个，接入第三方应用1151个，每月授权访问量6081万次，MAU达774万。在场景方面，招商银行App的外拓生态主要覆盖了生活服务、交通出行、监控医疗等多种泛金融场景（见图2－6），将持续增强客户黏性。

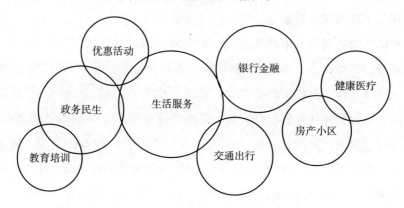

图2－6　招商银行 App 生态化场景

　　凭借统一的账户能力，招商银行 APP 可以轻松支持打通外场景账户体系和用户体系，在安全能力接口方面提供了实名认证、登录认证及生物识别等能力，而支付能力方面则可为第三方应用提供一网通支付及积分支付接口，在设备端提供了 OCR、LBS、NFC 及扫码等终端能力。此外，还开放了埋点数据采集能力，供业务应用进行大数据分析。

　　5. DevOps 能力

　　在 DevOps 能力建设方面，目前已建成了前后端模拟器、自动化编译、自动化测试、自动化发布、智能化监控等全流程的 DevOps 体系（见图2－7），实现交付周期缩短50%，支持每周1000＋次发布，事故响应时间达到分钟级。

图2－7　招商银行 App 全流程 DevOps 体系

除了缩短交付周期，保证系统持续健康稳定运行也是 DevOps 建设的一个重要目标，招商银行 App 团队针对不同的监控环节和视角，研发设计了全面而有效的智能化监控系统。其中，天眼系统有效解决了机房以内的系统监控问题，实现了大数据全链路监控和系统智能预警。花豹系统提供了数据化和量化的度量来评价手机银行各功能的用户体验。长城系统提供了安全监测保障，可实现无侵入式漏洞扫描、无盲点敏感信息检测、无死角后端渗透测试。慧眼系统则提供了智能化用户轨迹分析、业务流程漏斗分析、业务场景复杂度评分等监测机制。

6. 系统风控能力

招商银行基于大数据及人工智能技术，构建了全新一代的实时智能反欺诈平台，可以根据每笔当前交易的设备情况、终端情况、历史交易情况、账户情况等多维度数据进行实时的风险判断，在毫秒级的响应时间内反馈当前交易的风险情况，让前端采取不同的风险应对策略（见图 2-8）。

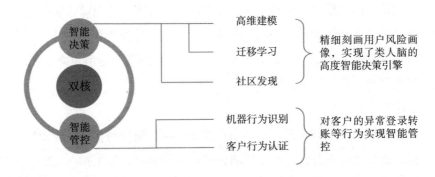

图 2-8 招商银行 App 实时风控平台

（六）平顶山银行手机银行"FIDO＋"认证技术

为打造更安全、更便捷的金融 App，平顶山银行率先使用中国金融认证中心（CFCA）通过 FIDO 国际联盟认证的"FIDO＋"移动端认证解决方案，成为全国首家采用此技术的金融机构。

1. 创新技术/模式应用

根据中国人民银行《关于加强支付结算管理 防范电信网络新型违法犯罪有关事项的通知》规定，自 2016 年 12 月 1 日起，除向本人同行账户转账外，银行为个人办理非柜面转账业务，单日累计金额超过 5 万元的，应当采用数字证书或者电子签名等安全可靠的支付指令验证方式。

"FIDO＋"上线后，产品创新主要体现在两个方面。一是生物识别方面，指纹可替代原手机银行中所有验证码交易的菜单，大大提高了客户体验度。二是数字证书方面，增强了安全级别，在提高平顶山银行手机银行转账额度的同时，也达到了监管要求。数字证书直接下载到手机，免去客户手机银行大额转账借助外设设备的麻烦。

2. 需要解决的问题

作为新一代的电子银行，手机银行让我们的手机成为一个掌上银行柜台，用户可随时随地体验各项金融服务。但在带来便捷的同时，手机银行由于脱离了面对面的业务场景，需要解决身份认证、交易数据合法性等问题，而被广泛使用的短信动态密码、验证码等认证方式安全性较低，仅适用于小额及同名账户转账等业务。当时，部分银行采用了安全性较高的 UKey 认证方式取代手机验证码，但 UKey 等外设硬件成本较高，对用户来说携带不便、操作复杂，体验度欠佳。

3. 风险控制

此方案在风险控制方面，一是完全改变了手机银行的登录流程和交易认证流程，需要测试充分，并且投产前做好前期的客户宣传工作。二是此方案的实施会相应地改变手机银行现有的限额控制，需要修改手机银行限额以及业务确认是否增加落地控制。三是此项目需要网银、手机银行、"FIDO＋"三方配合开发，需要制订统一的实施计划，项目间多沟通、协调，及时通告进度。四是在技术架构方面，"FIDO＋"作为独立上线的系统，需要提供特有的机器以及网络策略。

4. 案例应用实践及效果

"FIDO＋"系统上线后，数字证书和电子签名的应用大大提高了平顶山银行手机银行的安全级别，在提高转账额度的同时达到了监管要求。同时，安全等级的提升不仅未影响手机银行的易用性，反而由于应用了生物识别技术，大大提高了用户体验。而且数字证书直接下载到手机，免去大额转账还需借助外设（UKey、音频 Key 等）的麻烦，客户只需携带手机，即可享受安全、便捷的金融服务。平顶山银行手机银行"FIDO ＋"系统是"FIDO ＋"方案在银行业的成功应用，起到了良好的示范作用。而电子认证和生物识别技术也将为更多的手机银行提供有力的安全保障和良好的用户体验。

（七）威海农商银行"加油即走"的新型支付方式：无感支付

在万物互联的时代，各类支付工具被应用在各类支付场景，无感支付加油方式就是金融科技在加油站支付场景的运用。威海农商银行与中石化威海公司合作开发的"加油即走"新型支付方式——无感支付，通过车牌号与威海农商银行的银行卡绑定，实现车牌就是银行卡，通过加油站专用快速通道，扫描车牌支付加油费，实现客户"即加即走"，为客户带来更加贴心、更加便捷的加油服务，以及更方便的金融支付服务。

1. 创新技术/模式应用

无感支付，指客户在银行方通过车牌号与银行卡绑定，实现车牌就是银行卡，车辆支付加油费无须至收银台排队等待，扫描车牌即可完成支付，加完油直接驶离加油站。无感支付具有下列特性。

一是实时扣款。已经开通无感支付功能的客户加油结束后，由中石化缴费系统计算金额，通过无感支付扫描车牌向银行后台发起扣款请求，银行后台将扣款结果实时返回给中石化缴费系统。

二是交易查询。中石化缴费系统在未及时收到扣款结果或者遇到其他情形时，主动向银行后台发起查询交易，查询某笔交易流水信息。

三是退款。客户发现缴费金额错误或其他情形，由中石化缴费系统主动向银行后台发起退款交易，对某一笔交易进行退款处理，银行后台将处理结果实时返回给中石化缴费系统。

2. 风险控制

一是对于加完油的客户，支付结算完成前，限制客户驶离。二是威海农商银行每月与中石化进行交易额对账，确保双方科目余额核对一致。三是所有资金类交易（支付、收款、批扣等）需要由客户确认才可继续交易。客户开通小额免密后，支付 500 元以下的费用无须输入密码。四是所有非资金类交易（交易查询等）不需要客户确认，随时都可以查询。

3. 案例应用实践及效果

威海农商银行本着做"一家有温度银行"的宗旨，通过异业合作不断地提升服务质量，提高服务效能。本次与中国石化威海分公司合力打造智慧加油站，通过融入信息化、智能化的运营模式，找准客户关于加油效率的痛点，推出更便捷、更智能的无感加油方式。客户实现了无操作、不下车，轻松完成加油、交费全过程，现场加油效率至少提高 2/3。

从社会效益来看，大大减少了客户加油时的等待时间，随加随走，通过为客户带来方便体验，提高威海农商银行社会知名度；同时可以精简加油站工作人员，节约中石化的人力资源开销，为下一步异业合作打下基础。从经济效益来看，加油客户群体庞大，实现无感支付系统与威海农商银行银行卡的绑定，使客户资金优先沉淀到威海农商银行，从而实现无感支付系统的高效性、方便性、实用性、互联性，进一步扩大威海农商银行市场占有率。

（八）中国银联：云闪付 App 扫码缴税解决方案

自 2007 年起，中国银联在中国人民银行的指导下在各地为税务局提供传统线下 POS 刷卡、电子税务局在线支付及税务 App 集成银联手机支付控件缴税等多种缴税支付方式。随着移动支付的发展，为便利纳税人，满足纳税人在税款缴纳过程中使用移动支付的需求，在确保税款等国库资金安全及时缴库的前提下，中国银联通过综合办税缴费平台实现了电子税务局、自助办税终端上二维码扫码缴税业务的落地。

对个人纳税人和广大企业办税人员而言，以往税务申报需要签订税务、银行、纳税人三方委托协议，不仅要求诸多证明材料，纳税人还需要往返银行、税务服务大厅排队办理手续，程序非常烦琐。随着移动支付产品的普及，个人和企业纳税人对快速、便捷、安全的纳税缴费创新形式提出了新的需求。因此，中国银联通过云闪付 App 解决了纳税人跑腿和排队的难题。

纳税人通过税务的网上办税大厅、自助终端、手机办税大厅、征管大厅窗口等完成报税，税务系统生成税单信息，并利用税单信息生成查询缴税二维码。纳税人使用云闪付 App 的"扫一扫"功能扫描该二维码，触发查询缴税。

目前该方案已联合国家税务总局在山东青岛、河南、湖南、福建等地开展试点工作，并应用于发票代开等自助设备、电子税务局/网上办税大厅、柜面税款缴纳等场景，为纳税人缴税提供了多元化的移动支付方式。

2019 年上半年缴税交易 5429.13 万笔，交易金额 4236.89 亿元，同比分别增长 7.47% 和 16.15%。截至 2019 年 6 月 23 日，试点地区（青岛、河南、湖南、福建）扫码缴税交易 21430 笔、11352.71 万元。

（九）中国银联：云闪付卡码合一项目

在手机支付领域，基于 NFC 技术及 eSE 技术的手机闪付业务，与基于二维码、条码的二维码支付业务可谓目前最为普及的两大移动支付方式。这些支付方式也改变了人们日常的消费习惯，便捷、快速的支付只需一个手机即可。但是在二维码业务中，用户仍需解锁手机、打开 App、找到二维码支付入口进行支付，无法与手机闪付流程做到融合统一，且缺乏操作便利性。同时，手机闪付目前仅适用于 NFC 机型，非 NFC 机型受到硬件环境限制并不适用。为了给用户提供更好的支付体验，中国银联联合各手机厂商共同发布了卡码合一产品。

通过手机厂商原生操作系统的支持，实现在锁屏状态下，快捷激活支付能力。从而使银联品牌下手机闪付与二维码支付入口统一，降低用户使用成本，提升支付便捷性。发挥银联移动支付产品在普惠金融中的作用。与市场主流手机品牌合作，基本覆盖2016年起发布的智能机型。根据手机厂商提供的信息，预计2019年底支持卡码合一的智能手机数量达到9.55亿部。

卡码合一项目作为中国银联在业内的首创，有以下几大亮点。一是不打开App就支付，对用户来说极为便捷。二是同时支持NFC和二维码交易，满足用户对不同支付方式的选择。三是可覆盖绝大多数机型，用户基数大。

此方案中，需要解决的问题有以下几点。一是使手机闪付产品适应更多支付场景，满足用户、商户对于非接闪付方式与二维码付款方式的双重支付需求。二是使非NFC机型也具备卡码合一功能，扩大产品的目标用户群。

图2-9　Huawei Pay
支付页面

1. 解决方案

一是与手机厂商合作手机Pay产品作为操作系统原生应用，出厂即自带，具备自动激活或快捷唤醒能力，无须解锁及打开App，融合非接闪付、二维码被扫两种支付方式。二是在用户侧，用户通过指纹或物理按键快捷同时调出银行卡和付款二维码。用户可自行选择通过非接闪付还是通过二维码被扫完成付款。三是在受理侧，中国银联将在商户布放同时支持银联二维码和NFC标签支付的受理标识，用户可以自主选择二维码主扫或标签支付。

目前华为、OPPO、三星等厂商已全机型支持银联卡码合一功能，小米NFC手机已支持，vivo和魅族也已在开发中，基本已覆盖所有安卓主流厂商。例如，Huawei Pay可通过双击电源键，快速唤醒支付页面，同时调出银行卡和付款二维码（见图2-9）。

（十）中国民生银行云签电子合同安全签约平台

随着互联网金融的发展，在线办理金融业务已成为银行服务趋势，业务部门陆续提出了客户在线签署贷款合同需求，实现在业务单据中以电子签章替代现有纸质盖章，以电子手写签名替代现有的纸张签名。在此业务中，需要解决的风险问题包括线上签署电子合同及文本的法律效力问题，即如何在线确认各参与方的真实身份；如何保证交易的完整性；如何保证客户对交易行为的防篡改和抵赖性；如何保证用户信息、交易信息等敏感数据的机密性以及如何保障线上业务司法可靠性不低于传统纸质业务；在出现司法纠纷时，如何出示业务可信证据以还原和判定真实的业务场景等问题。

中国民生银行云签平台，通过对接第三方 CA 认证及保全服务，为用户提供"身份认证≥电子签名≥证据保全≥司法服务"的全流程、"一站式"安全认证服务。

身份认证——提供公安身份认证、银行卡认证、手机号认证、网银UKey 等安全认证；

电子签名——提供场景型/普通型电子签名、电子签章的数字认证及时间戳服务；

证据保全——提供保全及存证服务，将业务关键信息、证据及合同进行固化及保全；

司法服务——以有法律依据的取证方式，提供数字认证/保全的法律效力。

1. 创新技术/模式应用

中国民生银行云签在场景金融等应用场景实现了创新应用。在信用卡场景金融业务中，实现三识别［活体人脸识别（公安部身份认证）、身份证识别、设备指纹识别］、二认证（手机实名制认证、银行卡要素认证）、一合约（符合电子签名法的信用卡领用合约）。通过云签平台实现在线面签，为客户在消费场景中提供现场、实时、便捷的金融服务，实现了商业和成本上的可持续性，提升了金融服务的专业化水平。

2. 需要解决的问题

关键是解决信用卡线下业务无法实时激活的问题。根据信用卡业务监管规定，对申领首张信用卡的客户，发卡机构要对客户亲访亲签，不得采取全程自助发卡方式；用卡场景金融商户分期交易中，新客户在线提交信用卡申请，通过线下方式无法实时激活信用卡；通过线上渠道申请的信用卡并审核通过，在收到实体卡片前，客户通过在线激活信用卡部分功能并使用，实现获新客、信用卡激活使用和分期交易功能。

3. 风险控制

云签平台支持人脸识别、银行卡要素认证、手机号实名认证和金融UKey验证等身份验证手段。人脸识别采用公安部第一研究所的"人、二代证、居民身份证网上副本"三位一体认证模式，金融UKey采用与中国金融认证中心合作，支持他行签约的UKey进行身份识别和认证。同时，平台采用的是针对自然人或企业签发的、标识自然人或企业身份、同时记录和认证当前业务办理场景信息的数字证书，它通过证据固化，保障场景证据链的可鉴定性，还原业务场景发生过程，从而证明事件真实存在。从目前出现的司法判例来看，采集客户业务操作时的多维证据，结合场景证书数字签名和时间戳验证，可以提升司法鉴定的准确性。云签平台可以支持电子认证机构和司法鉴定中心出具数字签名验证报告和电子数据鉴定报告，积极应对无纸化及线上业务所带来的风险挑战。

4. 案例应用实践及效果

云签平台解决了无纸化及线上业务的安全需求，在业务出现司法纠纷时可以提供具备法律效力的证据信息，解决了业务发展过程中的安全风险问题，同时可以助力无纸化业务实现优化客户服务流程、节约运营成本、提高业务办理效率以及提升客户体验。云签平台自2019年1月上线以来，陆续接入了信用卡在线面签业务、小微贷款线上合同签署、直销银行贷款合同签署、海关单一窗口、中企云链、供应链融资等十多种业务场景，有力地支持了全行互联网金融业务发展，累计签署合同63万次，支持多家分行提取相关证据文件。

（十一）中国银行：跨境支付服务

作为国际化程度最高的商业银行之一，中国银行充分发挥跨境业务优势和分支机构遍布全球的网络优势，在积极发展国内移动支付的同时，充分联合银联国际等国际卡组织，积极开展跨境移动支付的产品创新及业务推广，不断完善产品布局。

一是在服务境内客户走出去方面，中国银行与银联合作，不断完善移动支付产品布局，参与了 Apple Pay 等各类 NFC 支付产品以及银联二维码支付产品的首批发布，同时积极推出了 Huawei Watch 支付、Swatch Pay 等可穿戴支付产品，为持卡人提供多样选择，满足持卡人不同的支付需求，客户在境外支持受理银联非接或二维码收单的商户可以直接进行闪付或二维码消费。此外，中国银行是国内首家全面支持 VISA 与万事达卡（Master Card）品牌 HCE 产品的商业银行，支持中国银行持卡客户申请两大卡组织的 HCE 卡片，进行跨境消费。

随着二维码支付的持续升温，中国银联联合 VISA、万事达卡等卡组织推出了全球统一规范的二维码的 EMVCo 标准。2018 年 2 月，中国银行手机银行首先推出银联跨境二维码支付，支持境内客户持手机银行在境外进行扫码支付，为境内客户"走出去"又提供了一种便捷的移动支付产品。

二是在服务境外客户方面，中国银行统筹境外分行及附属机构，积极与银联国际等卡组织开展合作，针对当地持卡客户，推出各类手机闪付及二维码支付产品，满足当地客户的移动支付需求。2017 年中银卡司作为香港地区首家发卡机构支持银联 Apple Pay 的上线发布。2017 年 12 月，中国银行新加坡分行完成银联信用卡的符合 EMVCo 规范的二维码支付，支持本地银联持卡客户进行境内外的扫码支付。2018 年 9 月，银联国际推出云闪付 App 港澳版，支持港澳当地客户实现境内、境外两个标准的二维码支付，中国银行跟进推动中国银行澳门分行首批接入银联云闪付 App 港澳版，直接实现澳门当地大部分客户在云闪付 App 中绑卡并进行二维码支付，助力粤港澳大湾区移动支付发展。

此外，中国银行目前还联合银联国际启动了海外分行 Huawei Pay 及可穿戴设备的产品建设，支持海外本地银联持卡客户可以加载 Huawei Pay 及 Garmin Pay，其他海外分行也在积极部署相关产品的支持。

第三节　移动金融发展趋势

——5G 带来新机遇

（一）金融科技全面支撑移动金融快速发展

"金融科技"目前已是各大金融机构尤其是商业银行转型变革的关键词，各金融机构都在积极加大金融科技投入力度，力图以最前沿科技手段为支撑，辅以轻量化的敏捷部署、差异化的客户细分、线上化的风控机制等有效手段推动移动金融快速发展。

1. 应用大数据技术深度挖掘客户推进移动金融发展

当前金融科技对移动数据的应用，从移动大数据分析，逐渐向增强客户认知能力转变，以达到精准服务客户、提升用户体验的目的，其关键是发掘大数据中的"智慧"，把数据优势转化为业务优势，以此为基础为客户提供满足个性化需要的移动产品和服务。例如，在客户行为分析、日志分析以及精准用户画像基础上，为客户推荐定制化金融产品。

同时，大数据技术在风险防控中的应用，推动了客户评级、信用卡、反欺诈等领域风险防控能力的提升，再加上与第三方互联网公司的战略合作，整体推动了信息的共享，并丰富了数据的宽度和厚度。

未来移动金融应用将全面以大数据分析为基础，提供给客户越来越精准的个性化应用，同时不断提升利用数据协助进行风控的水平。

2. 应用人工智能技术构建更加智能的金融服务

人工智能在移动端的崛起不是偶然，它从应用、运营、风控等多方面推动了移动金融智能化的转型。在移动支付方面探索指纹、人脸、智能语音ID、虹膜验证等生物识别技术，逐步取代传统的短信验证码功能；在智能服务方面，各种语言输入、AI 的植入，使人工智能在移动端的应用更具人性化和科技感；在智能外设方面，以"万物互联"的思想向外延伸，真正让金融服务无处不在。由此可见，加速移动金融在人工智能方向的技术探索，是把握并引领移动金融未来科技化的发展方向。

3. 构建更加开放的金融平台

打造开放发展这个战略支点，是未来移动金融实现互联网化的必要基础，也是深化各行科技转型的重要手段。面对移动互联新常态，如何"走出去"和"请进来"，让建设移动金融的道路越走越宽，是近年来各家机构的重中之重，关键就是如何实现"优势互补、资源共享、互利共赢、合作创新"，从而实现数字化金融服务在客户生活中的常在线。

4. 借助新技术研究和应用是传统银行优势注入移动金融领域的关键

借用凯文·凯利在《必然》中所说的话，"科技进步使越来越多的东西以指数级的速度增加，一切都在增长，只有人类的注意力是固定的，结果必然是人类的注意力越来越稀缺，用户时间越来越宝贵"。[①] 反映在移动金融方面，新技术的发展和应用是提升移动金融产品的实时性和便捷性的关键，所以借助新兴技术赋能更多金融服务场景，将传统银行优势注入新兴金融服务领域，才能更好地在移动金融市场中发掘生存空间。

（二）移动金融进一步加速普惠金融，场景金融发展

移动金融的可获得性和服务便捷性持续提升，将有效助力破除普惠金融服务难题，惠及 C 端和小 B 端客户。

1. 移动金融服务成本将持续下降

近年来，移动互联网普及范围继续扩大、基础设施不断完善，政府出台数字乡村建设规划、网络提速降费等政策，移动金融服务获取成本有望进一步降低。另外，传统金融机构和互联网公司不断丰富移动端金融产品线，优化支付和融资类产品，推出保险及公益类产品，将使广大地区、各类客群享

---

① 凯文·凯利（Kevin Kelly）：《必然》，电子工业出版社，2016。

受到更为多样化的金融服务。

2. 移动金融技术变革将持续深化

借助人工智能、大数据等金融科技，移动金融与智能语音、生物识别等技术深度融合，有效提升客户体验。支付宝曾宣布，2018 年"双十一"期间，六成用户通过指纹或刷脸方式进行支付，生物认证在支付场景的应用已经得到普及，业界普遍认为"刷脸支付"有望取代二维码支付成为新的主流支付手段。可以预期，随着各类智能化手段的深入应用，移动金融将惠及更多场景，为更多特殊客群提供便利服务。

3. 移动端应用继续占据流量主入口，将在场景金融构建中发挥更大作用，聚合 G 端和大 B 端客户

场景金融将过去对 B/G 端客户提供的直接金融服务，进一步发展为依托互联网平台和数字化手段，与 B/G 端客户共建生态，并嵌入金融服务的新模式。移动端作为 C 端客户消费、社交的主渠道，将成为各家机构争夺场景金融的主战场。移动金融在产品体系、服务流程、技术应用方面的创新，将有助于推动场景金融进一步发展。

（三）移动金融安全成为行业焦点

移动金融给人们的生活带来了极大的便利，但随着移动金融市场的需求加速增长，移动金融 App 的开发与应用也呈几何数量递增，移动金融在创新与安全的博弈中发展，安全问题越发引起重视。移动安全已经成为很多公司网络安全威胁来源的"头牌"，随着智能手机的普及、应用日渐多样化，以及互联网不断深入人们的生活，移动端承载了比以往更多的数据信息，其中不乏敏感信息，这也招致了大量外来者攻击。

1. 针对移动 App 持续不断攻击对移动金融行业造成了极大威胁

反编译、病毒植入、越权攻击、信息截取、钓鱼等攻击给移动金融行业造成了大量经济损失，同时严重影响了企业声誉，而且黑产的攻击和手段也在快速迭代，使防御难上加难。随着公共 WiFi 数量的增长，安全隐患也随之增加。根据安全公司 Wandera 的研究，企业中，移动设备使用 WiFi 的概率接近使用流

量的三倍，其中有近 1/3 的设备会连接到开放且不安全的网络，并且有 4% 的设备在近一个月内遭到过中间人攻击。调查显示，在公共网络覆盖的区域中，只有不到一半的供应方愿意主动为他们的网络提供安全防护。

2. 金融、支付、清算等机构正在强化自身移动 App 安全性

为了保证金融 App 的安全性，各机构建立一套完备的应用安全防护体系是非常有必要的。一是加强源代码缺陷静态分析检测，对目标代码从语法、语义到数据流等多种方式进行全面静态分析。二是加强代码的安全审计，将 App 安全设置为投产上线前的一道关卡。三是加强对产品的测试，对产品兼容性、性能、安全渗透等方面进行充分测试，为产品安全保驾护航。四是对 App 进行全方位加固。采用安全防范技术对移动应用采取 App、SDK、H5、传输协议等方式加固，确保应用安全。五是强化事前、事中、事后的一体化风控，使大数据技术与 App 安全有机融合。

移动 App 的安全将成为金融业信息安全最重要的课题，各种安全防护的技术手段、管理要求等会逐渐重塑金融行业现有的信息安全整体架构。

3. 监管机构启动了 App 安全标准化相关工作

早在 2015 年，中国人民银行先后推出了《关于推动移动金融技术创新健康发展的指导意见》《非金融机构支付管理办法》《非金融机构支付管理办法细则》等文件，肯定了移动金融是丰富金融服务渠道、创新金融产品和服务方式、发展普惠金融的有效途径和方法。然而随着科技创新使移动金融发展不确定因素的倍增，监管难度增大，监管机构对于移动金融产品其行为的指引和保护作用不强，各类法规也存在约束力不够的情况。2017 年 6 月 1 日起施行《中华人民共和国网络安全法》，监管机构进一步加大了对移动端安全的监管力度。此外，《中国人民银行关于进一步加强银行卡风险管理的通知》《国家开发银行监督管理办法》《中国人民银行办公厅关于开展支付安全风险专项排查工作的通知》等都对移动端安全提出了明确要求，对提升移动金融网络安全防护水平，保障移动网络安全具有重要意义。随着移动端承载的业务种类越来越多，与客户交互的方式越来越多，针对移动金融监管及标准化的工作将会进一步加强。

（四）流量为王到"留"量为王，App 营销策略转变

随着互联网的兴起与发展，各类企业纷纷加入线上流量的争夺，见证了从线下到线上、从渠道为王到流量为王的转变。从 PC 到移动互联网，一批搭乘流量红利快车的互联网巨头急速崛起，谁能吸引更多流量、谁拥有更多的流量，谁就能在这个时代里赚钱。"流量为王"成为互联网时代的不二法则。然而人们在追逐流量的同时，从流量走向变现的路也越来越坎坷。在保持多年高速发展之后，中国互联网时代的人口红利已被渐渐消化，线上用户规模增长减缓，增量上升空间十分有限。流量获取已经越来越困难，获客成本也是居高不下。毕马威《2018 中国零售服务业白皮书》提到，近年来线上获客成本不断上升，头部电商的平均线上获客成本突破 200 元，已超过线下获客成本。但是互联网越发达，信息越过剩，获得关注就越困难，广告的转化率变得越来越低。于是，获取新流量的价格变得越来越高的同时，单位流量的价值也变得越来越低。

在增量无法再持续提升的时候，从追逐"流量"转变为追逐"留量"，深挖"留量市场"的增长潜力，重视顾客终身价值，成为企业运营的重要命题。随着线上流量红利的消退，各大巨头都在加速推进会员制，试图将已有流量资源紧紧攥在手中，比如阿里借力"双十一"，正式推出针对"88VIP"会员的超级福利和超级权益，重新定义了传统的会员体系。会员制并不是一个新鲜的生意，在近几年的中国，各种形式的会员制玩法层出不穷。从 2014 年开始，各大视频、音乐平台的会员制已经培养了年轻人消费会员这一产品的习惯，喜马拉雅、得到、知乎等知识付费产品越来越被消费者接受，携程、途牛、同程艺龙也在旅游行业进行付费会员的尝试。付费会员已经渗透各个生活领域。付费会员在 2018 年迎来蓬勃发展，甚至有行业声音称 2018 年可以被看作"中国的会员消费制元年"。对用户来说，购买付费会员是为了获得更优惠的价格、更优质或个性化的服务；对企业来说，当流量获取变得越来越艰难，付费会员不仅增强了用户黏性，也成为提升用户活跃度的关键。

供给过剩的时代，会员制、网红店、买手店等都是基于用户的信任，帮助用户做筛选。通过为用户创造价值和福利，用户愿意长期固定留在这个地方进行消费。真正的信任经济正在到来，在这个时代，"留量"可能才是生存之道。

（五）5G 技术加速移动金融发展

5G 成为国家意志和下一个十年的战略高地，成为各国数字化战略的先导领域。在我国政府的支持下，结合技术创新和商业创新，5G 迎来发展历史机遇。与 4G 相比，5G 是一种全新的网络及通信架构，它可提供峰值 10Gbps 以上的带宽、毫秒级别的超低延时及高密度设备连接，并将成为各国信息产业智能化升级的基础设施，覆盖范围十分广泛，为包括银行业在内的金融机构注入新的活力。

真正意义上的 5G 带来的改变并非仅局限于通信层面，重要的是它将万物更加广泛、智能、安全、紧密地联系了起来，为 B2C 向 B2X 演进搭建了桥梁，新的融合与关联才是为金融服务带来创新升级的关键。从科技角度来说，现有的物联网、人工智能、生物识别、云技术、区块链等都将在 5G 的基础上，释放更多、更大的能量。

5G 带来最直接的体验。在汇款、购买投资理财产品等场景中经常会遇到等待交易结果的情况，有时还可能因为超时而交易失败。5G 的到来，将通信延时降低到 1 毫秒，比以往缩短了几十倍。现有的金融服务流之间的延时等待，用户将几乎感受不到它们的存在。

5G 突破传统网点限制。传统银行网点模式中，排队太久、去网点不方便等问题也在影响人们对银行的评价。未来，可以在 5G 技术的基础上结合 AR、VR 等沉浸式技术打造虚拟的银行网点，与生物识别、远程实时视频互动等场景结合起来，创新银行与客户的互动模式，将线下网点的操作升级为线上办理，突破时空的限制。客户无须跑到银行网点，在任何地方通过便携设备即可享受极致的金融服务。

5G 提供质量更高的服务接口。5G 赋予了万物互联的能力，现在物联网的体量和场景都将变得更加庞大和广泛。也就是说，未来的"物体"可能成为社会的一员，物与人可进行智能交互，可向金融机构发起支付、结算、投资等请求，数据请求的数量与频率都将呈现指数级的飙升。由此，面对更加智能的物，现有金融体系的交互界面、安全认证方式、交易流程处理等对外提供的服务的接口，都需要在更多层面上进行梳理，最后实现与智能物体的无缝对接。

5G 促进智能化风险管控。5G 背景下，大量智能设备会产生更加丰富多样的数据。金融企业可将收集来的普遍性数据进行归类整理，得出社会中的资金流向、投资热点、舆论聚焦等关键信息，从宏观上预防和避免金融风险的发生。另外，针对特定用户的风险管控，可将其与相关的资产进行物联网管理，如个人的车子、房子，企业的生产线、仓库，帮助实现更高效的风险管控与经营。

专栏　5G 技术

1.5G 的产业发展现状与未来展望

随着信息社会从网络化到智能化的转变，5G 作为未来智能世界万物互联的基础技术，是当前信息技术制高点。在 4G 时代，有超过 40 亿人通过移动互联网连接。随着 5G 的发展，未来有更多人与人的互联，并且到 2025 年，预计有超过 900 亿的物通过无线互联，包括智能驾驶、智能制造、智能家居等垂直行业应用。

5G 产业生态逐渐成熟，经过不懈努力，当前 5G 标准化已经从 3G 的 3 个标准、4G 的 2 个标准，发展到全球统一标准。2018 年 6 月 14 日已经冻结的 R15 标准，支持 5G 的 eMBB（大带宽）应用，标志着 5G 正式具备商用条件。2019 年底，5G 的 R16 标准也将要冻结，支持 uRLLC（低时延，高可靠）和 mMTC（海量互联）应用，标志着 5G 将逐步赋能垂直行业数字化发展。各国政府对 5G 频段也纷纷做出规划，包括中国、美国、日本、韩国、英国、法国、德国等，3.5G 赫兹频段的 C 波段成为全球主流频段。此外，在 5G 终端的发展上，2019 年下半年，华为、三星等发布 5G 手机，预计两年后，5G 的千元机将普及。支持行业应用的模组和终端将在 2020～2021 年上市，标志着 5G 全面向垂直行业的应用延伸。

展望未来，5G 已经成为未来数字化转型的基础，成为社会经济发展的新发动机，促进业务创新，挖掘消费潜力，扩大消费总量，激发各个领域加大数字化投资。国内运营商 5G 网络投资在 2023 年将达到 3000 亿元人民币，之后逐渐回落。但是行业的 5G 应用投资将从 2020 年的 540 亿元达到 2025 年的 1500 亿元，此后还会继续增加。到 2035 年，5G 全球创造的经济产出将达到 12.3 万亿美元，相当于所有美国消费者在 2017 年的全部支出，并超过了 2016 年中国、日本、德国、英国和法国的消费支出总和。2020～2035 年，5G 对全球实际 GDP 增长的贡献预计相当于一个与印度同等规模的经济体量。

2. 各个国家从政策层面积极推进 5G 产业发展

5G 作为未来数字化的基础设施，各国政府积极推进 5G 产业发展，争夺未来 10 年 ICT 新兴产业主导权。

中国政府一直积极推进 5G 产业的发展。2018 年 12 月 6 日，工信部向三大运营商发布 5G 中低频段试验许可，紧接着 12 月 19～21 日召开的 2019 年中央经济工作会议明确将"加快 5G 商用步伐"列入 2019 年重点工作。2019 年 6 月 6 日，工信部在北京正式向中国电信、中国移动、中国联通、中国广电发放 4 张 5G 商用牌照，我国由此进入 5G 商用元年。中国信息通信研究院《5G 产业经济贡献》认为，预计 2020～2025 年，我国 5G 商用直接带动的经济总产出达 10.6 万亿元，5G 将直接创造超过 300 万个就业岗位。

美国把 5G 作为国家战略。2018 年 9 月 28 日，特朗普召集美国四大运营商高管、FCC 主席、国家经济委员会主任，发布"5G FAST"战略。加快 5G 频谱的发放，计划把 800M、900M 频段用于 5G，释放更多的毫米波资源，更新基础设施政策。FCC 发布行政命令，要求地方政府减轻小站建设负担，缩短获取站点的时间和降低难度。撤销"网络中立法"，进一步刺激投资和创新，鼓励基础设施投资，鼓励建设光纤网络。

韩国在 4G 发展基础上，瞄准 5G 全球第一波商用。韩国政府倡导全产业参与 5G 建设，在《未来增长动力落实计划》中积极实践国家层面 5G 战略，启动 GIGA Korea 项目，成立韩国 5G Forum，力争全球领先地位。2018 年 6 月韩国正式完成频谱 3.5G 和 28G 毫米波拍卖，2018 年 12 月 1 日宣布 5G 网络商用，主要覆盖首尔，2019 年韩国 85 个城市开始规模建设。

此外，2016 年 9 月，欧盟宣布 2020 年各成员国中至少有一座城市实现 5G 商用，2025 年覆盖城区和主干道。2018 年 2 月欧盟第二次发布 5G 频谱意见，细化 5G 频谱，力争 5G 时代重回第一阵营。英国的目标是建立 5G 领导地位，到 2030 年为英国带来 1730 亿英镑的 GDP 增长。日本计划 2020 年面向奥林匹克运动会实现商用，2022 年实现全国覆盖。

3.5G 关键技术及其应用

3GPP 对 5G 的定义中明确，在移动宽带领域支持峰值 20Gbps 速率，平均下行带宽 100Mbps，频谱利用效率比 4G 提升 3 倍，支持高清视频、AR/VR 等大带宽应用。在超低时延领域支持 0.5 毫秒的空口时延，支持自动驾驶、工业互联网等对实时性极致要求的场景。在移动性方面，支持低于每小时 500 千米的移动通信，满足高铁的通信需求。在海量连接方面，支持每平方千米 100 万连接数，支持物联网的应用。

5G 新技术的应用是 5G 性能大幅提升的关键，比如信道编码、多天线、端到端切片网络等方面。

在信道编码方面，5G 采用 Polar（极化码）和 LDPC 码，Polar 码是世界上唯一能够被理论上严格证明达到香农极限的信道编码方法，能够大大提高 5G 编码性能，减低设计复杂度，确保业务质量。

Massive MIMO 多天线技术在 4G 的基础上，又做了大幅的提升，能够在水平和垂直平面通过更窄的波速实现更精准地面向用户，降低用户间的干扰，相比 4G 实现 10 倍的容量增益。

端到端切片网络是 5G 承载网络的技术变革。在 5G 时代，移动网络需要服务各种类型和需求的设备，包括移动宽带、大规模物联网、任务关键的物联网。他们都需要不同类型的网络，在移动性、计费、安全、策略控制、时延、可靠性等方面有各不相同的要求，单一的承载网络不能满足业务需求。网络切片，本质上就是将运营商的物理网络划分为多个虚拟网络，每一个虚拟网络根据不同的服务需求，比如时延、带宽、安全性和可靠性等来划分，以灵活的应对不同的网络应用场景。基于 SDN、IPv6 和 FlexE 技术结合的新一代 5G 承载网络，提升了网络性能，增强了灵活性，为 5G 商用提供了基础。

4.5G 行业应用案例

4G 改变生活，5G 改变社会。4G 时代得益于移动互联网的发展，使我们每个人的生活发生巨大变化，移动互联网在社交、购物、娱乐、金融服务等各个方面改变我们生活。5G 将深入垂直行业，使千行百业发生巨大变化，构建数字化的智能世界。

在高清视频和 VR 类应用领域，5G 使 4K 甚至 8K 的超高清视频和 VR 云端应用具备条件，未来十年 5G 用户月均流量有望增加 7 倍，其中 90% 将被视频消耗。2025 年，VR/AR 市场规模将超过 800 亿美元，在医疗领域将颠覆传统的医疗检测，在教育行业将成为标准的教育工具。

在自动驾驶领域，5G 的超低时延满足远程驾驶、车辆实时控制等需求。5G V2X 车联网与 ADAS（高级驾驶辅助系统）的结合将最终实现无人驾驶。5G V2X 业务场景包括车辆编队驾驶、传感器扩展、先进驾驶和远程驾驶。

在智能电网领域，差动保护的端到端的时延要小于 15 毫秒，5G 的低时延网络很好地满足了这一需求，相比自建光纤网络成本节省了 80%。另外，5G 网络切片具有与电力专网同等级的安全隔离型，建网成本节省了约30%。基于 5G 和无人机视频回传可以实现自动巡检，基于 5G 物联网可以实现自动计量，减少人工维护的成本。

在工业互联网领域，5G 网络超低时延数据传输和超高密度的连接提供了智能工厂远程操控大量工业机器人所需要的高精度、高强度交互，同时增强云与边缘计算的协同。

5.5G 在金融行业试点：网点转型

银行具有非常突出的"连锁经营"特点，分布在各地的网点，曾是银行接触客户最主要的媒介。随着移动互联网的兴起，网上银行、手机银行等线上渠道正在悄然改变人们的生活习惯，银行网点也出现缩减数量的迹象。尽管网点规模在收缩，但是下降幅度很小。例如，中国工商银行2018年缩减的网点数量不到全部网点数量的1%，未来物理网点仍是银行运营、销售和解答客户咨询的重要渠道之一，不可取代，但是转型不可避免。在5G网络技术支持下，银行网点向智能化又迈出了一大步。

银行网点的转型，将以围绕业务为中心转变为以新产品营销和客户体验为中心。另外，移动银行、远程银行成为未来新的亮点，扩大银行覆盖范围，精准服务客群。混业经营的银行将出现，银行融入更多的生活场景，比如家居银行、咖啡银行、汽车银行等，提供泛金融服务。而在这些过程中，云计算、人工智能、5G、物联网等金融科技将发挥重要的作用，为网点创新和转型发展带来了全新的机遇。

未来的网点技术架构，将是"端边管云"一体化架构，网点不在是一个孤立的孤岛，而是云端利用AI、大数据等技术，依托5G和IoT的边缘计算能力，实现金融营业厅人、物、环境的融合，将科技无缝融入营业厅网点，支持从人脸VIP识别、门禁管理、大屏/VR互动等，做到营业厅业务及环境可视、可控、可管，构建创新的金融5G营业厅，实现智能化转型。

（1）通过5G、WiFi、NB-IoT等网络接入设备，支持营业厅设备多种方式互联、快速搭建，实现设备数据远端高速接入和视频大带宽数据高速回传。

（2）基于API集成平台支持设备、应用、物联网、大数据及AI间跨网跨云集成，消除物理世界与数字世界的隔阂，打造智慧银行营业厅创新应用及创新体验。

（3）基于边缘计算能力与云端大数据AI技术结合，实现边缘侧视频分析、人脸抓拍，VIP识别、大屏实时互动等边缘侧数据的实时分析处理，提供个性化科技体验。

（4）结合大数据、AI、IaaS、PaaS等技术提供云端数字化转型平台，支撑智能网点应用的构建，实现对5G智能营业厅的集中式管理。

参考文献

全球移动通信协会：《中国移动经济发展报告 2019》，2019 年 3 月。

中国互联网络信息中心：第 44 次《中国互联网络发展状况统计报告》，2019 年 2 月。

中国互联网络信息中心：第 43 次《中国互联网络发展状况统计报告》，2018 年 8 月。

尼尔森市场研究：《2018 年中国移动支付境外旅游市场发展与趋势白皮书》，2019 年 2 月。

益普索：《2018 第四季度第三方移动支付用户研究报告》，2019 年 3 月。

易观千帆：2018 年第 4 季度《中国第三方支付移动支付市场季度监测报告》，2019 年 3 月。

国家金融与发展实验室：《中国支付清算发展报告（2019）》，2019 年 6 月。

中国人民银行：《中国人民银行关于进一步加强银行卡风险管理的通知》，2017 年 3 月。

中国银监会：《中国银监会办公厅关于加强网络信息安全与客户信息保护有关事项的通知》，2016 年 11 月。

中国人民银行：《中国人民银行办公厅关于开展支付安全风险专项排查工作的通知》，2018 年 9 月。

第三章 金融云计算

第一节 金融云计算发展概况
——金融云高速发展,细分领域侧重不同

云计算已经成为全球信息产业界公认的发展重点,各国政府积极通过政策引导、资金投入等方式加快本国云计算的战略布局和产业发展,全球信息产业企业不断加快技术研发、企业转型以抢占云计算市场空间。目前我国云计算产业保持了较好的发展态势,创新能力显著增强、服务能力大幅提升、应用范畴不断拓展,已成为提升信息化发展水平、打造数字经济新动能的重要支撑。以人工智能、区块链、云计算、大数据为代表的新技术快速发展,在金融领域重构了客户关系、业务模式、运营体系,对金融格局产生了深远影响,金融科技已成为推动金融转型升级的新引擎。

(一)云计算的环境

1. 云计算市场环境

2018 年我国云计算市场规模达到 962.8 亿元,增速为 39.2%,显著高于全球其他市场。公有云市场规模达到 437 亿元,相比 2017 年有微弱的增长,预计 2019~2022 年公有云方面能够保持快速增长,2022 年市场规模将超过 1700 亿元。私有云市场规模达 500 亿元,虚拟主机相比 2017 年也有 20% 的增长速度,预计未来几年将稳步增长,2022 年将达到千亿元市场规模。云计算在未来将成为我国信息技术发展的重要领域之一。

全球云计算市场规模总体呈稳定增长态势。2018 年以 IaaS、PaaS 和 SaaS 为代表的全球公有云市场规模达到 1363 亿美元,同比增长 23.01%。

预计未来几年市场增长率保持在 20% 左右，2022 年市场规模或将超过 2700亿美元（见图 3-1）。

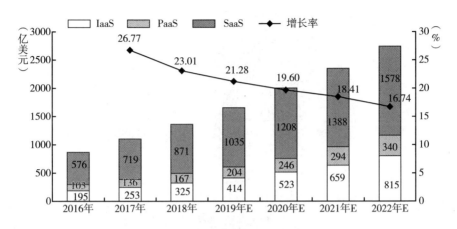

图 3-1　全球云计算市场规模及增速

资料来源：Gartner。

IaaS 市场保持快速增长，2018 年全球 IaaS 市场规模达 325 亿美元，增速为 28.46%，预计未来几年市场平均增长率将超过 26%，2022 年市场规模可达到 815 亿美元。

PaaS 市场增长稳定，2018 年全球 PaaS 市场规模达 167 亿美元，增速为22.79%，预计未来几年市场平均增长率将超过 22%，2022 年市场规模可达到 340 亿美元。

SaaS 市场增速减缓，各类服务类型占比趋于稳定，2018 年全球 SaaS 市场规模达 871 亿美元，增速为 21.14%，预计 2022 年增速将降至 13.69%，市场规模可达到 1578 亿美元。其中 ERP、办公套件、CRM 仍然是 SaaS 主要类型，拥有 3/4 市场份额，商务智能应用、项目组合管理等服务增速较快，但整体规模较小（见图 3-2）。

2018 年全球云计算市场总体规模超过 800 亿美元，较 2017 年的 550 亿美元大幅增长了 46.5%。在全球云服务提供商的年度排名中，亚马逊 AWS依然一骑绝尘，以 254 亿美元的营业收入和 31.7% 的市场占有率大幅领先

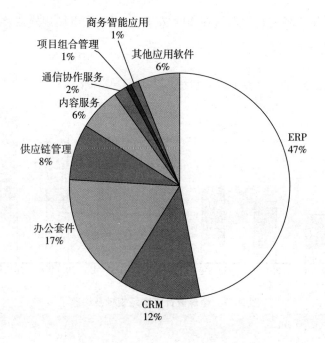

图 3 - 2　2018 年全球 SaaS 细分市场占比

资料来源：Gartner。

于市场中的其他玩家。而微软 Azure 则以 135 亿美元营业收入和 16.8% 的市场占有率排名第二位。谷歌云依旧排名第三位，营业收入 68 亿美元，市场占有率为 8.5%。中国的阿里云则以 32 亿美元营业收入和 4% 的市场占有率排名第四位。排名第五位的 IBM 市场份额从 2017 年的 4.7% 跌至 2018 年的 3.8%，而其他厂商的总体份额更是从 2017 年的 40.8% 降至 2018 年的 35.2%（见图 3 - 3）。

　　我国公有云市场保持高速增长，2018 年我国云计算整体市场规模达 962.8 亿元，同比增长 39.2%。其中，公有云市场规模达到 437.4 亿元，相比 2017 年增长 65.2%，预计 2019～2022 年仍将保持快速增长态势，2022 年市场规模预计将达到 1731.3 亿元（见图 3 - 4）；2018 年私有云市场规模达 525.4 亿元，较 2017 年增长 23.1%，预计未来几年将保持稳定增长，2022 年市场规模将达到 1171.6 亿元（见图 3 - 5）。

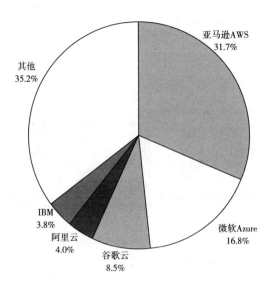

图 3 - 3　2018 年全球云服务厂商市场占比

资料来源：Canalys。

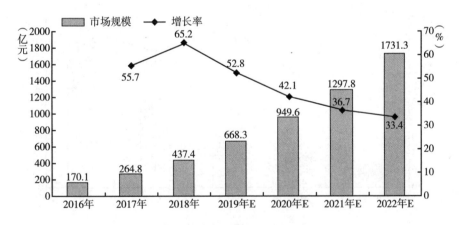

图 3 - 4　中国公有云市场规模及增速

资料来源：中国信息通信研究院。

　　IaaS 依然拥有公有云市场的主要份额。2018 年，中国公有云 IaaS 市场规模达到 270.4 亿元，相比 2017 年增长 81.8%。PaaS 市场规模为 21.8 亿元，相比 2017 年上升了 87.9%。未来几年企业对大数据、游戏和微服务等 PaaS 产品的需

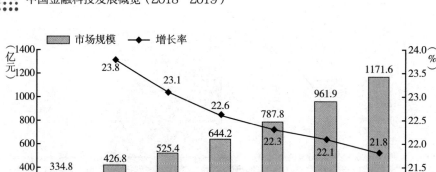

图3-5　中国私有云市场规模及增速

资料来源：中国信息通信研究院。

求量将持续增长，PaaS市场规模仍将保持较高的增速。SaaS市场规模达到145.2亿元，与2017年相比增长38.9%，增速较为稳定（见图3-6）。

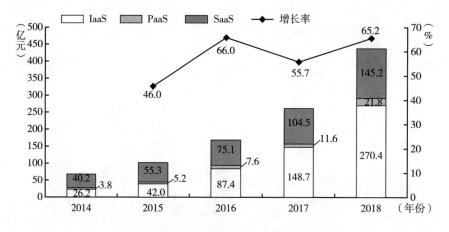

图3-6　中国公有云细分市场规模及增速

资料来源：中国信息通信研究院。

硬件依然占据私有云市场的较高比重。2018年私有云硬件市场规模为303.4亿元，占比为71.1%，较2017年略有增长；软件市场规模为66.6亿元，占比达到15.6%，与2017年相比减少了0.2个百分点；服务市场规模为

56.8 亿元，占比较 2017 年减少了 0.3 个百分点（见图 3-7）。究其原因，主要是我国云计算软件行业发展较为落后，软件价值不被重视。预计未来随着用户对软件和服务的需求及重视程度的增长，市场占比将会逐步提升。

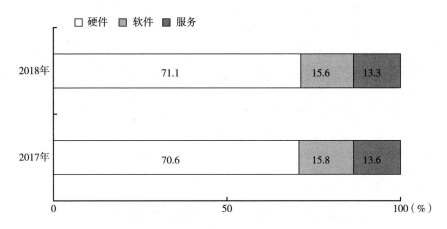

图 3-7 中国私有云细分市场构成

资料来源：中国信息通信研究院。

2. 金融行业云市场

金融云四个细分领域在监管要求和业务需求上有显著区别，导致金融云在行业应用时产生了不同的侧重（见图 3-8）。

在银行领域，行业对服务可用性和数据持久性要求较高，银行科技公司成为银行云主体，兴业银行、招商银行、中国建设银行、中国民生银行、中国工商银行、光大银行、华夏银行、北京银行、平安银行等纷纷成立科技公司，提供包含 IaaS、PaaS、SaaS 在内的全方位云计算服务，银行领域科技公司总注册资金超过 37 亿元人民币。

在证券领域，证券行业对交易系统的响应时延要求苛刻，系统上云不能显著影响交易速度，证券交易系统在数据库、操作系统和小型机等方面对传统部署方式依赖度较高，上云推进虽然缓慢，但证券公司对云平台建设也已开展探索，如中信证券已建设完成金融服务云平台和私募基金云服务平台，构建"平台+服务"新型商业模式；招商证券利用混合云架构实现系统弹性

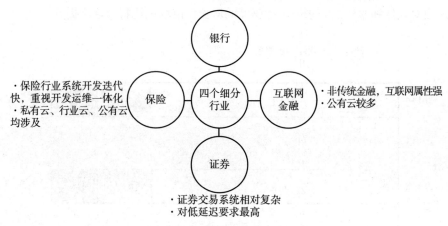

图3-8 金融细分行业监管要求和业务需求

资料来源：中国信息通信研究院。

与数据安全；国泰君安证券搭建金融云平台提升灾备管理，赋能业务创新。

互联网金融方面，阿里成立蚂蚁金服，京东成立京东金融，腾讯控股微众银行，为互联网金融企业提供定制化的云计算解决方案；中国民生银行、江苏银行、兴业银行、中国工商银行、浦发银行、北京银行、华夏银行等纷纷成立直销银行，进军互联网金融领域，利用"互联网＋云计算"为客户提供理财、基金等金融服务；苏宁、海尔、国美等厂商纷纷成立消费金融公司，利用云计算技术为客户提供方便快捷的在线支付手段。

保险方面，云计算公司纷纷布局保险行业，阿里云、腾讯云、百度云、华为云、青云、云栈科技等云计算公司利用容器、微服务等新技术手段构建核心架构的上云方案，实现保险系统快速迭代开发。

3. 云计算相关政策环境

云计算具有快速弹性、低成本等特点，能够推动 IT 资源按需供给，促进 IT 资源充分利用，有利于分享信息知识和创新资源，降低全社会创业成本，培育形成新产业和新消费热点。云计算已成为推动制造业与云联网融合的关键要素，是推进制造强国、网络强国战略的重要驱动力量，也为大众创业、万众创新提供基础平台，对中国经济转型升级具有重要意义。另外，当前全球云计算正快速发展，中国面临巨大的机遇。我国高度重视云计算产业发展，在国家层面和地方层面出台多项政策支持云计算产业发展，推动云计算产业发展。

2018 年 7 月，工业和信息化部印发《推动企业上云实施指南（2018—2020 年）》，工业和信息化部与国家发展和改革委员会两部委联合印发《扩大和升级信息消费三年行动计划（2018—2020 年）》，推动企业利用云计算加快数字化、网络化、智能化转型，推进互联网、大数据、人工智能与实体经济深度融合，大力推动信息消费向纵深发展，壮大经济发展内生动力，明确了 2020 年全国新增上云企业 100 万家的目标。

4. 云计算相关标准环境

在国务院《关于促进云计算创新发展培育信息产业新业态的意见》、银监会《中国银行业信息科技"十三五"发展规划监管白皮书》等政策推动下，云计算逐步向以金融行业为代表的传统行业加速渗透。金融机构在利用云计算技术推动架构转型方面开展了一系列探索，云计算技术在金融行业应用正不断向纵深发展，已覆盖银行、证券、保险等不同金融领域，逐步成为金融机构信息化建设、架构优化不可或缺的重要手段。但作为一种新技术、新模式和新理念，云计算技术金融应用在规划、建设、实施、运维、管理等环节风险隐患突出，亟须规范引导。

2018 年 8 月 15 日，《云计算技术金融应用规范 技术架构》（JR/T 0166—2018）、《云计算技术金融应用规范 安全技术要求》（JR/T 0167—2018）、《云计算技术金融应用规范 容灾》（JR/T 0168—2018）三项金融行业标准由中国人民银行正式发布，此三项标准是中国人民银行首次牵头编写的关于云计算技术的行业标准，成为为我国金融机构提供云计算服务的基本要求，并形成基于此套标准的测评、评估机制。

《云计算技术金融应用规范 技术架构》规定了金融领域云计算平台的技术架构要求，涵盖云计算的服务类别、部署模式、参与方、架构特性和架构体系等内容。《云计算技术金融应用规范 安全技术要求》规定了金融领域云计算技术应用的安全技术要求，涵盖基础硬件安全、资源抽象与控制安全、应用安全、数据安全、安全管理功能、安全技术管理要求、可选组件安全等内容。《云计算技术金融应用规范　容灾》规定了金融领域云计算平台的容灾要求，包括云计算平台容灾能力分级、灾难恢复预案与演练、组织管理、监控管理、监督管理等内容。此三项标准适用于金融领域的云服务提供者、云服务使用者、云服务合作者等。

为帮助银行类金融机构更好地选型和建设云服务，同时规范银行类云服务提供方提供更加规范和可信的云服务，在工业和信息化部、银保监会指导下，中国信息通信研究院联合融联易云、兴业数金、招银云创等金融企业，共同研究制定了《可信金融云服务（银行类）能力要求参考指南》和《可信金融云服务（银行类）系列标准》，于 2018 年 8 月 15 日在可信云大会"可信行业云标准发布会"上正式发布。

众多架构性的、技术要求类的和管理要求类的国家标准或者行业标准相继推出，为整个云计算行业形成统一的标准化理念奠定了良好的基础。相信在未来几年内，将有更多细分领域的云计算标准制定并发布，在细分技术领域以及细分行业领域中发挥更准确的指导作用。

5. 云计算热点技术发展

（1）云原生技术

云原生是一系列云计算体系和企业管理方法的集合，既包含实现应用云原生的方法论，也包含落地实践的关键技术（见图 3－9）。云原生专为云计算模型而开发，用户可快速将这些应用构建和部署到与硬件耦合的平台上，为企业提供更高的敏捷性、弹性和云间的可移植性。

以容器、微服务、DevOps 为代表的云原生技术，能够构建容错性好、易于管理和便于监测的松耦合系统，让应用随时处于待发布状态。使用容器技术将微服务及其所需的所有配置、依赖关系和环境变量打包成容器镜像，轻松移植到全新的服务器节点上，而无须重新配置环境，完美解决环境一致性问题，这使容器成为部署微服务的最理想的工具。通过松耦合的微服务架构，可以独立地对每个服务进行升级、部署、扩展和重新启动等流程，从而

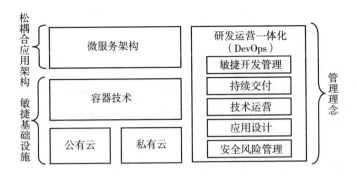

图 3 - 9　云原生关键技术架构

资料来源：中国信息通信研究院。

实现频繁更新而不会对最终用户产生任何影响。相比传统的单体架构，微服务架构具有降低系统复杂度、独立部署、独立扩展、跨语言编程的特点。频繁的发布更新带来了新的风险与挑战，DevOps 提供统一软件开发和软件操作，与业务目标紧密结合，在软件构建、集成、测试、发布到部署和基础设施管理中提倡自动化和监控。DevOps 的目标是缩短开发周期，增加部署频率，更可靠地发布。用户可通过完整的工具链、深度集成主流的工具集实现零成本迁移，快速实践 DevOps。

云原生技术已经在深度学习、边缘计算、区块链等场景广泛应用，大幅降低了这些技术的使用门槛，增强了复杂应用的普适性。

（2）DevOps

IT 行业与市场经济发展紧密相连，IT 配套方案需要及时、快速地适应市场变化。持续高效的交付使 DevOps 成为一种趋势，正在企业中加速落地。根据中国信息通信研究院 DevOps 能力成熟度评估结果显示，DevOps 的敏捷开发管理和持续交付阶段已在互联网、金融行业、运营商和制造业等行业得到广泛的落地实践。随着敏捷开发管理理念在企业的深入实践，借助容器、微服务等新技术支撑，以及目前市场已具备相对成熟的 DevOps 工具集，协助企业搭建协作、需求、构建、测试和部署一体化的自服务持续交付流水线，加速 DevOps 落地实践。对应持续交付各阶段市场上的 DevOps 主流工具包括用于协作和需求管理的 JIRA、Confluence，用于代码编译和构建阶段的 GitHub、Maven、Gradle、Apache，测试阶段的 JMeter、JUnit，部署阶段的 Docker、Puppet、Ansible 等 DevOps 基本工具，借助具备良好兼容性和插件功能的自研平台或持续集成工具 Jenkins，创建可视化的线性通信模型（pipeline），实现代码提交后的全自动化构建、打包、自动化验证、测试、分发部署等功能，促进企业向云化的进一步转型，打造 DevOps 研发运营一体化生态圈。借助 DevOps 工具集打造持续交付流水线的同时，企业也需切实加强自身能力。

（3）AIOps

智能运维（Artificial Intelligence for IT Operations，AIOps）是将人工智能与运维相结合，通过机器学习的方法来提升运维效率。AIOps 是对传统运维的提升和优化，其目标是减少人力成本投入，最终实现无人值守运维。AIOps 的落地实践建立在全面的运维知识图谱、从工程到 AI 算法的抽象能力和高度自动化的运维能力三个基本因素之上。基于对海量运维数据的聚合和分类，结合运维指标形成完整的运维知识图谱；利用实时流数据和运维知识图谱，通过动态决策算法来处理各种具体的运维场景；通过机器学习等 AI 智能算法进行计算、分析，最终将决策发送到自动运维工具执行，全面实现无人化的智能运维。伴随机器学习、深度学习等人工智能技术的不断成熟，运维平台向智能化的延伸和发展将成为一大趋势。

由于运维场景的多样性和复杂性，不同运维场景采用的 AI 算法差异巨大且通用性差，通常需要多种 AI 算法的组合，智能运维虽然已经在部分场景落地尝试，但整体技术并不成熟，仍然是一个长期演进过程，未来智能运维的深入应用会给企业带来深远的影响和较高的价值。

（二）云计算在金融领域的主要应用场景

金融行业"互联网＋"战略的深入实施对其业务及运维系统高效敏捷运行提出了严峻挑战，为此金融机构开始高度关注分布式云计算架构下 IT 的发展与应用部署。目前国内金融行业使用云计算技术采取了两种模式，私有云和行业云。技术实力比较强和经济基础比较好的大中型金融机构偏向于私有云的部署方式，通过云计算技术建设弹性数据中心、云化备份灾备环境，通过云计算分布式架构和云原生技术实现云平台资源弹性伸缩，支撑金融机构数字化转型。中小型金融机构由于其经济实力和技术能力偏弱，所以通常采取行业云的方式，通过与可信受托机构的合作，以较低的成本、可控的风险快速实现业务的快速交付部署，节约科技成本。

1. 私有云云化转型

（1）支持弹性数据中心建设

金融行业的数据中心是成本中心，如何建立弹性、安全、高效的数据中心成为金融行业需要面对的问题。面对类似"双十一"活动，金融行业的业务需要有快速扩缩容能力，云计算天生的弹性扩缩容能力可以实现资源随业务压力的快速伸缩，降低预留资源的成本。云计算可以给数据中心提供快捷、标准、安全的资源供给模式。相比传统模式的资源申请，云化资源申请时间可以由数天变为数分钟。同时，由于云化资源池及软件定义计算、存储、网络的使用，数据中心的整体资源使用率得到大大提升。云网一体化平台的技术将网络资源变得更加灵活，从而通过东西向、南北向网络隔离对多租户的安全进行很好的控制隔离。云化资源整合后，灾备中心也可以通过云化快速地实现冷备资源在闲置时转换为测试资源的可行性。云化资源服务化供给的模式把数据中心资源供给保障的模式由流程化转变成为服务化，为银行数字化转型打下基础。

（2）支持云化备份灾备环境建设

根据银保监会的监管要求，金融行业需要建立"两地三中心"的灾备体系架构，实现数据灾备和应用灾备的目标。因此各银行纷纷建立同城灾备中心、异地灾备中心，通过存储级的数据复制、数据库级的复制、应用双活等技术手段来实现系统的灾备建设。由于同城灾备中心和异地灾备中心在日常基本没有或者有少量业务在运行，部分资源闲置浪费。为提升灾备中心的资源使用率，可以通过云化能力来建设改造灾备中心。利用云化弹性快捷供给资源的特点，既可以将灾备中心日常空闲的资源作为业务提供业务瞬间高峰时资源供给，又可以将这些闲置资源用于测试资源池，同时满足在需要灾备切换时，快速释放临时占用的资源并提供灾备切换所需要的资源，从而提

升灾备中心的资源使用率。

（3）互联网类应用弹性伸缩

随着互联网金融的快速发展，各种"抢红包""秒杀"类的应用对底层资源提出较大的挑战。这类互联网应用的特点是平常的交易量趋于平稳，但在某个预定的瞬间会有数倍的交易量，同时有可能因为某些不定期的促销，会出现不可预期的业务高峰。这些特点需要资源支撑平台具备两个能力，一类能力是感应资源需求并自动化进行弹性扩缩容，另一类能力是资源能在短时间内实现快速供给。金融云平台在建设时需要从架构和能力上满足弹性扩缩容的需求。

（4）支持分布式架构应用项目

金融业务场景及业务模式的快速变化发展，对金融行业的系统架构提出了前所未有的挑战，原有的 IOE 架构已经不能满足相关的需求，金融行业的分布式架构转变也成了一种趋势。相比传统架构应用来说，分布式架构应用更加强调模块可裁剪、多中心多活、敏捷业务开发、灰度发布、业务强一致性等。云计算天然成为支撑分布式应用的坚实基石，多类型的云化服务运用金融行业数据中心的能力为分布式应用模块部署提供通用基础模块；云计算的多 Region、多 AZ 部署模式，可以方便分布式应用部署在多个数据中心；云化 SDN 大二层网络使分布式应用双活网络自由连通；DevOps 平台敏捷的开发运维模式，可为分布式应用敏捷开发、快速迭代提供工具保障；云化资源的弹性扩缩容为分布式应用横向弹性伸缩提供可行性。

（5）支持云原生应用

金融业务创新和业务变革日趋频繁，需要技术支撑体系更新敏捷高效，因此云原生（Cloud-Native）应用成为金融行业的新宠。在云原生应用架构下，金融行业的系统架构、组织架构、运维方式都进行了相关的转变。在金融云化数据中心里，需要一整套服务于云原生应用的架构，既包括技术（微服务、敏捷基础设施），也包括管理（DevOps、康威定律），还涉及流程（CI/CD）。金融云化转型中，企业充分利用云基础设施与平台服务，采用微服务架构、弹性伸缩、分布式、高可用、多租户、自动化运维的架构实践，建立全功能团队，从而实现在 IT 系统架构、工程、组织方面协同工作，促进金融业务快速迭代创新。

(6) 支撑数字化银行转型

应对互联网金融的各种挑战,银行数字化转型显得尤为重要。在经历了数字化银行 1.0(增强连接)、2.0(全面敏捷)后,数字化银行发展到 3.0 阶段(全面开放)。在数字化银行 3.0 阶段,银行希望构建一个开放的生态,通过开放应用市场、开放 API、开放场景、开放数据来构建"乐高式银行",从而将银行变成一个随时、随地、随需的开放银行。在转型过程中,"乐高式银行"对应用模块提出了可以拆分并服务化复用的需求。为实现应用系统模块化、服务化的需求,不仅需要业务逻辑微服务化拆分,还需要应用模块服务化供给,在此过程中,云计算 IaaS 层的资源供给和 PaaS 层的平台供给为组件化的设计模式提供了完美支撑。

2. 行业云逐渐兴起

(1) 中小金融机构系统的托管

中小金融机构的体量比较小,而数据中心的构建需要投入较多人力和财力,对部分中小金融机构来讲负担较重,因此构建云化数据中心满足业务需求难度就更大。因此,很多中小金融机构会把自己的系统托管在金融机构的行业云上,这样可以降低自己构建数据中心的成本,同时可以享受到行业云提供的资源弹性伸缩的便捷性及云化服务的多样性。

(2) 中小金融机构灾备环境的构建

根据中国银保监会的要求,金融机构要建立灾备中心,而建立一个灾备中心需要构建独立的机房及相关的设施,这对于中小金融机构也是一个不小的成本压力。因此,部分中小金融机构会选择自建生产中心,而把灾备中心放在金融云上,通过专线建立自有数据中心到金融云灾备中心的连接,这样可实现以较低的成本来解决灾备的需求。

(三)金融行业上云关注点

金融机构上云涉及机构的经营策略、数据治理、程序架构、技术/合同/法律/财务人员新角色和责任乃至公司信息科技文化的调整。要恰当地处理好这些注意事项，顺利实现云迁移，需遵循一些基本经验。

一是需要使业务等相关方获益并协助推动。云策略成功的关键要素是初期阶段即对各个主要利益相关者进行教育，确保采购、法律、预算/财务、安全、信息技术和机构领导对云迁移将如何影响现有实践具有清晰的理解和支持。

二是明确界定云迁移的内容和范围。应详细说明转移到云的实际优势，使决策人和信息技术人员了解如何通过云计算投资优化价值，说明利用云技术如何能促进可扩展性、低成本和创新性的全部优势。通过财务和策略分析描绘云迁移每种状态的预期结果，确定现有应用程序和环境将如何获得发展，以及现有技术系统和服务在混合环境中如何运作。

三是规划、培训和拥抱新变化。了解云计算将带来的积极变化和新技能。适当的云技能集体培训和技术员工认证可以让运营和技术员工提高技能水平，适应云迁移带来的实践变化。

四是切实审查和评估现行 IT 环境和应用程序。在分析内部部署环境、确定现存物理和虚拟服务器，以及在这些服务器上运行的应用程序基础上，为每组应用程序制定策略方法，为项目规划和成本估算做好准备。这些工作手动完成需要数周或数月的时间，因此可以利用自动发现工具。同时，对现有治理、风险管理和安全性/符合性程序进行评估，有助于确定整个组织需要做多大的改变。

五是对上云成本和总成本进行比较分析。可以在 1 年、3 年、5 年和更长时期内，对两个方案的总成本进行比较，一个是通过内部投资部署 IT 设施，以资本支出的方式，考虑每年摊销；一个是以运营成本支出和云迁移的预计成本方式来计算。此外，还要考虑云优化方案，如使用无服务器方案对提升业务水平和降低成本的积极贡献。

六是制定云迁移工作计划。以迁移计划引导整个迁移工作，主要包括如何管理边界范围、工程进度、资源计划、问题和风险协调以及与所有利益相关者的沟通。迁移计划应考虑工作负载的迁移顺序、可能需要的资源、成本和跟踪转移的整体进度协调。

七是制定云迁移技术实施规划。对现有环境和工作负载审查中获取的现有应用程序环境基础数据信息进行分析，制定优先应用程序和工作负载的前期规划，有序转移到云端。实践中可以首先使用云进行开发和测试来熟悉功能，开发未来架构和概念证明（POC）来协助精简迁移的执行。

八是开展专项安全规划。安全不只是监管最关注的问题，更是机构自身的核心利益。需要单独制定策略，为所有准备转移到云端的应用程序建立安全边界，考虑网络安全（VPC）、身份和访问管理、日志记录和监控、基础设施安全、数据保护、事件响应、恢复力、符合性验证、安全持续集成/持续部署（CI/CD）、配置和漏洞分析以及对安全性的大数据分析。

九是制定标准化、可共享的架构设计和迁移工作模板。构建一个标准架构和用例，在机构内部或部门之间共享，提高效率并使其符合标准，尽量减少开发云端新应用程序设计架构时间和精力。其中还可以包括构建标准化的安全账户及其账户治理，全面提升标准化、自动化水平。

十是创建一套云服务监测分析指标。设定适当的考核指标，对迁移程序和云实现的进度、有效性、资金使用、支出和性能水平进行评估。使用云服务提供商提供的报表和分析工具，跟踪和预测云计算使用和费用支出详细情况，预警并实施预算管理。

第二节　金融云计算典型案例
——从技术实现到成功应用

（一）融联易云

1. 案例背景

融联易云金融信息服务（北京）有限公司成立于 2017 年 9 月，是依据《国务院关于积极推进"互联网＋"行动的指导意见》和"互联网＋"行动部际联席会议（2015 年 11 月）决议，在银保监会（原银监会）"宏观指导、政策支持、风险监管"的指导原则下，由 16 家银行联合发起设立的金融科技服务机构，也是业内唯一具有全部国有大型银行、多数股份制银行和部分城商行联合背景的科技服务机构。

2. 需要解决的问题

融联易云定位于提供金融科技公共服务，以促进金融机构间合作、解决行业共性问题为导向，通过平台化战略构建金融机构之间、金融机构与其他社会机构之间、金融机构与公众之间的沟通桥梁，为金融机构、社会大众、监管部门和政府机关，提供行业治理、普惠金融、智能监管和智慧金融等公共服务，激发市场活动，推动"互联网＋金融"协同创新。

3. 解决方案

融联金融行业云具有监管合规、银行实践、中立地位和多云服务等优势，为客户提供"三合一"安全服务，包括100%符合银保监会监管政策、100%按照"T3＋级"标准建设机房，以及100%享受银行系专业的售后服务。目前公司金融云产品包括基础云服务和灾备云两种解决方案。

一是基础云服务。基础云产品主要通过整合云计算IaaS、PaaS、SaaS资源，为客户提供资源类服务，如计算、存储、网络等。适用场景主要包括手机银行、微信银行、网上银行、电子支付、第三方支付、呼叫中心、积分系统、办公系统、员工培训学习系统、网店管理系统、人力资源系统、机房运维管理系统、邮件系统、ITSM工具及短信平台等。产品亮点包括统一的资源管理平台、简单的运维管理、支持业务敏捷上线、节约建设基础设施的成本、按需分配资源以及贴近金融厂商等。

二是灾备云。灾备云有效地为客户提供云灾备资源和解决方案，通过丰富的灾备项目经验和成熟的运维管理流程，快速实现用户的灾备目标，降低客户的运维成本和灾备系统的总体拥有成本。方案亮点包括安全合规、成本优势、技术创新以及云战略等。

（二）兴业数金

1. 案例背景

兴业数字金融服务（上海）股份有限公司（简称"兴业数金"），是兴业银行集团旗下一家提供金融信息服务的数字金融企业。兴业数金在金融云服务领域拥有超过 10 年服务经验，积累了超过 360 家合作银行和 400 余项从基础设施到解决方案的服务品种。在商业银行与金融科技加速融合的当下，依托持续发展的金融行业云平台，兴业数金正在融合自身金融行业技术、业务和产品服务积累，通过开放 API 接口，在金融机构与科技公司间嫁接数字化桥梁，打造第三方开放银行平台、构建金融科技共赢生态。同时，借助兴业银行已经形成的"四地七机房"的一体化运维体系，主数据中心和其他数据中心并行为客户提供服务，兼顾灾备需要与业务系统的分布式部署。

2. 需要解决的问题

随着信息化的发展，数据中心的架构也发生了很大的变化。数据中心的内部架构目前正在进行从物理集中到逻辑整合，从标准化、虚拟化、自动化到云计算的转型。从数据中心外部看，数据中心经历了从单中心、多中心再到集中化的过程，随着灾备的需要，又正在进行主备中心、两地三中心、多活中心、云灾备中心的演变。演进的同时对灾备建设还提出了很多新的挑战，包括如何实现降低资源供给的压力，减少灾备设备资源的投放；如何降低灾备建设的周期；如何方便地实施演练过程；如何降低切换、演练过程中的执行难度，提升效率与成功率；如何降低日常管理与运维的难度，降低人力消耗；如何将灾备服务标准化，灾备切换流程化。

3. 解决方案

Gartner 预计到 2020 年，90% 的容灾操作会发生在云端。灾备云应运而生，云灾备是将灾备看作一种服务，由客户付费使用灾备服务提供商提供灾备的服务模式。采用这种模式，客户可以利用服务提供商的优势技术资源、丰富的灾备项目经验和成熟的运维管理流程，快速实现用户的灾备目标，降低客户的运维成本和工作强度，同时降低灾备系统的总体拥有成本。

2017 年 3 月，兴业数金正式对外发布了全新的金融行业云服务品牌"数金云"，推出了六大系列服务方案，分别是专属云服务、容灾云服务、区块链云服务、备份云服务、人工智能云服务和金融组件服务。兴业数金不仅整合了兴业银行信息科技部、银行合作中心及分行等资源，还与一流科技公司建立了合作伙伴关系。容灾云是兴业数金针对千亿元左右资产规模或者跨省设立分支机构的银行推出的云服务产品，按照监管要求，这些银行必须建立异地灾备中心。兴业数金采用高端硬件平台所提供的隔离资源池、异构同步、DNS切换及高可靠等技术，以及兴业数金多年来的灾备建设规划经验，为用户提供两地三中心的架构咨询、高可靠的异地容灾环境，以远低于用户自建异地灾备中心的费用满足银行核心业务系统的异地容灾要求。灾备云环境逻辑架构见图3-10。

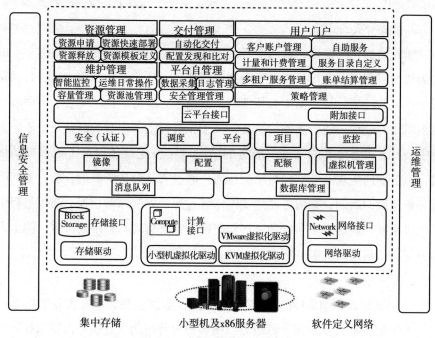

图3-10 灾备云环境逻辑架构

4.案例应用实践及效果

数据中心架构规划既要充分考虑当前的应用部署和工作负载的特点，又要具备开放性和灵活性以满足未来数据中心定位和功能的变化，同时必须充分考虑技术的先进性和成熟性、投资回报率等。

基于金融行业传统的应用和基础架构特点，以及目前软件定义环境的技术在越来越多的金融企业得到认可并被正式引入，采用金融行业云的基础架构可以提升投资回报率，保持足够的灵活性和扩展性，满足未来数据中心功能发展的需求；提高资源交付速度和开发敏捷性；节省数据中心的运行维护费用；节省一次性投入，按使用量计费；提升业务连续性水平，业务真实切换演练；专注于业务创新，充分利用金融行业云的生态能力。

（三）中国民生银行

1. 案例背景

当前银行业普遍的共识之一是以金融科技为依托，通过科技创新引领银行的转型升级。云计算、大数据、人工智能成为各银行科技部门重点的投资建设领域。云计算领域的建设主要集中在 IaaS 和 PaaS，目标是在降低数据中心成本的同时，为上层应用的创新、快速迭代和稳定运行提供有效支撑。传统 IaaS 调度的是虚拟机或者物理机，粒度较大，相对传统的虚拟化技术，在资源使用率、灵活性和弹性方面提升度并不高。依托传统 IaaS 建设而成的 PaaS，也会面临同样的问题。而容器技术恰好可以比较好地解决这些问题，并且在微服务、DevOps、分布式架构等方面天生具备优势，因此成为数据中心新一代云基础架构的选择。

2. 需要解决的问题

一是传统方式下应用和基础环境资源（计算、网络、存储、监控等）是紧耦合的关系，应用的扩容、缩容意味着基础环境资源的扩容和缩容。基础环境的扩缩容耗时非常长，因为涉及非常多串行人工环节的介入，无法满足弹性应用的快速部署需求。

二是应用微服务化是当前应用改造的一个重点方向，其优点是迭代效率高、资源使用率高（单一微服务可自行扩容）、单一微服务故障对全局影响有限，但是传统方式下的应用微服务化开发运营缺乏体系支撑，成本高昂、便捷性差。

三是传统方式下的应用故障判断、隔离和恢复完全依赖人工介入，耗时很长。

3. 解决方案

以某支付类系统容器化后的部署架构为例（见图 3 - 11），该系统的后端采用容器化方式部署运行。后端也根据微服务的方式，从一个大模块拆分成几个微服务模块，更便于分布式的部署。

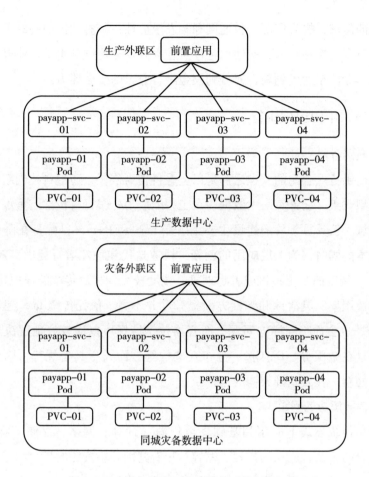

图 3-11　某支付类系统容器化后的部署架构

中国民生银行现有的支付类系统大多是有状态的，因为要生成和节点相关的交易流水号。进行容器化改造时，为尽可能不影响现有业务逻辑，也需要维持这种有状态的方式。可以利用 K8S 提供的 StatefulSet 实现有状态的部署，每个 Pod 会有固定的名字，比如 payapp－01、payapp－02。这样可以根据 Pod 名字中的索引（01、02 等）自动生成交易流水号。

由于现有前置应用和后端应用之间是长连接，只能采用一个 Pod、一个 Service 的方式提供服务。每一个 Pod 都要通过 NodePort Service 对外提供服务。后端 Pod 在启动后，会将 Pod 所在的节点 IP 地址和自己的 NodePort 注册到前置应用里，然后由前置应用校验适配后，发起到后端 Pod 的连接，并一直保持这个连接。为保持较好的可扩展性，可以预先在前置应用里配置额外的服务端口，这样在需要扩展的时候，只扩容后端 Pod 数量和 Service 数量即可。当然，后期如果可以改造为短连接方式，就可以采用 1 个 Service 对应多个 Pod 的方式，扩容会更方便，也可省略服务向前置应用的注册环节。

支付类系统是银行的重要系统，必须具备双活容灾能力，具体实现是在生产和同城灾备数据中心的两个 K8S 集群上分别部署一个多 Pod 的 StatefulSet，各 Pod 仅和所在数据中心的前置交互。任意数据中心的故障不影响整体业务。

4. 案例应用实践及效果

一是支付类应用可以顺利从小型机迁移到 x86 的虚拟机上，之前只能纵向扩展的问题得到解决，应用得以分布式部署和横向扩展。

二是应用的弹性扩容能力得到大幅提升，只需要修改部署模板里的副本数即可实现横向扩展。

三是资源使用效率得到大幅提高，因为做了服务拆分，可以针对模块来匹配资源，扩容所需的资源力度更小，避免了资源的浪费。

四是应用分布式改造后的部署管理更加简便和高效，可以实现全自动化的部署、升级和回滚。

（四）中再集团

长期以来，中再集团按照传统再保险的业务需求和行业现状进行 IT 基础设施建设。由于再保险业务的时效性和并发量的要求不高，IT 系统的处理能力及系统连续性都较为薄弱，基础架构的设计主要是满足当前系统运行需要，在统一的技术框架、运维管理、安全标准方面存在不足。

中再集团"一三五"战略及数字化发展机遇对 IT 基础能力提出了更高的要求。业务功能服务不再是一个封闭的环境，作业链条需要开放与延伸，需要整合的数据源更多，需要服务的市场主体更多。中再集团需要通过技术创新、互联互通，强化再保服务能力，实现能力外化和输出。在集团资源协同和共享方面，亟待切实解决 IT 资源配置分散、建设和管理维护低效等问题。需要引入全新的技术架构，构建先进、灵活、高效的 IT 基础设施平台，使 IT 基础设施平台成为中再集团打造核心竞争力的基础。

1.构筑"中再云"平台，夯实"数字中再"基础

"中再云"由资源云、数据云、应用云、智慧云四部分共同组成。资源云打通基础设施资源，构建能按需分配、弹性伸缩的基础设施云平台；数据云打通数据，形成统一数据标准的平台；应用云建立提供核保前置、数字化运营等再保直保化的服务平台；智慧云对接业务链上下游，形成合作、创新、共赢模式的平台。

为了践行开放、融合、敏捷、安全的发展理念，全面提升中再集团的基础设施能力，中再集团采用混合云架构来建设基础设施云平台。通过整合公司内部云计算资源及公有云计算资源，形成统一的云服务平台，既满足了公司内部重要数据的安全管理要求，又满足了对外提供服务的业务诉求。

2018 年 5 月，中再集团和阿里云启动了全面合作的中再基础私有云平台建设项目，采用阿里云飞天技术架构搭建中再基础私有云平台。2018 年 9月完成全部搭建工作，中再四大行业创新平台的巨灾平台、IDI（建设工程质量潜在缺陷保险）平台、"一带一路"平台以及大健康平台入驻中再基础私有云平台。中再基础私有云平台为创新业务的快速发展提供了助力。

2."中再云"助力业务发展，创造新价值

入驻中再基础私有云平台的巨灾平台整合了包括地震、台风、暴雨、洪水、雪灾等多灾种的风险地图数据，通过多维度的统计指标，监测、收集、融合、分析各地灾害数据，致力于打造国内保险业最全面、最权威的灾害数据平台。

巨灾平台上云除了考虑安全问题，最关心的问题是算力，以往基于保单的巨灾模型计算效率比较低，大量的保单导致经常排队。上云之后，巨灾平台通过调用开放的 API 接口，实现了业务并行处理与资源自动分配、自动回收紧密结合，模型计算能力由小时级提升到了分钟级，从而提升了巨灾平台的整体业务处理能力。

在未来工作中，"数字中再"将不断走向深入，"中再云"也将持续支

撑新的科技发展，构建新的核心价值，助力中再集团发展成为数字基础设施的建设者和运营者，更好地服务于保险行业转型升级，更好地服务于国家和各行业高质量发展。

（五）中国银河证券

1. 案例背景

随着金融科技的快速发展，互联网金融的创新给证券传统的业务模式带来了巨大的压力和挑战。公司不仅要面对同行的竞争，更要面对互联网公司的挑战。

传统信息化建设思路使金融行业应用研发追求大而全，包含众多功能，庞大复杂，更新、测试起来缓慢而成本高昂；不同应用功能重复，数据冗余、数据不一致等导致数据质量低下，造成额外的工作量和浪费；众多单体应用形成相互割裂的竖井，难以实现数据和功能的共享和可重用。通过集成方式实现互联互通却造成系统更加复杂，带来更高的运维成本。单体应用系统的研发上线过程往往需要经过漫长的时间，无法适应金融科技快速反映市场变化、进行业务调整的需求。

2. 需要解决的问题

中国银河证券采用虚拟化技术完成了 IaaS 平台的建设，实现了对计算、存储、网络、操作系统等基础设施资源的统一管理。但在业务应用开发、应用托管和应用运维方面，缺乏统一的管控措施。

（1）数据散落，原有的数据仓库和新建的大数据平台面临数据实时性和以数据驱动为目标的挑战。

（2）应用系统模块之间紧耦合，模块变动"牵一发而动全身"，往往会导致另外的问题出现，可维护性越来越低。同时，紧耦合也带来了系统扩展性差的难题，不论是数据库还是应用本身，都受到系统资源或者设计架构的限制，难以弹性扩展，客户请求量的变化往往导致系统崩溃不可用，不仅客户体验差，更带来业务的损失。

（3）可重用率低，金融公司可能有数十、上百套系统，每个应用系统都可能来自不同的厂商、采用不同的技术、使用不同的设计和架构模式。而这些系统往往缺乏顶层设计，实现的功能有很多重复或相似，但单体系统的竖井模式难以实现共享和可重用，造成极大的浪费。

（4）开发时间长，无法有效反映市场快速变化。单体系统系统规划、调研、采购招标、需求收集、设计开发、实施部署、上线运营需要经历漫长的过程，往往没有一年半载甚至几年的时间是完不成的。在金融科技迅速发展、业务需求时刻变化的今天，单体系统已经无法反映市场变化需求和业务快速调整要求。

3. 解决方案

在建设容器云平台架构时，为更好地实现平台各组件的松耦合、可扩展等特性，分别从纵向、横向、应用生命周期过程等不同视角来考虑架构设计。横向来看，不同的用户关注自身的应用、按需使用资源、实现完整的应用生命周期管理过程能力，因此划分为租户应用管理视角、平台资源管理视角和标准化交付视角。

纵向根据相对独立的基础设施资源、资源调度管理框架以及为了支撑业务应用需要而建立的各项功能及业务应用概念，划分为基础设施资源层、资源调度层、平台层（业务应用支撑层）、业务应用层。

基于DevOps的持续集成、持续部署、持续发布、持续监控、持续反馈、持续改进的需求（服务和应用全生命周期管理），定义整个DevOps链路为一个闭环。基于这些探索，把容器云平台能力归纳为"三视角、四层次、一闭环"。

（1）三视角

租户应用管理视角关注应用管理。为满足监管隔离要求和各业务团队业务独立性需要，实现多租户能力。容器云平台设计目的是承载企业业务应用服务，业务应用管理是其核心能力。租户使用资源开发、部署、运维、运营业务应用。

平台资源管理视角关注基础设施资源。实现基础设施资源的统一管控，按需申请和使用。

标准化交付视角关注应用服务的标准化交付流程和支撑工具，提升业务应用研发、构建、测试、部署、运维、运营、更新等的效率和敏捷性，实现DevOps工具链和标准化交付流程。

（2）四层次

基础设施资源层实现基础设施资源的统一管控，也就是计算资源（CPU 和内存）、存储资源、网络资源以及操作系统资源，甚至其他云资源的统一管理。

资源调度层采用 Kubernetes 并扩展其能力，实现对基础设施资源层的合理调度，为业务应用服务调度合适的基础设施资源。

平台层（业务应用支撑层）是容器云平台建设的核心能力，是支撑业务应用的功能实现层。需要实现权限、认证、注册发现、服务配置、日志、监控、告警、API 网关、部署管理、负载均衡、弹性伸缩、灰度发布、健康检查、DNS 服务、审计计费、统计分析等服务支撑能力。

业务应用层是指具体业务应用实现，是构建于平台层上的业务服务，通过服务的编排实现敏捷的业务应用开发、部署和运维。

（3）一闭环

从租户应用管理视角看，容器云平台更多定位为一个应用管理和运营的平台，它只是应用生命周期管理的一部分，应用的开发尚未被纳入。我们把应用的开发阶段和流程分离，作为一个持续集成的组件，以镜像仓库为媒介，完成持续集成和持续部署的衔接，从而使持续集成—持续部署—持续发布—持续监控—持续反馈—持续改进流程形成闭环 DevOps 链路。

容器云平台项目采用 Docker 和 Kubernetes 技术实现轻量、弹性、标准化交付、按需访问等能力，采用微服务架构实现容器平台的松耦合、可扩展等特性，也实现业务应用的松耦合、自治、共享、可扩展、可配置等能力。采用 DevOps 方法论实现开发运维一体化，持续集成、持续部署、持续发布、持续监控、持续反馈、持续改进形成闭环，提高应用服务生命周期管理效率。采用统一的认证权限、统一的日志监控管理等解决了重复开发、功能分散的问题；采用 API 管理实现了内外统一的、稳定的、可重用的接口层，也充分利用容器和 API 层的特性实现服务治理和负载均衡、弹性等能力。

4. 案例应用实践及效果

容器云平台项目在技术、管理和业务上都有了很大提升和改进，主要体现在以下四个方面。

在技术上搭建了容器轻量化 PaaS 平台，建立了统一的服务开发、托管、运维平台，建立了统一的权限管理体系、授权认证体系、服务配置治理体系、集中日志收集分析、监控告警预警体系、API 标准接口管理等，实现公司内统一的应用服务部署运维监控生态系统。

在管理上通过引入 DevOps 理念，根据公司实际逐步建立开发、测试、运维等适合自身发展需要的流程，定义相关数据、业务、技术等标准、规范，实现开发、测试、生产环境的一致性，提升敏捷开发的能力，提升自动化运维的水平。

在业务上提供快速业务原型的开发以支持业务变化需求，让业务人员更早介入，熟悉使用并有效持续反馈，形成业务和开发的良性循环。

容器云平台项目从基础设施资源层面，实现了基础设施资源的统一管理，采用微服务构建共享的业务服务，避免了单体系统建设的重复功能实现，节省资金、人力、时间等投入。

（六）人保云

1. 案例背景

2018 年，为推动中国人民保险集团向高质量发展转型，集团党委部署启动"3411 工程"，实施创新驱动发展、一体化、数字化、国际化四大战略。人保集团公司牵头开展集团信息系统架构规划并形成新一代信息系统架构规范标准，规划明确提出了新架构总体蓝图为构建"三横四纵"框架体系。其中，"三横"为打造应用架构、技术架构及基础架构，"四纵"为构建监控、安全、研发运维一体化及多中心多活保障体系。新一代信息系统基于微服务化的应用中台、分布式的技术架构、云服务化的基础环境。其中，云服务化的基础环境是支撑集团新一代架构的底座。

根据规划，人保集团新一代信息系统架构将以"集中、统一、共享"的"人保云"为基础。"人保云"将依托南北专属云和南中心、未来的北中心形成"两地四中心"的架构。

在技术转型方面，人保开展了新一代系统架构规划和研发落地。新架构是人保数字化转型的重要支撑和关键内核，"人保云"的建设就是新架构落地的一个重要载体。

2. 需要解决的问题

一是求新，"人保云"作为人保集团"新一代信息系统架构"的重要载体，在项目架构上要做到"求新"，围绕新架构规划的"三横四纵"七大领域中的六大领域，包括云基础架构、技术架构、监控管理、安全管理、研发运维一体化和容灾管理（多中心多活）。通过"求新"的举措，结合人保实际，融入互联网云服务架构理念，建设支撑新架构落地的"人保云"基础环境。

二是求稳，现有核心系统支撑整体业务的平稳运行，在数字化转型过程中，确保业务和系统的稳定运行至关重要，因此，平稳推进是一个大原则，新系统平稳上线后再下线旧业务系统，确保平滑运行。基于"人保云"的南、北双中心，部署运行经过新架构改造后的中台核心应用或服务，兼顾"敏态、稳态"双模架构。

三是求快，集团对于新架构落地有总体的时间目标。任务非常紧迫，因此，在"人保云"的建设过程中，项目进度把握得非常严格。只有快速实现"人保云"投产，才能真正为新架构落地保驾护航。"人保云"项目建设从2019 年 4 月正式启动，到 2019 年 8 月 1 日正式发布上线，并且实现非车中台微服务、产品中心微服务、主数据中心等应用在"人保云"上成功上线运行。

四是求同，为改变各公司云计算分散建设的现状，加强全集团云资源的统一管理和统一服务，计划按照"集中、统一、共享"的方向，建设"人保云"。

3. 解决方案

围绕新一代信息系统架构规划，按照云服务分层设计理念，"人保云"技术架构分为基础设施服务（IaaS）、技术平台服务（PaaS）两大类型服务，以及云管理平台、自动化运维监控、研发运维一体化和安全管理四大支撑保障。

此外，为实现新一代信息系统的多活部署，"人保云"需考虑对多中心多活能力的支持，以及为实现"人保云"所有资源的统一管理、所有服务的统一交付，须构建"人保云"运营门户平台。

一是基础设施服务。基础设施服务主要为"人保云"提供基础服务，即IaaS，包括计算服务、存储服务和网络服务。计算服务包括 VM 云应用主机、裸金属服务器、数据库服务器。存储服务包括分布式存储和企业级 SAN 集中式存储，分布式存储包括快存储服务、对象存储服务和文件存储服务；企业级 SAN 集中式存储主要作为数据库服务的存储。网络服务包括云内 VPC 私有网络、网关等虚拟网络服务、VPN 和专线等连接服务。

二是技术平台服务。技术平台服务即"人保云"的 PaaS，支撑人保 PDF-C 技术体系，主要提供三种类型服务。数据平台服务，提供整合的数据库服务能力，支持分布式数据库和 PostgreSQL；应用平台服务，提供应用技术能力服务，如消息队列服务、缓存服务、API 网关服务、微服务等；容器服务，提供整合的容器技术能力服务。

三是云管理平台。云管理平台主要包括云管理服务门户、资源管理接口、自动化作业管理、编排级调度引擎。"人保云"管理架构设计主要包括云管理和云运营门户。云管理包括统一服务层和云管平台层。统一服务层主要通过服务 API 适配层和管理 API 适配层实现对基础设施资源的管理，以及周边配套系统的对接；云管平台层实现服务运营、运维管理、运营分析和流程对接各大板块的功能。云运营门户包括生命周期管理、运营管理、账户管理、操作审计等。云运营门户在功能范畴上定义为"人保云"业务运营的门户和入口，是"人保云"对各公司云资源运营管理入口。

四是自动化运维监控。自动化运维监控体系，包括自动化运维平台和一体化监控平台两个体系。自动化运维平台实现配置采集自动化、资源管理自动化、应用部署自动化的功能，一体化监控平台涵盖日志、资源、网络、用户体验、统一告警的监控能力。

五是研发运维一体化管理。研发运维一体化是贯穿研发、测试、运维的一站式平台，建立支撑各角色工作的工具平台，打通各个工具平台，确保流程运转，能对接内部系统及云平台持续交付。"人保云"建立覆盖 DevOps 全过程的业务流程与技术规范。其中，业务流程包括需求迭代流程、持续集成流程、持续部署流程、持续运营流程，技术规范包括代码管理规范、版本管理规范、质量指标规范、度量分析规范。

六是安全管理。构建并完善适用于新架构的覆盖策略、技术、数据、制度、流程的安全管理体系，细化安全规范和技术指标，规划和建设安全基础平台，以全面网络安全态势感知能力为建设目标，推进网络安全融入新架构。

七是多中心多活架构。实现同城双活、异地互备的"两地四中心"多活规划目标，构建全局 DNS、全局负载均衡、网络 SDN 的能力。其中，全局 DNS 面向用户的高质量域名解析能力，全局负载均衡面向业务的分布式部署能力，网络 SDN 面向应用的灵活的网络流量调度能力。

4. 案例应用实践及效果

一是验证了以云和分布式架构为代表的敏态架构对于人保核心业务系统的架构适配能力。架构适配能力是数字化转型最为重要的能力，是保险企业快速应对业务变化、支持业务创新的重要基础。人保集团基于"人保云"的技术架构，成功地发布上线新一代中台微服务、产品中心微服务、主数据中心等应用，为新架构落地闯出一条新路。"人保云"所验证的新架构平台将对后续其他核心业务系统起到示范作用。

二是探索形成提升敏捷交付能力的方法。为支撑不断涌现的新商业模式，IT 系统必须快速响应业务需求，应对业务变革。实现敏捷交付的关键在于建立组件化、积木式的应用构建方式。在应对业务变化时，仅对某一块或几块"积木"（功能组件）进行调整，避免"牵一发而动全身"的大规模重构。

"人保云"目前采用的模式，是将云计算、研发运维一体化和自动化运维监控打通，进行一体化建设，全方位提升敏捷交付能力。

第三节　金融云计算发展趋势
—— 强化标准、合规与监管

（一）监管要求不断深化

金融行业的特性对云计算的业务连续性有严格的要求。金融机构对 IT 系统的稳定性、可用性、网络延时以及数据安全性的要求非常高。金融架构应当以同样的监管要求进行云技术选型和平台建设，满足金融业务安全性、连续性、稳定性和监督管理要求。

政府和监管部门需出台云计算安全相关的法律法规，并形成指导意见，以法律的形式明确云服务提供商和金融机构之间的责任和义务，明确技术实施和运维外包风险，指导云安全建设；金融机构需深入贯彻和落实安全与监管要求，从物理和环境安全、网络和通信安全、设备和计算安全、应用和数据安全方面进行管理制度建设和技术能力建设。

网络安全等级保护制度是国家网络安全领域的基本国策、基本制度和基本方法。随着信息技术的发展和网络安全形势的变化，2019年网络安全等级保护制度2.0国家标准在1.0的基础上，注重全方位主动防御、动态防御、整体防控和精准防护，实现了对云计算、大数据、物联网、移动互联和工业控制信息系统等保护对象全覆盖，以及除个人及家庭自建网络之外的领域全覆盖。网络安全等级保护制度2.0国家标准的发布，对加强我国网络安全保障工作、提升网络安全保护能力具有重要意义。

等级保护制度2.0对云计算提出了有针对性的扩展要求，提出其内部的基本结构遵从通用安全要求的结构，但在具体的层面要进行更贴近具体专业方向的要求。对金融云而言，不仅会涉及物理安全、网络安全、计算安全、管理安全、运维安全等内容，而且由于金融行业的特殊性，对于相关的要求更加严格。

（二）金融机构合规上云

金融机构贯彻落实《国务院关于促进云计算创新发展培育信息产业新业态的意见》，积极开展云计算架构规划，制定云计算标准，联合建立行业云平台，主动实施架构转型。构建与云计算基础设施相适应的应用架构，自主设计或推动应用开发商实施应用架构改造，并降低应用与基础架构的耦合度，稳步实施架构迁移。

金融机构使用云计算技术通常采取从外围系统开始逐步迁移的实施路径。在部署顺序上，优先部署开发测试环境，其次部署生产环境。互联网金融、辅助性业务优先使用云计算架构，强一致性核心业务最后考虑上云。

不同类型的金融机构对云计算的应用路径也不同。中大型金融机构倾向于使用混合云。在私有云上运行核心业务系统，存储重要敏感数据，通过购买硬件产品、虚拟化管理解决方案、容器解决方案、数据库软件、运维管理系统等方式搭建私有云平台。在生产过程中，实施外包驻场运维、自主运维或外包运维。在公有云上，运行面向互联网的营销管理类系统和渠道类系统。而中小银行由于"缺钱少人"等原因一般不会选择私有云部署模型，更倾向选择金融行业云。

参照巴塞尔委员会相关风险管理指引和我国银保监会《银行业金融机构信息科技外包风险监管指引》相关要求，金融机构在数字化转型和业务上云规划中需对以下风险因素认真评估和重点防范。一是科技能力丧失。银行业金融机构过度依赖外部资源导致失去科技控制及创新能力，影响业务创新与发展。二是业务中断。支持业务运营的外包服务无法被持续提供导致业务中断。三是信息泄露。包含客户信息在内的银行业金融机构非公开数据被服务提供商非法获得或泄露。四是服务水平下降。由于外包服务质量问题或内外部协作效率低下，银行业金融机构信息科技服务水平下降。

（三）金融云服务快速落地

截至2017年底，我国共有城市商业银行134家，农村商业银行1262家，农村合作银行33家，农村信用社965家，村镇银行1562家。这些中小银行对应的持卡用户有2亿~3亿户。中小金融机构与实体经济接触最为紧密，对小微企业的支持有目共睹，但这些机构自身资金力量薄弱，运营成本高企。其中，IT成本居高不下是重要原因。

在国务院《关于促进云计算创新发展培育信息产业新业态的意见》、原银监会《中国银行业信息科技"十三五"发展规划监管白皮书》等文件、政策的推动下，云计算加速向金融行业渗透。同时，"互联网＋金融"时代对金融行业的信息化基础提出了新的要求，产品迭代越来越快、交易量峰值无法预测等挑战要求金融行业必须尽快利用云计算技术提升信息化水平，"银行上云"已是趋势。

目前银行业主要有两种金融云构建模式，一类是银行集团内部自建，另一类是其他银行或专业机构输出金融云服务。中小金融机构因为技术能力不足、资金有限、自建金融云条件不成熟，需要通过整合外部资源降低科技成本，实现跨越式发展。银行系金融科技子公司对中小银行进行金融云输出将是未来重要的发展方向。

中小型银行和金融机构能够以低成本在云平台上获取与大型金融机构同等先进的基础设施服务。此外，中小金融机构也可以借助云平台将自身不太擅长的业务外包给其他专业的公司，或者是接入应用程序编程接口（API），利用云计算平台上的资源提高相关业务的处理效率。

（四）场景式生态产业发展迅速

跨界发展，借力科技，打造金融科技生态圈。传统的营销方式难以满足银行更多盈利的需求，借助云计算天然的聚合能力、大数据和人工智能的分析能力，促进普惠金融发展，防范金融风险，服务实体经济，沉淀金融大数据，长期形成信用超市、交易撮合服务时长，实现资金流、信息流、物流的串联闭环，通过云技术构建客户、银行和第三方"三位一体"，技术融合、合作共赢的新型生态圈，打造"全景式金融服务"。

（五）开放银行意识形态更加成熟

在金融云的基础上，将全面衍生金融超市、资金存管、线上信贷、聚合支付、资信证明、电子钱包等业务模式，形成一个完整的商业生态闭环。通过模块化的开放 API，银行系金融科技子公司在金融机构和商业生态之间，以"第三方开放银行平台"的模式，架起中间桥梁，帮助金融机构有效对接各类商业生态，利用场景创新能力获客导流，同时帮助各类商业生态参与者快速利用金融机构的专业能力，为客户提供切合需求的、合规的金融服务。银行系金融科技子公司自身可以通过基于用量的 API 使用费以及进一步提供数据服务和信息分析获取收益。

（六）5G 驱动云计算产业升级

2018 年 6 月，随着 3GPP 全会通过 5G NR 独立组网功能标准，5G 标准的首个子集 R15 正式诞生，一系列 5G 第二阶段新项目得到批准，3GPP Release 16 也在加快推进。同时，国内运营商也亮出了5G的时间表，计划到2020年，实现5G网络正式商用，5G时代即将到来。3GPP定义了5G的三大应用场景，即eMBB（增强移动宽带）、mMTC（海量机器类通信）和uRLLC（超可靠低时延通信）。eMBB对应的是3D/超高清视频等大流量移动宽带业务；mMTC对应的是大规模物联网业务；uRLLC对应的是如无人驾驶、工业自动化等需要低时延、高可靠连接的业务。在5G时代，云计算技术的变化将体现在三个方面，一是云计算与边缘计算相结合来提供计算服务；二是云计算服务与行业应用全面整合，行业垂直度全面提升；三是云计算服务与人工智能技术相结合，提升研发和应用的智能化程度。实际上，5G和5G所带来的机会，已经大大超越了现有的通信行业生态系统，可以预见的是，新的网络和创新业务的出现必然推动当前云计算产业进一步升级。

专栏 开放银行

云计算为现代银行业务的发展带来了巨大的变革，而实际上，得益于云计算这种创新的计算资源使用方式以及基于互联网标准的连接方式，商业银行可以利用云计算，将依赖计算资源的运作业务以一种更便捷、灵活的方式聚合，并按需分享，实现更高效、紧密的多方协同。而基于云计算技术的云业务模式，可以通过资源聚合、共享和重新分配，实现资源的按需索取，其中资源包括业务处理能力、信息甚至实物资源等。伴随互联网对生活和产业的深度渗透及金融科技的进步，全球金融服务线上化的脚步不断加快。未来，融入场景、融入生态、开放协同将逐步成为所有机构开展金融业务的必然趋势，开放银行应运而生。

一 开放银行之概念篇：何为开放银行

（一）如何定义开放银行

开放银行是一种利用开放API技术实现银行与第三方之间数据共享，从而提升客户体验的平台合作模式。通常选择自建模式的大型银行一般只需要打造上、下两层即可，但中小银行则需借助中间层的力量。

下层是持有牌照资质的银行。未来银行的功能，如账户管理、支付、融资等，都可以被拆分成如乐高积木般的组件，从而为上层商业生态系统提供模块化、系统化的基础金融服务。

上层是千业万态的商业生态系统。位于这层的金融科技公司、电商平台、行业服务平台、供应链核心企业、开发者乃至个人创业者均可以通过开放 API 调用底层的银行服务组件，获取相应的数据，开发创新应用，在其构建的各类商业场景中为客户提供无缝衔接式的金融服务。

最值得注意的是被称为第三方开放银行平台的中间层（见图 3-12）。对选择自建开放银行的大型银行来说，由于资金实力雄厚、技术资源充沛，完全有能力自主开发 API 以及对接上层商业生态系统，因此中间这一层显得可有可无。然而，对资源能力有限但又亟须对接上层商业生态的中小型银行而言，中间这一层是至关重要的。该平台将底层散乱的中小银行金融服务组件标准化，组装成可被上层生态系统调用的服务，从而解决了中小银行无法自建的难题。

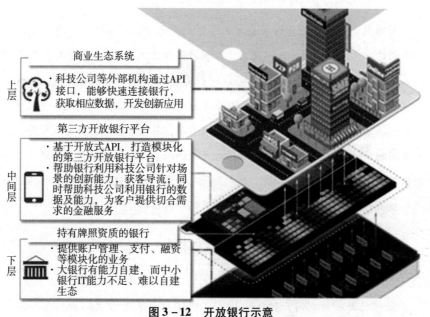

图 3-12　开放银行示意

资料来源：BCG、Life. SREDA 等公开资料。

（二）四种不同的开放银行建设模式

IT 咨询服务商 Gartner 认为，目前全球范围内的开放银行建设模式可分为四类：自建、投资、合作、参与（见图 3 - 13）。这四种模式适合的银行群体迥然不同，其中的利弊也大相径庭。

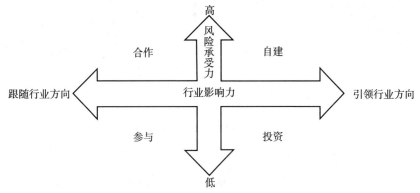

图 3 - 13　开放银行的四种建设模式

资料来源：参见 Kristin R. Moyer，"How to Build an Open Bank，" 2017。

1. 自建

自建模式的关键在于借助应用程序包构建一个"银行即平台"以及附着其上的商业生态系统。这类平台通常包含具备 API 管理能力的网关，由信息系统、客户体验、数据分析、物联网、商业生态系统五大元素组成。对风险承受能力强、对技术掌控度要求高、相关人才资源充足且意欲成为业界先锋的大型银行而言，自建是最佳模式。

2. 投资

兼并/收购、设立风险投资基金、成立合资企业等投资方式是快速实现体外数字拓展的途径。2017 年 Gartner 对全球 77 位银行/保险业高管进行的一次调查结果显示，成立风险投资基金被认为是最成功的数字化业务战略（见图 3 - 14）。对希望将开放银行模式快速投向市场、资金充足且不愿承担过多开发风险的银行而言，投资模式的益处是显而易见的。被投资公司的"先行者"经验可以降低失败的风险，并提供具备丰富开发经验的新型人才。

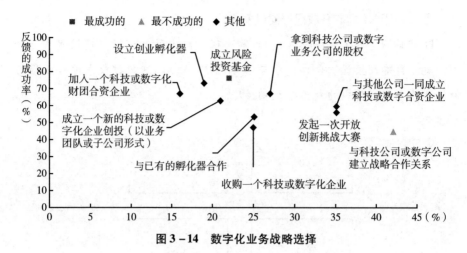

图 3-14 数字化业务战略选择

说明：调查问题为"您采用的是哪一种数字化业务战略？"（多项选择）、"从您所在组织数字化转型进程成功与否的角度出发，您认为这些战略带来了什么样的结果？"。其中，参与者为 77 名银行/保险业的 CEO 与高管；调查基础为"有数字化主动性"。

资料来源：参见 Kristin R. Moyer, "How to Build an Open Bank," 2017。

3.合作

合作模式下，银行不必构建一个完整的平台，尤其不需要去创造一个商业生态系统。这类银行将 API 视为一个可以在短时间内增加营业收入的渠道，而非一个包罗万象的平台。这一模式适合风险容忍度小、侧重于短期内增加营收的银行。相对于自建、投资模式的高度开放，他们更愿意在较小的风险范围内进行一定程度的"开放"。

4.参与

参与模式更多掺杂着被动跟随的意味。银行并不需要建立一个属于自己的"银行即平台"和商业生态系统，只需参与其他更有实力的大型银行或者科技先锋构建的商业生态系统。这一模式适合风险承受能力低、相关人才和技术贫乏、资金较为紧张的银行。对一些偏远地区的城商行、村镇银行而言，选择这一模式较为合适。

二 开放银行之案例篇：已有的探索和实践

开放银行的提法肇始于英国监管当局促进商业银行竞争的监管行动。在不同国家和地区，开放银行的发展现状也有所不同。本部分主要介绍传统银行和第三方在这一轮开放银行浪潮中的实践探索。

（一）传统银行的实践

尽管开放银行的概念起源于英国，但是在商业银行实践这一块，欧盟地区、美国及亚洲的推广进度基本上同步。

1. 国外银行实践

在国外，西班牙、美国、新加坡等地多家银行纷纷落地开放银行建设，推出自己的开放银行平台。如西班牙对外银行（BBVA），很早就确定了平台发展战略，2016 年启动开放银行平台建设，2017 年成型，目前共计发布了用户肖像数据、账户数据、银行卡交易数据、支付、贷款、实时通知等十一大类 API。花旗银行于 2016 年 11 月在全球范围内正式推出 API 开发者中心（API Developer Hub），目前共计发布了账户访问、账户授权、银行卡管理、资金转账等九大类 API。

在亚洲，新加坡星展银行走在了开放银行发展的前列，2017 年底推出了 API 平台，目前共计开放了六大类、21 个子类的 API，包括开户、储蓄账户信息、票据支付、商机发现等。2018 年 5 月，星展银行提出 "live more, bank less" 发展战略，追求更简单、便捷的银行金融服务，节约客户时间，提高客户满意度。

以西班牙对外银行为例，BBVA 在开放银行上的成功实践，并不是一蹴而就的，而是以长期的技术、资源和人才的积累与探索为基础。BBVA 在开放银行战略实施过程中，主要进行了以下工作。

（1）在自建开放银行平台之前，BBVA 已历经 10 年的数字化探索，沉淀了丰富且宝贵的技术资源和业务经验。

（2）BBVA 通过持续的资本运作，快速获得了重要的技术和人才资源。如数字银行的收购；通过成立基金，加大对金融科技领域创业公司的投资等。

（3）通过开放创新机制助力人才输入和项目孵化。设立开放创新中心，重点项目有开放峰会（建立行业影响力）；开放人才计划（人才与创意输入）；开放市场平台（链接第三方创业公司）。

2. 国内银行实践

在国内，2012年，中国银行就提出开放平台的概念，并在2013年推出了中银开放平台，该平台开放了1600个API接口。尽管中银开放平台起步较早，市场关注度却不高。2018年被称为"中国开放银行发展元年"，特别是下半年以来，股份制和国有商业银行纷纷加快了开放银行转型步伐。2018年6月，中国工商银行互联网金融开放平台正式上线；7月，浦发银行在北京正式推出业内首个API Bank无界开放银行；8月，中国建设银行的开放银行管理平台正式上线，打开了核心业务对外输出的大门；9月，招商银行宣布迭代上线招商银行App 7.0版本和掌上生活App 7.0版本，由卡片经营全面转向App经营，并开放用户和支付体系，通过API、H5和App跳转等连接方式，实现金融和生活场景的衔接。除此之外，兴业银行、新网银行、百信银行、众邦银行等也纷纷于2018年推出了自己的开放银行平台。

以兴业银行为例，依托旗下金融科技子公司兴业数金上线了开放银行平台，对外提供72项API服务，涵盖用户、账户、消息、支付、安全、理财等领域，利用开放API与商业生态连接，为兴业银行及客户带来新增账户、结算型存款等收益。截至2018年末，兴业数金开放银行平台各类产品累计完成1.35亿笔交易，累计交易金额为1544亿元，累计为银行端引入场景端客户17.94万户。

以中国工商银行为例，2018年以来，中国工商银行启动了智慧银行ECOS建设工程，将"开放"作为智慧银行的核心特征，实施IT架构开放化转型，重塑开放化业务架构。其中，API开放平台是中国工商银行智慧银行开放生态的重要组成部分。目前，中国工商银行API开放平台已对外开放700多项API服务，为1000多家合作方提供服务，涵盖账户管理、资金结算、商户收单、网络融资、投资理财、跨境财资、商户运营和安全认证等类别。为适应业务开放生态建设，中国工商银行实施了IT架构的开放化转型，包含"主机＋开放平台"双核心技术架构，服务化、组件化的松耦合应用架构及分布式大数据服务云三个主要方面。

（二）第三方的探索

金融业在 IT 领域的投资多年来持续不断，在这一过程中逐渐形成了一批专门服务于金融业的第三方机构和大量人才。部分第三方机构充分利用其独有的专业优势，在开放银行领域大展身手。另外，在互联网金融发展浪潮中成长起来的部分金融科技公司也试图利用开放银行的契机跻身其中。典型服务于开放银行的第三方机构探索如下。

1. 专业安全服务商

Ping Identity 成立于 2002 年，是专业的企业领域身份验证安全服务商。该公司是英国开放银行计划的身份认证解决方案提供商，目前客户覆盖了一半以上的财富 100 强公司、美国前 12 大银行。

Ping Identity 针对开放银行的身份和访问管理提供的解决方案包括三大模块。

（1）强客户身份验证：Ping Identity 提供多因素身份验证服务。

（2）访问安全：包括联合单点登录（Ping Federate）、API 访问控制（Ping Access Control）和 API 网络攻击防护（Ping Intelligence）三类。

（3）许可管理：包括数据存储及优化（Ping Directory）和管理治理策略（Ping Data Governance）。

2. API 网关服务商

Apigee 成立于 2004 年，核心业务是为企业提供 API 产品和技术，帮助企业将其服务 API 化。过去的十几年里，Apigee 一直深耕于 API 管理服务领域，福布斯 100 强中 20% 公司为该公司的客户。

Apigee 的核心产品是 Apigee Edge，一个全生命周期的 API 管理方案。其他产品还包括 Apigee Insights（用于预测性分析），Apigee Link（为设备制造商的物联网方案创建 API 连接）。2016 年，Apigee 在 Apigee Edge API 平台上定向配置构建了专门针对开放银行的 API 管理解决方案——Apigee Open Banking APIx。

Apigee Edge 提供开发者门户、API 网关、API 生命周期管理的基础功能和后端即服务（Backend-as-a-Service，BaaS）、分析引擎、API 货币化计费的高级功能。Apigee Open Banking APIx 充分考虑 PSD2 等合规要求，在 Apigee Edge 基础上进行了定向配置。

3. 银行牌照科技公司

总部位于柏林的 Solaris Bank 成立于 2015 年。2016 年 3 月，Solaris Bank 正式从德国联邦金融监管局取得了全银行牌照。但是 Solaris Bank 自身并不经营传统银行业务，它对自己的明确定位为"拥有银行牌照的科技公司"。Solaris Bank 始终坚持以纯粹 B2B2X 的方式服务生态圈的机构，间接为终端用户提供金融服务。银行牌照的取得对 Solaris Bank 来说，更多的是意味着能以更安全、合规的方式将底层银行服务 API 开放给客户，为其快速扩展业务提供支撑。

Solaris Bank 提供乐高积木式的 API 服务，以供合作伙伴根据自身需求自主选择 API 产品及其组合。目前，该公司已推出超过 180 项 API 服务，涵盖了数字银行和银行卡类、借贷类、支付类、身份类、区块链类等。

4. 传统银行 IT 服务商

神州信息从 1993 年开始从事银行应用软件的设计开发，为银行定制业务应用系统。2018 年以来，神州信息在安全可控的发展思路下，以"DI + IT"（"数据驱动决策优化 + 信息技术"）布局金融科技，推动金融机构业务发展，赋能金融行业数字化转型。神州信息推出了"互联网开放平台"（Sm@rtOP）解决方案，基本功能架构包括服务访问层、核心层、服务接入层，以帮助金融机构进行开放银行建设。在国内已经推出开放银行平台的银行当中，华瑞银行、建设银行等就是神州信息的典型客户代表。

三 开放银行之监管篇：各国监管现状与趋势

（一）英国：CMA 与 OBWG 共同寻路

2016 年 8 月，英国竞争和市场管理局（Competition and Markets Authority, CMA）发布零售银行市场调查报告，提出了开放银行服务数据等系列改革措施，成为英国大规模开放银行行动的改革肇始。

CMA 要求大不列颠和北爱尔兰市场份额最大的 9 家银行（CMA9）建立并采用统一的开放银行服务数据和客户资格指标、银行服务质量指标与个人/企业账户交易数据。2016 年 9 月，CMA9 成立负责落地执行开放银行措施的组织——开放银行实施实体（Open Banking Implementation Entity，OBIE）。

2015 年 8 月，英国财政部牵头成立工作组（Open Banking Working Group，OBWG）。次年 3 月，OBWG 正式对外发布了《开放银行标准框架》（*The Open Banking Standard*），主要由三大标准以及一个治理模式组成（见图 3 - 15）。

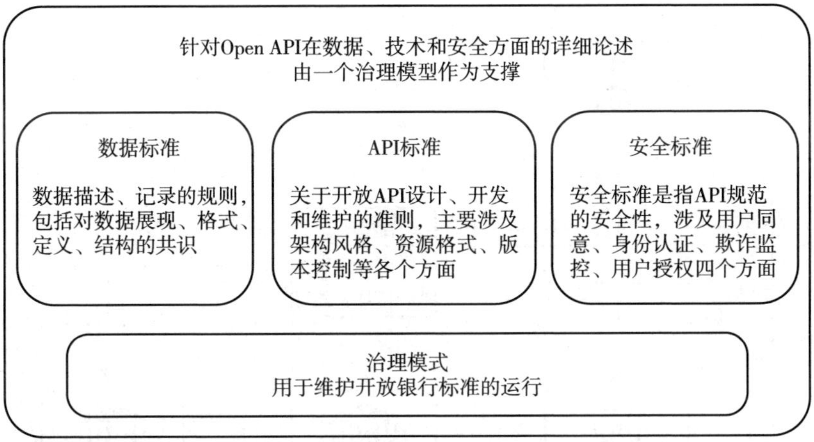

图 3 - 15　英国开放银行标准框架

资料来源：OBWG，2016 年。

（二）欧盟：PSD2 引领全球开放银行监管

2015 年 11 月，欧洲议会和欧盟理事会发布新的支付服务指令（Payment Service Directive 2，PSD2）。PSD2 自 2016 年 1 月 12 日起正式生效，根据其要求，欧洲经济区内各国（包括 28 个欧盟成员国及 3 个欧洲自由贸易联盟成员国）必须在 2018 年 1 月 13 日前将 PSD2 转化为相关法律。PSD2 是欧盟国家的开放银行立法基础，也引领了全球范围的开放银行监管趋势。

PSD2 相对于 PSD 的核心变化是纳入了支付发起服务商（Payment Initiation Service Provider，PISP）和账户信息服务商（Account Information Service Provider，AISP）（见图 3-16）两类新兴第三方支付服务提供商（通称为第三方），并制定了支付账户开放规则（Access to Payment Account）。无论是科技巨头、新兴数字银行，还是金融科技初创公司，都可能成为 PSD2 定义下的 TPP。支付账户开放规则规定，以银行为代表的支付机构要向第三方开放用户的账户、交易数据。开放以用户同意为前提，无须第三方与银行之间签订协议，对银行的身份验证和数据交换技术提出了更高的标准。

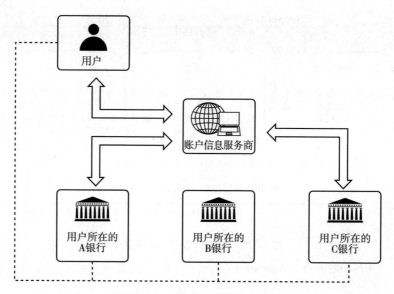

图 3-16　AISP 与银行的交互模式

资料来源：PSD2，2015 年。

（三）新加坡：发布金融业 API Playbook

2016 年 11 月，新加坡金融管理局联合新加坡银行协会发布 API 指导手册（Finance-as-a-Service：API Playbook，以下简称"Playbook"）。Playbook

在这部分内容中不仅对 API 的分类进行了详细的阐述，还围绕 API 经济中的参与方——API 提供者、API 消费者、金融科技公司、开发者社区提供角色指导与执行指南。

与西方国家的探索路径类似，Playbook 也提议建立一个具备新加坡金融市场特色的治理模式，由上至下分为四部分：API 治理框架、API 治理参考架构、API 生命周期治理和 API 风险治理（见图 3－17）。

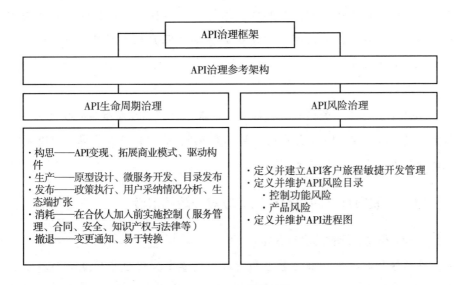

图 3－17　API 治理框架

资料来源：API Playbook，2016 年。

（四）中国：开放银行准备环境日渐成熟

在丰富的金融科技生态、广泛的 API 应用和银行业自身的积极探索下，国内的开放银行准备环境日臻成熟。目前，国内监管机构已经对光大集团、中信集团等传统金融服务机构及蚂蚁金服、苏宁集团等互联网企业以金融控股集团的形式展开监管试点。从机构监管到注重数字金融生态的监管试点，虽然中国内地监管尚未出台开放银行指导或政策框架，但全球镜鉴不远，在亚太地区，新加坡、澳大利亚、日本及中国香港是少数几个监管层面已经给出开放银行指导或政策框架的国家和地区；印度、韩国和中国台湾的监管机构则表达了对开放银行的支持态度。

2017 年 9 月，香港金融管理局（Hong Kong Monetary Authority，HKMA）宣布了七项行动，Open API 行动是其中之一。2018 年 1 月，HKMA 发布《香港银行业 Open API 框架咨询文件》（*Consultation Paper on Open API Framework for the Hong Kong Banking Sector*）。

HKMA 将 Open API 分为四个类型（见图 3 - 18）：第一类是产品和服务信息 API，提供银行的产品和服务细节；第二类是产品和服务订阅与申请 API，用于存贷产品的网上申请；第三类是账户信息 API，用于认证客户的账户信息提供与修改；第四类是交易类 API，由验证客户发起交易、支付、转账。

HKMA 制订了一个循序实施计划，要求银行在框架发布后的 6 个月内提供第一类 API，12～15 个月内提供第二类 API，账户信息和交易类 API 的实施时间将在一年内和行业共同敲定。

四　开放银行之展望篇：如何应对开放的浪潮

（一）开放银行的机遇与挑战

开放银行起源于金融监管当局打破银行垄断，促进市场竞争与技术创新，更好地服务于客户。然而，从另一个视角来看，互联网巨头依托其用户优势，构建自身的开放生态，不断向金融领域进军，加剧了金融脱媒的趋势，也极有可能彻底颠覆传统银行业。为了应对上述形势，传统银行业唯有直面技术创新和开放生态所带来的巨大挑战，积极迎战，方有可能变危机为机遇。

1. 机遇

长期以来，金融领域对新技术的应用也走在全社会的前列，银行业也有合理利用信息通信技术的优良传统。商业银行拥有金融风险把控和资金的优势，只要能够合理利用技术创新，秉持开放心态，在未来的竞争中未必会处于下风。尤其是大数据技术、5G 技术、人工智能等技术的出现，可以有效提高银行服务效率，降低人工成本，增强我国商业银行的全球竞争力。

产品和服务信息

核心银行功能	存款	贷款	投资	其他
				保险
	获取各类银行产品信息	获取信用卡、按揭贷款、有/无抵押贷款产品信息	获取零售投资基金、结构化产品、贵金属、股票交易	获取普通保险、人寿和长期保险产品信息

产品和服务订阅与申请

核心银行功能	存款	贷款	投资	其他
				保险
	处理各类银行账户的开户需求	处理信用卡、按揭贷款、有/无抵押贷款的申请需求	处理投资基金、股票、贵金属账户开户需求	处理普通保险、人寿保险申请需求

账户信息

核心银行功能	存款	贷款	投资	其他
				保险
	获取储蓄账户信息、账户交易信息	获取信用卡额度；获取信用卡未还款额、还款到期日、交易数据；获取未还贷款款信息；处理信用卡额度调整请求；处理信用卡挂失请求；处理贷款条款修改请求	获取投资基金、贵金属、股票持有信息	获取普通保险、人寿或长期保险保单细节；处理非金融类保单修改请求

交易类

核心银行功能	存款	贷款	投资	其他
				保险
	处理基金转账请求；处理电子支票出具请求；处理已开具支票停止支付请求	处理信用卡积分兑换请求；处理信用卡取消请求；处理信用卡还款请求；处理贷款还款请求	处理零售基金、贵金属、股票交易指令	处理财产保险保单修改请求；处理赔付请求

图 3 – 18　HKMA 将 Open API 分为四个类型

资料来源：HKMA，2017。

2. 挑战

开放银行作为新生事物，全社会对其的认识普遍不足，尤其是监管当局、商业银行。开放银行的前景如此广阔，加之网络巨头的推动，极有可能形成社会机构泛金融化的趋势，这是参与各方需要审慎应对的。从监管当局来看，适时介入以及在包容创新和审慎监管之间寻找适当的平衡点，对于推进金融竞争、提高金融效率、防范系统性风险尤为重要。这就需要监管当局加强研究，建立适当的规制体系。从商业银行来看，传统的审慎经营理念和内部体制机制制约着商业银行开展开放银行业务，业务模式的困惑和安全风险的防范是需要重点考虑的问题。

（二）面对开放的对策与建议

开放银行是数字经济社会发展的必然趋势。只有顺应社会发展趋势才能勇立潮头，避免被淘汰。在这股开放银行发展浪潮中，参与各方——主要是商业银行、第三方服务提供商、监管当局——需要采取不同的应对策略。

1. 商业银行的视角

从商业银行的角度来看，需要从企业文化、业务模式及安全风险防范等角度采取不同对策。企业文化方面，开放银行的推进绝不仅仅是银行技术和业务层面的事情，与之相对应的企业文化与组织结构也需要进行适应性升级。如果要成功实现开放银行的转型，银行之间需要打破固有的部门和传统业务条线壁垒，一方面实现银行体系内跨部门或业务条线的数据连接与整合，另一方面实现能够快速决策的"敏捷组织"升级。业务模式方面，利益分配机制的达成，是开放银行平台生态中各方在合作的过程中博弈的结果。为此，银行应该积极与金融科技公司等第三方合作，联合创新探索共赢，在深度实践中磨合，寻找各方都认同的赢利模式。安全风险防范方面，确定开放的界限，既需要监管层在顶层设计上制定相关标准，也需要银行自身进行资源整合，打破条块化管理瓶颈，建立数据安全保护机制，明确风险责任边界。

2. 第三方的视角

从第三方服务提供商的角度来看，需要从技术创新、风险合规两个方面加强自身能力建设。技术创新层面，构建标准化、敏捷技术体系，及时快速响应开放银行业务需求，是保证第三方服务提供商赢得市场竞争的核心。风险合规层面，建立完善的内部管理合规体系，加强技术风险和业务合规的管理，是保证第三方服务提供商满足监管需求的关键。

3. 监管的视角

我国商业银行在开放银行业务实践上走在了世界前列，国有大型商业银行，如中国银行、中国建设银行、中国工商银行等，以及中小股份制银行，如浦发银行、招商银行、兴业银行等，都开发出各具特色的开放银行体系。银行业监管当局本着包容创新的态度，并未过多干预各家银行的开放银行业务发展，但既有金融监管措施强调保护金融消费者信息，缺少促进金融信息共享与流通的措施，整体来看相关监管体系稍显滞后，主要对策如下。一是推进金融数据共享流通。以金融数据分类和脱敏为突破口，加快金融信息的共享与流通，开创有效保护与创新利用并重的局面。二是建立金融数据安全体系。建立金融数据共享与融合的安全责任体系，确保消费者金融信息合理使用与安全保护。主要包括制定开放银行安全标准、API 使用者资格审查制度、金融消费者救济机制、第三方机构中立制度等。三是制定开放银行相关标准。组织开放银行的参与各方，包括提供商、消费者、金融科技公司和开发者社区，制定开放银行的数据标准、API 标准与安全标准三大标准，设计开放银行的治理模式。

参考文献

工业和信息化部：《推动企业上云实施指南（2018—2020 年)》，2018 年 7 月。

工业和信息化部、发展改革委：《扩大和升级信息消费三年行动计划（2018—2020 年)》，2018 年 7 月。

国务院：《关于促进云计算创新发展培育信息产业新业态的意见》，2015 年 1 月。

中国银监会：《中国银行业信息科技"十三五"发展规划监管白皮书》，2016 年 7 月。

中国人民银行：《云计算技术金融应用规范 技术架构》，2018 年 8 月。

中国人民银行：《云计算技术金融应用规范 安全技术要求》，2018 年 8 月。

中国人民银行：《云计算技术金融应用规范 容灾》，2018 年 8 月。

中国信息通信研究院、融联易云、兴业数金、招银云创：《可信金融云服务（银行类）能力要求参考指南》，2018 年 8 月。

中国信息通信研究院、融联易云、兴业数金、招银云创：《可信金融云服务（银行类）系列标准》，2018 年 8 月。

第四章　金融分布式架构

第一节　当前金融分布式架构进展概况

—— 逐步成为行业共识

当前金融业正向数字化全面转型发展，人工智能、大数据等金融科技在行业中的广泛应用，推动了金融信息系统架构从集中式向分布式架构快速转型。分布式系统架构解决了传统集中式架构"牵一发而动全身"的最大痛点，其灵活、易扩展、低成本等优势驱使行业用户在面对业务品种和业务量爆炸式增长时，自然选择分布式架构。分布式架构在技术实现上，自然衔接行业"自主可控、自我创新"的内在要求，可稳步实现金融业关键信息基础设施自主可控的目标，是防范系统性金融风险的关键。因此，金融分布式架构已经逐步成为行业的共识，是当前各金融机构重点发力的方向。

近几年，金融机构在分布式架构领域有诸多实践。从实现模式来看，既有基于分布式计算、分布式存储和分布式网络的数据平台，又有基于分布式架构开展的核心系统建设，还有"集中式 + 分布式"等多种混合模式。与此同时，业界对金融分布式架构的理解也更加深入，可以概括为以下三点。

一是基础设施云化。采用云计算、SDN、分布式存储等技术实现基础设施云化，提高资源使用率的同时，充分利用分布式架构下同城高可用、异地灾备能力，提升系统可靠性到更高的水平。

二是数据分布化。充分应用分布式数据库和分布式存储技术，将原先集中式系统中的各个数据分布化，在数据量越来越大、数据运用越来越广泛、数据分析越来越深入的情况下让数据更贴近业务部门，满足金融行业对数据的一致性要求，实现分布式架构下的数据分布存储。

三是应用服务化或微服务化。应用层通过微服务化或者服务化，将软件能力共享后形成数字中台，提升应用软件重用率，满足应用开发对业务需求多变的灵活性，真正实现科技推动业务发展。

在当前数字化转型背景下，本书对金融分布式架构建设的最新进展、呈现的趋势、存在的问题及相应的案例做概要描述。分布式架构将是未来金融数字化发展的重要方向，会在更多场景中得到应用，与其他技术和业务充分融合，并呈现百花齐放、百家争鸣的局面。

（一）发展要求和趋势

实现传统集中式商用技术和架构向开放、开源、分布式系统架构转型，建立自主可控的金融信息系统，是"十三五"期间金融行业信息科技工作的重要目标。

1.分布式架构是技术发展的必然趋势

随着互联网和云计算技术的快速发展，分布式计算、分布式存储、分布式网络及其应用技术正成为ICT技术的主流。分布式架构不仅具备可扩展性强、处理效率高、容错能力强等特点，还是大数据、机器学习、人工智能、区块链的支撑技术。目前国内外各大金融机构都在积极、审慎地开展私有云建设，研究并尝试开源、分布式技术和应用。

2.架构转型是金融业生存和发展的迫切要求

一是生态化、场景化的金融服务，以及数字化、智能化等技术，已经对金融行业的支付、征信、风控、理财、客户获取等核心领域产生极大冲击，互联网技术创造了平台经济、共享经济，也推动着金融服务模式的创新，金融领域参与者不加快技术转型就会被未来淘汰。

二是以开放、合作、分享的理念和态度参与互联网金融生态，必须有开放的技术体系和架构与合作者联结和交换，现有的闭环架构在一定程度上限制了金融业务的合作范围、扩展性和效率。

三是开源、开放的分布式技术成本更低，效率更高，用户体验更好，开发和测试方式方法更为敏捷。

3. 架构转型是适应我国金融业自主可控的要求

从技术体系成熟情况来看，x86、ARM 等 CPU 处理器架构及相关开源技术体系的充分应用，有利于我国信息产业企业和金融业更加自主地掌握核心技术，改变我国金融行业基础软硬件等核心技术长期以来完全依赖国外厂商状况，从可持续发展的角度，更加能满足金融业未来发展需要。

（二）存在的问题和挑战

1. 业务连续性要求

近年来，金融行业特别是银行业监管日趋严格，对金融业务连续性运行提出了更高的要求，业务系统在实际部署时，一般需考虑信息系统的同城双活或同城、异地多活，从而构建业务连续性能力。随着银行业务系统从传统架构迁移至微服务，微服务架构在一个注册中心的前提下，如何更好地满足双活、多活需求是难题，特别是如何实现异常情况下快速无中断切换，满足不同中心数据一致性等问题。具体来看，目前还没有合适的技术来解决微服务跨多个远距离中心的问题，特别是在存在较大时延情况下开展跨中心微服务调度、服务发布。目前常见规避做法是一个应用微服务尽量在一个数据中心部署；在考虑容灾的前提下，通常在另一个数据中心也部署一套应用，通过负载均衡或者服务治理实现引流。

2. 兼容老系统的要求

金融行业整体信息化水平是领先于其他行业的，因此信息系统建设历史也相对较长。这就要求分布式架构转型须处理好大量老系统和新架构兼容的问题，特别是很多老系统采用 C、COBOL 等传统语言开发。上述问题具体来看，其实是分布式架构如何承接这些传统应用转型的问题。新兴的微服务架构、分布式数据存取与基于传统语言、传统架构开发的应用产生了天然的技术冲突，是基于新技术全面改造还是相互耦合协同工作，确保整体架构升级平滑过渡，这是行业面临的一个现实问题。

3.可持续性发展的需要

开源技术的应用也需要技术支持。但与传统技术路径不同，云计算、分布式架构等技术专家主要集中在互联网公司，研究和应用这些技术的也大多为创新型公司。其特性是规模小、不稳定，难以提供持续、稳定的技术支持，并缺乏对金融业信息系统自身特点的理解和实践经验。因此金融企业面临人才短缺的问题，亟须培养和拥有一批既掌握新技术又有丰富金融应用经验的技术人才，克服现有招聘、薪酬和激励机制中存在的不足。

第二节　金融分布式架构的典型实践
——从应用平台到基础架构

（一）中国农业银行智能互联网金融平台

中国农业银行智能互联网金融平台包括金融服务（个人、企业）、电子商务服务和社交生活服务建设和实施。

金融服务旨在实现移动端、个人 PC 端、企业 PC 端全新改版，逐步构建用户账户、线上支付、金融产品、营销支持和运营风控等五大支撑体系，初步打造开放、定制、整合、共享的金融服务平台。

电子商务服务旨在建成以 B2B 为主、以 B2C 为辅、服务"三农"、城乡联动、覆盖全产业链的金融、电商、信息综合服务平台，助力企业客户电商化转型，打通农村电商"最后一公里"，成为中国农业银行互联网金融发展的新引擎。

社交生活服务旨在初步完成社交生活平台系统基本框架建设，建设体验良好的生活圈、消费圈、社交圈，打造缴费中心、优惠中心、交互中心、营销中心等四大支撑体系，实现平台开放化、功能个性化、体验场景化、服务生活化。

1. 解决方案

项目构建"一体多维"的技术支撑能力，探索"双轮驱动"的研发保障体系。依托 OpenAPI、金融 SDK、动态授权、沙箱隔离等技术，为农企、农户提供丰富的场景化金融服务，提升"拳头产品走出去，场景服务引进来"的开放能力，构建服务三农、开放共享的金融生态；依托"强、中、弱"多层次用户模型和生物信息识别等智能认证手段，构建农行全网通行证，有效平衡用户体验与风控效率，降低三农用户使用门槛；依托大数据、人工智能、移动互联网技术，建设三农特色标签库，通过"千人千面"的精准营销模型，提升智能营销能力；依托统一接口标准、消息交互机制，提升渠道、客服、风控一体的智能协同能力，提高三农客户服务效率；依托拓扑感知、全链路分析、移动数据采集分析等智能运维能力，有效应对农村地区基础设施薄弱、运行环境复杂等问题给系统稳定运行带来的挑战。

2. 案例应用实践及效果

截至 2018 年 12 月，中国农业银行个人网银用户数达 2.65 亿户，累计交易 213.35 亿笔，交易金额 41.9 亿万元；个人掌上银行用户数达 2.57 亿户，累计交易 136.23 亿笔，交易金额 49 亿万元，普惠金融服务成果明显。其中，个人掌上银行活跃客户 1.03 亿户，较本项目实施前增加 8133 万户。2016 年 8 月 18 日新版掌上银行上线后，当月交易量环比增长 21.5%，迅速提升一个台阶，12 月交易量已达 5.36 亿笔，较新版掌上银行上线前增长了 77.4%，较年初翻了一番。

2018 年，金融服务平台（企业）客户总数达 620 万户，较 2017 年增长 16.6%；活跃客户总数达 375 万户，净增活跃客户 54 万户，动户率为 60.5%；2018 年累计交易金额 104.5 万亿元。2018 年累计交易 15.7 亿笔，同比增长 28.7%；创造中间业务收入 22.7 亿元。

社交生活平台系统完成优惠中心、营销中心、缴费中心建设。截至 2018 年底，网点 WiFi 门户系统共完成 22607 个营业网点的实施，实现注册用户 650 余万人，掌上银行 App 下载量 270 余万次。

（二）中国农业银行行云缴费平台

中国农业银行行云缴费平台的建设依托银行传统缴费业务，秉承"开放、合作、共赢"的理念，致力于缴费金融服务的数字化转型，旨在打造一个服务体验优、产品更新快、竞争能力强的"互联网＋电商"缴费平台。行云缴费平台承载着三大职能，即缴费业务的项目管理、交易处理和服务支持，实现缴费业务的统一商户管理、统一数据管理、统一支付流程、统一用户体验，打造缴费渠道多样、缴费方式灵活、缴费开通便利、缴费流程便捷、缴费通知及时的"一键式"缴费平台。在平台建设过程中，使用敏捷管理模型进行项目管理，采用"分布式＋微服务"的系统架构，实现了组件化的开发部署，各模块之间松耦合，系统扩展性高，能够快速迭代，可适应互联网应用快速发展特点。产品设计遵循了互联网产品设计原理，对缴费流程上的每一个环节精雕细琢，充分站在用户角度提供创新、便捷、有趣的缴费金融产品，提升用户体验（见图4-1）。

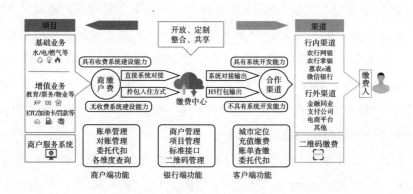

图4-1 中国农业银行行云缴费平台系统

行云缴费平台的推广应用，对中国农业银行践行普惠金融、促进经营转型具有重要的意义。凭借"互联网＋缴费"成本低、覆盖广的优势，有效破解了传统缴费业务经营成本高、收益低、商业不可持续的难题。通过大力建设缴费平台生态，进一步加强分行对小微企业、"三农"和偏远地区中间业务的营销能力，推动中国农业银行金融服务数字化转型。

1. 系统架构

系统采用"分布式 + 微服务"的系统架构，实现了组件化的开发部署模式，各模块之间松耦合，系统扩展性高。

（1）路由层，通过 F5 + Nginx 实现前端资源动静分离与负载均衡。

（2）应用层，按照渠道入口拆分成一系列独立的 Web，包括个人掌银缴费 Web 应用、个人网银缴费 Web 应用、开放式缴费 Web 应用、微信钱包缴费 Web 应用、行外缴费 Web 应用等，每个渠道应用提供独立的 Web API，独立部署，互不影响。

（3）服务层，采用 Dubbo + Zookeeper 的分布式服务架构，独立设计实现缴费类别服务、缴费项目服务、缴费下单服务、缴费通知服务、常用缴费服务等模块，系统内部解耦。

（4）缓存区，利用 Redis 实现缴费平台（Java）与网银（C#）、掌银（erlang）不同开发平台之间的 Session 共享，并通过 Redis 实现缴费平台自身的数据缓存。

（5）数据库，基于 Oracle 的分区技术实现千万级数据的快速查询、对账与数据清理。

2. 案例应用实践及效果

自 2016 年 9 月行云缴费平台首次投产至 2019 年 7 月，缴费中心通过不断的系统升级迭代，缴费业务发展迅猛，覆盖了全国 367 个城市，三年累计新增缴费商户 60122 户，新增缴费项目 73277 个。

近三年，缴费中心交易量也呈现高速发展的趋势。2018 年，缴费中心交易额突破 500 亿元大关，是 2017 年的 2.1 倍；成功缴费 7600 万笔，是 2017 年的 3.4 倍（见图 4 - 2）。2019 年上半年的交易量已达到 5530 万笔，交易额达 345 亿元。其中，2019 年 8 月 26 日单日交易额突破历史峰值，达到 14.20 亿元，缴费业务呈现蓬勃发展的良好势头。

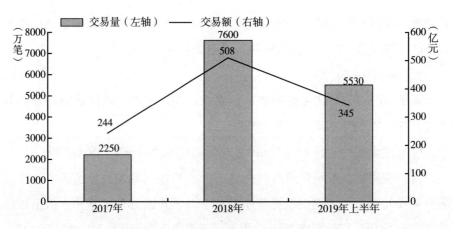

图 4-2　行云缴费平台交易额与交易量

（三）中国民生银行分布式实践

2018 年 1 月 28 日，中国民生银行历时近 4 年自主研发的分布式核心金融云平台成功上线，并且完成了直销银行系统全部 1200 万个电子账户迁移，建立了分布式金融云双活灾备体系，成为国内第一家成功上线分布式核心账户系统的银行。中国民生银行分布式金融云上线以来运行平稳，日均交易量为 1100 万笔，响应时间稳定在 50 毫秒以内，业务处理效率较原核心系统提升 3 倍以上，达到了分布式核心项目的预期目标，为下一阶段的业务系统大规模接入做好了充分准备。

基于分布式金融云的有力支撑，中国民生银行科技支撑能力进一步提升，先后上线了基于分布式架构的新一代零售信贷体系、基于大数据和人工智能的智能投顾系统 1.0、丰富移动生活场景的手机银行 App 4.0，以及提升全行办公效率的智能移动办公云平台等重要系统。与此同时，小微 3.0、新供应链金融、远程银行等重点项目和数据治理等重点工作也在积极推进中，全力建设民生科技金融银行。

1. 中国民生银行分布式架构特点一：兼顾降本增效、海量接纳

与传统银行系统架构相比，中国民生银行分布式架构兼顾了"降本增

效"和"海量接纳"的特性，大幅提高业务效益，提升了银行科技金融的核心竞争力，为客户提供高可靠性、高稳定性、高安全性的服务。主要表现在以下几方面：第一，支持十亿级客户的规模，突破核心系统瓶颈；第二，核心业务单功能点提升为按周交付，提高了交付速度，能够更快地响应业务需求；第三，系统性能及稳定性增强，客户体验及服务质量得到极大提升；第四，单账户成本大幅降低，预计每年可节省运营成本近亿元。

分布式核心系统参考互联网技术架构的优点，基于微服务架构和云原生应用的设计理念，采用分层架构设计，运行在 x86 服务器上，同时支持虚拟化部署，具有良好的可扩展性；采用读写分离和分库分表等数据分布式处理，结合使用分布式缓存和支撑异步处理的消息中心，有效提升系统响应速度和吞吐量；通过采用分布式批处理框架，大幅提升批处理效率，支持海量账户的日终批量处理；应用服务器和数据库服务器采用同城双活模式确保系统的可靠性。

2. 中国民生银行分布式架构特点二：平台与应用有机整合

中国民生银行分布式技术平台以开源为基础实现了一整套的分布式框架及中间件，以支持符合金融业务要求，满足海量数据、高并发、高可用、高可靠和横向弹性扩展的银行应用功能。根据分布式的 CAP 理论，在一个分布式系统中，一致性（consistency）、可用性（availability）、分区容错性（partition tolerance）不可兼得。为满足银行业务对交易处理的苛刻要求，中国民生银行的分布式技术平台首先保证了可用性和分区容错性，然后通过分布式事务、消息中心保证了基于可靠消息的最终一致性，通过消息中心、统一冲正与全局序列保证交易的幂等一致性。

围绕银行核心系统特点，中国民生银行分布式技术平台具有九大功能：一是通过分库分表和读写分离实现分布式数据访问功能；二是基于可靠消息的最终一致性和冲正模型的反向处理实现分布式事务功能；三是通过 RPC 服务框架、服务访问控制与限流、服务跟踪实现分布式服务框架与服务治理功能；四是通过分布式的作业调度和多种容错策略保证分布式批量作业调度功能；五是通过集中配置管理支持一份代码多份部署等功能；六是通过消息中心实现可靠消息发送与接收、消息幂等性功能；七是通过分布式缓存提高性能、降低 DB 负载等；八是通过统一冲正与全局序列实现交易幂等性功能；九是实现开发运维一体化，基于 Docker 容器，支持弹性扩容（见图4-3）。

图4-3　中国民生银行分布式技术平台九大功能

　　分布式中间件平台是中国民生银行分布式架构里的核心功能，分布式中间件平台分为服务接入层、应用层和数据层（见图4-4）。在服务接入层，外围系统通过 API Gateway 实现服务的安全与访问控制，包括交易幂等性、服务授权、服务限流等。在应用层，一是高性能的服务框架支持微服务架构，实现应用服务弹性伸缩；二是通过配置中心统一存储配置，实现配置信息多版本、多环境管理，支持配置信息推送与动态变更；三是通过消息中心解耦应用，实现高可靠消息发送，提高系统吞吐量，应对瞬间峰值；四是分布式批处理框架提供分布式计算能力，支持批量作业的高效执行。在数据层，首先通过分布式数据访问支持核心数据的读写分离、分库分表，实现核心数据弹性伸缩；其次通过分布式缓存提升系统性能，降低数据库访问压力。整个分布式架构适用不同业务场景的多种分布式事务处理模型，同时构建了基于大数据的分布式日志手机分析与统一的监控预警平台。基于 Docker技术的 DevOps 平台，实现多发布环境隔离、应用的滚动升级与发布。

　　银行核心系统是银行交易和账户处理的中心，是银行信息系统架构最关

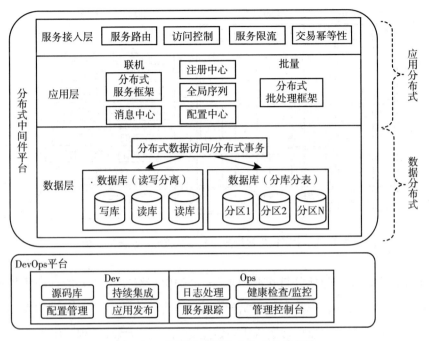

图 4-4　中国民生银行分布式技术架构

键的环节，中国民生银行基于分布式架构的存款核心系统通过组件化分层保证了账务数据强一致性。第一层为协议处理层，提供 Dubbo 服务、Web Service、服务治理、服务跟踪、服务参数验证、服务幂等性。第二层为服务组装层，实现单一服务透传、服务编排、公共服务/API、异常机制和分布式事务控制。第三层为原子服务层，包括公共原子服务、业务原子服务、工具类/API、序列号和消息中心。第四层为持久化层，提供分布式数据访问和分布式缓存机制（见图 4-5）。

3. 中国民生银行分布式架构特点三：自动化和智能化的运维管理

分布式架构使运维面临服务层次更复杂、调用关系更复杂、系统状态更复杂的挑战。针对分布式架构设备多、应用多、服务多、配置多的特点，中国民生银行研发了运维支撑体系，建设了运维自动化工具，来保障运维有条不紊地进行。一是运维管理集中化，包括分布式管控平台进行服务治理、运维视点平台进行应用查询、集中监控平台集中管理硬件/OS/DB/网络；二是

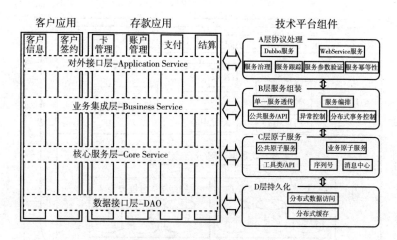

图4-5　中国民生银行分布式存款核心系统分层架构

运维操作自动化，包括分布式 DevOps 平台确保持续交付、灾备自动化指挥平台保障机房切换；三是应用排错可视化，包括交易监控平台实现实时交易分析、OnPlat 全景运维平台实现实时链路分析、云图系统实现运维架构可视化；四是服务跟踪智能化，包括一眼清平台进行日志分析、ZIPKIN 平台实现服务跟踪（见图4-6）。

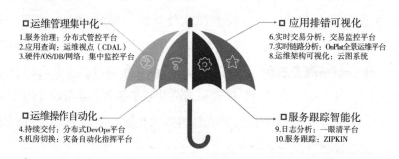

图4-6　中国民生银行分布式核心系统运维支撑体系

（四）某农信分布式架构实践

1. 案例背景

随着利率市场化逐步放开、利差空间不断缩小、行业监管不断加强，银行业内部经营管理的压力与日俱增。同时，外部互联网金融企业的出现正在改变传统银行原有经营法则。在内外双重压力下，银行原有大集中的 IT 架构的不足之处逐渐显现，无法满足银行业务变革的需求。

再结合当前新兴的云计算设计思路和其他分布式技术，银行业采用开放软硬件架构实现具有银行特点的分布式 IT 架构，正切中业务改革转型发展痛点；通过提升基础资源的使用效率，增强基础资源部署的弹性，从容应对金融行业内外所面临的双重压力。

因此，相对集中式架构而言，以微服务框架为基础的应用微服务化，以数据物理切分分布为特征的数据分布化，以计算节点、网络节点、存储节点为特征的基础设施分布化正在构成新一代银行分布式 IT 架构的基本框架。

随着技术不断进步，这个基本框架正在日趋成熟且成长为主流的联机交易系统架构方案，从而大大提升了银行业务系统处理能力和性能，包括可用性、可靠性、数据一致性和业务连续性等相关能力。

在上述背景下，银行业务提出了新的要求，包括业务创新、敏捷上线、多元化和定制化、业务及数据安全，这些都要求银行 IT 架构具备资源池化共享、应用弹性伸缩、简化运维管理及提升开发效率的能力。

2. 需要解决的问题

一是产品上市周期，传统大集中的 IT 架构，IT 准备周期长，业务开发周期长，代码效率低，最终导致业务上线周期长，无法满足业务快速创新要求的问题；

二是诸如"双十一""秒杀"场景下的瞬间业务浪涌问题；

三是升级部署，满足业务秒级扩容需求，保障业务 QoS 的问题；

四是有效的数据私密性保障的问题。

3. 解决方案

基于云平台的容器/微服务框架中间业务云平台，建立面向服务的体系架构；通过业务系统服务化及业务模块的组件化，快速满足用户业务需求；通过应用平台化，构建产品工厂、中间业务云平台等企业级应用平台。如通过产品工厂实现产品灵活定制功能，快速响应业务创新；建立流程平台，通过快速、差异化的流程定制方式实现集中运营；实现银行中间业务的敏捷上线。某农信中间业务云平台解决方案见图4-7。

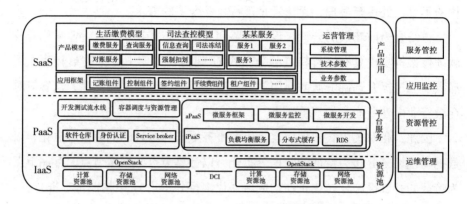

图4-7　某农信中间业务云平台解决方案

在 IaaS 层，作为云资源操作系统，实现基础设施资源统一调度和管理。在计算和存储云化，分两层并行架构设计：一类采用普通 x86 服务器加分布式块存储软件构建融合资源池，满足虚拟机和 Docker 的数据存储需求服务于 Web App；一类采用基于 x86 的开放架构小型机家高端存储构建传统资源池，主要服务于数据库场景。云管平台则实现资源的部署和申请的服务化、自动化能力实时监控基础设施资源的运行状况，满足日常运维的资源管理的需求。

在 PaaS 层，第一类提供容器服务，Docker 容器资源的调度和控制通过 Kubernetese 来实现，容器的全生命周期管理与上层应用的部署和监控联动。第二类是中间件服务，主要提供 Redis、Oracle RDS 等服务。

首先，微服务框架的部署能提供完整的服务治理功能，包含服务的注册、发现、管理、授权、分布式事务、调用链分析等功能，通过更加细粒度的功能模块化，大大提高应用灵活性、扩展性和高可用性。

其次，微服务架构能提供银行应用上线所需的软件开发和上线部署功能，主要优点：每个服务简单，只关注一个业务功能，架构松耦合，提供更强的灵活性；每个微服务可以由不同的团队开发，互不影响，提升开发效率；微服务架构支持持续交付（CD）能力，允许在频繁发布不同服务的同时保持系统其他部分的可用性和稳定性。

上线后带来的主要价值有三个方面。

一是应用组件化，敏捷开发。新业务开发、上线（TTM）从 3～6 个月缩短到 1～2 周；1000 多个中间业务总体代码量减少 50% 以上；同类业务开发代码量减少 90%。

二是资源全面云化，弹性部署。实现烟囱式 IT 架构向开放云架构转型，基于容器及微服务技术，实现应用秒级弹性伸缩，资源动态分配，轻松应对浪涌式访问冲击。

三是一套系统统一管理，简化运维。镜像封装部署，环境解耦，实现调试工作从平均 2 天缩短到 4 小时；滚动升级，灰度发布，应用版本迭代零中断；多租户模型匹配多法人机构，有效保障数据私密性，一体化视图，实现跨区域多级管理。

（五）中国人民保险集团分布式微服务技术体系

中国人民保险集团（以下简称"中国人保"）在"3411"工程四大战略中提出了科技创新驱动发展、提高数字化运营和 IT 建设水平等要求。在此背景下，中国人保制定了信息系统架构规划总体目标，即建立统一的技术标准、构建微服务化的应用中台、分布式的技术架构、云服务化的基础环境，形成自主的专业架构团队，实现行业领先、金融比肩的一体化架构体系，有力支撑集团四大战略的落地。通过总结前期研究与实践成果并充分吸纳当前业界主流的开源技术，中国人保设计研发了新一代分布式微服务技术体系 PDF-C，并于 2019 年 8 月发布 PDF-C2.0 技术标准。

PDF-C 为中国人保和各子公司基于云服务化的应用开发提供了统一的技术标准和开发框架，可指导中国人保及各子公司按照统一的技术标准和技术体系完成信息系统建设，降低技术差异性和系统集成难度，提升中国人保 IT 一体化水平，为中国人保统一运营奠定基础。目前经过中国人保统一客服平台等多个项目的验证，该技术体系能够极大地提升系统性能、提升用户体验并降低研发和运维成本。

PDF-C2.0技术体系涵盖开发、测试、运维等软件全生命周期，基本依赖开源技术实现各类技术组件的平台化、标准化。内容涉及前端开发框架、微服务技术体系、分布式数据库、分布式数据治理、研发运维一体化、监控、多中心多活和安全等八大领域。

1.案例背景

随着近年来互联网技术的发展，内外部用户对中国人保及各公司IT系统的交易并发度、响应时间、使用便捷性等要求越来越高。同时，监管层提出信息安全、自主可控等要求。为此，中国人保内部近年来持续在IT技术领域加大投入和创新力度，探索一条先进、自主、可控的技术路线，以实现IT系统能够快速地实现产品交付、快速地支持业务需求，在面对大规模互联网访问时无性能瓶颈，同时能大规模降低研发运维成本，提高运营水平。

2.需要解决的问题

中国人保信息系统在应对互联网金融、信息安全及自主可控等方面，遇到比较大的挑战，PDF-C技术体系重点需要解决如下问题。

（1）高效支撑人保微服务应用中台建设，为微服务中台建设提供稳定可靠的技术基础，提供快速的开发模式；建立的系统具备灵活、弹性的扩展能力，支持诸如"双十一""518客户节"等互联网促销活动。

（2）以分布式架构替代传统IT集中架构，降低国外大型厂商的依赖度，实现"去IOE"；降低软硬件技术投入成本；满足信息安全、自主可控的要求。

（3）解决各子公司技术体系、技术组件的差异性；建设基础的技术体系，提升各子公司的技术能力，共享资源，统一技术标准。

（4）支撑研发运维一体化，提升研发、测试、运维效率，降低研发运维成本。

（5）打造统一的用户体验，提供PC端、移动端等一致性标准，实现数据共享，增强用户体验，增强客户黏性。

3. 解决方案

PDF-C 为集团和各子公司基于云服务化的应用开发提供了统一的技术标准和开发框架，可指导集团及各子公司按照统一的技术标准和技术体系完成信息系统建设，降低技术差异性和系统集成难度，提升集团 IT 一体化水平，为集团统一运营奠定基础。PDF-C 技术体系基于分布式架构技术建立，各模块基本上采用开源技术实现，使业务系统可以改变传统的集中化部署方式，同时不依赖传统的国外软硬件厂商，使自主可控"去 IOE"变为可能。PDF-C 技术体系采用微服务架构模式，支持应用架构的微服务化，支持各模块独立开发部署，为业务系统的扩展性提供可能。PDF-C 技术体系采用前后端分离模式，通过统一的前端技术提供良好的用户体验，支持基于后端服务快速地实现业务需求，使模块化构建系统成为可能。PDF-C 技术体系涵盖开发、测试、运维等软件开发全生命周期，实现了各类技术组件的平台化、标准化。PDF-C 项目主要建设内容包括八个领域。

（1）前端开发框架

基于 Nginx、CSS、JSview、VUE 等，提供快速、标准、美观、易用的前端开发框架，提供统一样式模板、集成规范。提供 iOS、Android 的移动开发框架和 App 开发规范。

支持各种主流浏览器，有良好的交互界面，提供丰富的前端组件。前端框架提供全局样式、动效定义、编辑器、表格、国际化等功能，并配合 PDF-C 实现登录、权限验证、Excel 导入导出等功能，提供常用开发样例作为参考，增加开发的便捷性。

（2）微服务技术体系

提供微服务开发框架。基于 Spring Cloud、Springboot、Mybatis 等提供快速微服务开发框架，提供各类技术基础组件，提供各类周边服务集成组件等，提供分布式事务解决方案。具备自动化配置、快速开发、方便调试及部署等特性，提供微服务注册、发现、通信、容错和监控等服务治理基础类库，帮助开发人员快速构建产品级的微服务应用。

提供微服务治理技术。主要解决微服务架构中微服务数量众多带来的治理成本问题。微服务治理技术包括服务注册、服务发现、路由、监控、熔断等多项技术。基于 API 网关 Zuul、微服务注册中心 Eureka、配置中心 Apollo 等组件提供服务的生命周期管理、权限管理、流量管理等。

（3）分布式数据库技术

基于 PostgreSQL、MySQL 等数据库，提供分布式交易型数据库技术，建立业内技术领先的高可用集群技术方案，并研发轻量级分布式访问技术组件 L-Sharding，实现数据库分库分表等要求，实现水平弹性扩缩。

利用数据库内嵌的流复制及逻辑复制功能，可以方便地构建一个主数据库、多个从数据库的数据库集群，配合具有心跳检测和资源管理功能的技术组件，可以实现集群主从切换的高可用功能。

基于 L-Sharding 组件实现数据库分布式读写，通过设计 Shardingkey 字段实现数据在不同节点的分布；可按照业务量均衡原则，如根据地域特点进行分库设计，将大量数据划分到多个节点的数据子集，提升读写性能，降低系统及数据库的并发压力，应用服务通过 L-Sharding 分库中间件与数据库相连。

（4）分布式数据治理技术

提供服务之间数据存储、交互、访问等组件，提供分布式可扩展技术方案，提供组件的安装部署、开发、运维管理技术标准，包括提供 Kafka 等消息队列技术，用于削峰填谷、系统异步化解耦、数据缓冲、数据清分与推送等场景；提供主题、队列模式；提供消息顺序保证、提供事务消息等。

基于 Redis 等技术提供基于 KV 模式的缓存技术，提供基于 SQL 的内存数据库技术，用于数据缓存或内存计算；将经常使用的数据存放在内存中，全局共享，减少和数据库之间的交互频率，提升数据访问速度，主要用于应用程序全局共享缓存。支持通过标准 SQL 或者 LINQ 的方式实现对内存数据的聚合、计算和查询，充分发挥、利用应用服务器的资源。

基于自主研发数据库逻辑复制工具和其他引入工具实现数据异构复制、支持异构数据库、文件、消息队列、内存数据库之间的数据同步与复制，支持增量和全量模式，支持过滤功能等。可用于新老架构数据同步，用于实时数据采集等多种场景。

基于 Elastic Search 技术建立搜索引擎等，提供分布式 ES 集群环境，提供支持业务数据快速搜索的能力，提供认证授权管理及监控功能。

（5）研发运维一体化

基于 TFS、Git、Jenkins、Maven、NPM、Sonar 等商业或开源技术提供研发、测试、运维一体化技术标准，提供代码管理与审核工具、提供制品库、提供测试工具、提供自动集成发布工具等。

（6）一体化监控平台

基于 Zabbix、ELK、Dynatrace 等技术提供运行时的统一监控体系，包含软硬件资源监控、服务状态监控、日志监控、链路监控等不同层级内容。同时依赖各组件自带的监控技术，如数据库监控、消息队列监控等。

（7）安全规范

提供安全体系，用以预防、审计安全问题，包括代码开发安全、用户认证、授权、服务调用权限、运维安全。

（8）多中心多活解决方案

基于负载均衡、DNS、数据复制等技术提供应用级多中心多活支持。

4. 案例应用实践及效果

PDF-C 技术体系的建立，充分发挥了信息科技的引领作用。中国人保内部有多个系统基于该技术体系建设或改造，均取得显著成果。

2018 年 5 月，基于 PDF-C 开发的驾驶车辆风险管理平台正式上线。该平台部署于 x86 服务器，Sharding-JDBC、开源数据库，实现了"去 IOE"，降低了对国外大型厂商的依赖度，降低软硬件成本；实现了数据的分布式存储，实现海量数据的高并发处理；使用 CDC、Kafka、Elastic Search 搜索引擎，实现了数据实时同步和全局数据的快速模糊查询。

2018 年 12 月，基于 PDF-C 开发的统一客户服务平台正式上线。该平台同样部署于 x86 服务器，实现小机下移；采用微服务设计和分布式数据库，实现了数据的全国集中、应用的在线水平扩展以及数据库的在线水平切分和扩展，有效解决了传统技术架构下水平扩展困难的问题；采用完全的"去中心化"设计，有效避免系统单点故障；通过自主研发的半自动化运维工具实现应用一键升级，降低了分布式架构带来的运维复杂的问题；使用搜索引擎，实现了保单、案件的模糊查询，极大提升了座席的查询体验；使用PG 数据库的主从流复制能力，实现了真正意义上的南北实时双活，为集团新架构多中心多活设计的实现奠定了基础。

通过这些应用实践，提升了 PDF-C 的成熟性和可靠性，在微服务设计、分布式数据库集群管理、容器的应用、自动化部署运维等多个领域形成了技术沉淀，为支持集团 IT 规划落地积累了丰富的实战经验。

作为行业领头羊，中国人保经过持续的探索和实践，总结提出了分布式微服务技术体系 PDF-C 标准，为保险行业 IT 系统分布式架构改造提供了一条适用的技术路线，为 IT 规模相对较小的中小型保险公司提供了参考，降低了重复研究的成本。

第三节　金融分布式架构发展态势
——架构转型正当时

（一）分布式架构与业务连续性

新的金融分布式架构本身就具有系统分散的特性，通过基础设施云化，可以降低采用高性价比的 ARM 或者 x86 服务器提供计算、存储资源，大大降低硬件的单位成本，可以针对应用的需求进行 2~3 倍的冗余配置；通过数据分布化，把数据分散在不同物理设备，不同设备间可以互为备份，大大提高数据的可靠性；通过应用的微服务化，让应用获得更高的弹性能力，应用的处理能力也可以进行 2~3 倍冗余配置，即使少量应用出现问题，整个系统的处理能力依然能够满足业务要求。同时，加上金融分布式的多地多中心解决方案，可以降低单个数据中心的故障或者灾害对业务连续的影响。

（二）分布式架构与分布式数据库

新型分布式数据库的出现旨在打破传统数据管理的体系，将跨业务、多类型的数据进行统一的管理与维护，从数据的层面将各种业务线融会贯通。为实现这个目标，新型金融级数据库需要从分布式架构、多模式数据管理、标准化数据访问、数据安全及混合负载（HTAP）等几个角度对传统数据库架构进行重新定义。

1. 分布式架构

随着金融科技的互联网化，传统数据库架构已经无法承载爆炸性增长的海量数据。同时，互联网渠道的大规模引入，使金融科技应用对数据库的并发能力与性能提出了新的要求。

传统的数据库体系结构已有 30 多年的历史，专为本地部署、本地存储和单机数据库实例而设计和优化。在传统数据库架构中，必须通过不断增强单一硬件设备处理性能的方式，来提升数据库的存储与处理能力。但是今天，硬件性能的提升远远落后于数据量的增长。因此，新型数据库采用分布式架构，将海量数据均匀存储在多台物理设备中，以避免单一设备所造成的问题。同时，分布式数据库的灵活扩展能力，为金融业务增长提供了弹性的容量与性能支持，在大规模数据应用中具有明显的技术优势。此外，使用 PC 服务器或云环境，新型分布式数据库在保障安全可靠的前提下，能够有效降低 TCO，提升开发与运维效率。

2. 多模式数据管理

在金融业务"互联网化"和"零售化"的趋势下，金融机构开始向用户提供更多个性化、定制化的产品与服务。应用系统对数据的存储管理提出了新的标准和要求。数据的多样性成为数据库平台面临的一大挑战，数据库领域也催生了一种新的主流方向。

为实现金融业务数据的统一管理和数据融合，新型数据库需要具备多模式（Multi-Model）数据管理和存储的能力，数据库多模式是指同一个数据库支持多个存储引擎，同时满足应用程序对结构化、半结构化、非结构化数据的管理需求。

通常来说，结构化数据特指表单类型的数据存储结构，典型应用包括银行核心交易等传统业务；而半结构化数据则在用户画像、物联网设备日志采集、应用点击流分析等场景中得到大规模使用；非结构化数据则对应着海量的图片、视频和文档处理等业务。

多模式数据管理能力，使金融级数据库能够进行跨部门、跨业务的数据统一存储与管理，实现多业务数据融合，支撑多样化的金融服务。在架构上，多模式数据库使用一套数据管理体系可以支撑多种数据类型，因此支持多种业务模式可以大大降低使用和运维的成本。

3. 标准化数据访问

随着多业务、多模式数据的统一与融合，不断增强的业务多样性、复杂性使数据访问方式面临了新的挑战。新型分布式数据库除了需要对结构化数据提供标准 SQL 语言的支持，还需要针对半结构化、非结构化数据提供如 JSON、对象存储管理等访问能力。标准化数据访问能力既满足了多类型数据管理的需求，也有效提升了企业开发与运维的效率。因此，金融级数据库作为新金融科技架构的枢纽，需要为应用程序提供标准化的数据访问能力。

4. 数据安全

数据已经成为金融企业的生命线与核心资产。作为承载着企业关键数据的数据库，其安全性、可靠性、稳定性一直是金融级数据库的核心价值。

金融行业的数据安全已经成为监管机构的首要要求。例如，银行核心系统安全一直是我国银监会所关注的重点，大部分银行数据中心早已具备高可用与"两地三中心"的能力。

在分布式架构中完美实现高可用与容灾面临诸多技术挑战。一般来说，以统计分析为目标的分布式数据库相对弱化了该部分的功能，而面向在线与交易业务的分布式数据库则对数据安全保持了高标准的严格要求。

例如，数据容灾与双活是金融企业数据安全的最后保障。容灾要求数据在多个中心进行实时互备，一旦数据中心发生重大灾难，所有在线生产业务可以及时切换中心继续运行。而双活则是在容灾的基础上，让主备数据中心同时承担生产业务，充分利用双活能力提升业务性能，进一步减少灾难发生时的宕机时间。

5. 混合负载

在传统银行 IT 架构中，联机交易与统计分析系统往往采用不同的技术与物理设备，通过定期执行的 ETL 将联机交易数据向分析系统中迁移。而作为数据服务资源池，同一份数据可能被不同类型的微服务共享访问。

随着金融科技业务的不断发展与融合，各业务条线对数据的需求也不再完全独立。在该趋势下，金融级数据库需要同时支持在线业务与离线业务的混合负载。

根据 Gartner 的最新定义，混合负载（Hybrid Transactional/Analytical Processing，HTAP）在保留原有在线交易功能的同时，强调了数据库原生计算分析的能力。支持混合负载的数据库能够避免在传统架构中在线与离线数据库之间大量的数据交互，也能够针对最新的业务数据进行实时统计分析。

为避免在线实时读写与批处理作业之间的资源干扰，混合负载型数据库通常使用读写分离或内存处理技术实现。一般来说，分布式数据库的多副本架构天然支持读写分离技术，而基于传统架构的数据库往往采用内存处理技术进行实现。

（三）分布式架构与分布式事务

分布式事务指事务的参与者、支持事务的服务器、资源服务器以及事务管理器分别位于不同的分布式系统的不同节点之上。简单地说，就是一个大的操作由不同的小操作组成，这些小的操作分布在不同的服务器上，且属于不同的应用，分布式事务需要保证这些小操作要么全部成功，要么全部失败。本质上来说，分布式事务就是为了保证不同数据库的数据一致性。

1. 分布式事务产生的原因

Service 多个节点微服务等服务架构模式大规模使用。举个简单的例子，一个支付请求一般要涉及多个后端服务，如用户的余额、积分、优惠等。这些功能分属不同的微服务，要保证扣减积分以后，优惠券也能扣减成功。

Resource 多个节点数据量庞大，必须对数据进行分库分表、读写分离操作。对一个转账业务来说，有可能你的数据和接收方数据存在于不同区域，所以依然无法保证它们能同时成功。

2. 分布式事务的基础

分布式事务是随着互联网高速发展而产生的，这是一个必然。传统数据库的 ACID 四大特性，已经无法满足分布式事务，这个时候出现了一些新的理论。

一个分布式系统包含三个最重要的属性：一致性、可用性、分区容错性。在分布式架构中，这三者不能兼顾，过去近 20 年业界实践也证明了CAP 理论依然有效。

BASE 理论中的基本可用、软状态和最终一致性是对 CAP 理论的扩展，解决了 CAP 理论中没有网络延迟的问题，在 BASE 中用软状态和最终一致，保证了延迟后的一致性。

（四）分布式架构与网络、运维、安全的要求

1. 分布式网络

分布式架构下，数据中心由传统的"两地三中心"向多地多中心发展，业务的分布、数据的分布对网络提出了更高的可用性、安全性的要求。

高可用：潮汐业务场景下，网络如何能够降低时延，缩短故障时间，快速故障自动恢复，保证分布式系统可用时间 RTO = 0；时钟同步、低时延、无损和故障快速恢复是关键挑战。

高安全：各类终端或用户通过各级网络接入，使泛在的多业务边界接入风险提升，需构建协同安全架构，进行全网安全态势威胁分析。

最佳体验：降低 E2E 访问时延包括 DC-DCI 和网点接入等。E2E 提升网络自动化效率，提升网络整体服务 SLA。

构建分布式架构网络的三个目标如下。

一是高可用多云多中心。多中心网络支撑私有云、行业云和生态云。网络具备高可用、高安全、低时延、高吞吐、易运维能力。

二是极简广域连接，最佳用户体验。数据中心、广域网、分支机构转发和控制统一演进到SRv6；POP池化就近接入第三方机构。

三是高安全用户泛在接入。各种类型用户通过各种线路灵活、安全接入，充分利用带宽资源。

2. 分布式运维

分布式系统的运维主要考虑以下三个方面的要求：运维操作的简便性，系统部署、升级、修改、异常处理等操作简单，避免发生误操作；运维操作的影响，各类运维操作对业务正常运行的影响降到最低；系统监测及问题处理，确保分布式系统运行的各类监控措施完备，各类异常情况的预测和应对措施有效，异常问题能够快速定位并加以解决。

分布式架构下系统运维主要有以下四个方面的特征。

首先，分布式环境运维对象庞大、复杂。分布式环境下，一般服务器数量比较庞大，网络结构比较复杂，运维要提升全局掌控能力，包括主机、存储、网络等基础设施的整合。另外，上层分布式操作系统、分布式数据、分布式中间件甚至业务也需要提供运维保障能力，包括系统规划、性能优化、运行监控、系统恢复等。分布式环境下系统的设计、部署、自我保护与修复不能完全依赖维护人员，需要自动化的运维工具支持运维人员定制相关的自动化流程，包括文件分发工具、远程执行工具、集群信息管理工具和集群缩容扩容等。

其次，分布式环境下开发和运维关系更加紧密。分布式系统的可运维性源自系统的设计和开发，需要在系统设计之初就做好规划，在开发阶段加以实现。和传统的业务系统相比，分布式系统规模大、复杂性高，需要开发和运维更加紧密地合作。从运维人员的角度来看，运维就是对线上生产系统负责，要全面且深入地了解产品。从开发人员的角度来说，如果对运维工作一无所知，那么也很难开发出可靠的产品。因此，如果开发人员和运维人员之间存在壁垒，显然会大大影响产品的稳定性。需要注意的是，这不是要模糊开发人员和运维人员的职责，双方仍然要保持明确的分工，但在技术上，双方应该更加靠近。

再次，分布式环境异构资源的运维管理。分布式环境运维除了面对数量庞大的系统和网络外，面对的另一个问题就是需要管理维护各种异构的 IT 资源，动态的调配和管理这些异构资源的复杂度比传统的网络运维难度大，还要最大限度地发挥这些资源的特点、优势和性能。

最后，分布式环境的维护监控及日志系统。分布式环境下系统的监控日志管理更加重要，分布式环境下服务具有并行、多套部署的特性。在不同的服务器上打印大量日志，导致定位、分析处理效率低下。以往在集中式环境下，所有的业务都集中部署，如果服务器出现错误和异常，只要关注一个点就可以快速定位和处理问题。但是在分布式的架构下，大部分应用都是通过分布式部署运行的，彼此通过总线交互，都是无状态的服务，在这种架构下，前后台的业务流经过很多个节点的处理和传递会遇到很多问题：分散在各个服务器上的日志怎么处理？如果业务流出现了错误和异常，如何定位是哪个点出的问题？如何快速定位问题？如何跟踪业务流的处理顺序和结果？业界解决类似问题的机制是采用分布式跟踪系统，以前在集中模式下应用的日志监控很简单，在分布式环境下，系统的复杂度增大，维护目标增多，按照传统的手工或者半自动的维护来做无法满足需求。因此，需要从以下方面加强分布式运维能力。

一是事物性的工作工具化，比如版本发布、服务器监控。

二是让系统自反馈。完善的监控告警机制、完善的日志记录和分析体制、可视化系统的健康状态使系统变得可追踪和调校。

三是分布式策略应对巨量运维对象。负载均衡、流控、数据完整性及批处理的变得不一样，需要重新设计，尽量避免连锁式故障的发生。

3. 安全

金融行业信息安全关键属性主要包括如下内容。

保密性：保障信息仅为那些被授权使用的人所获取。保证信息不被非授权访问，即使非授权用户得到信息也无法知晓信息内容或无法利用信息资源。

完整性：保证数据从产生、传输到接收全过程的一致性，防止数据被非法篡改。涉及信息使用、传输、存储的过程中不发生篡改、丢失和错误；信息处理方法正确，不会对原始信息造成破坏。

可用性：保障授权使用人在需要时可以获取和使用信息。保证合法用户对信息和资源的使用，而不会被不正当地拒绝。

真实性：对信息的来源进行判断，能对伪造来源的信息予以鉴别。

不可抵赖性：也称作不可否认性，通过建立有效的控制机制，防止相关方否认其行为，这一属性在金融信息安全中极其重要。

可控制性：对信息的传播及内容具有控制能力。授权机构对信息的内容及传播具有控制能力，可以控制授权范围内的信息流向及其方法。

可追溯性：对出现的安全问题提供调查的依据和手段。在信息交换过程结束后，相关方不能抵赖曾经做出的行为，也不能否认曾经发送/接收的信息。

可靠性：信息系统在限定条件和限定时间内完成规定动作，可靠性是信息系统建设和运行的基本要求，也是金融信息安全的重要目标。

连续性：具备应对风险进行自动调整和快速反应的能力，以保证关键业务的连续运转。金融业信息安全的连续性主要包括高可用性（high availability）、连续操作（continuous operation）和灾难恢复（disaster recovery）。

传统架构下对上述安全性的保证措施一般从网络、平台、数据和应用层面进行系统设计与防护。主要措施包括：可信计算，如安全启动、远程证明等；数据安全与隐私保护，如数据脱敏算法等；安全隔离，如沙箱技术；安全检测，如恶意代码、WAF、容器威胁感知等；安全算法与协议，如加密算法、区块链技术等；访问控制，如身份认证、证书管理等；漏洞防利用，如 CFI、CPI 等；安全工具，如源码安全检查、镜像漏洞扫描、软件后门检测、Web 安全扫描、主机漏洞扫描等。

传统网络安全架构主要建立在 castle-and-moat 模式上，安全策略主要基于网络服务，进行分层防御，基于用户角色进行权限分配，使攻击者很难从外部获取网络的访问权限，但默认情况下网络内部的每个人都是受信任的。这种方法的问题在于，一旦攻击者获得对网络内部资源的访问权限，就打开了一扇"自由之门"。另外，传统的基本边界防御很难解决的"内部攻击"或者内部系统被攻破后攻击者在网络内部自由移动（Lateral Movement）的问题，在分布式架构下变得更加严重。

随着移动互联网金融不断发展和金融业务复杂性的不断增强，分布式架构在金融信息处理系统中的应用也越来越重要。在分布式架构下如保护资源和应用的一致性、完整性，为用户及可能的网络操作做认证和授权？分布式系统的安全性是系统建设中的关键环节，移动互联网金融以 Internet 为媒介，而 Internet 是一个开放的、松散的和不安全的网络，因此，分布式架构下安全面临很多新的挑战。分布式系统安全的主要困难在于，即使集群中单个节点已经具备很多安全机制，但是整个系统并不一定安全。多个节点的组合又可能导致复杂、不确定甚至非理性的行为，这些都是难以预测或不可预测的。也就是说，即使构成集群的某些硬件或软件都确保是安全的，但是这些节点的组合在集群环境下也可能是不安全的。任何单点的防御措施带来的安全性会越来越有限，如果不能提供整体性的安全解决方案，就很难对抗无处不在的安全风险。

在分布式架构下，对 IT 基础设施暴露的攻击界面更大，整个安全边界也变得模糊，整体需要保护的范围急剧扩大。从安全态势的角度来看，分布式架构下安全威胁比以往任何时候都更加复杂，业界一致认为，目前网络安全架构的薄弱环节正是身份安全基础设施的缺失。从企业数字化转型和 IT 环境的演变来看，云计算、移动互联的快速发展导致传统内外网边界模糊，企业无法基于传统的物理边界构筑安全基础设施，只能诉诸更灵活的技术手段来对动态变化的人、终端、系统建立新的逻辑边界，通过对人、终端和系统都进行识别、访问控制、跟踪，实现全面的身份化，这样身份就成了网络安全新的边界，以身份为中心的零信任安全成了网络安全发展的必然趋势。

第五章　金融大数据

第一节　金融大数据发展概况
——引领应用创新，助力数字化转型

近年来，政府层面加强金融大数据领域的顶层设计，推动行业内部数据治理、金融数据标准与数据安全保护工作，支持跨机构行业间数据融合共享、不断建设完善征信体系等。大数据技术本身取得新突破，为金融大数据更加广泛的应用提供了强大支持，金融大数据受到了各界广泛关注，各项大数据应用场景蓬勃发展，金融服务广度和深度不断延展。

（一）大数据继续获得国家高度重视

2018年4月，习近平在致首届数字中国建设峰会的贺信中表示，加快数字中国建设，就是要适应我国发展新的历史方位，全面贯彻新发展理念，以信息化培育新动能，用新动能推动新发展，以新发展创造新辉煌。

2018年9月，工业和信息化部将"2018年大数据产业发展试点示范项目名单"公示，此批大数据产业发展试点主要包括大数据存储管理、大数据分析挖掘、大数据安全保障、产业创新大数据应用、跨行业大数据融合应用、民生服务大数据应用、大数据测试评估、大数据重点标准研制及应用、政务数据共享开放平台及公共数据共享开放平台等10个方向200个项目。

2019年5月，习近平在致中国国际大数据产业博览会的贺信中指出，各国需要加强合作、深化交流，共同把握好数字化、网络化、智能化发展机遇，处理好大数据发展在法律、安全、政府治理等方面挑战；中国高度重视

大数据产业发展，愿同各国共享数字经济发展机遇，通过探索新技术、新业态、新模式，共同探寻新的增长动能和发展路径。

（二）金融大数据治理和数据保护备受监管和社会关注

2018年3月，由中国人民银行牵头组建的国家级网络金融个人信用基础数据库成立，并定名为"百行征信"，这有助于解决非中国人民银行征信中心覆盖人群的数据孤岛问题，降低整个金融行业获取征信数据的门槛，推动我国征信体系的进一步完善。

2018年5月，中国银行保险监督管理委员会发布《银行业金融机构数据治理指引》，要求提高数据管理和数据质量质效，提出银行业金融机构应当将数据应用嵌入业务经营、风险管理和内部控制的全流程，有效捕捉风险，优化业务流程，实现数据驱动银行发展。突出强调数据加总能力建设、新产品评估要求，有效评估和处理重大收购和资产剥离等业务对数据治理能力的影响，明确了监管机构的监管责任、监管方式和监管要求。同时提出银行业金融机构采集、应用数据涉及个人信息的，除了遵循国家个人信息保护法律法规要求，还需要符合与个人信息安全相关的国家标准。

2019年2月，全国信息安全标准化技术委员会公布《信息安全技术个人信息安全规范（草案）》[以下简称《规范（草案）》]，面向社会公开征求意见。这是在2018年5月发布《规范（草案）》基础上启动的修订工作，为大数据等技术应用和如何规范个人信息的收集和使用提出了切实可行的实操建议，对市场上比较集中的几类违反个人信息保护原则的现象，如过度收集用户个人信息、强制授权、"一揽子授权"等突出问题提出了相应的合规标准。同时，中国人民银行牵头的《个人金融信息（数据）保护试行办法》也正在制定中，对金融机构加强个人金融信息保护提出了明确的要求。

（三）数据新技术为各项应用提供了强大支持

2018年，大数据的重要发展是分布式的 Hadoop 技术迈入了3.0的时代，相比之前的版本有一系列的功能增强，提高了平台的效率、可扩展性和可靠性。Hadoop 3.0 有两个重大的特性，一是支持纠删码（Erasure Coding，EC），从而可以利用更有效的数据复制将存储效率提高至 50%；二是 Hadoop 集群的规模达到 40000 个节点，可以支持更加海量的大数据应用。

在资源调度系统领域，YARN 面临来自 Kubernetes 的强大挑战，特别是原生的 docker 支持、更好的隔离性及生态的完整性。不过，Kubernetes 在大数据领域还是追赶者，在资源调度器和对各计算框架支持方面还有很大的进步空间。在流处理方面，早期的流处理引擎 Storm 正在退役，而当前唱主角的则是 Spark Streaming 和 Flink，这两个流处理引擎各有优势，前者胜在生态，后者则在架构方面突出。在大数据 SQL 引擎方面，四大主流引擎 Hive、SparkSQL、Presto 及 Impala 各有所长。Hive 查询优化方面采用了 CBO，在执行引擎方面用 Tez 来替换 Map Reduce，通过对 LLAP 来 cache 查询结果进行优化，以及对 ORC 存储不断演进。SparkSQL 优势在于良好的 SQL 兼容性、出色的性能、庞大且活跃的社区、完善的生态。Presto 这款内存型 MPP 引擎的优点就是处理小规模数据会非常快，处理大量数据的时候会比较吃力。Impala 发展路线相对封闭，社区生态进展比较缓慢，SQL 兼容性比较差，用户群体也相对较小。

（四）大数据在金融服务的应用不断深化

目前，大数据已经成为金融业一种无可比拟的战略资源，在"数据为王"的全新数字智能时代，谁真正掌握了金融大数据应用，谁就可以最终赢得未来发展的主动权与竞争优势。近一年来，不少金融机构已在普惠金融、数据融通、智能风控、创新服务等方面取得了非常显著的成效。

1. 普惠金融

创新发展普惠金融服务模式是践行国家发展战略、服务实体经济的重要举措，也是金融业应尽的社会责任与需要承担的共同使命。目前，金融机构纷纷探索利用大数据技术，通过与合作机构对接和数据共享等方式获取并分析处理客户业务项下的消费、交易、资金等行为数据，降低信息的不对称性与不透明性，建立基于数字信用的信用评级模型，以低成本满足不同客户千变万化的需求。

2018年4月，招商银行通过"信贷银行2.0"技术升级，建立以数据化为基础的智能运营管理体系，从而加快审批放贷的作业效率。2018年11月，中国银行将内外部数据融合，为客户建立风险画像和响应画像，通过分析客户的风险偏好和融资偏好建立民营企业白名单，从而提高融资效率，降低融资成本。2019年3月，中国工商银行与国家信息中心签署普惠金融业务战略合作协议，将在数据共享、风险管理、征信建设方面开展深入合作。2019年9月，中国建设银行运用大数据技术，按照"批量化获客、精准化画像、自动化审批、智能化控险、综合化服务"的模式，推出了"个体工商户经营快贷"，客户可在线办理贷款申请、使用、还款。

2. 数据融通

任何单个组织内的数据都是有限的，仅组织内自我使用数据不能最大限度地发挥数据的价值。数据的价值源于使用，没有使用，数据就失去了"生命"。为释放数据中的阳光价值，需要让数据得到更多人的使用。这就要求掌握数据的各个主体愿意将数据供他人使用。数据的自由流动、协同处理和可移转性构成了数据经济的基本需求。数据共享有利于促进数据的流通和社会化利用，使数据的需求方获得足够多的关于特定对象的数据，开展多维度的大数据分析研究与应用。数据流通共享的价值模式已为全社会所认知，但是在利益诱导下，数据的违法流通等问题频现，也增加了合法数据流通各方的顾虑，因此，还需建构数据共享的流通与利用合规管理机制。

2018年12月，财付通生效新的隐私政策，第五条详细叙述了第三方数据共享的政策，承诺数据共享前会评估合法性、正当性和必要性，并按照法律法规及国家标准要求征求用户的同意。2019年1月，中国建设银行在云南推出了"一部手机办事通App"，这个App的后端连接公安、人社、卫健等18个部门，纵向贯穿"省、州（市）、县、乡、村"五级，具有以办理、查询、预约、缴费等服务功能为主的153个功能项。2019年1月，招商银行与大数据分析技术及解决方案供应商Kyligence签约，搭建统一的多维分析平台，以应用于招商银行零售、资管、审计等多个业务条线的大规模数据分析场景。

3. 智能风控

目前，金融机构可以利用整合好的内外部各种数据，与客户行为建立关联，从而更全面地了解客户、评估客户、发现可疑的活动，不断通过金融大数据应用提升实时反欺诈和反洗钱的识别、评估、控制、缓释、监测和报告六大关键能力。

2018年9月，中国工商银行以大数据为基础，打造了智慧化风险管理大数据应用生态链，推动反欺诈、交叉性金融风险、信用风险管控等从"事后分析"向"事前甄别、事中干预"全面转变，不断提升智能化管控水平。2018年9月，蚂蚁金服正式开放"蚂蚁风险大脑2.0"，通过账户、设备、位置、习惯、关系行为等多种纬度的数据进行综合判断，对传销、非法集资、金融诈骗进行金融风险防控，并赋能合作伙伴，为投资者和消费者的资金安全保驾护航。2018年，泰康保险开发了认知核保系统，通过客户体检报告影像输入完成体检数据采集，自动定位、识别健康数据，依据自然语言和医学语义自动识别异常项目，预测客户健康风险，并结合投保产品特征评估承保风险，输出核保结论与解释，将核保环节审核的效率提升25%以上。

4. 创新服务

金融机构纷纷开始布局大数据平台建设，切实做好大数据应用的"硬支撑"，实现信息、应用、流程的横向贯通，并运用各项成熟技术实现对企业各类数据的可视化展现，从而有效支撑智能决策。同时，各机构不断地提升传统业务所不具备的"数据视野"和"数据穿透"能力，从跨组织、跨业务的视角对数据与信息进行组织与管理，在深刻理解客户各项内外部数据的基础上，从流量、客户、产品、客群、风险等多个维度还原客户行为特征，在产品创新、智能运营、精准营销等方面不断推进金融服务创新发展。

2018年1月，华夏基金推出了查理智投App，借助大数据运算、机器人服务等多维度的技术突破，拓宽了投顾服务范围，让更多投资者有机会获得更好的财富规划和投资服务。2018年3月，中国工商银行全面实施智慧银行信息系统（ECOS）转型工程，以松耦合、分布式IT架构和标准化、智能化数据体系为基础，聚焦重点业务领域，实现产品整合、流程联动和信息共享。平安寿险推出 SAT（社交辅助营销）系统，使各类数据和信息流以客户需求为驱动自动流转，帮助代理人实现实时连接、高频互动和精准营销，并取得卓著成效，2018 年全年 SAT 系统已触达 2.2 亿人次，互动 13 亿次，配送线索 10.8 亿条。2019 年 1 月，支付宝推出了小程序推广助手，商家可以根据用户标签特征，个性化推荐不同商品，提高营销活动的转化率，更好地运营用户，实现精准营销。2019 年，国泰君安开始构建互联网级大数据分析平台，通过对相关互联网应用、客户端、系统等的日志收集与整理，以及自助式敏捷 BI 工具，链接超大规模数据集，打通大数据平台与分析用户间的壁垒，同时帮助业务用户进行快速分析。

第二节　金融大数据典型案例
——从公共数据服务到前、中、后台应用

（一）上海市政府：利用公共数据资源助力普惠金融发展

小微企业融资难、融资贵是普惠金融发展一直面临的问题。由于小微企业数量多、信息获取成本高和经营不稳定，金融机构出现不敢贷现象，即使是优质小微企业也难获融资。上海市政府通过实施数据开放立法、有条件开放管理和数据沙箱技术，将小微企业多维度公共数据提供给金融机构使用。目前已有工商、司法、环保等八个数据开放单位会聚了 400 余项公共数据，覆盖上海市所有企业，参与试点的金融机构可在拥有授权的情况下获取数据，用于智能风控场景。

1. 案例背景

为解决中小微企业融资难、融资贵问题，畅通金融体系和实体经济良性循环，上海金融机构一直在探索和开发小微企业线上金融产品。但小微企业数据合规采集成本高、数据质量参差不齐、多维数据融合难度大等问题，是金融科技服务中自动化风控面临的主要挑战。

按照党中央、国务院决策部署，上海市政府在依法加强安全保障和隐私保护的前提下，稳步推动公共数据资源开放。公共数据包含企业日常经营中与政府部门、事业单位发生业务往来的记录，可以有效反映企业的经营状况。公共数据的开放为开发小微企业线上金融产品奠定了重要基础。

2. 需要解决的问题

因小微企业数量庞大、单笔业务金额小，金融机构很难通过传统模式开发规模可推广、成本可控的金融产品。小微企业经营水平参差不齐、抗周期风险能力弱、增信方式有限，导致金融机构出现不敢贷现象。在审慎经营的原则下，即使是一些优质的小微企业也难以获得贷款。数字普惠金融可以降低人力成本、提高展业审批和风控的效率，但需有大量数据作为基础。所以小微企业信贷服务需利用自动化风控技术降低人力成本，提高业务效率。此过程需要大量企业相关数据资源与算法模型支持。

3. 解决方案

上海市政府通过公共数据开放立法、有条件的开放管理和数据沙箱技术，有效解决了金融机构和小微企业信息不对称的问题。普惠金融试点应用开放的公共数据包括企业申请注册、财务状况、进销流水、奖励与荣誉、违法处罚、司法诉讼、社保公积金缴纳和水电煤等维度。这些数据可以直接或间接反映企业经营状况，形成企业画像。基于丰富的公共数据，金融机构开发了智能风控体系，实现了从贷前获客、贷中审批到贷后监控的智能化全生命周期管理。公共数据的助力，帮助金融机构完成从不敢贷到愿意贷、想要贷的转型，有效降低了经营成本，提高了服务质量。

金融机构还可对数据开放部门依法依规反哺数据。基于反哺数据，建立普惠金融业务发展评价体系，提高小微企业金融服务质量；建立数据应用统计管理系统，提升数据质量；建立样本训练集，破解中小型金融机构因样本不足无法开发线上金融产品的问题，对失信人开展联合惩治工作。

目前已经上线使用的功能有公共数据授权机制、政务外网数据接口、普惠金融试点应用数据集和数据沙箱技术。金融机构拿到客户授权后，将授权传输给上海市政府备案，即可通过政务外网获得客户多维度数据。根据不同金融机构的业务需求，上海市政府提供不同维度、不同粒度的数据接口。

4. 案例应用实践及效果

目前已开放的公共数据包括工商、司法、基础设施等八个数据开放主体多维度的几百项数据，覆盖了上海市所有企业、个体工商户、事业单位和民营组织。参与试点的金融机构包括国有银行、股份制银行和城市商业银行。试点金融机构已经通过上海市政务外网合法合规地拿到样例测试数据集，并在小微企业开发新金融产品、创新增信手段、优化业务流程、完善风控体系方面取得了初步的成效。

（二）中国农业银行：面向小微的金融服务体系

党中央、国务院多次强调小微企业在国民经济中的重要作用，小微活，就业旺，经济兴。中国农业银行重视提高小微金融服务能力，加大对实体经济特别是民营、小微企业的支持，为保持经济平稳健康发展提供支撑，体现了大行责任担当。

1. 需要解决的问题

近年来，小微企业发展的环境发生了深刻变化，全社会形成了支持小微、促进小微发展的良好氛围，为商业银行做好小微金融服务提供了有利条件。客户无大不强、无中不稳、无小不活，因此，做好小微金融服务也是商业银行布局未来的战略选择。

小微融资难、融资贵是一个复杂、多元、综合的问题。从企业需求端来看，小微企业存在规模小、生存期短、受经济周期影响大、抗风险能力差等多方面的弱点和不足，使银行"不愿贷"；从供给端来看，商业银行缺乏有效手段，难以从大量小微企业中高效甄别和选择优质客户，导致银行"不敢贷"。与此同时，传统信贷作业和服务模式与小微企业自身特点和融资需求不相适应，管理成本高、效率低，使银行"不能贷"。

2. 解决方案

以大数据、人工智能、移动互联、云计算和区块链（"大智移云链"）为代表的金融科技风起云涌，为破解小微金融的信息不对称难题、提高服务效率、降低服务成本提供了技术支撑和实现路径，金融创新呈现蓬勃生机，金融科技日益成为商业银行发展小微金融的重要驱动力。运用金融科技，推动小微金融业务模式创新、产品创新、机制创新和风控创新，助力传统金融机构重塑小微金融服务体系，降本增效，打开了小微金融发展新空间。

中国农业银行致力于打造三农普惠领域最佳数字生态银行，按照"互联网化、数据化、智能化、开放化"的思路，坚持以客户为中心、以金融科技和业务创新为驱动做好数字化转型，全面打造小微金融服务体系。一是获客模式转型，以大数据技术服务长尾客户，批量获客、精准营销。二是决策模式转型，从"流程驱动"到"数据驱动"，实现自动化、智能化决策。三是风控能力提升，从"人工＋报表"到全流程实时风控监测体系，"大数据＋算法"赋能风控，全面延展风控能力。四是用户体验转型，引入全流程线上自助操作和第三方场景嵌入式融资服务，全面提升用户体验。

与此同时，中国农业银行重点从"做活数据、做好平台、做强产品、做专风控"四个方面发力，着力建设数字化、智能化的小微金融服务体系。一是做活数据。依托小微企业行内外数据，通过模型设计和数据挖掘，形成小微客户维度的信用评价体系，得到客户整体、全面、直观的展示，为客户经理进行业务决策提供有力支持。二是做好平台。量身打造具有小微金融特色的数据驱动型普惠金融、提质增效平台，通过组件与服务共享，支持小微金融产品的快速创新，并具有对外输出标准、丰富的信贷服务能力，为小微企业客户提供全方位、立体式金融服务。截至 2019 年，已先后推出 20 多款融资产品，平均每个月即可上线一款新产品，有效提升产品研发效率和质量。三是做强产品。充分考虑小微企业规模较小、缺乏担保等经营特点，积极运用大数据、人工智能、移动互联等技术，创新性地通过深入分析企业及企业主金融资产、房贷、税收、社保等各项数据，对企业进行多维度客户画像和全方位评价，科学设计信贷授信模型，精准给予目标客户授信额度，并支持全流程线上化操作，逐步建立起"小微 e 贷"线上融资产品。金融科技使小微金融成为银行服务客户的一种能力。四是做专风控。基于大数据风控技术，打造了小微信用风险监控体系，搭建业务质检和实时反欺诈平台，实现对关键风险管控环节的自动化控制和智能化监测，风险预警更准确及时、风险处置更为科学有效，为小微 e 贷产品"纯线上、自动化、全自助"运营保驾护航。

2018 年，基于小微金融服务体系，中国农业银行快速推出了该行首款面向小微企业的全线上、纯信用、自助循环贷产品——微捷贷，具备投放准、风控好、纯信用、免担保、全线上、纯自助、速度快、成本低等特点，产品实现全行推广上线。随后，推出该行首款全线上运作的银税互动小微融资产品——纳税 e 贷，实现了申贷流程的延伸、数据和模型的扩展、第三方首次接入（多种模式），目标客户群体从该行的结算户扩展为全国所有小微企业，产品在全行推广。2019 年伊始，又推出该行首款线上线下优势相融合的抵押类小微网络融资产品——抵押 e 贷，以优质房产抵押为主要担保，通过"数据驱动、标准运作、智能审批、渠道协同"的方式，为小微企业办理在线抵押贷款业务，产品实现全行推广上线。

3. 案例应用实践及效果

小微金融服务系列产品已成为引导全行"真做小微、做真小微"的重要抓手，是中国农业银行践行国家普惠金融战略的拳头产品，具有如下显著特点。一是投放准、风控好。针对行内 400 万对公结算户，基于行内房贷和金融资产数据、行外工商数据，采用预设模型，实现批量获客，批量营销；引入征信、黑名单等数据，对客户多维度精准画像，采用"小微企业＋企业主"的共同借款模式，增强产品风险管控能力。二是纯信用、免担保。采用信用方式向小微客户发放贷款，无须提供抵押担保，有效解决了小微企业担保难的问题。三是全线上、纯自助。支持客户全流程线上化操作，自助申请、自动审批、自助用款，贷款使用省力又省心。四是速度快、成本低。秒申、秒审、秒到账，三步三秒，贷款使用更高效，小微企业"不等贷"。产品利率低，支持随借随还、按日计息等，真正实现普惠的目标。

小微金融产品体系为中国农业银行增量扩户效果明显，上线以来，已为 14 万余客户提供了 700 多亿元信贷资金支持。同时，使中国农业银行满足监管达标，定向降准 1 个点，释放资金数千亿元。

小微金融服务体系的建成，回应了 2018 年中央经济工作会议部署的关切，切实提高了中国农业银行金融服务实体经济水平能力，有效缓解企业融资难、融资贵问题。相比同业竞品，中国农业银行的贷款利率、额度有较大优势。中国农业银行持续做好小微金融产品创新工作，通过金融科技以分行直连模型、开放银行 API 思维实现业务模式快速复制，为服务小微企业提质增效，持续提升中国农业银行小微金融服务能力，助力小微业务发展实现弯道超车。

（三）中国农业银行：数据中台

中国农业银行在"推进数字化转型再造一个农业银行"的战略思路指引下，充分利用大数据、云计算、人工智能等金融科技，搭建了数据中台，构建了"三大平台、三个体系"。"三大平台"即大数据平台、AI 平台和 BI 平台，提供了强大的数据采集存储能力、大规模数据处理能力、自助式价值发现能力和智能化服务能力以及在线自助查询分析能力，为数据中台提供坚实的技术平台支撑。"三个体系"即数据中台管理体系、全链路运营服务体系和数据中台服务体系，形成了完整的金融数据资产生态圈，解决了如何实现共享、赋能、规范的三大难题，推动业务创新、服务创新，为中国农业银行的数字化转型赋能。

1. 案例背景

当前，随着云计算、大数据、人工智能等 IT 技术迅速发展及与传统行业实现快速融合，数字化、网络化、智能化服务无处不在，新一轮的信息技术革命正重塑价值创造体系，企业的数字化转型之路也正在加速。中国农业银行根据"推进数字化转型再造一个农业银行"的思路，全面树立数据资产理念，按照"业务导向、急用先行、注重实效"的总体原则，坚持"用例驱动"，强化体制机制创新，围绕服务重点领域、重点项目，加速提升全行大数据支撑服务能力，赋能全行数字化转型。研发中心按照数字化平台总体规划，以"平台化与中台战略"为导向，打造数据中台，对全行海量数据进行进一步整合、封装和产品化，驱动数字能力与业务场景的深度融合，加速数据赋能和业务创新，促进数据的开放和共享。

2. 需要解决的问题

数据中台是指通过数据技术，对海量数据进行采集、计算、存储、加工，同时统一标准和口径。数据中台把数据统一之后，会形成标准数据，再进行存储，形成大数据资产层，进而为客户提供高效服务。其主要目标是提升效能，数据化运营，负责协同多领域、多业务、多系统，更好地支持业务发展和创新。主要需要解决以下几方面问题。

（1）共享

如何归集计算、数据资产沉淀、产品目录化服务，实现从数据到服务的一站式解决方案，达到数据、算力、资产，也就是最终数据产品的共享复用。

（2）赋能

如何提炼前台业务需求中稳定的业务服务能力（指标、报表、分析、智能）为前台"减肥"、增效；归纳后台系统中需要频繁变化、直接响应前台的业务逻辑（即席查询），使其具有更强的灵活性、更低的变更成本为后台减负，并通过数据中台的服务，推动业务发展和创新。

（3）规范

如何规范数据内容、优化数据服务流程、整合团队协同以及全面强化运行监控能力，并用规范的方式管理所拥有的数据（资产），确保数据任何生命周期阶段均有标准规范可依，不断增强数据可信度、准确性、一致性。

3. 解决方案

中国农业银行数据中台涵盖了大数据、AI、BI 等基础平台，以及相关服务和应用，实现以下十一大核心能力创新。

（1）高性能、智能化基础平台

充分利用先进的 MPP、Hadoop、云计算、人工智能等技术打造了"大数据＋AI＋BI"的一体化数据中台基础平台，提供了强大的数据采集存储能力、大规模数据处理能力、自助式价值发现能力、智能化服务能力及在线自助查询分析能力。"MPP＋Hadoop"的混搭架构大数据平台提供海量数据的存储和大规模并行计算能力，支持 PB 级以上的数据存储和海量数据加工处理，可在 8 小时内完成每天近 100TB 数据的加工。企业级 AI 金融平台解决方案打造了智能分析挖掘门户、智能模型训练中心、智能模型运行中心、智能数字资产库、智能数据接入、智能产品服务中心六大 AI 基础中心，打造了机器学习建模、全流程模型管理、模型实时服务、AI 基础计算、模型库、知识库等全领域的 AI 能力体系，实现了十大核心技术创新，提供了自助式价值发现能力和智能化服务能力。在线自助式 BI 平台能够在线查询和分析全行数据（资产），通过数据导航、实时数据服务和数据可视化，提供在线自助查询分析能力。

（2）一站式数据开发平台

向数据开发者提供端到端落地数据服务的支持，贯穿设计、开发、集成、测试、部署的全流程管理，实现数据开发的高效、简洁、协同，提高开发效率和质量。

（3）总分一体化开发和服务

通过数据开发平台和分行数据集市，构建了统一的总分行协同开发和服务平台，解决了分行特色业务响应效率低、系统复用性差等难题，加强了行内 IT 资源的集约化使用，降低了运维成本，缩短了应用研发周期，更好地支持了分行业务。

（4）数据中台管理体系

通过生命周期管理、数据质量管理、数据地图管理、资产视图管理实现数据资产的整合与创新，打造金融数据资产生态圈，并探索建立量化评价体系，实现数据资产的全生命周期和全流程的闭环管理机制，达到"质优""高效"的目标。

（5）全链路运营服务体系

实现数据、数据资产、数据产品、应用、价值的全链路运营服务体系，让开发者、使用者自助服务，推动数据资产的积累沉淀，加速产品生成过程，通过有效的、高效的全流程运营，提升数据服务的效率、效能，实现数据中台的"四化"，即业务数据化、数据资产化、资产价值化、价值最大化。

（6）创新的研发模式

在 AI 和 BI 研发上实现研发模式的创新，通过训练、验证、发布、运行的一站式解决方案，解决传统开发模式研发周期长、人工干预多、迭代优化慢等问题，实现"快、自助、闭环"的目标，充分发挥 AI 和 BI 效能。

（7）创新的"大数据＋AI"实验室孵化机制

设立"数据中台实验室"，制定从场景调研到全面应用的全流程孵化机制，并配套建立孵化评价和奖励机制，推动数据服务产品的快速孵化和落地，支撑银行业务和服务创新。

（8）全链路资产视图

采用自动化采集工具采集源数据到数据资产的全链路元数据，通过血缘分析以可视化技术实现资产的全链路视图。

（9）可插拔实时流计算平台

通过搭建实时服务平台，构建实时数据仓库，屏蔽底层实时流计算技术，针对不同的场景采用不同的实时流计算技术，实现技术的"可插拔"，提供快速、实时的数据服务。

（10）智能化监控平台

构建大数据平台监控指标体系，实现系统层、应用层和业务层的多层级监控，并采用 AI 技术实现监控的智能化。

（11）立体式、多维度数据资产服务体系

建设数据资产服务平台，通过数据导航、实时数据服务和数据可视化，满足了立体式、多维度的数据资产服务需要。

4. 案例应用实践及效果

中国农业银行通过数据中台，实现了数据资产共享，提高了数据质量，提升了数据产品的快速构建和服务能力，为业务创新和服务创新奠定了坚实的基础，全面支撑了财务管理、客户营销、资产负债、风险管理等 8 个业务领域，为 33 个业务条线、120 多个业务场景提供数据服务。智能化服务尤为突出，打造了智能掌银、智能投顾、智能营销、智能风控等众多精品创新产品。智能掌银实现了语音导航、刷脸识别等创新人机交互体验，打造了智能账单、智能账户等智能化应用产品，大大提升了客户活跃度和单客利润；智能投顾实现了资产大类配置的模型匹配，实现了千人千面的智能化组合投资；智能营销构建了精准营销模型库，实现多渠道的智能化系统营销，取得突出效果。智能风控通过构建信用分、欺诈分等模型库和模型服务，实现了实时、精准的智能化风控服务，有效防控了风险。智慧三农应用 AI "大脑"实现了远程自动化开户审批等功能，大大提升了 AI 普惠三农的能力。

（1）智能营销领域

①构建精准营销模型库，帮助中国农业银行信用卡发卡量突破 600 万张瓶颈，自 2017 年起年发卡量已连续两年突破 1500 万张，每两张信用卡就有一张来自精准营销目标库。2018 年信用卡发卡量在四大行中占比居首，且营销目标库内客户质量优，较自然营销转换率高 8 倍，不良率却低 50%。智能推荐营销响应率达到自然增长的 4 倍有余，单次营销活动可节约成本 1000 万元以上。

②推荐引擎赋能掌银客户精准营销，覆盖了全行 2.6 亿个个人掌银有效用户、3000 余个掌银端投资类产品，为中国农业银行智能掌上银行的个性化广告推荐、投资页产品推荐、掌银月度账单、掌银金融小秘书、功能栏个性化排布五大场景提供 AI 模型支撑和智慧化赋能。2017 年针对各类客户群体共开展 22 批短信营销，平均每个子模型从建模到实施的周期仅 1 个月左右，累计营销 1327 万个客户，动户成功率为 6.8%，远高于 1% 左右的自然短信营销成功率，以较低成本带动激活 93 万个掌银活跃客户。

③账户贵金属潜在客户挖掘及营销，模型在江苏和浙江试点应用，其中投资型产品交叉营销模型效果较为显著，共下发目标客户清单 1997 人，截至当年底模型营销签约成功率为 4.75%，显著高于自然营销成功率（1% 左右）。

（2）智能风控领域

①打造全行信用风控，帮助信用卡新增发卡逾期和不良率均较之前下降一半，信用卡审批自动化比例提升 80 个百分点，发卡时间缩短 60% 以上，有效增强了贷前风险管控效果，降低账户风险。在网捷贷准入场景中可以识别 92% 的不良客户。反欺诈模型库打造 100 余个模型、近 200 项指标，实现日均 7000 万笔掌银交易毫秒级响应实时监控，平均每日预警交易约 1 万笔。

②NLP 引擎赋能信用卡发卡，日均为 10 万笔信用卡申请提供地址信息核查服务。

（3）智能运营领域

①智能掌银语音导航、刷脸转账，实现自助Ⅱ、Ⅲ类户远程开户，大大

提升客户体验，降低运营成本。

②智能运营接入 OCR 引擎，每年可以节省运营成本 2 亿元。

③事后监督系统接入 OCR 引擎，赋能中国农业银行广东分行后督系统凭证分类业务，模型准确率约为 99.7%。相比原影像平台，凭证缺失预警率降低超过一半，误识率为 0%，单笔响应时间从 2~3 秒降低到 300 毫秒。

（4）智能决策领域。贵宾客户流失预测模型带动 AUM 多增 2876 万元，平均每个支行每月多挽留金融资产 400 多万元。

（四）平安财险：上海数据交易中心为其提供安全合规的数据流通服务

上海数据交易中心倡导和建设的数据互联网络可以在"经用户明确同意的业务所必需的优先数据使用，或法律规定的有权机构的有限数据使用"的基础上，实现供、需方间的数据高效流通。依托数联网服务过程去身份、权责有边界、流通三边化的特质，使用数联网服务进行数据配送在保护个人隐私与商业机密的同时保留了数据价值，保障了数据合法合规流通。

通过数联网服务，上海数据交易中心在确保数据安全、合规流通的基础上为中国平安财产保险股份有限公司实现了对 80 万个车险用户线上行为画像的补全，以便平安财险开展对已有用户更优质的服务和新业务拓展。

1. 案例背景

伴随数据经济时代的到来，数据背后隐藏的价值日益显现，意识到数据价值的各个数据持有方均积极寻求数据变现的机会。在这一利诱下，各类灰色甚至黑色的地下数据交易流通频频发生。为打击非法侵占个人信息的行为，我国制定了《网络安全法》，并对一系列非法数据交易案件进行了严惩，彰显了国家现存法律对个人信息收集、流通、处理及使用的愈加重视。

当前企业数据保护这一议题已经上升到前所未有的战略高度，金融行业与医疗、电商、电信等行业相仿，收集了较多的用户消费能力相关的敏感信息，非常忌讳敏感信息的泄露。但金融行业也盼望能在保障数据安全问题基础上跨行业开展数据资源的共享和流通，打通数据孤岛，挖掘数据在更多维度上的价值。

2. 需要解决的问题

目前企业间绝大部分的数据流通采用点对点的方式，于交易双方间直接互传数据。在这一过程中，数据传输路径往往较长且缺乏透明性，多数数据供应平台在拿到数据后还会寻求多家其他数据源进行数据增补，存在数据外泄隐患。另外，较多数据流通仍采用较为原始的邮件甚至是 U 盘拷贝数据的形式进行数据传输，整个过程既无安全保障，也缺乏记录，倘若出现任何问题难以进行问责与监管。

因此，需要有第三方中立机构同时对接多源数据供应，既确保流通的安全、高效和合规，又可以有效降低需方企业的人力物力投入，改变现存数据流通的困境，解除需方的顾虑。

3. 解决方案

上海数据交易中心提供的数联网服务可以连接各个供/需自有的数据管理平台，以前置机缓存接口软件的形式全程进行线上数据流通，满足了《网络安全法》中对数据流通限定"有限可控的去身份数据使用权流通"的要求。

数联网通过"流通三边化""过程去身份""权责有身份"三大特质，为交易成员企业提供安全、合规、实时、高效、稳定的数据流通交易服务。

流通三边化在不触碰流通数据内容的基础上，通过引入中立第三方作为控制流，实现了对各个环节流通过程及方向的记录，使传输过程可监管、有记录。

数联网引入独有的 xID 身份匿名化技术，在数联网中传递的数据除供需两侧与用户间授权交互的环节外，其他环节的数据加工、比对、传输、筛选等均全面要求运用 xID 身份匿名化技术进行去身份脱敏处理，保证了数据流通的合规性。此外，数联网传输数据的过程中采用的数字信封加密技术从技术手段上保障流通的数据无法被第三方截获，有效防范了泄露的风险。

数联网中流通的均为经过去身份处理的数据，起到了对数据流通供需两侧的权责隔离的作用，需方只需要达成自身和用户间的数据采集/处理/使用的授权，不会受到任何供方权责干涉。

4.案例应用实践及效果

参与数联网模式进行数据流通可以直连数联网中多个优质的数据供应源头，开展高效的去身份化的数据流通与交易。数联网在保护各个参与方流通数据安全的同时，完整保存了数据再利用的价值。此外，数联网的各个环节均可查询、可控制，保证了整个流通过程可监管、风险可防范、责任可追溯。

中国平安财产保险股份有限公司于2019年9月通过上海数据交易中心运营的数联网平台，与数联网中的多家供方开展了数据流通服务，于三天内碰撞并补全了80余万条的车险用户画像信息。平安财险运用数联网增补得到的30余项线上行为相关画像数据，结合自身已有的业务相关信用能力数据，多维度交叉对已有车险受众有了新的认知，得以开展对已有客户的二次营销及其他险种的拓展服务。

（五）中国银行：新一代网络金融事中风控系统"网御"

中国银行新一代网络金融事中风控系统（以下简称"网御"）于2018年2月投入运营。网御充分运用大数据、云计算、分布式存储、流计算与实时计算、机器学习等先进技术，搭建以规则和风险引擎为核心的数字化风险实时监控平台，满足大并发、低延迟等实时监控和处置要求，对客户进行全面风险画像，并实现对各类渠道与终端服务风险的"精确制导"，实现了控风险、升体验、降成本、促发展的业务目标，推动了实时风控的变革。

1.案例背景

2018年《政府工作报告》指出："发展壮大新动能。做大做强新兴产业集群，实施大数据发展行动，加强新一代人工智能研发应用，在医疗、养老、教育、文化、体育等多领域推进'互联网+'。加快发展现代服务业。发展智能产业，拓展智能生活，建设智慧社会。运用新技术、新业态、新模式，大力改造提升传统产业。"受各项利好政策影响，大数据生态逐步形成。在金融领域，大数据逐步改变金融服务的各个环节，数字化风控就是其中重要一环。

党的十九大报告提出，要守住不发生系统性金融风险的底线。网御系统通过运用大数据、人工智能等先进技术有效识别和处置风险事件，并总结构建一套主动实时、高效智能的全流程、全渠道、全业务的网络金融数字化风险管控体系，对于切实防范金融风险，守住不发生系统性金融风险的底线具有重大意义。

2. 需要解决的问题

随着互联网的快速发展，电子银行、网络支付、网络贷款等网络金融业务给客户带来了更好的用户体验，网上银行、手机银行、移动支付等网络金融业务也逐渐成为各家银行提供金融服务的主要渠道。与此同时，客户信息泄露、网络钓鱼、电信网络诈骗等安全问题也呈现复杂多变、快速蔓延的态势。欺诈行为已经从单一个体行为，发展成为一个组织严密、专业分工明确的黑色产业链条，给银行发展网络金融业务带来了严峻挑战。"魔高一尺，道高一丈"，网络金融业务的风险防控是一项需要不断推进完善的工作。

最近几年，监管机构对违规处罚的力度进一步加大，防范电信网络诈骗已上升为国家意志。六部委联合下发《关于防范和打击电信网络诈骗犯罪的通告》，中国人民银行发布《关于加强支付结算管理　防范电信网络新型违法犯罪有关事项的通知》，对于加强电子渠道交易监测提出了更高的要求。

3. 解决方案

（1）引入先进技术构建网御系统

一是多环境风险控制引擎设计。大数据应用的"输入—处理—输出"结构与传统应用有很大的不同，输入的多样性以及这种多样性对输出的影响远远超过传统应用，传统的测试方法很难验证应用的有效性。因此，生产灰度测试就变得非常关键。对此，网御的设计采用了"实时生产、灰度测试、离线训练"三套环境协作的方案。该方案满足了风控业务全生命周期持续运营的需求，"离线训练"支持使用历史生产数据进行规则、模型训练；"灰度测试"支持使用当前生产数据检验规则、模型的运行效果，并支持随时调优；经过最终调优的规则、模型发布到"实时生产"环境上供客户使用，这种设计思路既满足了生产数据的使用和实时调优的需求，又最大限度地降低了对客户体验的影响。网御的风险控制引擎应用了专家规则、人工智能等技术，实现了风控策略的灵活配置与离线训练，解决了传统的银行系统风控策略配置烦琐、验证困难等问题。系统上线后，在业务的规则和模型调优工作中发挥了重要作用。

二是高实时性联机处理设计。为做到事中风控对客户无感知，必须将联机处理的响应时间控制在一个非常低的水平，为此，系统将交易请求的同步处理部分与其他处理独立开来，在交易路径的整个同步处理过程中，全部为基于 CPU 和内存的处理，所有跟磁盘 I/O、事务有关的处理，都转为异步单独处理。同时，规则的运算采用并行处理模式。网御在超过 1000tps 并发交易场景下可保障 99.9% 的交易在 30 毫秒内返回，实现了事中风控场景下高并发、低延时的要求，较传统技术有大幅提升。

三是高可用性设计。在整个架构设计中，所有交易都要发送到网御进行风险判断，因此网御系统的高可用性尤其关键。在应用上，系统设计了多重开关和流量控制机制，包括交易系统是否调用网御开关、交易默认自动放行开关、灰度规则引擎流量开关等。同时，交易系统采用容错设计，即使网御出现问题，也不会影响交易系统正常运行。

四是微服务设计。系统采用了模块化的微服务设计理念，将整个系统各个模块之间的耦合度保持在一个低水平，在架构设计上支持快速开发实施，尤其是微小变更和局部变化的快速开发实施。

五是开源技术选型。网御属于典型的大数据应用系统，项目实施中采用了超过 11 种开源技术。在选型过程中发现，相同的功能往往有多种开源软件，如规则引擎有 Drools 和 QLExpress，流式计算有 storm 和 spark streaming 等，高速缓存有 Redis 和 memcache 等，非关系型数据库有 MongoDB 和 Hbase 等。如何选择合适的开源软件，一个关键经验是结合业务场景和应用特点，如 storm 的特点是实时性强，为毫秒级，spark streaming 的特点是吞吐量大，而事中风控场景更关注实时性，因此选择了 storm。

（2）配套建立完备的风险管理体系

一是事前防控。创新安全认证方式，搭建智能安全、便捷高效的安全认证体系。进一步升级创新网络金融安全认证方式，满足保安全、升体验、降成本等多重安全认证要求，搭建以智能手机为载体的智能安全、便捷高效网络金融安全认证体系。密切跟进监管和市场变化，按照"研究、开发、储备、推广"的建设策略，加快网络金融安全认证创新步伐。全面推进 SIM 盾、手机盾、软认证等新型认证工具应用，同时，扩大生物识别认证的应用范围，重点应用于辅助认证场景。逐步替代现有 eToken 认证方式，降低认证工具采购成本。

二是事中控制。以网御反欺诈系统为基础，构建主动实时、高效智能的风险监控系统。基于分布式、流计算等技术，搭建以风险引擎为核心，覆盖全流程、全业务和全渠道的网络金融事中风控系统，主动实时监控和处置异常设备、用户、账户、操作、交易。系统具备规则引擎处理功能和静态模型、机器学习模型功能。除了常规的规则引擎处理功能外，为支持规则引擎的快速处理，还新增风险响应和处置模块，以实施风险的处置。其中，为更加灵活支持加强认证处置方式，新增智能认证功能，支持各类安全工具的挑战认证。为支持联机模块的运行，单独建立数据整合与分析功能模块，该模块整合处理行内、外数据，为风险的判断提供依据。

三是事后分析与处置。开展业务威胁监控与欺诈分析、制定客户争议处理与损失赔付机制，及时有效化解风险。持续对欺诈案件及网络金融黑灰产进行监测预警，跟踪分析外部突发安全事件，评估影响，化解风险；对网络金融业务系统的欺诈风险事件进行分析取证，开展应诉举证与欺诈事件防控打击工作；在现有损失核销处理流程基础上，进一步简化电子银行欺诈损失认定中责任划分，通过简化财务核销流程或购买保险的形式，在一定金额范围内根据欺诈形势与客户投诉压力进行快速赔付、快速核销，通过客户争议处理与损失赔付机制防范声誉风险，减少网点客户群体性事件的发生。

4. 案例应用实践及效果

网御系统不仅满足了外部监管要求和内部业务发展需要，也是切实保障客户线上交易安全，持续提升客户体验的一项重要举措。网御系统为客户提供了交易安全保障，优化了客户体验，构建了业务发展的基础支撑能力和核心竞争能力，有效支撑网络金融业务健康快速发展，充分体现了总体价值最大化的原则，达成了控风险、升体验、降成本、促发展的目标。

从控制业务风险的角度，网御系统满足外部监管对加强防范电信网络诈骗的要求，更加精准、实时监控可疑交易，并进行有效预警和拦截，从而把控欺诈风险；有效识别内外部非授权业务，减少违约行为发生，控制操作风险；通过及时的风险识别及风险处理，减少风险事件的发生和扩散，提高声誉风险管理水平。截至 2019 年上半年，已实时监测交易总量几十亿笔，实际帮客户挽回上千万元损失，借助大数据技术有效防范了网络金融欺诈风险。

从提升客户体验的角度，对客户进行风险分级分类，提供多样化安全管控，打造智能安全；优化业务流程，减少安全枷锁，改进流程效率；整合渠道入口，统一渠道认证，实现跨渠道一致体验。

从降低成本投入的角度，强化风控技术打造智能安全平台，强化后台与事中安全认证，在保障风险控制水平的情况下，可减少认证步骤；进一步优化现有认证流程，在保持体验与安全的情况下，逐步减少 eToken 等强认证工具的使用及发放，降低了安全认证投入；通过对网络金融业务风险全流程、全渠道、全业务的把控，前瞻性地采取防控措施，减少风险损失。

从促进业务发展的角度，利用主动实时、高效智能的风险管控体系，把控信用风险、欺诈风险等风险事件，减少业务风险事件发生，为业务平稳发展保驾护航；利用风险监控能力和智能安全体系，透明化安全服务，实现业务产品快速开发和投产，提高创新能力；综合运用大数据、云计算、分布式存储、流计算与实时计算、机器学习等先进技术，优化业务流程的同时降低安全门槛，进而提高客户认知度与满意度，提升综合竞争力。

（六）某银行：贷前客户评分和贷后违约预测项目

某银行运用人工智能和机器学习技术，进行大数据建模，完成对快贷业务潜在客户的数据挖掘；对有过逾期的客户进行客户画像，用大数据机器学习算法实现对"坏"的交易行为定性定量分析剖解，建立快贷客户风险模型，完成快贷违约客户的预测。北京九章云极科技有限公司为该行部署 DataCanvas APS 机器学习平台，帮助该行实现集数据准备、算法实现、模型开发、模型发布于一体的工程化管理，帮助行内快速实现数据学习分析能力。模型于 2019 年 2 月开始实施，通过模型分析从活跃的 700 多万客户中预测出 50 多万名可授信潜在客户名单，进行了精准授信，逾期模型上线一年内为客户挽回损失上千万元。

1. 案例背景

快贷业务是该行推出的个人客户全流程线上自助贷款，客户可通过电子渠道在线完成贷款，包括实时申请、批贷、签约、支用和还款。客户可通过手机银行、网上银行、智慧柜员机进行自助办理，按提示操作即可轻松完成贷款，无须通过任何中介和他人办理。

在快贷业务中利用机器学习技术可以对大量数据及未知、隐藏的信息进行发掘，抽取有价值的信息和使用这类信息去挖掘有价值的客户进行精准营销，建立风控模型来预测风险，以便从数据中汲取信息，并使用这些信息制定更好的商业决策。

2. 需要解决的问题

快贷是该行推出的自主贷款业务，行内普遍采用信贷人员主观判断或定性评价与定量分析相结合的方式进行。这会造成审批流程复杂，审批周期长，风控不全不准等问题。

通过数据分析建模平台，运用数据分析和建模，在数据挖掘后可发现更多可赢利的目标客户；通过大数据信用风险评估，预测可能造成风险损失的客户，运用系统的方法对信贷风险的类型和原因进行识别、估测，发现引起贷款风险的诱导因素，有效地控制和降低信贷风险。

3. 解决方案

通过 DataCanvas APS 机器学习平台的部署，实现集数据准备、算法实现、模型开发、模型发布于一体的工程化管理，帮助数据分析师和数据科学家快速协同开发，实现模型管理和应用支持，提高行内快贷业务的风险管理水平、新客户的发现和开拓效率。根据该行内实际场景，数据建模总体流程见图 5 - 1。

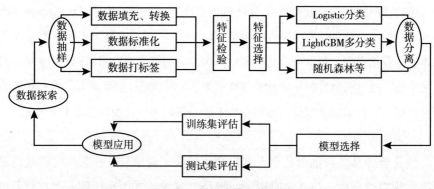

图 5 – 1　数据建模总体流程

（1）模型数据来源（见图 5 – 2）

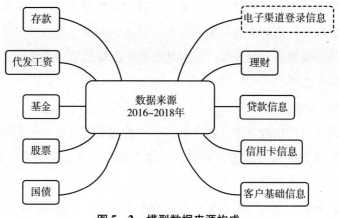

图 5 – 2　模型数据来源构成

（2）数据探查（见图 5 – 3）

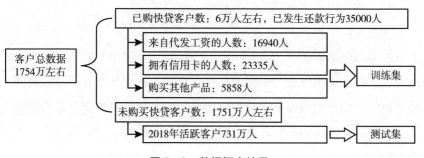

图 5 – 3　数据探查结果

（3）特征变量排名（见图5-4）

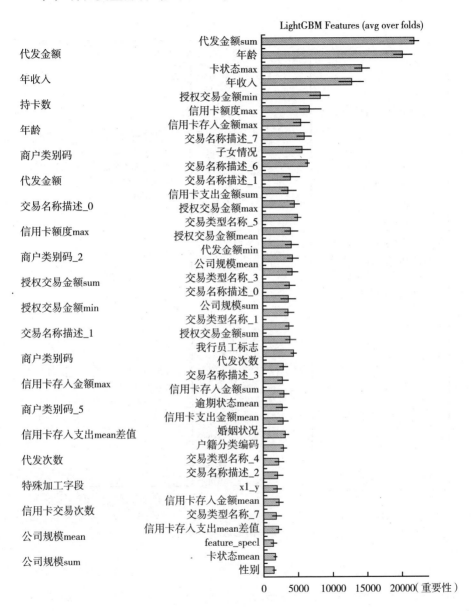

图 5-4　特征变量排名

注：LightGBM（Light Gradient Boosting Machine）是一款基于决策树算法的分布式梯度提升框架，该图左侧为特征名称，右侧为该特征的重要性。

（4）模型选择和评估（见图5-5）

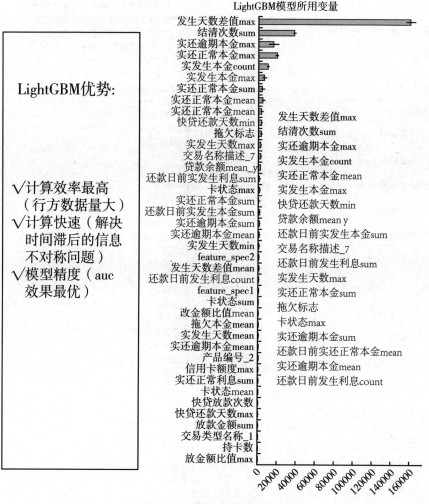

图5-5 模型选择和评估

DataCanvas APS 作为人工智能应用构建平台，支持开发人员和数据科学家能够快速、高效地构建、训练和部署任何规模的机器学习模型。DataCanvas APS 可以加速企业将人工智能注入企业业务的过程，它为数据科学家、应用程序开发人员和业务专家提供了一套工具，使不同角色的人员可以相互协作，轻松地处理数据并使用这些数据来大规模构建、训练和部署模型。

4. 案例应用实践及效果

DataCanvas APS 机器学习平台集数据准备、特征工程、算法实现、模型开发、模型发布、模型工程化管理于一体，于 2019 年 2 月在该行部署上线。通过进行大数据建模，该平台完成快贷潜力客户挖掘模型，从活跃的 700 多万名客户中预测出 50 多万名可授信潜在客户名单，进行精准授信。通过对有过逾期的客户进行客户画像，用大数据机器学习算法实现定性定量分析剖解"坏"的交易行为，进行违约预测，建立快贷客户风险模型，为快贷业务在未来一年内止损 1000 万元左右。利用人工智能与机器学习技术，为该行增强产品营销活动的效果，还能预防和控制资金非法流失。

（七）某中央监管机构：京东数字科技控股有限公司为其搭建大数据分析平台

为贯彻习近平总书记"实施国家大数据战略，加快建设数字中国"的重要指示精神，全面实施《促进大数据发展行动纲要》，按照全国金融工作会议要求，着力推动金融与科技深度融合，提升金融服务水平，某中央监管机构提出了建设"数字化业务"的总体战略规划，推动科技工作改革升级，从而保障我国金融业"创新、协调、绿色、开放、共享"发展。

大数据分析平台将以基础平台、数据应用、数据挖掘的"三步走"模式为建设规划，由底层架构到数据梳理，由基础到应用，由系统架构到与业务结合，在稳步建设的同时逐步实现数据治理的战略性目标。

根据监管机构业务特性定制大数据分析平台技术与方案，以私有化部署的方式保障数据安全，形成数据采集、数据开发、数据挖掘、数据可视化的大数据闭环策略。根据监管机构需求提供合适的大数据分析引擎策略和相应的实时数据开发、离线数据开发以及算法开发服务，构建标准的数据仓库分层架构模式，为后续业务形式与数据量的变化提供增长空间。

平台提供覆盖数据抽取、转换、加载、建模、分析、报表呈现、数据质量等可视化界面，用户可一键完成在线数据处理与协同办公，显著降低操作与沟通成本，帮助大数据相关业务快速落地，助力以数据为驱动的业务变革和发展。

本项目作为金融科技应用试点，成为大数据与监管业务深度结合的可落地产品实践和一站式大数据解决方案，从数据内外部整合到分析展示，充分挖掘数据潜力，提供交互式展示工具，有望成为金融业及监管方在科技领域探索的优秀实践，为大数据技术全面创新应用提供经验借鉴。

（八）国家开发银行：基于知识图谱的新一代元数据管理技术创新

当前大数据和人工智能已经成为国家战略，推动面向大数据的数据治理已成为监管部门要求和业内普遍共识，也是数字化时代的必要手段和技术支撑，业内均在探索。元数据是了解和使用数据的必要基础，是数据治理的关键要素和重要环节，传统数据库实现方式在元数据采集规范、处理效率和展示效果方面存在瓶颈和障碍。为有效解决这方面问题，国家开发银行创新引入"地理地图"设计理念，并有效融合"基于图论的元模型""混搭架构元数据引擎""图数据库算法""可视化地图展示"等多项前沿技术和手段，在业内首创了基于知识图谱的新一代元数据地图管理工具，利用地图进行元数据管理，同时进行可视化控制，有效支持分析系统间数据流向，实现了管理和展现元数据的重大突破，有效解决了海量元数据的易用性和时效性问题，大幅提升了业务、开发、运维、数据管理等用户体验和业务、技术支持能力，为银行业在大数据时代提升大数据治理能力创造了一种新的思路方法和技术手段。

1. 案例背景

元数据是关于数据的数据，是对数据进行描述、解释、定位并使其更方便检索、使用和管理的数据，是数据共享、交换、分析、使用的基础。元数据管理包括数据采集、分析、提供应用服务等一系列活动，是全行数据管理与应用的重要基础管理工作。国家开发银行早在 2009 年就启动了以元数据管理为核心的数据管理系统建设，采用基于传统关系型数据库的架构，主要实现了元数据的采集管理、元模型管理、元数据浏览、元数据查询、数据地图、血缘分析（见图 5-6）、影响性分析、版本管理、元数据变更管理等功能。

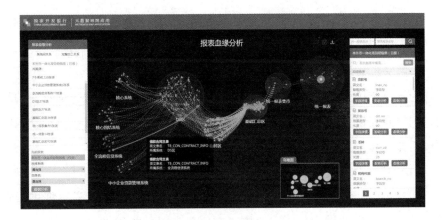

图 5 - 6　报表血缘分析

随着全行业务发展与系统的持续建设，元数据的种类繁多，数量急剧增长，元数据间的关系也越来越复杂。基于关系型数据库的传统元数据管理无法满足大数据时代下海量元数据的存储需求，元数据查询、加工处理的效率低下，甚至陷入性能瓶颈，无法满足对复杂元数据关系的分析需求。为解决大数据时代下元数据存储、查询、分析、应用及用户体验等一系列问题，国家开发银行开展了基于知识图谱的新一代元数据管理技术创新项目建设。

2. 需要解决的问题

传统数据库方式已难以满足大数据时代元数据管理需求，在采集规范、处理效率和展示效果方面均存在瓶颈和障碍，需要利用新技术创新元数据管理方法。

一是元数据采集方面。大数据时代带来数据关系的深层级分析，数据范围拓展至外部数据和非结构化数据，数据时效性要求越来越高，数据之间的关系越来越复杂，传统数据技术已难以有效快速采集和存储。

二是元数据处理方面。元数据处理的主要场景之一是对元数据进行血缘分析和变更影响分析，快速定位数据问题的根因。传统元数据管理通过关系型数据库中表的关联递归查询方式实现，在海量元数据的情况下，基于传统分析方法查询分析效率非常低，对复杂元数据的关系分析甚至无法实现。

三是元数据展示方面。传统元数据的用户体验较差，无法快速定位和清晰展示不同层级的元数据信息，不能有效满足不同用户的使用需求。

3. 解决方案

为解决传统元数据管理在采集规范、处理效率和展示效果方面存在的问题，国家开发银行创新设计了基于知识图谱的元数据管理工具，核心技术原理包括如下几个方面。

（1）建立全面可扩展的元数据体系

本次项目研究实现了图形数据库取代传统关系数据库对元数据进行存储和处理。图形数据库的特点决定了需要事先对元数据的属性、分类、关系、标签进行大量的预处理——图形数据库按照节点、属性、关系和标签存储数据，这就需要在元数据进入图形数据库之前进行标准化处理，规范相关元数据的属性、分类，定义不同具体元数据的标签信息，建立具体元数据之间的关系。元数据体系是建设大数据技术元数据地图的基础。元数据体系的建立要根据元数据分类原则、元数据评估原则、元数据内容进行确定。

（2）构建基于图论的元模型

元数据系统的核心之一是元模型，元模型是对元数据内容的抽象，但传统的元模型都是基于关系数据库进行存储和使用。在大数据情况下，基于传统关系库的元模型显然无法满足使用要求，也不能作为图形数据库的基础数据模型。

基于上述考虑，在突破性地解决了元数据体系问题的基础上，国家开发银行构建了基于图论的元模型。基于图论的元模型将元模型分为节点、属性、标签和关系，每个具体的元数据就是一个节点，节点的属性信息按照企业级和系统级元数据的不同，分为管理属性和基础属性。同时，根据地图应用的特点，在每个具体元数据的节点信息中增加了坐标信息。元模型的标签根据元数据分析应用的特点确定。基于图论的元模型的提出，在实现层面解决了元数据如何在图形数据库进行存储、分析和使用等问题。

（3）设计元数据地图的使用模式和展示规范

传统的基于菜单方式的元数据用户体验显然无法满足大数据时代海量元数据的管理和使用要求，该项目以地图技术为依据，独创了元数据地图的使用模式，包括六个方面。一是地图缩放，使用鼠标滚轮实现数据地图的放大缩小，可动态增加和减少展示内容，当数据地图放大或缩小到设定的临界值时，自动切换到下一图层。二是地图漫游，通过拖拽地图实现在元数据地图中的漫游。三是鸟瞰，指在地图的缩略图上，进行系统的快速切换。四是流动路名，在进行元数据信息浏览时，选中对应节点，相关属性数据、关系数据和标签数据信息会跟随移动位置同步变化。五是路径遍历，根据设定的起点和终点条件，遍历起点和终点间的全部节点。以此为基础，进一步实现元数据的条件筛选。六是搜索定位，根据指定的查询条件，实现元数据的全局搜索，并将搜索结果在地图中定位。

在展示规范上，依据元数据的分类体系，设计元数据地图不同分类的图例规范，并依据元数据地图的用户模式，规范设计元数据地图的层级图例、色彩规范、组合形式。

（4）元数据地图的核心实现技术

元数据地图的核心实现技术包括三个部分。一是元数据地图的底图技术。元数据地图的底图和地图的底图类似，每个元数据都分配了现有的图层和坐标，在节点属性中记录该坐标位置。对元数据地图设立了技术视角和业务视角的图层，技术视角分为区域、系统、表及字段四大图层；业务视角分为区域、系统、报表、指标等图层，业务视角和技术视角能相互贯通，分级展现各图层的基础要素与管理要素，从宏观到微观地聚焦信息，充分发挥地图的展现特性。二是元数据地图交互技术。地图的交互技术以元数据地图的底图为基础，结合使用模式和展示规范，综合多种前端技术，能够让用户在前端以地图的用户体验对元数据进行分析、使用和展示。三是元数据地图算法。通过地图算法能够在海量元数据中高效地完成元数据地图的动态生成、重要程度分析、关系遍历（血缘分析、影响分析、全景分析）、标签遍历、全局搜索、模式匹配等应用。

4.案例应用实践及效果

"元数据地图系统"以国家开发银行元数据为基础，将新颖的元数据地图理论体系应用于实践，构建了国家开发银行元数据知识图谱，提高了查询、分析效率，实现了元数据地图功能，使元数据信息展示清晰明了，建立了元数据地图应用，支持元数据服务，封装了多角色用户情景体验，优化用户访问，解决了在大数据时代下元数据标准化管理问题，解决了传统数据库技术处理元数据的查询效率问题，解决了元数据管理的用户体验问题，利用科技创新技术和先进设计理念，支持数据管理工作，有助于充分发挥数据对业务运行管理和决策分析的价值。系统运行稳定、界面新颖、使用方便、响应快捷、操作简便，受到了各级用户的肯定。效果包括如下几个方面。

（1）构建元数据知识图谱，促进元数据管理标准化、智能化

国家开发银行元数据体系的提出与元数据知识图谱的构建，使元数据管理工作走向标准化、智能化，成为业内元数据管理参照的标杆，将引导金融行业元数据管理乃至数据治理更规范。

（2）创新性提出元数据地图理论，拓展了元数据可视化的新思路

创新性地提出了元数据地图理论，将元数据以地图底图和图层的方式展现。系统群、系统级、表级、字段级等多层次的元数据信息能够通过元数据地图的层级钻取、缩放、地图漫游、鸟瞰、流动路名、路径遍历、搜索定位等元数据地图展示功能任意切换，各类信息与关系展示清晰明了。该理论的提出为元数据可视化开辟了思路、开阔了视野。

（3）实现元数据地图，增强了数据的可读性

元数据地图系统的实现、地图化的元数据管理加强了数据本身的可读性，真正实现"数据说话"，有益于进一步发挥数据的业务价值。

（4）奠定了全员参与数据治理工作的基础

元数据地图便捷、高效的访问，让元数据管理从幕后走向台前，成为全员参与的工作。元数据管理将让每一个人了解业务、管理背后数据的存在，认识数据的价值，对数据质量管理等数据治理工作的推进有深

远的意义和影响。

（5）提升了国家开发银行的核心竞争力

数据资产日益成为企业最有价值的资产之一，也是各大银行的核心竞争力之一。元数据地图系统的成功实施，能够帮助国家开发银行将积累多年的数据发挥出更大的价值，支持业务运行管理和决策分析，提升国家开发银行在金融领域的核心竞争力。

（6）推动了图数据库等大数据技术在金融领域的应用

元数据地图系统搭建了图数据库与关系数据库的混搭数据库架构，实现了高效的复杂元数据关系分析，大大提高了元数据的分析、访问效率。该系统的成功上线与使用，将推动图数据库、图论算法等大数据技术在金融领域的应用发展。

（九）中国银行：大数据应用平台"中银慧聚"

中国银行大数据应用平台（以下简称"中银慧聚"）联通了行内近百个数据系统，数据规模达到500TB，实现了与行外数据的统筹管理及数据融合，在此基础上初步建设了全行统一的客户标签服务体系，通过大数据沙箱建模应用支持了全行深入挖掘数据价值，并在产品创新、客户服务、精准营销等方面先后支持多机构、多条线、多部门开展业务应用。

1. 案例背景

随着互联网和网络技术的快速发展，金融业务与信息技术的融合被各国政府、社会、企业和专家广泛接受。近两年，Hadoop迈入3.0的时代，开启了大数据拥抱容器化、与云计算整合的进程。与此同时，数据已成为重要的生产资料，数字化成为银行下一个十年的战略重点。

由于监管机构的开放包容、技术革新的推动助力，以及伴随数据重要性和价值的凸显，大数据为传统银行提供了一个新的发展路径，成为金融市场、金融机构提供新业务模式、新技术应用、新产品服务的重要支撑。为驱动金融服务和发展能力的数字化，中国银行打造了中银慧聚，从技术、数据、应用等多个层面推动全行数字化转型。

2. 需要解决的问题

传统银行的数据普遍散落在多个系统中，没有进行有效的整合，存在信息孤岛、重复存储、难以共享等问题，需要通过统一的大数据平台全面整合内外数据，实现数据的统一管理、全行共享。

传统银行在数据应用过程中存在基础建设薄弱、分析能力不足的问题，需要通过企业级的大数据平台为大数据应用提供工具支撑，实现 PB 级规模下的大数据可视化分析探索，最大限度释放数据的流动性和挖掘数据的价值，支持各业务条线根据需求快速构建大数据应用。

3. 解决方案

2018 年 8 月，中国银行投产上线了中银慧聚，该系统为"1 + M + N"的大数据应用业务架构，旨在打造企业级大数据平台，推动全员动手挖掘数据价值。其中，"1"为大数据基础平台，"M"为大数据基础服务（内外数据融合、客户标签体系和数据沙箱建模服务），"N"为大数据业务应用（"收支记录""千人千面""跃升计划"等）。

大数据基础平台在技术层面搭建全行大数据基础设施，构建企业级数据湖存储，支持处理海量异构数据。在技术层面采用 x86 体系、Hadoop、分布式、流计算及 MPP 技术进行处理，实现对银行传统数据处理技术的补充和突破。

内外部数据融合使数据维度极大丰富，数据的可获得性得到增强。行内行外数据通过证件类型、证件号码、客户姓名、手机号码等进行匹配，将外部数据与行内数据进行关联，实现了以用户为中心的全维度的数据视图，用户可以快速使用数据，让外部数据集中存储实现共享复用，减少重复购买和存储。

客户标签体系是涵盖企业、个人的全行统一共享的客户标签体系，支持全行通过标签画像开展客群分析与各项数据应用。其中，个人客户涵盖 13 类主题 1000 余项，企业客户涵盖五类主题 300 余项。依托大数据应用平台建成企业级可视化的客户标签管理系统，支持标签的便捷加工、管理和应用，满足特定业务的定制化要求。一是客群宏观分析，基于全行客户或某项业务、产品、活动的客户展示整体客户规模、客户结构和客户偏好等基本属性，支持用户自定义分析，根据标签筛选、按需定制客群宏观分析图表，包括比较类图表、占比类图表、趋势类图表、单指标分析类图表和地图。二是客户微观画像，通过单一客户的 360 标签视图，全面展示客户的基础属性、风险信息、渠道信息和偏好信息，帮助客户经理迅速认知客户、洞察客户、了解客户需求，开展精准营销。三是标签动态管理，系统支持客户标签的新建、查询、启用、停用等全生命周期管理，对于简单分层标签，用户可自行通过标签组合方式敏捷新建。

数据沙箱建模服务在应用层面支持 PB 级大数据可视化分析探索，引入大数据算法、机器学习、可视化技术，实现数据发现、商业智能、预测分析及建模训练等功能。支持将生产环境的数据导入机器学习平台建模环境，并对导入数据进行统计分析及数据建模分析。为专业的数据科学家、建模和算法专家提供一个功能完备、高性能、易用的机器学习研发建模环境，可通过传统编码进行建模，灵活应对各种场景；同时，可以为非专业建模人员提供一个拖拽式的可视化建模界面，用户可以使用平台内置的可灵活扩展的算法组件，拖拽式地搭建大数据模型学习流，进行模型训练和调试，最终实现"零代码"建模，包含数据预处理、特征工程、模型训练、模型预测、模型评估、模型发布部署、模型运行、模型管理等功能支持业务建模全生命周期管理。几乎任何业务人员都可以通过数据沙箱对海量数据进行高效便捷地抽取、分析、转换、模型化处理等，为市场、产品、服务发展提供决策支持。

在这样一个业务架构下，数据在平台上构成了闭环流程。内外部数据进入平台进行会聚和内外融通，融通后的数据加工成标签提供服务。融通后的数据以及加工好的标签，可以进入数据沙箱进行建模和分析。建好的模型又可以部署到大数据平台产生新的数据，这些数据反哺到大数据平台，又可以加工成标签，应用到数据沙箱中。周而复始，数据在大数据应用平台内循环、重复利用，并产生新的价值，这是数据在平台内的闭环，是数据流动创造价值的小闭环。平台的各种数据，还可以通过接口为平台外的系统提供数据服务，反哺到大数据平台的数据来源系统，上游系统给平台原始数据，大数据平台又给上游系统提供业务支持和决策管理所需要的数据，构成一个数据流动创造价值的大闭环。总之，中银慧聚以服务用户为目标，通过提高数据使用的效率，降低数据使用的成本，最终推动银行的数字化和智能化转型。

4. 案例应用实践及效果

中银慧聚建成以来，在产品创新、客户服务、精准营销等方面先后支持多机构、多条线、多部门开展业务应用，推动全行大数据分析挖掘工作的广泛实施和深入运用。

基于大数据应用平台推出的"收支记录"功能通过手机银行向个人客户提供服务，该项服务功能以客户为中心，充分运用大数据平台能力，支持客户通过手机银行实时查询收入和支出信息。上线以来，该功能使用量快速上升，使用占比在手机银行所有产品服务中位居前列。

基于大数据应用平台打造的"跃升计划"，是从客群筛选、规则定制营销、实时事件式营销到活动配置、渠道触达、效果分析的线上全流程闭环营销工具。运用大数据手段进行首期 ATM 客群全线上闭环营销试点活动，营销效果较传统方法显著增强。二期活动扩大至全国范围，引入机器学习建模来增强精准营销效果，签约率相比专家规则的营销方式提升了三倍，模型筛选客群的活动效果显著。

基于大数据应用平台和"跃升计划"应用服务系统投产的手机银行"千人千面"功能，在手机银行首页、理财页频道等上百个功能中为每一个客户智能呈现最适合的交易功能首选组合（"千人千面"），降低客户功能找寻难度，提升客户在手机银行功能使用中的体验感。

（十）Kyligence：协助提供千亿元级财会成本分析方案

成本分摊是银行财务管理、盈利分析、产品定价等业务开展的基础。传统的成本分摊系统只能从个别视角给出分析结果，无法从客户和明细产品维度进行具体的分摊计算，难以真实评价客户、客户经理等基层单元的经营成本。

面对千亿元级的成本分摊数据规模，成本分摊分析系统需要能够支持"40 +"维度、"100 +"指标、千万级基数维度的海量计算，而传统数据仓库由于成本高、可扩展性差、计算能力弱等局限性，很难满足业务的需求。

利用大数据技术建设精益成本分析系统，一方面完善了银行成本核算体系，把成本分摊到银行的全业务视角上，将成本核算的视角转变为成本评价视角，帮助管理层精细化评价业务的全成本投入现状，推动前端流程的优化；另一方面将分摊成本与业务收入结合，从多视角观察分摊后的利润，衡量银行各维度业务的真实盈利水平，赋能银行各级管理机构的经营决策，从而提升资源投放效率，实现精准绩效考核，优化产品定价。

1.案例背景

随着金融科技的深入发展和互联网金融服务的迅猛发展，无论是国有银行、股份制银行还是城商行等，都想借助前沿大数据技术提高企业内部精细化管理水平、提升效率、增强市场竞争力。从管理会计角度看，精益管理的重点是利用信息技术进行成本分摊和盈利分析，将银行各项成本细化到每个分析和管理维度上，借此全面掌握各业务条线、机构、产品、客群、渠道等维度的资源投入和真实盈利水平，为制定企业战略、决策资源投入、进行绩效考核等提供重要参考依据。

因此，需要引入大数据分析技术，突破传统数据平台在查询粒度、查询方式、开发模式上的局限性，从机构、条线、产品、客户等多个层面对现有的成本分摊模型及相关参数进行分析和优化。针对重大成本项目，在数据中台层面支持核算精细化及前端业务流程优化，促进管理与经营能力提升。同时，探索和建立成本分摊动态优化机制及流程，持续提升成本分摊模型精准度，为客户评价、产品定价提供科学有效的成本数据支持。

2.需要解决的问题

商业银行期望通过建设基于大数据技术的财会成本分析体系，实现千亿元级明细成本数据在客群、产品等维度的成本分摊多维模型，满足数字化管理会计需求。具体可以分为以下建设目标。

第一，成本分摊体系全面回检。梳理和评估成本分摊框架、成本归集对象、分摊方法、分摊动因、分摊结果展示及回溯，统一业务口径，制定优化方案。

第二，优化及完善财会成本分析场景。统一各应用场景下的成本口径使用规则，为资源配置、客户评价、产品定价、各级考核等决策、分析、管理工作提供精细化的成本数据支撑，提升成本精细化管理水平。

第三，推动费用核算精细化。根据成本分摊体系优化方案提出的要求，快速建立重点科目、重点场景的费用核算多维模型，实现精细化分析。

第四，探索创新业务的成本分析体系及价值评估体系，建立新战略下成本分析评价视角。建立不同场景下 MAU 及 MAC 的获取、活跃、留存、传播等各环节的成本标准。

第五，建立成本分摊动态优化机制及流程。明确定义成本分摊规则优化、分摊动因变动的触发条件、调整机制、调整流程，保证成本分摊体系的持续优化。

3. 解决方案

由于传统数据仓库存储和计算成本高昂，且存在扩展性差等局限性，不少商业银行考虑将海量的财会成本数据迁移到 Hadoop 平台进行存储和计算。为了向业务提供灵活、易扩展的多维分析能力，Kyligence 提出的方案是基于 Hadoop 原生的 OLAP 预计算技术，搭建统一多维分析平台（见图 5-7），能够覆盖预算分析、盈利分析、成本分析、绩效分析等多个主题场景，具备高可用、多租户、读写分离、ACL 隔离能力，向管理部门、财务部门、业务部门提供全方位、细粒度的财会查询和分析服务。

Kyligence OLAP 预计算引擎集合了分布式计算、专利列式存储、智能建模等多项大数据前沿技术，能够基于明细数据模型快速开发和构建主题集市，不但支持日期、机构、业务条线、业务类型等普通维度，而且可以结合客群、产品等高基维度，对总行/分行/支行/网点/客户经理各个层级的职能管理成本、客户服务成本、公共管理成本、交易处理成本、客户经理成本等指标提供灵活汇总查询结果，95% 的查询延迟低于 3 秒，实现多角度、精细化的交互式多维分析。

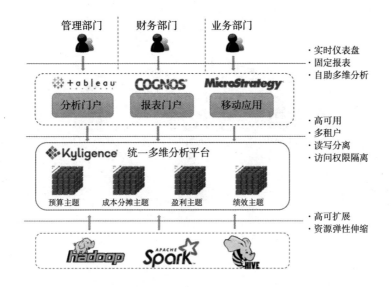

图 5 - 7 Kyligence 财会统一多维分析平台

针对"双十一""618"等重要活动日的成本分析需求，IT 人员可以借助图形化界面或者智能建模，敏捷构建 OLAP 模型，通过自动化调度和发布平台完成开发、测试、生产发布，以及可视化集成的全生命流程（见图 5 - 8）。相比传统脚本开发方式，开发效率显著提升，且模型具备良好的可追溯性和可运维性。这种灵活的开发模式能够针对不同成本分析场景，从分摊数据、分摊动因、分摊对象、分摊结果、分析维度等层面实现动态扩展，快速响应业务需求，随着成本分摊体系的持续优化实现敏捷迭代开发。

4. 案例应用实践及效果

以招商银行为例，2018 年开始建设的基于 Kyligence 的统一多维分析平台上线至今，92% 的查询响应时间在 1 秒内，99% 的查询响应时间在 3 秒内，单台查询节点最高可支持 50 并发。通过多节点集群部署线性扩展并发查询能力，满足行内数万业务人员的用数需求。通过读写分离部署，满足弹性的、稳定的查询服务要求。通过多租户和资源组部署，满足不同部门、不同优先级的查询需求。除了财会成本应用，平台还支持 10 个类

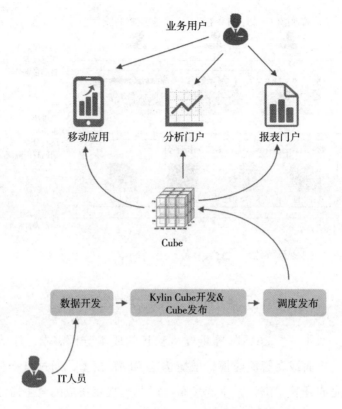

图5-8　重点项目的成本分摊模型敏捷开发流程

似的应用场景共70余个Cube，满足总行、分行用户多个业务领域的多维分析需求。

新的财会成本分析系统支持从机构、客群、产品、成本中心、业务条线、业务类型等数十个视角获得数据洞察，帮助管理层合理决策资源投入方向，将资金和人力投入盈利高的业务。针对重点项目和场景的费用核算制定精细化方案，包括重大项目费用、营销活动费用、外包费用等，提升业务效率。

通过将分摊结果与业务收入数据相结合，在可视化工具上灵活展现多维度盈利分析报告，反映银行业务条线、机构、产品、客群等分摊维度的真实盈利水平。同时可以引导银行各级管理单位更加重视价值经营，从单纯重视规模扩张转为规模、价值增长双重视，以保证盈利达到考核要求。

在产品定价方面，新的成本分摊系统为互联网金融产品提供了不同场景下的成本参数，在设计产品定价模型过程中事先考虑银行在产品销售、营销、运营和风险等方面的投入，有助于银行合理定价，提高产品盈利。

招商银行新一代统一分析平台借助 Kyligence 大数据 OLAP 技术，将银行全部成本细化到每个分析和管理维度上，借此全面掌握多种维度的资源投入和真实盈利水平，为制定发展战略、决定资源投入、进行绩效考核等提供了重要参考依据，提高了精细化管理水平，显著增强了银行竞争力。

（十一）百度联合建模方案

如何解决金融行业数据交换流通困难，同时满足监管合规要求和保护用户信息隐私，一直是一个重要且具有挑战性的难题。联合建模解决方案基于内存安全可信执行环境、多方安全计算、联邦学习三项核心技术，实现了多方数据信息脱敏加密后的算法模型构建。该方案已在多家金融机构推广实施，取得了不错的业务效果，有助于金融机构提升精准营销服务水平和有效降低信贷风险。

1. 案例背景

金融机构在进行"大数据 + AI"业务应用的时候，面临的困境就是数据不足。比如银行业只有系统自身的数据，缺乏互联网、电商、政府、同业等外部数据。银行业在开展普惠金融、小微贷款时，无法为客户提供更好的服务。当前不同公司之间、部门之间数据的直接交换合作需要考虑非常多的因素，导致数据并不能有效地在它们之间流通，也不能发挥数据的最大价值。同时，现代社会对用户隐私的要求越来越高，公众诉求和监管要求也不允许数据简单"粗暴"地进行交换，因此很多数据的共享性很差。由于数据流通、交换和定价的困难，数据孤岛、数据标注不足、标签大量缺失等问题仍长期存在，这些问题导致了在很多需要机器学习模型应用的领域，都很难发挥数据和 AI 算法的价值。

2. 需要解决的问题

精准营销、信贷风控一直是银行业的两个核心关注点。为弥补银行业自身数据维度的不足，传统的做法是对外采购第三方的数据，直接通过账号或手机号匹配的方式来获取对应客户的隐私字段信息。随着近期国内相关个人信息采集、安全监管等方面法律法规的出台，传统的做法已经不适应现有的法律，部分已触碰法律监管的红线。

为解决行业普遍存在的这个痛点，在保护用户隐私的基础上通过科技更好地帮助金融机构理解用户，百度智能云为金融机构量身打造了一款基于数据脱敏加密后的联合建模解决方案。这个方案基于业界成熟、主流的软硬件加密技术、密码学和联邦学习算法，参与数据交换的任何一方都看不到对方客户的任何数据，这可以大大缓解数据资产交换流通、业务发展和用户隐私保护之间的矛盾，最终促进金融机构在普惠金融、小微贷款、风险控制、提升服务水平方面的业务落地，促进金融业的长期健康发展，发挥金融业对实体经济的支撑作用。

3. 解决方案

针对金融机构不同应用场景的诉求，联合建模解决方案综合运用了三种技术：内存安全可信执行环境（Memory Safe Trusted Execution Environment，MesaTEE）、多方安全计算（Secure Multi-Party Computation，MPC）（见图5-9）、联邦学习（Federated Learning）。

（1）内存安全可信执行环境

基于 Intel SGX（Intel CPU 架构）技术，执行任务时在内存中开辟一块被保护的隔离区域，提供安全隔离的计算环境。打破数据孤岛，让大数据在保护隐私的前提下发挥最大价值。除了兼容当前主流的大数据和 AI 框架，MesaTEE 能支持 Intel SGX、AMD SEV、ARM TrustZone、Risc-V 等诸多 TEE 平台，也能提供无硬件支持的高对抗可靠执行环境，可应用于广泛的场景。

（2）多方安全计算

主要针对无可信第三方情况下，安全地进行多方协同计算问题，即在一个分布式网络中，多个参与实体各自持有秘密输入，各方希望共同完成对某函数的计算，而要求每个参与实体除计算结果外均不能得到其他用户的任何输入信息。

作为中国通信标准化协会大数据技术标准推进委员会标准《基于安全多方计算的数据流通产品技术要求与测试方法》的编写参与单位，百度严格按照该标准进行产品设计和技术研发。

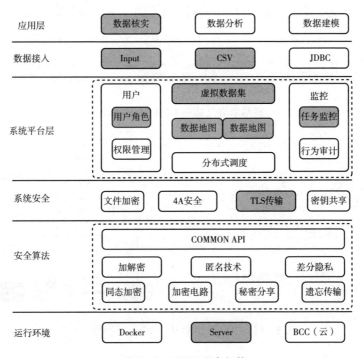

图 5 - 9　MPC 平台架构

（3）联邦学习

联邦学习是数据拥有者在不向其他人暴露数据的情况下，联合协同完成一个模型训练的过程，模型预测时只需要部署一个极小容量的模型文件（见图 5 - 10 和图 5 - 11）。

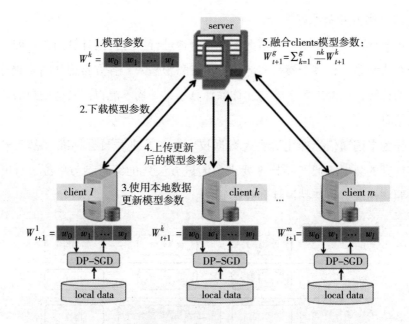

图 5–10　横向联邦学习（基于 DP-SGD 与 Secure Aggregate）

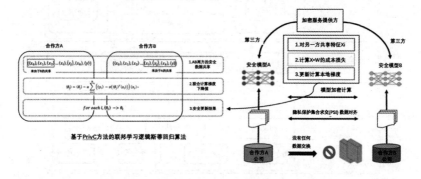

图 5–11　纵向联邦学习（PrivC 联邦学习）

4. 案例应用实践及效果

联合建模解决方案逐步在金融行业多家机构开展应用落地，取得了较好的系统推广和业务应用效果。在营销方面，有效提升了营销的精准触达率和客户响应率，在减少打扰客户的同时，为金融机构带来了一定规模的业务和收入增长。该方案应用在某大型商业银行，信用卡精准营销客户响应率从

4%提升到10%，提升了6个百分点，为银行增收近千万元。在风控方面，外部数据脱敏加密后参与联合建模，应用于一些商业银行和信用卡中心，风控模型的KS值提升了5%～10%，有效降低了贷款逾期率和坏账率。在反欺诈方面，该方案应用于某大型商业保险公司事中反欺诈项目中，欺诈客户的预测准确性达到80%，有效减少了欺诈给保险公司带来的赔付支出。同时，基于金融机构的区块链应用，通过隐私计算、密码学、可信计算等技术来解决银行业务侧的可信、去中心化问题，联合建模解决方案推进某大型股份制商业银行相关的项目合作和业务落地。

联合建模解决方案一直致力于解决金融行业数据信息融合难这一行业难题。未来随着这套技术的不断完善及金融机构对此方案接受程度的增长，联合建模将拥有更加广阔的业务应用前景。

（十二）某证券：智能基金产品推荐

某证券利用机器学习技术，通过数据建模，完成基金产品的智能推荐；九章云极公司为该证券部署DataCanvas APS机器学习平台，实现该证券集数据准备、算法实现、模型开发、模型发布于一体的工程化管理。

1. 案例背景

智能推荐的目标就是准确把握客户购买意图，推荐用户有购买意愿的商品，给用户最好的体验。大数据时代的一个重要特征是它可以实时收集和分析消费者的相关信息数据，从而根据不同的偏好、兴趣和购买习惯，准确地销售最适合他们的产品或服务。另外，数据挖掘和其他技术可用于预测消费者的下一步或更深层次的需求，并进一步加大推广力度，最终实现大幅提高企业利润的目标。

2. 需要解决的问题

传统证券公司在快速变化中面临激烈的竞争，公司需要与时俱进，从经纪、资管业务的网络化到证券版银联的发展，再到移动化、个性化、社交化的客户服务，证券公司要保持市场领先地位，及时准备获取客户交易行为、媒体偏好数据，才能更好地了解客户。作为未来业务发展的重要技术支撑手段，大数据技术和平台、各应用分析模型和算法等将逐渐融入公司各项日常运营活动，成为数据驱动业务主要动力。

3. 解决方案

搭建人工智能平台的目的是结合该证券统一的底层大数据平台，为顶层的客户分析、投资分析、产品推荐等 AI 场景的现有项目、未来项目做好支撑工作。依托该证券数据仓库现有的客户信息、客户持仓、基金成交等数据，进行（客户，基金）键值对的概率预测，判断该客户购买基金的可能性，以便针对每个客户推荐最大概率的几只基金，或者是把某只基金发短信给购买概率排名前列的客户，提高推荐转化率。

建模平台在设计上支持多种数据连接器，可自动解析数据格式和结构，内置的可视化数据处理算子可以快速完成数据的转换和清洗操作。支持分布式任务，可自动完成 Hadoop、Spark 的环境调用和任务分发执行，对使用者屏蔽了复杂的大数据技术组件，使数据分析人员轻松获得大数据处理能力。智能基金产品推荐模型工程如下。

（1）工作流程（见图 5-12）

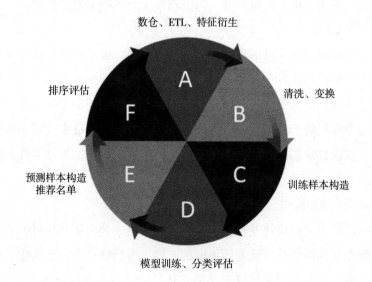

图 5-12　模型生产工作流程

（2）样本特征（见表 5 - 1）

表 5 - 1　客户样本特征采集

客户特征	基金特征	衍生特征
· 基本信息	· 基金偏好	· 场外资产特征、
· 客户偏好	· 基金概况	· 基金流行度、
· 客户风险等级	· 基金经理个人详细情况	· 资金账号收益、
· 佣金费率	· 基金收益率	· 资金账号历史购买偏好
· 客户资金流水	· 基金净估值	· 资金账号对当前基金偏好
· 账户资产分配情况	· 基金类型	· 股票交易偏好、
· 资金账号累计统计量	· 风险等级	· 基金净值变化脚本
· ……	· 规模等级	· ……
	· 基金费率	
	· 基金资产	
	· ……	

（3）特征重要性排序（见图 5 - 13）

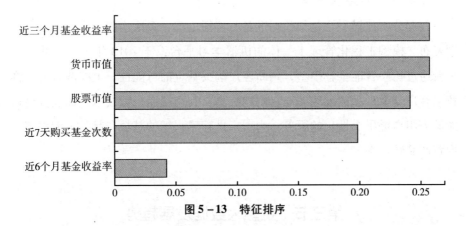

图 5 - 13　特征排序

（4）模型上线

DataCanvas APS 作为人工智能应用构建平台，支持开发人员和数据科学家快速、高效地构建、训练和部署任何规模的机器学习模型。DataCanvas APS 可以帮助某证券将机器学习模型快速注入企业业务，使不同角色的人员可以相互协作，轻松地处理数据并使用这些数据大规模构建、训练和部署模型。该模型上线数据反馈见图 5 - 14。

人找产品	召回率	准确率	自然购买率
基金rank1	0.487903 121/228	0.000464 121/260517	0.000019 248/(260517*50)
基金rank2	0.459677 114/248	0.000438 114/260517	0.000019 248/(260517*50)
基金rank3	0.008065 2/248	0.000008 2/260517	0.000019 248/(260517*50)
top3	0.955645 237/248	0.000910 237/260517	0.000057 248/(260517*50)*3

预测客户最大可能购买基金的场景，给出的TOP3名单中，召回率为95.56%，精确率为0.091%，为自然购买率的15.96倍。

产品找人	自然购买率	top1w召回	top1w准确	top2w召回	top2w准确	Top5w召回	Top5w准确
162711 (基金代码)	0.000464 121/260517	0.181818 22/121	0.0022 22/10000	0.181818 22/121	0.00110 22/20000	0.363636 44/121	0.00088 44/50000
110026 (基金代码)	0.000422 110/260517	0.209091 23/110	0.0023 23/10000	0.218182 24/110	0.00120 24/20000	0.400000 44/110	0.00088 44/50000
460300 (基金代码)	0.000438 114/260517	0.236842 27/114	0.0027 27/10000	0.236842 27/114	0.00135 27/20000	0.385965 44/114	0.00088 44/50000

产品找人：给历史购买量最大的基金162711推荐名单，给出10000个客户名单，机器学习覆盖了实际购买的121人中的22人，召回率达到18.18%，准确率为0.22%，为自然购买的3.4倍。

产品找人	自然购买率	Top1%召回	Top1%准确	Top2%召回	Top2%准确	Top5%召回	Top5%准确
162711 (基金代码)	0.000464 121/260517	0.123967 15/121	0.005758 15/2605	0.148760 18/121	0.003455 18/5210	0.181818 22/121	0.001689 22/13025
110026 (基金代码)	0.000422 110/260517	0.145455 16/110	0.006142 16/2605	0.172727 19/110	0.003647 19/5210	0.209091 23/110	0.001766 23/13025
460300 (基金代码)	0.000438 114/260517	0.149123 17/114	0.006526 17/2605	0.184211 21/114	0.004031 21/5210	0.236842 27/114	0.002073 27/13025

产品找人：给基金162711推荐名单，给出2605(TOP1%)个客户名单，机器学习覆盖了实际购买的121人中的15人，召回率达到12.4%，准确率为0.6%，为自然购买的12.4倍。

图5-14　模型上线数据反馈

4. 案例应用实践及效果

　　数据分析建模平台是集数据准备、特征工程、算法实现、模型开发、模型发布、模型工程化管理于一体的机器学习平台，于2018年8月上线。该平台通过建立智能推荐模型，判断客户购买基金的可能性。上线两月内，推荐给客户基金产品的准确率比自然购买高。利用智能推荐技术，该证券公司能够为用户提供个性化的服务，为用户推荐感兴趣的基金产品，大大提高了推荐产品转化率。

第三节　金融大数据发展趋势
——发掘数据价值，强化数据治理

（一）服务实体经济，拉动偏远地区发展

　　金融机构有责任积极响应党中央、国务院关于实施乡村振兴战略和金融供给侧结构性改革的总体部署，以大数据新技术为驱动，通过新的手段和新的方法，用新技术解决老痛点，进一步提高金融服务的覆盖率、

可得性与满意度，健全农村金融服务体系，增强农村金融服务能力，持续改善农村金融生态环境，为促进农业生产、农村经济发展和农民增收做出贡献，更好地满足乡村振兴多样化、多层次的金融需求，推动城乡融合发展。

以银行为例，银行用老方法很难解决旧有难题，只有用新技术、新机制才能有效解决这些问题。因此，有效应对农业、农村融资难这一挑战，关键在于以下两个方面。

一是银行如何以更低成本获取更多数据信息，而不是传统授信模式中，由银行客户经理上门调研或客户按要求提供相关报表信息。这需要银行搭建基础的数据集市进行汇总和关联融合，汇总和关联融合农副产品、农业装备的生产、库存、销售情况的线上数据，支持农业生产智能化。

二是银行如何能高效率地对所采集的海量数据进行建模分析和决策，而非由传统银行审批经理逐一进行人工审核。通过运用算法能力从数据中挖掘商业规律和有价值的信息，基于数据和模型来对农业、农村进行放款额度以及放款利率的决策，实现全流程不用人工干预的自动化审批，从而在帮助银行达到低成本运营目标的同时，能覆盖海量农业、农村客户，这需要银行搭建具备大数据挖掘和机器学习能力的平台。

大数据技术可以支持银行完成对数据征信以及后续放款操作，还能对资金进行跟踪，涵盖贷前客户准入、贷中放款定价、贷后风险监控全流程环节，为银行解决农业、农村融资痛点提供了很好的契机。其优点主要体现在三个方面。一是覆盖群体大，以大数据批量计算为主而非依赖人工进行处理，节约大量人力，运营成本低廉，扩大了可服务的客户群体范围。二是决策效率高，对信贷需求的审批处理建立在小微企业海量数据基础上，任何时点都可以根据实际需求对不同的企业进行放贷决策，不受时空限制，融资要求处理快速高效。三是风险管控优，基于算法和模型对数据的智能挖掘有助于建立科学的审批决策体系，有效识别欺诈问题和潜在风险，同时能对贷后管理进行自动跟踪，随时监控企业情况。

（二）成为风险管理重点，也是防化金融风险新利器

大数据的发展是把双刃剑，数据的蓬勃发展也带来了更加严峻的安全考验，大数据在金融业中的广泛应用可能带来的风险是不可忽视和回避的。大数据虽然可能改变金融交易的载体、渠道和技术，但没有改变金融的目的和对象，也没有改变金融的本质和功能，金融风险的隐蔽性、传染性和突发性没有任何改变，相反可能传播得更快、更广，关联性更强，更易扰乱金融秩序。黑产技术的先进性、隐蔽性都超出了传统网络安全技术的应对能力，在大数据不断发展的过程中，买卖数据和信息泄露等威胁个人数据安全并侵犯个人合法权益的不法事件频出。在此趋势下，金融机构应该严格遵循相关法律法规要求，持续强化基础设施的安全保障与防护体系，持续强化数据安全治理，持续强化数据流动与利用管理机制，积极携手行业机构持续推动金融行业大数据标准和数据交易规则的建立。

大数据技术可以协助监管及金融机构采用更先进的手段防范化解金融风险；用动态、实时、互动的方式，通过金融大数据对金融系统内的行为及其潜在风险进行系统性和前瞻性的风险管理。大数据在有效分析和呈现工具的帮助下，不仅能让风险管理者迅速观察到已经和正在发生的事件，更能让其预测到即将发生的风险和这种风险发生的概率，更有利于动态配置监管资源，实现全流程的监控共享，消除信息的不对称和不完全。更加深入地挖掘数据能反映业务机构的真实现状，及时准确地帮助风险管理部门检测分析各类金融风险。

（三）持续助力数字化转型，推进金融改革

金融机构从来都是新技术应用的实践者，在与新技术的相伴相生中互相促进。如今在解决金融业转型升级中的难题方面，大数据再一次显示出其巨大的推动力量，给金融业的转型变革带来"加速度"，支持金融业在差异化转型过程中提升经营效率、降低成本，增强金融服务的用户体验和客户黏

性，扩大金融服务的可得性和覆盖率。

大数据应用是驱动数字化转型的关键引擎。通过以往的信息化建设，金融机构已经沉淀了海量数据，包括用户线上线下金融交易、人际关系、行为轨迹等数据。同时，得益于大数据、云计算和人工智能技术的日趋成熟，银行能有效地运用这些技术对结构化或非结构化数据进行批量化、自动化处理，通过对数据的深度挖掘与智能分析，让数据转化为生产力，提升金融效率、促进金融产品创新，从服务模式创新、业务流程再造、运营管理变革等多个方面驱动着金融业的转型升级。

我国的社会发展已经进入全新的时代，大数据正在成为经济发展方式路径转型的重要推手。未来，金融大数据会进一步扮演核心角色，在金融风险管理、金融改革推进方面，持续、高效提升金融机构的数字化服务水平和数字化发展能力，在数字经济发展的进程中起到越来越重要的作用。

专栏　算法交易发展概况

算法交易（algorithmic trading）是促成网络金融繁荣的重要组成部分。如今的电子交易金融市场里，人工交易早已无法应对分秒必争的金融市场，算法交易应运而生。算法交易首先提升了交易速度，大大增强了交易的时效性，减少了交易延迟。其次，算法交易避免了交易中人为非理性的失误。例如，日本瑞穗银行的操盘手，曾误将每股 610000 日元的股票，以 1 日元的价格抛售，给瑞穗银行带来惨重的损失。通过计算机对数据的分析处理，算法交易可以精准地帮助交易者决定下单时机、价格以及数量。精密的数据分析和运算使算法交易在一定程度上帮助交易者降低了风险和成本，因此算法交易通常会应用在外汇市场交易、对冲基金、投资银行、养老基金等。

算法交易是根据历史数据对市场的推断以及回溯系统模拟，去执行预先输入好的交易策略。算法交易的核心原理是执行最优交易策略以获得盈利。回溯系统通过收集各种实时数据和历史数据进行模拟计算，一旦模拟出最优策略，则会被算法交易采纳，数据的多样化可以更好地保证回溯系统的运算结果。策略模拟受阻或者市场环境发生改变时，整个回溯系统将会被中断或调整，直到系统数据得到更新为止。

尽管算法交易有诸多优点，但是彻底依赖算法交易也会给交易者带来风险。因为在如今的技术中，完全脱离人工监管是不现实的。首先，一旦系统崩溃，算法交易无法自我更正，便会导致更为严重的损失。同时，程序研发人员无法做到面面俱到，而如今的金融市场发展迅猛，每种算法交易总会有遗漏的方面，从而导致系统出现隐患。例如，2010 年的闪电崩盘中，道琼斯指数在短短几分钟内就跌了 1000 点，尽管在一天内得到修复，依然使股市损失惨重，这正是因为当时的高频率算法交易出现了系统漏洞，大量投资者试图通过漏洞掌控价格走势，引发市场全面崩溃。高频率算法交易只是大量算法交易的一种，也不能因此完全摒弃算法交易。所以，未来对算法交易的改进和强化是极其有必要的。交易者需要有更多自我判断和学习能力使交易算法帮助他们实现赢利并减少损失。因此，强化学习交易算法（reinforcement learning）应运而生。

强化学习交易算法是对传统算法交易系统代理（agent）的更新和优化。代理在算法交易的定义里代表计算机的"主体"，也可称之为学习者。传统算法交易是对代理进行机械性数据输入，从而让代理可以接受并执行指令。强化学习则是让代理学习市场环境问题，并自我生成给定环境及数据下的最优解。强化学习法是机器学习的一个分支。在机器学习的大框架下，传统交易算法被归为监督式学习，强化学习交易算法则具有自主学习能力。强化学习由代理（agent）、策略（policy）、状态（state）、报酬函数（reward function）及价值函数（value function）几个元素组成。强化式学习相较于监督式学习有两大优点。一是自主性，在传统算法交易的监督式学习中，代理只是机械地执行收到的策略指令而无法自主判断；而在强化学习中，代理不仅会接受指令，还能做到适应和学习市场环境，找到符合市场环境的最优策略。二是交互性，监督式学习在接受指令和策略时只会简单地输入程序来定义"好策略"与"坏策略"，因此在面对复杂的交互性问题时，监督式学习往往束手无策；反之，在强化学习中，并不定义划分策略的"好"与"坏"，不局限于某种交易算法，而是主动去适应市场环境以提供最优解，在面对交互性问题时可以更灵活地解决。目前较为流行的强化学习算法包括 LSTD 学习法、Q learning、递回式强化学习及深度强化学习。

1. LSTD 学习法（包括 LSTDQ 和 LSPI）

LSTD 学习法（最小二乘时间差）的概念由 Bradtke 和 Barto 提出。在传统交易算法中，其寻找最优策略的系统采用随机梯度下降法，通过不断随机地更新参数去寻找最优策略。然而，这种方法会导致数据不被充分利用且没有效率，使最终计算结果受影响。LSTD 学习法就是为解决上述问题而产生。LSTD 学习法的意义是预估在固定策略中给定状态的价值。在强化学习的问题中，状态是指在现有环境中无法量化的情况。为了让机器学习适应不同的状态，需要让状态以函数预估的方式来表达。而 LSTD 可以通过最少、最有效的参数来估值状态，并能有层次地筛选参数，以防像随机系统一样抽到对结果有负面影响的数据。在宏观经济环境中，LSTD 学习法可以让机器自主判断进行交易。比如，机器代理会辨别市场环境，在牛市的时候进行多头交易，在熊市的时候进行空头交易。这种方法可以使代理自我执行更为赢利的策略方法。

在 LSTD 的基础上，衍生了 LSPI（最小二乘策略迭代）和 LSTDQ（Q 函数最小二乘时间差）两种覆盖面更广的交易算法。LSPI 是指在 LSTD 的基础上根据价值函数去衡量策略，一旦衡量结果为失败便返回初始值，这个步骤不断重复，直到计算出的数据达到足够收敛性，即能选出最优策略。在强化学习中，LSTD 学习的是环境的状态值函数，与之相反的是学习行为值函数的 LSTDQ。LSTDQ 同样遵守 LSTD 的基本结构，但在选取参数时会选取一对状态动作值。研究和实验证明，LSTD、LSPI 及 LSTDQ 三种学习法均可达到强化机器代理的目的，并使交易赢利。相比 LSTD，在其基础上建立的 LSTDQ 和 LSPI 被证明能获得更高的利润。

尽管这种强化学习方式被证明是可以赢利的，但其中还是有隐患存在。

一方面，LSTD 一类的方法是过于新兴的学习方法，关于具体的参数选择，至今没有一个严格明确的标准，不同环境、不同领域的参数选择需要具体划分，所以具体的标准还有待大量实验和研究证明，成本较高。另一方面，LSTD 的优点是根据环境来选择策略，这也使交易者无法总结运算表现差的策略。除此之外，对代理的奖励信号也会影响 LSTD 学习法的运行。如果在代理多头或者空头的时候持续奖励，会使代理持续进行其中一种交易行为，进而使代理混淆交易策略。

LSTD 的初步试验集中使用于外汇交易市场，但未来同其他交易算法一样可以广泛应用于股票交易市场。因为股票市场的资产负相关性，LSTD 可以更好地组成平衡的股票投资策略，并且相较于外汇市场获得更多的利润。未来 LSTD 发展也可以延伸到预测金融事件和市场的波动。代理将学习如何预测信息，并提前避免波动率大的风险交易。同时，未来交易者们也可以将风险等级输入 LSTD 学习法，让代理学习交易者对风险的承受等级。对风险等级承受度高的交易者来说，自定义 LSTD 风险等级可以让他们获得更高的利润。

2. Q learning

为学习在某个状态之下做出好的行动，定义所谓 Q function，也就是根据身处的状态预期未来会得到的总奖励。如果能求出最佳 Q function，代理在任何状态之下，只要挑选能最大化未来总奖励的行动，即能在任务中获得最大奖励，此习得 Q 函数的过程正是 Q learning，KbRL 则是除了 Q learning 之外，另一种可替代使用的方法。若使用人工数据以及英镑/美元汇率，不管是累计收益还是夏普指数的判断方法，Q learning 都是最合适的方法。

3. 递回式强化学习

在应用人工数据及标准普尔 500 指数时，递回式强化学习相对于传统监督式学习表现较好，且与 Q learning 相比，应用标准普尔 500 指数及英镑/美元数据时也有较好的表现，因此，目前有越来越多关于递回式强化学习应用于金融的研究出现。在使用递回式学习前，算法交易必须先经过重组，相对于原先离散的项目如购买与否，交易者的选择被转换为介于 [1, -1] 的连续数值，在递回式强化学习中，交易者的目标为使用梯度下降演算法（Gradient Ascent Algorithm）最大化夏普指数。相较于 Q learning 及 KbRL 而言，递回式强化学习是一个高风险高报酬的方法。

4. 深度强化学习

深度强化学习是一种使用深度学习技术扩展传统强化学习方法的机器学习方法，其又分成策略梯度（policy gradient）及 deep Q learning。策略梯度是指直接输出动作概率，然后找出好的策略梯度方向，进而改变权重，使输出的策略达到最佳状态；deep Q learning 则使用神经网络代替原本 Q learning 中使用的 Q table。就目前而言，策略梯度模型已经展现出深度学习模型的潜力

总体来讲，强化学习提升了算法交易的自主性和判断能力，使算法交易能适应各式各样的市场环境。强化学习性算法交易如今大量应用于外汇交易市场、资产管理、养老基金、共同基金、对冲基金等领域。在未来的发展中，强化学习可以通过融入交易者的风险等级、开发对金融事件的预测能力、完善代理奖酬制度、预测市场波动率等新的功能更好地为交易者服务。

参考文献

全国信息安全标准化技术委员会：《关于开展国家标准〈信息安全技术个人信息安全规范（草案）〉征求意见工作的通知》，2019 年 2 月 1 日。

吕仲涛：《夯实科技创新基础助力智慧银行转型》，《中国金融电脑》2018 年第 3 期。

蔡琴：《招行打造普惠金融新样本》，《时代金融》2018 年第 10 期。

中国工商银行风险管理部：《打造基于大数据的智能化风控体系》，《金融电子化》2018 年第 8 期。

孟扬：《工行携手国家信息中心创新服务小微企业模式》，《金融时报》2019 年 3 月 13 日，http://www.financialnews.com.cn/yh/sd/201903/t20190313_156223.html。

中国保险学会：《2019 年中国保险行业智能风控白皮书》，2019 年 9 月。

陈玥：《解决用户三大痛点　华夏财富发布查理智投 App》，中国证券网，2018 年 1 月 16 日，http：//news. cnstock. com/news，jg – 201801 – 4176388. htm。

中国银行保险监督管理委员会：《应当实现数据驱动银行发展》，《经济日报》2018 年 5 月 21 日，http：//baijiahao. baidu. com/s？id =1601081578961290121&wfr = spider&for = pc。

蚂蚁金服科技：《资损率全球最低！一文详解「蚂蚁风险大脑」》，博客园，2019 年 11 月，https：//www. cnblogs. com/Ant – Techfin/p/9932370. html。

李昕：《财付通隐私政策详解：微信支付如何采集和使用个人隐私信息?》，零壹财经网，2018 年 11 月 20 日，https：//www. 01caijing. com/article/30004. htm。

《支付宝新功能！"千人千面"的推广营销你心动吗?》，搜狐网，2019 年 1 月 22 日，https：//www. sohu. com/a/290700954_ 430736。

程浩、虎遵会、李发兴：《"一部手机办事通"上线背后　建行举全行之力参与开发》，人民网，2019 年 1 月 27 日，http：//yn. people. com. cn/n2/2019/0127/c378439 – 32581276. html。

《招商银行：携手 Kyligence 共创金融科技发展新阶段》，搜狐网，2019 年 1 月 21 日，http：//www. sohu. com/a/290497968_ 100300727

《向上金服接入百行征信，助力网贷征信体系建设》，腾讯网，2019 年 5 月 14 日，https：//new. qq. com/rain/a/20190514A0AVZK。

周轩千：《建行上海市分行善用科技创新普惠金融产品》，中国金融新闻网，2019 年 9 月 27 日，http：//www. financialnews. com. cn/qy/tlyd/201909/t20190927_ 168739. html。

《智能分析平台助力国泰君安构建互联网级大数据分析平台》，Kyligence 官网，https：//kyligence. io/zh/news/kyligence – guotai – junan – bigdata – intelligence – analysis – paltform/。

第六章　金融智能

第一节　金融智能发展概况

——应用向纵深发展

国际金融危机爆发后，一场世界范围内的经济结构调整竞赛悄然启幕。发达国家纷纷推进"再工业化"，不断发展高端制造产业，试图抢占新一轮产业变革制高点；一些新兴经济体利用比我国更低的成本优势积极接纳国际制造业转移，力求打造新的"世界工厂"。中国经济遭遇"前堵后追"，过去主要依靠要素低成本投入、外需拉动、粗放发展的模式更加难以为继。挑战积聚，压力袭来，既凸显困难，也潜伏机遇。这是倒逼我国经济结构加快优化升级的新机遇，有利于完成多年想实现而没有实现的重大结构性变革。

恰逢此时，大数据、云计算、人工智能（AI）、物联网广泛应用，新能源汽车、工业机器人、智能制造、金融科技异军突起，去产能、增活力、"斩僵尸"齐头并进。多项政策与指导意见印发，人工智能技术产业有望迎来新一轮的发展，特别是在产业结构、人才培养、创新孵化等维度上的升级转型。2018 年 3 月，"人工智能"再次被写入《政府工作报告》，其中明确指出强调了产业级的人工智能应用。做大做强新兴产业集群，实施大数据发展行动，加强新一代人工智能研发应用，在医疗、养老、教育、文化、体育等多领域推进"互联网＋"。发展智能产业，拓展智能生活，运用新技术、新业态、新模式，大力改造提升传统产业。在《促进新一代人工智能产业发展三年行动计划（2018—2020 年）》中，明确指出要立足国家发展全局，准确把握全球人工智能的发展态势，全面增强科技创新基础能力，全面拓展重点领域应用的深度广度，全面提升经济社会发展的智能化水平。各行各业在各项政策的利好下，都在响应国家号召，积极拥抱人工智能，顺应人工智能等新技术给自身产业带来的新变化。2018 年 10 月，根据《新一代人工智能重大科技项目实施方案》启动实施科技创新 2030——"新一代人工智能"重大项目，其中明确提出集中力量进行人工智能重大项目的研究。力争到 2030 年，一系列人工智能标志性产品取得重要突破，在若干重点领域形成国际竞争优势。《新一代人工智能产业创新重点任务揭榜工作方案》指出，2020 年我国在关键技术、计算能力、通信能力相关标准等领域都将达到或接近国际先进水平。

聚焦金融领域，在大数据、人工智能、云计算、区块链等创新技术发展的推动下，金融科技蓬勃发展。这些新兴技术被金融服务广泛应用，能够弥补短板、提升效率、促进研发、严防风险、聚焦客户；不断推动金融智能向纵深发展，并产生更加高效、安全、个性化、智能化的综合性金融解决方案。未来金融的形式将发生较大变化，传统网点将萎缩且逐渐转型，而随着 5G 和可穿戴设备的升级，金融服务的场景会越来越多。AI、5G、物联网等新技术，让金融产业能更有效地触达用户。2018 年，金融业已经进行了积极的探索、尝试并取得了一些非常有价值的成果。其中典型的案例包括浦发银行在业内首次提出了 API Bank 无界开放银行，并将首次推出集成式的智能无人网点。此外，浦发银行还在积极实施并强化人工智能技术与线上经营的融合，特别是在精准营销、智能客服和智能外呼等领域取得了突破性的进展；中国银行依托私有云、大数据和人工智能技术搭建了业内一流的反欺诈平台"网御"；中国民生银行以"数据＋技术"双驱动的方式推动了数字化智能银行建设。这些创新性的模式为未来银行业务和精细化管理的转型提供了持续的技术手段。

2019 年，一方面，我国宏观经济环境向好，行业经营问题有所减少，互联网金融行业的外部压力明显减小，行业系统性风险不断降低。另一方面，互联网企业和多家银行成立科技子公司，助力金融智能不断发展，以银行业为代表的金融机构服务的相关投入不断加大，金融智能进一步呈现一些新的趋势。一是支付领域的颠覆性创新。纸币已经让位于创新的支付解决方案，数字钱包和非接触式支付工具成为当今的主流。二是区块链技术会持续使金融世界变得更好。三是数字助理。先进的 AI 语音技术将机器人技术提升到了一个新的水平，虚拟助理在一些领域取代了银行呼叫中心的人工客服，它们负责回答客户关于贷款、计算未来储蓄账户收入、提供收费信息、协助非传统银行业务等方面的问题。四是自动化。金融科技行业的最新趋势之一是关键金融流程的完全自动化。根据 Capgemini 的报告，"智能自动化"是 AI、机器人（RPA）和金融业务流程自动化领域不断创新的组合。五是 FinTech 初创企业孵化器和加速器在 2019 年金融科技趋势排行榜上占据着重要位置。六是纯网银。新一代虚拟银行机构在金融业产生了重大影响。七是先进的信贷模型。普华永道指出，随着金融科技公司使用的另类信贷决策模型（ACD）的增长，信贷风险评估的效率已经成倍提高。

金融科技为国家经济发展提供了强大的驱动力，为普惠金融等提供了新技术工具和强大的基础设施；为科学扶贫、精准扶贫、有效脱贫、防止返贫提供助力，打通了金融扶贫工作的最后一公里。但是同时必须注意，在金融精准扶贫工作中，要正视金融科技带来的风险挑战，尽可能用金融科技提高风控水平。在此基础上，坚持金融科技发展创新，建立健全稳定脱贫的长效机制。为支持实体经济发展，一方面应着眼增强金融服务实体经济能力，按照供给侧结构性改革要求，结合机构自身优势和市场定位，在创新引领、绿色低碳、共享经济、现代供应链等新增长点的培育过程中提供优质服务，把金融资源合理高效地配置到地方经济社会发展的重点领域和关键环节。另一方面，应紧扣新时代我国社会主要矛盾变化，抓住小微客群"缺信息、缺信用、缺抵押"的症结，践行数字普惠金融理念，注重运用数字技术增强普惠金融服务精准性和匹配性。

2018 年是历经蜕变的一年，互联网金融风险专项整治工作深入开展，相关法律规范逐步完善，行政执法趋于严格。2018 年也是孕育希望的一年，金融行业更加注重科学规划，运用大数据等金融科技基础设施建设取得重大进展，金融业行业技术规范制定有不少新突破，金融科技应用项目落地正在加速，金融智能化将全方位地改变金融机构，主要体现在以下三个方面。

（一）金融智能改变现有的运营体系

金融机构的运营部门主要负责交付产品的服务和保证业务的落地，强有力地支撑着商业模式的实现。在过去的 30 多年里，运营转型经历了很大的变化。某种程度上来说，信息科技的发展不断催生新的运营模式的改变，正是过去几十年的更迭变化关乎金融机构在竞争激烈的环境中能否生存，决定了金融机构的命运。

总体来看，金融机构运营的发展正在完成从人工走向智能的转变。随着自然语言处理、图像处理、语音处理、强化学习等人工智能技术的不断发展，结合金融领域的知识，金融机构开始进行业务知识的数字化、服务的智能化改造。运营的智能化转型是大势所趋，将为金融机构创造更大的价值。运营智能化对金融机构的改变主要体现在以下两个方面。一是对客服务的线上化和个性化。线上化方面，为给客户带来更多便利和提升客户服务体验，并大大提高银行内部运营的效率，通过 5G 移动互联网和人工智能技术的应用，将银行未来的线下对客服务线上化，并逐步加大线上服务的比例，让客户获得更好的金融服务。个性化服务方面，客户未来对服务体验的要求会越来越高，不同类别的客户需要各不相同。随着银行数字化、智能化的推进，有必要进一步个性化定义对客服务。比如，浦发数字人、无人网点等产品的出现，填补了对客服务的部分空白，但仍存在很大的挑战。金融机构花费了很大的人力和物力做出了很多尝试和努力，旨在做到可靠、千人千面的个性化服务。二是对客服务的便捷化、拟人化，随着语音识别技术、声纹识别、人脸识别、虹膜等生物识别技术的广泛使用，用户只需要打开手机，就可以享受金融机构带来的多种服务，银行的对客服务将会更直接、更便捷。另外，人工智能技术的发展驱动了对客服务品质的不断提升，使对客服务的机器人能够更像人类。特别是 VR、仿真机器人、语音生成等技术的出现，使客服的形象、声音、表情等方面更加接近人类。随着强化学习、文本生成等技术的不断迭代，会话策略层面上的客服机器人能够根据用户画像，在深度理解用户需求的基础上，为用户提供更加拟人化的会话服务。三是自动化、扁平化的高效处理流程。一方面，随着线上业务的增多，以及图像处理技术、自然语言处理技术的发展，加上金融机构数字化进程的推进，过去重人力的业务，如需要大量人工录入、人工统计的业务，将会被自动化作业替代。这给银行各项业务系统的整合与交互带来更大的挑战。另一方面，为了给用户提供高效的服务，需要扁平化的端到端流程设计与管理，通过流程统筹优化缩短客户的流程时间和业务处理的周转时间，从而能够提升业务量，优化人员结构，降低人力成本，提升客户体验以及增加金融机构的收入。

（二）金融智能化带来知识的工程化

随着银行信息的数字化，银行获取了大量图像、文本、语音等信息，这些信息以数字化的形式存储在各个系统中。如何更好地利用这些数字化信息实现知识的表示、获取、推理，将是未来金融机构需要解决的核心问题。依据目前工业界的发展，金融智能化仍停留在知识的表示和获取阶段。从知识的表示和获取方面来说，金融智能化所带来的知识工程化主要体现在以下三个方面。一是特征工程化。未来银行不仅要保存源数据，也要保存更多中间层所产生的知识化特征。数据的特征化和知识化在业务系统中扮演着非常重要的角色，其重要程度甚至超过了机器学习模型和算法本身。在特征工程化方面，图像、文本、语音数据的特征工程化方案都已比较完备，包含机器学习模型训练的全流程，如数据清洗、预处理、特征选择、特征监控。金融机构在知识工程化的过程中需要深入理解业务背景、业务逻辑，结合知识工程化过程中的一些人工智能算法，以提高服务效率、产生更大的业务价值。二是知识获取的自动化、深层化。知识的工程化过程，将从"半自动化"向"自动化"演进。现阶段只有机器学习算法结合领域的专家知识才能更好地解决业务问题，这已是业界共识。随着人工智能的发展，人工的参与程度将越来越低。领域知识、专家知识数字化程度加深，知识的表示和获取将趋于自动化。同时，知识的获取和表示分为不同的层次。数据特征可以看作源数据的浅层知识化表示。浅层次的数据特征无法满足全部业务需求，随着深度学习可解释性方面的研究不断深入，亟须使用深层次的特征和知识，以产生更好的服务。三是知识工程的多模态化。多模态化的知识是指从文本、图片、视音频等不同模态数据中交叉融合获取知识的过程。为更好地刻画用户的形象、理解用户的需求，就需要我们全面地、多方位地理解用户与银行交互过程中产生的数据。利用图像、文本、语音、社交关系等不同领域的数据，从中抽取具有多模态特性的知识，以产生更好的服务。

（三）金融智能化带来的安全隐患问题

人工智能的发展过程中有两种不同的观点。弱人工智能的观点认为人类不可能制造出能够真正理解、推理和解决问题的智能机器，也就是说机器看起来是智能的，但并不真正拥有智能，更没有自我意识。然而，强人工智能的观点认为有可能制造出真正能够理解、推理和解决问题的智能机器，这样的机器人是智能的，有自我意识、像人一样思考。目前人工智能取得突破性的进展，但其发展仍处于弱人工智能的阶段。弱人工智能的发展给各行各业带来了很多便利，但天下没有免费的午餐，近些年的突破性进展也暴露了一些隐患。这些隐患与传统网络安全的隐患有一些差别，具体来说有以下三点。一是自学习带来的隐患。近年来的会话机器人模型能够进行自学习，即自动地学习网上爬取的和业务产生的数据，自动地从里面学习知识、规律。会话机器人模型使用"不好"的语料，就能学习到"不好"的信息。Facebook 和微软小冰上线后，由于聊天语料中存在大量骂人的语料，机器人经过学习后出现了骂人、歪曲事实的情况。Facebook 和微软也不得不中断会话机器人的服务，以降低该事件产生的恶劣影响。金融智能化的过程中也存在类似的隐患，如何保证机器自学习所需要的数据质量，如何引导自学习模型学习数据中利于提高客户服务质量的信息，自学习模型的边界在哪里，这些都是金融科技部门需要思考的问题。二是智能化的开放性隐患。互联网模式的优势之一是开放，银行的智能化改造过程也以互联网开放性为基础，但开放意味着银行将面临不可控性和更多的风险。反观人工智能技术中的深度学习、强化学习等模型算法可解释性差，其成熟度仍然不是很高，所以在这个前沿技术探索的时期，银行需要关注开放的智能化过程中带来的安全隐患。比如，防范生成对抗、对偶学习等模型生成的人脸、验证码对银行交易业务系统的欺骗；防止智能风控模型的偏移，在反欺诈工作中错误地将一些优质客户拒之门外。三是智能化的欺诈隐患。近些年基于深度学习的生成模型表现出色，生成对抗模型能够产生近似真实分布的数据，这些数据有可能给金融机构的信息系统带来隐患。以"one pixel attack"为例，修改图片中的一个像素就能令图像分类系统失效。如果这种攻击发生在金融机构的人脸识别系统中，基于面部识别的应用将面临严重安全隐患。人工智能换脸的模型 Deepfake 能够将视频中的人脸转移到其他视频的另一张人脸上，如果该技术被不法分子用于欺骗远程面签，将给金融带来很大的安全隐患。如何利用人工智能技术去侦测 AI 攻击和欺诈，这是近些年金融机构需要重视的问题。

总之，金融智能化改变了银行的运营模式，深刻地改变了银行的数据的管理方式，知识工程化进一步加深。与此同时，金融智能化也存在一些弊端，很多应用场景中的智能化带来了一定的安全风险。金融机构应利用好金融智能化带来的高效与便捷，规避金融智能化带来的安全隐患。另外，每一个金融机构都需要了解产业链上下游资源的概况，了解金融智能技术的生态发展情况，结合自身场景开展能够落地、能够产生实际价值的项目。接下来，将介绍金融智能化的产业链发展的背景、产业链结构、合作方式等。

国内人工智能领域在 2018 年发展迅猛。根据乌镇智库数据库统计，截至 2018 年底，国内人工智能企业数量为 3341 家，主要分布在北京、广东、上海、浙江等省市。国内人工智能企业都表现出良好的成长性，2018 年国内人工智能领域企业获得融资总额为 3832.22 亿元，是 2017 年的 2.04 倍，排名全球第一位。从产业链分布来看，人工智能领域的企业自下而上可分为三层。

一是基础服务层。提供金融智能相关硬件、平台级服务、相关后台保障和其他基础设施，包括 AI 芯片制造、传感器制造、云服务提供商以及其他数字设备制造商，代表企业包括英伟达、BOSCH、海康威视、阿里云、腾讯云、亚马逊 AWS 等。

二是技术服务层。提供基础算法实现、智能产品、技术服务，覆盖范围包括机器视觉、生物识别、语言语义理解、语料采集标注等，代表企业有云从科技、商汤科技、旷世科技、眼神科技、科大讯飞、百度等。

三是场景应用层。根据自身金融特点，运用基础服务、技术服务层提供的能力开发有针对性的金融智能场景，范围包括智慧银行、智能投研、智能投顾、智能信贷、智能保险、智能监管等。各银行、保险公司及监管机构争相布局场景应用层。

整体来看，金融智能生态已形成分层的上下游产业关系，各金融智能细分领域呈现寡头竞争格局，国外在基础层拥有较强的垄断和控制力，国内企业在场景应用层相对领先。

金融企业和机构除加强自身信息科技的建设、提升构筑金融智能方面的能力外，也与金融智能生态中其他科技公司、互联网公司展开合作，借助第三方能力、弥补短板、提升金融智能核心竞争力。银行业与金融科技公司建立了战略合作关系进行深度合作，中国工商银行牵手京东，中国建设银行重新拥抱阿里，百度与中国农业银行合作，中国银行与腾讯也进行了战略合作，招商银行则战略入股了滴滴。

金融机构与互联网公司相互协作、不断融合，形成从供应方到需求方再到监管方的生态，各方合力推动生态积极发展。金融智能生态中可分为金融产品提供者、流量提供者、技术服务提供者、基础服务提供者和监管机构等角色。

一是金融产品提供者。以银行、保险、券商等传统金融机构为主，积累了完备的市场准入牌照，这些机构拥有金融产品设计和研发的优势，可提供端到端的优质金融产品。在金融产品实践中拥有丰富的金融业务情境，有待开拓及智能化。它们正积极寻求转型，与外部技术联合，提高自身的科技实力和创新能力。

二是流量提供者。以金融科技公司、互联网公司为主，它们掌握互联网流量入口，在部分垂直领域内形成垄断。它们擅长信息投放、客户引流。同时，这些企业积累了大量用户资源相关基础数据、行为属性、标签数据，形成自身的数据优势。通过与金融企业合作，寻找和结合金融智能场景，最大化流量变现，实现企业价值。

三是技术服务提供者。主要集中在机器视觉、生物识别、语言语义理解、语料采集标注、数据处理等细分领域。这些企业专注于技术，通常拥有自主研发人工智能产品，并有能力提供算法设计、算法平台构建、技术集成服务。技术的驱动结合长期数据积累，打造专业领域智能产品。

四是基础服务提供者。作为智能金融的基石，主要以平台型软件或底层硬件产品的形式提供服务，保障金融智能系统平稳运行。它们以硬件结合算法方式把基础服务作为切入点，助力金融客户业务创新，提升竞争力。

五是监管机构。监督和管理金融市场，维持金融市场运作秩序和金融系统的稳定。监管机构借助金融智能及金融科技促进监管效率提升，共同推动新创领域的立法立规，支持金融科技行业的健康发展。

第二节　金融智能典型案例
——从客服、营销到风控、运营及其他

在人工智能大潮的推动下，2018 年中国金融行业积极探索实践，国有银行、商业银行、金融科技公司、保险公司等金融机构均有很多成功案例，涵盖智能金融服务、智能风控、智能运营、智能营销等不同的场景。根据对 2018 年的案例分析，本书总结出中国金融智能发展的以下几个特点。一是主动拥抱人工智能。各金融机构积极了解人工智能技术，人工智能技术并非万能，在尝试前沿技术的过程中也没有因噎废食，各机构积极拥抱前沿人工智能技术，做出了很多成果。二是智能化技术走向深水区，人工智能不是浮于表面的概念，智能化技术不断深入业务一线，解决关键业务问题，实现金融服务的智能化、个性化和定制化。三是注重自研能力提升，各金融机构开始组建自研团队。另外，将人工智能技术平台化、工程化，将部分人工智能技术规范化、标准化，有利于将智能化技术应用到更多应用中。四是注重多方合作，基于中国金融智能的生态，各方积极合作，利用各自在技术和场景上的优势，创造更优质的金融服务，共同推进中国金融智能发展。

（一）智能金融服务

1. 浦发银行：纯语音交互银行

浦发银行利用人工智能技术的语音识别、语义理解、语音唤醒、声纹识别等能力，自主构建全新的手机智能语音交互系统，强化语音交互层能力平台，弱化前端展现，让客户在自然语言交流的过程中完成金融场景交互。极简的流程、符合人类习惯的自然语言交互以及生物认证的高安全性，使浦发银行成为国内同业第一家推出纯语音交互服务的银行。通过多轮语音交互完成复杂业务办理，打破了传统手机银行操作烦琐的局限，用户可以快捷办理语音查询、语音转账、语音缴费、购买理财、纪念日存单等业务。

业务流程方面，浦发银行将语音交互融入完整的业务流程。在每一个场景中，通过语音识别和语义理解识别用户意图，并通过多轮对话式的问答来引导用户说出相关的业务要素，每一轮的反馈通过语音合成播报给用户，最终完成业务办理。对于无法通过单轮对话或一句话阐明的复杂业务（如购买理财），浦发银行通过将业务场景分解为流程，根据用户所在流程位置通过对话方式引导用户进行下一轮对话。将相关的内容提示通过语音合成播报给用户从而引导用户说出下一步业务元素，最终实现通过多轮的语音交互完成全流程业务办理。

安全性方面，结合基于统一号码认证、本机设备认证、声纹识别的认证技术，在业务流程的关键节点保证操作的安全性，实现了客户无感认证。在交易流程的语音引导过程中，使用中国移动"本机号码认证＋声纹认证"双因子认证技术，同步完成业务流程。通过智能交互技术和业务的融合有效地促进了浦发手机银行的发展，并为银行后续的渠道智能化改造、数字化转型打下了良好的基础。

该项目使每位零售客户都能享受平等的金融服务，创造全新的金融服务模式，真正做到"金融普惠"。传统的语音交互系统只能作为辅助工具，协助客户进行业务查询、交易发生。在该系统内，客户可通过自然语言与智能 App 进行交流互动，在理解客户意图的基础上，帮客户完成所需理财产品的购买流程，真正做到了"全流程语音交互"，为未来银行智能 AI 产品部分代替人工服务迈出了关键性的一步。良好的用户体验会进一步增强用户黏性，扩大相应业务量，截至 2019 年 8 月，语音理财累计成功购买金额 1.55 亿元，单笔平均交易金额为 22.8 万元，转人工率大大下降（见图 6 - 1）。

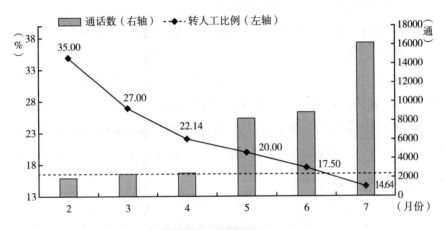

图 6 - 1　2019 年 2 ~ 7 月纯语音交互机器人的转人工率变化

注：试点分行贵宾等必须转人工话务平均占比为 15% 左右。

2. 浦发银行：智能微型网点

随着互联网技术在各行各业中应用推广的日益丰富，传统银行服务已经大规模地过渡至线上渠道。在此趋势下，线下的传统网点面临业务盈利空间小、人力资源紧迫、楼宇租金高、物理设备损耗成本高等经营难题。

为解决上述问题，各家股份制商业银行均尝试推行针对传统网点的改革工作。为助推商业银行网点改革战略，提供一种行之有效的、可以有效减少线下服务占地面积与人员成本的新型服务触点，同时进一步优化客户使用银行服务的体验，浦发银行开始研究新型的渠道设备，并同步重构新的服务与运营流程。通过集成各种软、硬件的技术能力，打造一款智能化的、接近无人化的银行线下服务新模式。

浦发银行集成多种技术手段，打造智能微型网点设备，通过"AI＋远程服务＋现场人工"的方式对客户诉求进行分解后提供服务，最大化地切薄现场人工的工作量。将现有自助设备提供的客户"自助式服务"变为客户"接受服务"，由人工智能替代柜员，完成与客户的沟通以及诉求分析。客户无须操作设备，仅需要采用自然语言完成需求的口述。基于此种设备能力，可以通过简单布放机具并派遣单一服务人员形成对区域范围内服务的覆盖，是一种较综合性网点成本低廉的解决方案。

浦发银行已经由上述设计理念出发，打造了"智能微型网点"的原型设备（见图6－2），对设备形态进行了设计与制作，集成了包括自然语音交流、生物识别技术、金融介质识别、银行票据鉴真、全息成像与操控、远程视频接入等在内的技术能力，并甄选了浦发银行与零售业务高频场景各一个，对上述能力进行了串联验证。在2019年的"中国国际金融展"中展出设备，得到了广大群众的关注，后续拟在行内进行试点投放，投产业务场景，收集客户的使用反馈。

图6－2　浦发银行智能微型网点原型

3. 中国邮政储蓄银行：智能客服

中国邮政储蓄银行智能客服系统是国内银行业首家基于深度学习模型构建的智能客服2.0系统。从技术上看，智能客服2.0通过引入深度学习算法和自然语言处理技术，对历史数据的学习和训练，提高了语义理解的准确性、易维护性和客户体验，进而提升了在线客服使用率，系统能够不断学习知识库的银行领域专有知识，实现对客户业务咨询意图的智能、精准理解，并为客户提供清晰的答案。

一是基于深度学习技术和自然语言理解技术的问答模型。智能客服系统使用多层卷积神经网络模型实现文本分类，通过嵌入层将问题和语料中的词汇映射为向量表示，通过卷积神经网络对问题和语料进行编码，通过输出层来预测答案。

二是模型全流程生命周期管理。智能客服系统实现了完整的模型后台训练系统。业务人员可自主参与模型全流程生命周期管理。

三是先进性、灵活性和可扩展性。中国邮政储蓄银行智能客服项目拥有可扩展的系统架构和负载均衡能力，丰富、通用的系统接口，友好的、可灵活配置的语料库、词典库，以及自然语言处理算法、深度学习、机器学习技术，高密集计算和并行计算的 GPU 硬件架构等特点。

中国邮政储蓄银行智能客服系统提升了在线客服使用率，提高了客户问题回答准确率，提升了客户体验。智能客服客户问答准确率能达到 94%，相比前一代传统基于规则的智能客服有 20% 的提升。中国邮政储蓄银行智能客服对外服务情况请见表 6 - 1。

表 6 - 1 中国邮政储蓄银行智能客服对外服务情况统计

单位：万次，%

项目	1 月	3 月	5 月	7 月	9 月
智能客服对外服务次数	489	465	531	537	612
智能客服服务占比	30.82	33.56	37.93	36.66	43.18
智能客服问答准确率	94.02	94.18	94.48	94.57	94.60

4. 中国银联："刷脸付"商户 MIS 一体化融合方案

为吸引更多消费者参与，2019 年 10 月 14 日，新世界百货长沙店正式上线银联"刷脸付"产品，完美对接商户 MIS 系统，实现了全国首例百货商户 MIS 一体化融合的外设 PAD 刷脸付方案。在 2019 年 10 月 20 日的第六届世界互联网大会上，中国银联携手 60 余家银行联合发布全新的"刷脸付"产品，宣布正式进军刷脸支付市场。

刷脸支付是一次完全脱离实物承载介质的支付变革。另外，在手机忘带或丢失、手机无电或者断网、手提大包沉重行李物品等诸多特殊场景下，消费者通过刷脸依然能完成交易，而且刷脸支付还能缩短消费者的结算等候以及支付时间，消费便捷体验度大大提升。不仅如此，刷脸支付还能为特殊人群如老人、聋哑盲人等提供最直接的便利，从而更好地推动普惠金融的落地。但是刷脸支付涉及硬件部署，采用的是 3D 人脸识别技术，及相关活体检测算法，设备厂家不同、支付方式不同、算法厂家不同，具有天然的封闭性，很难与大型商户的 MIS 系统进行完美融合对接，无法给商户带来无感的收银体验，从而为客户提供流畅的刷脸支付服务。目前已在云闪付 App 开通中国银联"刷脸付"。

中国银联刷脸支付应用为银联创新支付产品，为第三方提供刷脸支付解决方案（见图 6-3）。

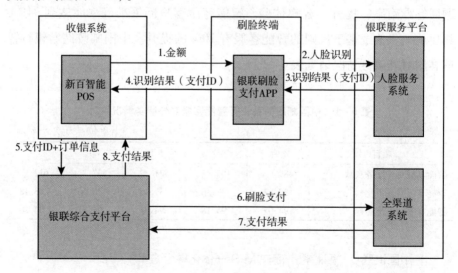

图 6-3　银联刷脸支付方案示意

中国银联刷脸支付流程：收银系统中的智能 POS 与刷脸支付 App 通过蓝牙连接，刷脸支付 App 通过 HTTP 报文与银联人脸服务系统通信（4G/WiFi 网络），银联综合支付平台通过公网/专线与银联系统对接（见图 6-4）。

5. 泰康养老：极速理赔系统

泰康养老"极速理赔"是目前市场上唯一真正实现了全自动快速理赔的系统，提供全自动、无人工干预的理赔方法，当系统接收到用户上传的凭证资料后，通过自动识别并验真、自动受理、自动审核、自动理算到自动支付，实现全自动的极速理赔。赔付全流程电子化，识别、审核、赔付等全程无人工干预，全部由系统自动处理。

本项目需要解决的问题主要有两个。一是释放人工录入、线下手工剔费、人工理算等重复性工作的劳动力，降低运营成本，有效提升理赔处理时效；二是通过缩短理赔周期，提高理赔准确度，从而提升客户体验，提升服务质量，减少客户投诉。

"极速理赔"项目将前端、中台、后端的彻底分离，充分实现中台服务的复用和共享。前端与用户密切相关，用户的关注点是产品提供的服务是否快捷方便。"极速理赔"系统可以在微信端、移动应用端、网页端等多种终端上运行。客户通过前端提交申请后，极速理赔系统可实时进行增值税发票 OCR 识别及验真、机构及药品明细黑白名单识别、保单责任自动审核、自动理算，且支持公共账户、个人账户、混合账户等多种业务场景下的快赔和直赔。后端的技术特点与业务密切相关，关注高效管理和持续运营，主要是承载公司内部业务运营功能，追求系统的稳定性和持续性。中台的更多职责则是打造服务运营平台，在前端和后端的衔接过程中起着举足轻重的作用。

以支付为突破口，通过"闪付"概念打造极致用户体验，并根据泰康养老特有的业务形态，打破传统理赔流程，定制特有的理赔自动化处理流程，目前已实现最快两秒结案，处于行业领先水平，从而实现理赔快赔特色。

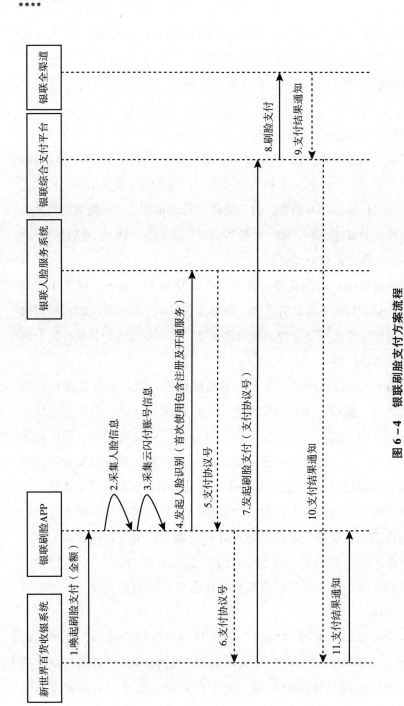

图 6－4　银联刷脸支付方案流程

2019 年上线以来，已覆盖支持泰康养老 23 家分公司医疗保险场景。已开通极速理赔的保单，减少分公司一线理赔人员 90% 的工作量。累计赔付总金额近 2000 万元，无须人工干预，全自动保单赔案占比为 90%。2019 年底进一步扩充可支持的保单范围，实现理赔全流程自动化业务场景的目标。

（二）智能风控

中国工商银行智能反洗钱 1.0 阶段实现了"规则为本"向"风险为本"的转变，完成了监测指标及模型的自主设计及体系建设，2.0 阶段引入人工智能算法，利用智能模型初步实现了反洗钱智能监控。从 2017 年开始，智能反洗钱全面开启 3.0 阶段建设，依托大数据云平台（"云 + 智能自学习"），打造"开放、共享、低门槛、高质量"的新一代反洗钱智能平台，助力全行反洗钱工作迈上新台阶。

新平台依托中国工商银行机器学习平台，通过一站式模型训练、发布，建立在线模型优化体系，具备"在线实时更新、超高维特征、可视化模型训练"等特点，改变了以往模型构建过度依靠专家经验、建模周期较长等缺点，实现了机器学习在反洗钱建模领域的应用和推广，能够持续提升监测精准度。智能模型核心功能包含特征工程、分类算法、模型预测、模型评估等模块（见图 6 - 5）。

项目实施加大了中国工商银行总行对分行反洗钱工作的参与及支持力度，提高反洗钱工作质量，降低新时期模型建设对业务人员的技术门槛，重点解决 AI 背景人员短缺、甄别人力资源不足、工作效能不高的问题，持续提升价值创造，保障中国工商银行业务健康发展。目前境内反洗钱系统按照"案例特征化、特征指标化、指标模型化"的工作思路，已建成 172 个监控指标和 46 个监测模型，覆盖全量客户和全量交易。其中，涉赌模型已建模完成九大类共计 92 个基础特征加工，通过逻辑回归算法，使用原始比例训练集的模型，可抓住 87.6% 的涉赌客户，可减少人工甄别 50% 以上的工作量。

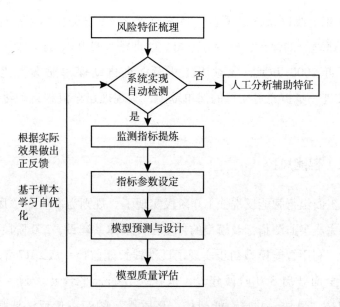

图 6－5　中国工商银行反洗钱智能系统运行流程

（三）智能运营

1. 中国邮政储蓄银行：智能授权机器人

中国邮政储蓄银行为解决传统银行业务中柜台人工录入票据工作存在的工作量大、效率低、查找困难等问题，推出基于智能票据识别技术的智能授权机器人。

智能授权机器人项目将网点柜面需要综合柜员、支行长（支局长）授权的交易凭证通过智能票据识别技术，把单证影像转换为文字信息；通过配置业务授权审核规则，对证件信息、单据信息与交易信息等自动比对，同时利用人脸识别，对客户信息真实性进行确认。通过上述方式，实现比对规则固定、交易要素单一的简单交易的自动授权。

智能票据识别技术基于 OCR 物体检测与文字识别算法，运用机器学习算法，学习运用审核要点，实现比对规则有逻辑性、交易要素多元的复杂交易的自动授权。流程主要分为智能切片定位模块、合规检查模块、智能图像识别模块。

基于智能票据识别技术的智能授权机器人项目，目前已在中国邮政储蓄银行全国网点推广应用，平均识别正确率约为93%，业务授权交易审核处理时长大幅缩短，提高了集中授权效率，缩短了排队时间和授权审核时间，提升了客户满意度；通过系统配置比对规则，对于问题件可以进行提示，能够提高远程授权的准确性，减少人工授权的失误；减少了授权人员数量，节约近20%的人工录入作业量，节约人力成本，节省办公场地，提升整体的规模效益和成本控制能力，为客户提供更便捷的普惠服务。中国邮政储蓄银行智能授权机器人双中心日均交易情况见表6-2。

表6-2　中国邮政储蓄银行智能授权机器人双中心日均交易情况

项目	交易量(笔)	要素识别总数	要素识别正确率(%)	处理时长(秒/笔)
数据中心1	58488	369658	97	3.5
数据中心2	53532	333457	92	2.89
合计	112020	703115	94	3.21

注：统计时间为2019年2月1~10日。

2.九章云极：网点备付金智能预测

目前各商业银行的营业网点（包括ATM设备）的现金分配计划一般是按月制订的，变更成本高昂，过多占款和缺乏现金都会给银行造成损失。九章云极科技针对这一现状，基于先进的机器学习模型提供了一套银行营业网点备付金智能预测解决方案。该智能解决方案在考虑了预期提款率和缓冲现金的条件下，最大限度地减少了分支机构的预期当日现金持有量（EOD）。方案采用时间序列预测模型对数据进行预测并得出结果。主要产生三个时间序列，即个人业务现金取款时间序列数据、公司业务现金取款时间序列数据、ATM取款时间序列数据。除此之外，还要考虑在行ATM的加钞方案。

时间序列预测的主要有以下两个步骤。

①选定一定的时间分割点，将数据切分为训练样本集和测试集。测试集合的预测，建议采用一步向前预测。

②可采用的预测模型有ARIMA、ETS、STLM、MLP、RNN、LSTM（见图6-6和图6-7）。

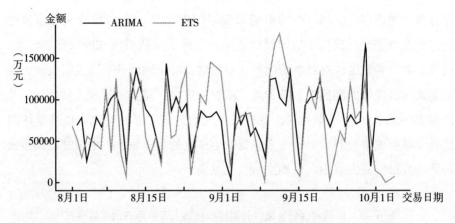

图 6 - 6　某台 ATM 取款预测效果示例

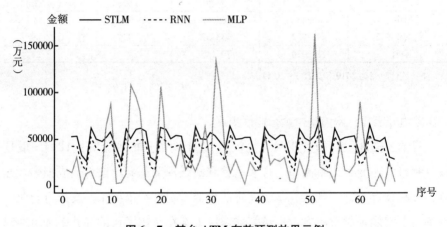

图 6 - 7　某台 ATM 存款预测效果示例

　　九章云极银行营业网点备付金智能预测解决方案目前已经在多个商业银行落地并产生巨大的经济效益。其中，以华东某大型商业银行试点为例，采用该解决方案后某营业网点日均节省备付金约 100 余万元，节约比例达到 74%。

（四）智能营销

1. 中国工商银行：千人千面智能推荐

中国工商银行手机银行千人千面智能推荐服务利用机器学习技术强大的

表达能力和灵活的网络结构等特点，同时基于丰富的用户数据以及产品数据，实现了海量客户的即时营销，同时降低了营销策略生产、实施的成本，从而有效解决了客户经理规模与客户规模的严重失衡问题，为"人服务人"向"机器批量服务长尾客户 + 客户经理服务高净值客户"的营销方式转变打好基础，提升了中国工商银行的服务效能。

中国工商银行的智能推荐系统建设基于海量的大数据服务云，通过客户总资产、流动性、风险性等指标对客户进行分级分组，分析其产品的购买习惯和风险偏好，在海量理财、基金等产品中预测客户最需要的产品，通过手机银行中的各个营销触点实时推荐给客户。同时，对新用户和"休眠"用户进行了有针对性的处理，通过对产品的分级过滤、新品清单补全、热门清单补全等方案，保证了此类客户的用户体验。

此外，中国工商银行对手机银行的各个触点进行了有针对性的埋点，通过对埋点日志的清洗和处理，可以有效地获取用户反馈信息，帮助推荐模型的提升，也可以快速帮助业务获取 CTR、CVR 等推荐指标，有助于业务人员对模型参数进行调整，提升中国工商银行产品营销能力。

全新的智能推荐系统实现了海量客户的即时营销，同时降低了营销策略生产、实施的成本，提供了千人千面的个性产品推荐，自上线以来，促进资管产品成交 15 万笔，成交金额达 42 亿元。在通常转化率较低的金融服务场景下，客户的 CVR 达到 1.94%，CTR 达到 0.66%，额外带来了百万用户的浏览点击量。利用机器学习技术形成的智能推荐服务，能够有效提升对长尾客户的营销能力，也可以快速扩展到各个渠道，降低营销成本，通过 AI 赋能中国工商银行大零售领域，拥有广阔的应用场景。

2. 九章云极：实时智能产品推荐

九章云极科技针对银行产品推荐系统需求，通过实时流数据处理技术和在线机器学习技术，推出了具有毫秒级延迟、高吞吐量、快速自适应调整模型参数权重的实时智能产品推荐解决方案。

在该方案中，九章云极采用 DataCanvas RT 产品解决了产品推荐系统的实时性、高吞吐量等问题；采用在线机器学习（Online-Learning）技术解决了产品智能推荐机器学习模型的自适应问题（见图6-8）。

DataCanvas RT 是一个分布式实时处理和分析平台，能够接入多种数据流进行实时处理与分析，将 ETL、业务模型、机器学习、人工智能、可视化扩展到实时的大数据产品。RT 定位于平台级产品，它提供了可扩展、高可用性和容错架构的大数据实时处理能力。平台提供风险监控、精准营销、实时预警与事中分析等多种分析手段，结合强大的数据分析处理能力为企业多种业务场景提供实时处理的支撑；为企业提供面向未来的大数据技术和人工智能计算架构的支撑，RT 平台全面考虑实际应用的业务场景与技术指标要求，为企业未来的大数据技术提供高效可靠的基础设施。

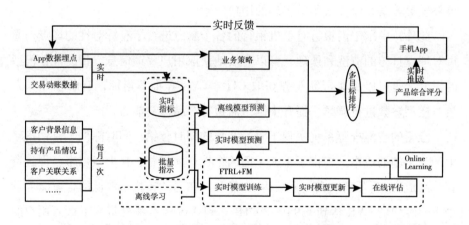

图 6-8　Online-Learning 实时推荐系统架构

基于 DataCanvas RT 构建具备在线机器学习能力的实时智能产品推荐系统。RT 提供了 Online-Learning 的功能来解决 Offline 模型训练和使用的潜在问题。RT 是基于实时数据流的实时计算引擎，支持较多的特征加工算子，可以对流入系统中的数据、基于模型需要的指标数据进行预聚合，然后提供给模型调用。为验证准实时模型的效果，平台也提供了 A/B Test 的功能，可以实现模型结果的比较和结果实时查看。目前该方案已经在多家商业银行进行试点应用，达到了预期效果并得到了用户的一致好评。

（五）平台能力建设及行业标准制定

1. 中信银行：中信大脑

中信银行大脑平台以将智能化赋能给各业务条线为目标，提出"平台建设要实现自主掌控"。该平台实现了从人工智能模型训练到应用部署的智能化全流程服务。在中信大脑平台上可快速建模，定制化开发人工智能应用，提供实时调用及批处理两种接口，将人工智能技术赋能全行各个业务条线。

中信大脑平台包含训练和推理两大平台。训练平台的主要功能是为全行开发人员提供简单易用的 AI 建模平台；推理平台的主要功能是为业务系统提供服务接口，支持各业务系统的调用请求。中信大脑平台为 AI 模型的全生命周期提供支持，训练平台包括模型训练、数据管理、资源调配、模型打包等多个功能模块。推理平台主要提供模型服务和网关分发服务，用于处理实时调用请求、跑批数据请求。

中信大脑平台积极探索与各业务部门的融合创新，对各类业务场景进行探索，目前已初步推动了智能营销、智能投顾、智能风控、智能运营等领域的智能化应用落地。已累计完成 37 个模型的研发工作，正在进行研发的模型有 20 个，在营销、风控、反洗钱、运营管理等领域都取得了不错的成果。

（1）让营销精准触达

中信大脑平台通过构建客户画像，预测客户的业务需求，实现产品和服务的智能推荐。目前，中信大脑平台面向全行 3000 多万个手机银行客户、5000 多万个零售客户，实现了"千人千面"的金融产品推荐服务和营销体验。模型上线以后，手机银行 App 中的"猜你喜欢"栏目一周用户访问量从 2.65 万次提升到 5.87 万次，环比增长 121.7%，访问用户数由 2.20 万个增至 4.09 万个，环比增长 86.1%。

（2）让风控防患于未然

中信大脑平台积极推进实时交易反欺诈智能化建设，整合电子渠道条线多年积累的反欺诈信息资产，利用人工智能和流计算技术，实现在普惠金融、电子银行反欺诈等应用领域的全流程预警和监控。

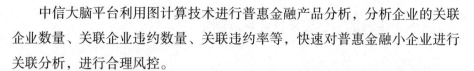

中信大脑平台利用图计算技术进行普惠金融产品分析，分析企业的关联企业数量、关联企业违约数量、关联违约率等，快速对普惠金融小企业进行关联分析，进行合理风控。

（3）让洗钱无处遁形

中信大脑平台结合自然语言处理技术、图计算技术对黑名单用户匹配、个人外汇反分拆等多个业务领域进行了优化。依托中信大脑研发的黑名单客户名称匹配模型，与国外某知名厂商的模型在中文名称匹配和英文名称匹配场景下进行对比，中信大脑提供的模型可以优于某国外厂商的解决方案。

在防范个人外汇分拆领域上，利用图计算方法识别行内客户到境外收款人的资金流向路径大于一条的情况，从而识别可疑交易。中信大脑平台利用模型对 16627 个境外收款人进行分析识别，识别到 565 个境外收款人疑似涉及分拆，其中资金流向路径为两条的有 514 个，三条的有 35 个，四条及以上的有 16 个。目前，模型仍在根据数据进行不断的迭代升级。

（4）让运营降本增效

中信大脑平台正在加快网点运营和业务流程的智能化改造，以自动化流程替代重复人工操作，降低运营成本，实现运营操作向集约化、自动化、智能化转变。

在托管业务场景中，中信大脑平台利用自然语言处理技术，实现传真件自动化的分类功能。经过模型的训练，其分类正确率可达 94% 以上，大大降低了人工分类审核的工作量。

在银行名称自动校验工作中，中信大脑平台实现了单位名称实体匹配模型，该模型利用探索性数据分析、短语匹配、实体匹配评分机制、网格搜索算法等技术，将单位名称实体匹配的准确率提高至 90% 以上，降低了中信银行的运营成本。

中信大脑为中信银行节省人力成本，利用中信大脑平台进行高危身份证影像筛查，对存量的 49 万个高危客户、超过 100 万张影像进行排查，替业务部门节省近 90 个人·月的工作量，平均抽样检测，模型准确率高于 95.2%，查全率高于 94%，真身份证影像误杀率低于 3%。

2. 中再集团：白灾平台以创新保险快速理赔推动精准扶贫

白灾平台是中再集团运用金融保险产品、智能科技助力精准扶贫的典型案例。为避免牧区群众因灾返贫现象的发生，为牧区民众在应对风险意外时提供兜底保障，白灾平台应用多源遥感卫星数据，结合最新的科技手段，按照"应赔尽赔、快速理赔"的原则，充分发挥保险的风险保障功能，着力打通脱贫"最后一公里"。

在青海省牧区自然灾害频发的现实情况下，传统保险存在诸多问题。首先，政府的防灾抗灾决策主要依赖传统的天气预报，灾前无法做到精准预防，灾中难以实时监测，灾后难以统计灾情。其次，保险公司虽是风险管理服务的主要提供商，但是在青海地区白灾方面，保险公司也缺少足够的动力，原因有四点：一是牛羊的承保额度低；二是现场勘察核保的成本非常高；三是由于定损难度大，因此理赔周期也被拉长；四是核保定损精准度低，甚至存在虚报、假报的情况。最后，作为受灾主体的牧民，他们一方面本身缺乏风险规避的意识，另一方面现有保险产品对其吸引力并不大，而且赔偿金额往往不能及时到户，因此一旦灾害发生，购买保险并不能帮助牧户及时止损，只能给出一定的灾后赔偿。

中再集团为解决高原畜牧业地区的上述问题，基于卫星遥感数据、气象数据、地图基础数据和保险业务数据，利用卫星遥感技术、GIS技术、大数据技术、机器学习技术、区块链技术打造了行业性白灾平台，结合平台创新性研发了白灾指数型保险，扶技与扶业结合落实精准扶贫战略。白灾平台实现多项突破性创新。一是无须现场勘察：利用卫星遥感监测承保区域的灾情、利用损失模型可实时计算损失情况。二是智能损失预估：白灾平台可对区域白灾级别及牲畜损失进行预估，支持理赔及风险管理。三是智能理赔：白灾实际发生后根据遥感监测的雪情和受灾情况对牲畜损失进行测算，根据指数型保险产品进行快速判赔。四是理赔到户：平台根据受灾情况、保险产品直接将理赔金额赔付到牧民账户。

白灾平台已应用于青海省海南藏族自治州共和县和青海省海东市循化县，承保覆盖藏系羊近十万只、藏系牦牛两万余头，保额超4000万元。投入运营以来，白灾平台持续监测、收集、融合、分析两地遥感和天气数据。2018年11月3日，受东移冷空气和西南暖湿气流的共同影响，青海迎来了2018年冬天首场大范围降雪，在2018年12月下旬和2019年2月中下旬再次迎来重大降雪。雪灾影响面积巨大、持续时间较长，白灾平台收集到遥感信息与气象信息后，根据智能理赔模型与保险条款约定，快速判定出险情况并自动计算理赔金额。

白灾平台自2018年10月上线以来，为牧区提供了有效的风险保障，目前平台已触发三次赔付，理赔超过200万元人民币，赔付资金平均十天内到达牧民账户，切实提高了当地农牧民抵御风险的能力，有效保障了农牧民生活的稳定性，防止牧民因灾致贫、因灾返贫，充分体现了"雪灾无情人有情"的保险理念，真正有效地实现了精确快速扶贫。

3. 浦发银行：银行业智能语义规范的草案

人机交互方式正在发生新一轮的转变，更接近于人类服务体验的语音交互模式，逐渐成为主要服务模式之一。传统的App用户交互界面，需要限定用户输入的范围；语音交互界面更为开放，用户可以说任何的话，而金融领域对客服务的核心目标，就是在发散性的用户提问中，以最简练、直接的方式，在最短时间内为用户提供需要的业务答案。浦发银行于2018年12月正式投产了基于自然语言处理的智能语义平台，首先应用于电话客服渠道，也就是"智能小浦"。目前，已接管哈尔滨分行客服呼入，并在未来的三个月，推广到全行范围。在2019年下半年，向VTM、手机、文字客服，甚至智能音箱推进。

从业务流程和知识点梳理到多轮对话抽象、设计、意图和实体抽象、语料生成、标注，再到冷启动后的迭代标注训练，标准和方法论对前沿技术走向大规模应用落地的重要性，是一种实践到理论、理论再到实践的螺旋式上升，主要包括三方面的挑战。一是标准化的基础语言描述，让各类业务、训练数据有了统一的描述基准，快速格式化、标注语料，甚至形成知识图谱。二是体系化的对话服务构建及量化评价，标准化对话服务组件，形成基准参照；量化智能语义对客服务质量，形成新型对客服务模式的标准评价方法。

三是规范化的场景抽取和知识梳理，形成从复杂金融场景中快速梳理和抽取知识点和对话树的方法，支撑高效、高质量、大规模的自然语言对客服务。

针对以上三个方面，从 2018 年 10 月开始，浦发银行联合学术权威机构清华大学、人工智能行业龙头企业百度，共同研究形成一套针对银行业智能语义规范草案，主要包括：《面向金融服务的会话语义描述规范》，用于规定金融服务中的会话模式结构和会话语义的基础描述要求；《金融服务对话系统构建与评测标准》，用于指导建立智能人机对话系统基础构建方法和评测方法的标准体系；《面向金融场景的会话及语义抽取规范》，用于指导金融场景中业务语义和场景语义的抽取、流程梳理基础方法。

随着自然语言处理、语音处理技术的不断落地应用和技术迭代，未来金融服务中，自然语言交互的对客服务模式无疑是关键方向之一。同时，考虑到银行业基础金融服务的相似性，银行业智能语义规范的制定和推行无疑将推动未来银行对客服务行业规范性和对客服务质量提升。浦发银行号召同业和相关机构发起倡议，共同参与规范草案的制定工作，进一步提升本规范的适应性、权威性，并为银行业未来智能化对客服务的标准化、规范性打下坚实基础。

第三节　金融智能发展趋势
——智能服务提质增效

近年来以海量数据为基础，以机器学习、深度学习等人工智能技术为工具的智能金融已经成为金融科技众多领域中增长最快的领域。智能金融的产生和发展主要得益于人工智能技术的不断发展和创新。智能金融相关理论、方法和技术的发展已经使金融业的面貌焕然一新。我们虽不敢断言这一改变足以开创一个全新的"智能金融"时代，但"智能金融"的发展轮廓和趋势却已日渐清晰。

人工智能越来越多地成为众多金融机构的企业战略核心组成部分，从而提供更好的客户服务，提高运营效率，并赢得竞争优势。然而总的来说，现阶段金融机构采用人工智能技术尚属初期。各类金融机构仍在不断摸索和挖掘这一先进技术与各类业务的结合点：基于各金融机构自身的特点、商业模式、产品和服务，哪些可以应用人工智能技术从而为他们带来最大的价值。

对各类金融机构和人工智能的科技公司而言，重要的是大家要认识到金融智能的发展过程是一个双向学习的过程。各类金融机构的董事会、高级经理队伍和各类业务人员需要对人工智能技术有更加深入的了解，而各类人工智能类的高科技公司也需要对各类金融机构的业务、风险、监管等各方面的需求有足够多的认识。金融机构和人工智能高科技公司双方都能够从合作中增强对彼此专业领域的认识和了解，并一定能够从中有所收获。在这种跨领域的合作中，两类企业都需要让所有员工参与合作，激励员工在新的智能金融发展中提高自己的业务水平和业务能力，从而通过双方协作最大限度地把人工智能所带来的技术优势转换为业务优势和企业优势。

在智能金融助力下，金融脱虚向实是既定的趋势，未来新金融会下沉到更多细分场景，实现由粗放式服务到精细化服务的转型，真正助力金融与实体商业的融合。

当前人工智能产业化应用的浪潮席卷全球，新产品、新应用、新场景层出不穷，金融智能的产业化应用增长也开始加速发展，并有望在未来几年达到爆发性增长的临界点，金融智能的产业化将迎来起飞时刻。当前金融智能的发展浪潮主要有以下四个驱动因素。

（一）金融数据量爆发性增长

大数据、云、物联网等信息技术的发展产生了前所未有的海量数据。据IDC预测，到2020年全球数据预计超过40ZB，并且数据的增长速度越来越快。丰富的数据为各类人工智能模型提供了良好的数据基础，为人工智能技术的高速发展提供了可能。金融业作为数据积累最完善、数据质量最好的行业，数据量也在爆发性地增长。

（二）计算能力的迅速提升

各类人工智能算法如图计算、深度学习的计算都需要强大的计算能力作为支撑。2010 年以后，随着 GPU 芯片的普及，计算机的运算能力迈入新的阶段。同时，随着 FPGA 和 ASIC 芯片等的发展，2020 年以后，计算机的运算能力又将迈入新的层级，运算能力将突破 exaFLOPs 级别，每秒进行百亿亿次的计算。同时，雾计算、边缘计算等新兴计算技术的发展，为人工智能技术的快速和广泛运用提供了坚实的计算基础。

（三）人工智能算法的发展和进步

计算能力的提升和数据规模的增长，使多层神经网络、深度学习、强化学习、迁移学习、自动机器学习等机器学习算法取得了长足的发展。这些算法被广泛应用于智能金融产品推荐、计算机视觉、语言识别、自然语言处理、智能金融风险防控等领域并取得了丰硕的成果。人工智能技术在金融业的适用领域大大拓展，金融智能未来将能够满足越来越多的复杂和动态场景的需求。

（四）政策支持、科技巨头和资本追逐

近年来，中国、美国、德国、法国等 20 多个国家都把人工智能列入国家发展战略，出台了一系列战略文件和产业政策。政府各部门对人工智能产业化高度重视，各方都在积极推动人工智能产业化的快速发展。人工智能在金融行业的应用也就成为发展的重点。同时，高科技巨头、投资公司和股权市场也对金融智能产业化落地持乐观态度，这是人工智能技术在金融行业产业化应用迎来的另一股重要力量。

基于上述四个方面的驱动力及人工智能技术在金融行业的应用，金融智能产业正在蓬勃的发展。金融智能的发展是我国金融业发展的重要历史机遇。过去 20 年中国人工智能领域的论文总量和高引用论文数量已经跃居全球首位，中国人工智能领域的专利数量已经领先美国和日本。现阶段，中、美两国人工智能企业数量全球占比超过 60%，截至 2018 年 6 月，美国有人工智能企业 2039 家，世界排名第一位；中国紧随其后，数量达到 1040 家。在基础层、算法层、技术层和应用层，中国都涌现了一批有相当实力的人工

智能企业。中国已经初步建立了完整的人工智能产业链。人工智能产业的发展，大大提高了我国金融智能产业的发展速度和发展质量。

发展人工智能产业和发展金融智能产业，可以将我国的人才优势和智力优势迅速转化为科技优势和产业优势，从而完成中华民族的伟大复兴使命。从宏观层面来看，金融智能有如下两点发展趋势。

一是金融智能响应国家民生扶贫号召。党的十八大以来，对民生问题的关注度日益提升，对民生的投入也逐渐加大，各级地方政府对改善群众的生活也是使足了劲、下足了功夫。习近平总书记多次强调打好扶贫这场硬战，必须做到"精准"二字，必须具备工匠之心，需要下一番"绣花"的功夫。脱贫攻坚已进入最为关键的阶段，脱贫攻坚战要实现全面胜利，仍面临不少困难和挑战。发挥金融智能、ABCD 新科技、"互联网＋"的力量，响应国家号召，实现精准扶贫，已经成为一种新思路、大趋势。

"互联网＋"打通产销渠道，实现可持续性扶贫。通过"互联网＋"产业的形式，打造电商平台、扶贫产品平台，将消费者流量引向扶贫产品，实现可持续性高质量扶贫。同时，可以"互联网＋"平台为依托，银行、保险等金融机构打造一站式金融保险综合服务平台，贫困农户可以实现快捷、安全、高效的信息获取；通过大数据以及人工智能等技术，能够精准地对农户"画像"，精准识别扶贫需求，精准投放资金资源、精准设计贷款产品、保险产品。依靠物联网技术，为农业、畜牧业产品生长周期进行跟踪，从而提供高质量的产品。不仅如此，"互联网＋远程教育扶贫""互联网＋医疗扶贫"也是扶贫的趋势。

二是金融智能走向业务一线。"数字化转型"成为当前金融行业科技发展转型的热点词语，金融智能已成为推动行业创新发展与数字化转型的核心动力。在云、大数据等技术发展的基础之上，随着单位计算成本下降和计算能力的提升，人工智能的应用呈现爆发式增长。在金融行业，人工智能已不再停留于广告宣传，人工智能的应用逐步深入业务一线，解决一线业务难题成为人工智能应用的发展趋势。

智能自动化得到广泛关注。提高业务一线的工作效率成为金融行业发展的普遍诉求，区别于传统的业务流程再造，智能自动化技术逐步发挥影响力，机器人流程自动化（RPA）完美替代了枯燥烦琐的人工操作，让业务一线工作效率大幅提升。越来越多的企业将目标聚焦引入智能自动化相关技术，据《中国人工智能发展现状与未来》报告披露的数据，RPA 的市场规模预计将在 2024 年达到 50 亿美元，复合增长率达到 61.3%。在亚太地区，RPA 的市场规模预计在 2021 年达到 8.17 亿美元，在此期间的增长率将达到 181%。在金融行业，RPA 广泛应用于账务处理、保险赔案处理、银行信用评分和欺诈检测、会计发票处理等一线业务场景，大幅提高了一线业务的作业效率，节约了人力成本。

金融智能的发展趋势，从微观层面来看，智能金融正在从最初的尝试应用向更加精准化、更加实时化、更加平台化和具备自适应能力的高级智能金融方向发展。

一是千人千面的精准定制金融。由于客户的性别、年龄和投资能力的差异，金融机构的标准化产品已经无法满足用户的需求，无法实现客户收益的最大化。智能金融可以借助人工智能技术，为客户定制适合的金融产品，并使客户获得更加稳健的收益和回报，如中国工商银行的手机银行"千人千面"智能推荐案例。

另外，金融产品和服务的特殊性对金融客服的金融专业知识、客户服务知识等都有不同于其他行业的要求。金融智能客服利用知识管理系统将金融客服以往积累的方案、策划、成果、经验等知识进行分类存储、管理，再利用后台自然语言理解引擎、样本库和知识库实现精准理解并按照人类问答的自然方式给予回应，如中国工商银行的电话银行智能语音业务办理系统。

二是智能安全金融。人工智能重新锻造了现代金融的风险控制系统。智能风控决策引擎将风险识别、计量、控制等与业务节点连接，平衡风险与用户体验；智能反欺诈系统采用各类机器学习模型，基于用户行为、设备、位置等实时计算，识别恶意行为，从而控制风险，如中国工商银行的反洗钱智能模型建设。

三是实时智能和在线机器学习成为智能金融的新模式。随着各类机器学习模型在各个金融业务领域中的普及和应用，业界对智能金融的时效性和智能模型的自适应程度提出了越来越高的要求。大数据实时流计算技术、内存计算技术和在线机器学习模型训练技术也不断地应用到各智能金融项目中，如北京九章云极科技的实时智能产品推荐项目。

四是先进的智能金融支撑平台。随着各金融企业智能应用的逐渐增多，各个金融企业的建模团队人员也在不断扩充。各企业急需一套企业级的机器学习模型的管理工具，该工具是覆盖机器学习建模全流程的一站式服务平台。同时，该企业级机器学习建模平台需要满足自主可控的建模需求，如中信银行构建了企业级的中信大脑、北京九章云极科技的企业级白盒模式机器学习建模平台。

专栏一　当前金融智能的应用热点

随着科技创新、大数据及人工智能技术的发展，当今社会大众金融消费观念不断转变，小额、高频和分散的普惠金融服务特点越来越明显，金融机构最突出的需求就是在把控风险的前提下降低获客成本和营运成本，有效分析用户行为特征与交易习惯，准确把握用户需求与风险，及时识别和防范欺诈行为，实现更高效的信贷审批、资金发放、贷后管理等标准流程化服务，实现低成本轻型化普惠金融业务。越来越多的金融机构开始注重大数据及人工智能技术的应用，逐渐将科技赋能金融，走向智能化转型的道路。以下分别从智能营销、智能反欺诈、信贷全流程智能风控和智能催收服务四个领域阐述科技对金融领域的赋能。

（一）智能营销

营销是金融业保持长期发展并不断提升自身实力的基石，因此营销环节对整个金融行业的发展来说至关重要。

1. 智能营销技术与特点

传统的营销渠道主要还是以实体网点、电话短信、地推沙龙等方式将金融相关产品销售给潜在客户。这些营销方式对市场需求的把握不够精准，容易使客户产生抵触情绪，同时标准化的产品以群发的方式进行推送也无法满足不同人群的需要。

在不涉及个人隐私信息的前提下，智能营销通过人工智能等新技术的使用，结合客户交易、消费、网络浏览等行为数据，利用深度学习相关算法进行模型构建，帮助金融机构与渠道、人员、产品、客户等环节相通，从而可以覆盖更多的用户群体，为消费者提供千人千面、个性化与精准化的营销服务。智能营销为金融机构降低了经营成本、提升了整体效益，未来在此领域仍需注意控制推送渠道、适度减少推送频率、进一步优化营销体验。

智能营销是挖掘用户潜在信贷需求、实现用户高转化率的利器。金融机构通过账号体系持续积累用户信息，并形成可触达、可识别、最终可授信的账号。在此基础上，构建信贷用户画像和响应模型，需求前置、择选时机精准触达用户，实现高效的新客获取与老客激活，降低获客成本。与传统营销方式相比，智能营销特点显著。

（1）清晰用户画像捕捉信贷需求

用户画像的本质，就是标签化的用户行为特征。用户画像的目的是尽量全面地抽象出一个用户的信息全貌，可以帮助金融机构进一步精准、快速地分析用户行为习惯、消费习惯等重要信息，以便快速找到精准用户群体以及用户需求，是智能营销决策的基础。

用户画像的数据可以在客户的注册、互动等环节获取，也可以基于算法等挖掘生成，基于身份等基础信息、关系数据、网络行为、金融属性等数据，构建丰富多样的用户画像，如学历画像、职业画像、资产画像等，进而捕捉用户相应的信贷需求。

（2）响应模型提升营销效率

在用户画像的基础上，可以进一步进行智能分析，运用机器学习等算法，构建响应率模型，将用户按照响应率进行排序，降低获客成本，极大提升效率。例如，某互联网公司在2017年完成的以5000名房贷客户为样本，覆盖其贷款前6个月至贷款后6个月的消费行为测试中，发现新房贷按揭客户在房贷放款后一周至六个月期间，对消费信贷的需求出现了163%的增长。在此期间，这些客户对于半年到一年循环授信的响应率会大幅提高。

（3）预授信前置风险评估

对用户风险进行甄别和分层，有效预测违约风险，指导差异化定价。对客群进行分层经营，从根本上解决体验问题。

（4）多渠道触达，时机更精准

首先根据用户画像不同属性，为不同行为特征的用户设计匹配的触达渠道，如短信、App 消息推送、App 入口展示等。再者，锁定时机精准触达从而圈中用户，对转化的成功率至关重要。

2. 智能营销带来的显著效果

人工智能可以提供千人千面、个性化与精准化的智能营销服务。以某金融机构为例，该机构提供注册未申请的沉默用户，使用沉默激活模型对客群进行分层处理，通过外呼的方式评估不同评分、活跃度下的响应率、成功率和批核率（见图6-9）。

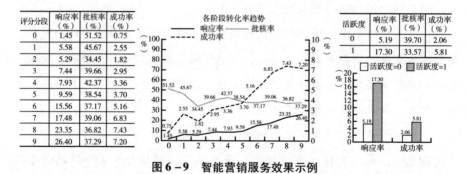

图6-9 智能营销服务效果示例

资料来源：《人工智能在银行领域的应用》，2019年4月。

（1）使用电话营销后，用户沉默激活模型评分越高的客户，其用户响应率逐步上升，业务批核率保持平稳，而营销成功率则较快上升。

（2）从近期活跃用户与近期非活跃用户的营销效果对比分析来看，相对于近期非活跃用户，近期活跃用户的响应率和成功率平均高出3倍左右，而批核率保持相对平稳。

（二）智能反欺诈

随着网络金融业务的蓬勃发展，网络风险产生，并快速扩张，金融机构正面临丰富的欺诈手段与多样的欺诈场景，如渠道推广阶段会面临虚假刷量、伪造激活等欺诈风险，注册登录阶段会面临垃圾注册、拖库撞库等欺诈风险，营销阶段会面临薅羊毛、黄牛占座等欺诈风险，还有信用申请阶段、交易支付阶段、社交互动阶段等均面临不同类型的欺诈风险。这些风险轻则影响用户体验，重则遭遇资金损失、违反监管、商业信息泄漏、失去用户的信任，需要针对性布控。

1. 全生命周期反欺诈

人工智能以数据为核心，通过基于技术和算法的平台，将数据价值挖掘出来，赋能各个金融业务场景，横向拓展行业应用，纵向发掘服务深度。为有效识别欺诈行为，金融机构需构建完整的反欺诈体系，注重全生命周期的反欺诈工作。整个反欺诈体系可分为事前识别、事中决策、事后处置三大环节（见图6-10）。

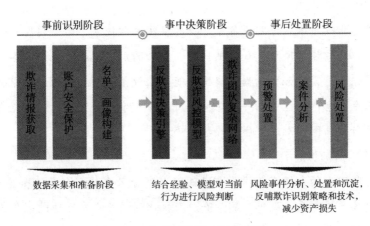

图6-10 智能反欺诈三阶段模型

（1）事前识别

事前阶段以数据收集和准备为主。如果能提前预知欺诈分子将在哪里发起攻击、采用什么手段攻击，那就能做到提前布防。为实现这一点，需要从大量黑产论坛、网站中自动获取欺诈信息，通过分词、实体识别、语义理解等技术提炼有用的攻击情报。在事前还需要通过各种工具、技术去尽可能多地获取交易信息。

（2）事中决策

事中阶段主要是将前期采集到的各类数据和构建的画像、名单库，结合风控模型进行决策，判断当前行为是否存在风险。

（3）事后处置

事后阶段主要是对风险事件进行分析、处置和沉淀，反哺欺诈识别策略和技术，丰富名单库，调整优化规则、模型，减少资产损失。

2.反欺诈技术与工具

智能反欺诈工具的作用在于尽可能多地收集交易或者与交易相关的数据，并进行智能分析，从中提炼有价值的信息，可用于识别包括虚假点击、虚假注册、撞库、设备作弊、羊毛党、人机行为、刷单、盗卡盗刷、交易异常、恶意攻击、涉恐涉暴、鉴黄、反爬等。

（1）设备指纹

设备指纹技术是证明设备唯一性的在线追踪技术，因此利用其唯一性的特征可以追踪设备风险，如识别代理、势必高危名单等。基于设备指纹可以做很多东西，需要配合数据集使用才能产生价值。一款好的设备指纹技术需具备三个要素：要能识别异常环境；对设备有唯一和稳定的标示能力；构建设备的行为画像，形成可碰撞的数据库。

（2）人机识别

互联网上的大规模欺诈攻击事件绝大部分来自机器行为，如虚假注册、登录撞库、薅羊毛、刷单、刷量等。人机识别的重点在于通过采集各类点击行为数据、滑动轨迹、设备运行环境配合背后的智能模型，将机器行为和真人行为进行分类。

（3）IP 画像

IP 画像技术是针对 IP 行为的描述，可以应用于多个场景，如注册、登录、交易、支付、私信、弹幕等，因 IP 画像配合行为轨迹分析，可用于信贷贷前、贷中、贷后催收多个场景。通过 IP 画像报告可以输出网络风险评分；匹配响应的网络类型可以避免基站类申请客户误杀；输出的 IP 行为标签是联防联控的优势所在；配合 IP 历史上的所有负面行为及"IP 属主信息＋行为地址信息"；精确识别 IP 的活动区域，结合时间维度，可以挖掘的信息如安全威胁、代理检测等为金融机构的信贷行为保驾护航。

（4）用户行为画像

画像即信息标签化，标签化的重要目的之一是让人能够理解并且方便计算机进行处理。对一个人的刻画仅依靠金融机构内部数据是不够的，需要纳入多维度的外部数据，如互联网行为、出行偏好等。充分利用客户沉淀的海量行为数据和借贷数据，并结合外部独有数据，通过智能分析对客户行为进行风险建模，实现对客户异常行为进行风险预警和交易干预。

（5）关系网络

针对复杂对象的关联关系可以进行非线性建模，由节点（实体）和节点之间错综复杂的关系（边）构成拓扑网络结构，实现从全局的网络角度，分析团伙作案的概率、针对可疑风险对象进行层层挖掘，能够基于识别的关系网络指标实时动态部署规则，实现欺诈团伙动态实时识别和预警。除此之外，还提供可视化界面工具，支持深度的案件调查分析，充分利用识别的线索进行顺藤摸瓜和层层挖掘，为最终实现一网打尽欺诈团伙成员提供了数据效率最大化的工具。

3. 智能反欺诈模型

国内外金融机构在传统反欺诈管理中主要依赖专家经验，通过人工方式制定检测规则，当申请或交易信息与反欺诈规则匹配后即执行相应业务策略。这种传统的管理模式得出的反欺诈规则存在一定的局限性，不能枚举所有业务场景，无法对各类欺诈行为进行全面覆盖。

近年来，国内外金融机构和金融科技企业尝试应用机器学习方法进行风险防范、反欺诈。机器学习主要研究机器获取新知识和新技能，并识别现有知识的方法。通常针对大规模数据集进行全方位综合考量，挖掘深层次业务场景特征，建立监督、无监督等类型的学习模型。在大量应用中，模型的准确性、稳定性也得到了验证。与此同时，模型表现有随时间衰减的特征，目前尚缺乏完整的自进化能力等。

（三）信贷全流程智能风控

通过大数据采集、建模、分析与应用，借助生物识别、机器学习、复杂网络等人工智能技术，从多维度、多层次分析用户风险特征，可以有效控制潜在风险，为信贷业务贷前、贷中、贷后全流程风控注入新能量，避免潜在损失。

1. 贷前反欺诈

贷前阶段，欺诈形式多种多样，如身份造假、黑产、黑中介、代办公司、内外勾结等。而反欺诈手段也经历了不断的演进优化，从最原始的人工检测、信息核验到后来的黑白名单、规则引擎、有监督学习，再到现在的无监督学习，各种方式的内涵也在不断发生变化。

（1）人脸识别

贷前审核可以借助于人脸识别技术，运用摄像头采集含有人脸的图像或视频流，并自动在图像中检测和跟踪人脸，运用人脸检测、人脸对比、活体检测生物特征的三大技术能力，进行身份认证，确保本人申请，防范虚假申请骗贷。

（2）信息核验

贷前审核可以通过核验类、查询类、客户价值分析类、消费行为评估类四个维度进行全方位的信息核验，深度挖掘潜在风险，将风险前置。针对不同的业务场景、客群分布、数据和成本最优需求，客户可以对数据进行不同的选择，公安信息、工商信息、手机信息及地址服务能够对用户提交的信息进行交叉验证，而经济能力类信息则有助于对用户进行还款能力的评估。

（3）风险名单

风险名单是指已经出现过风险行为事实或风险行为发生概率很高的名单，命中概率低但风险程度高，可以有效防范风险，比如提前获得一批虚假手机号码，那就可以在黑产进行注册时及时进行拦截。大数据时代可以跨行业积累更多更丰富维度的名单，一般可以将风险名单库分为四大类，应用在不同的场景中，分别是风险名单、关注名单、欺诈团伙名单和多平台信贷特征等。

（4）风控规则

金融机构可以综合利用内部数据、三方数据、风控模型等，根据客户特点和业务需求灵活定制贷前审核策略和工作流，利用风控规则，可以识别申请欺诈风险，同时进行自动审批决策提升业务效率，而且可以对客群进行风险分层和管理。

（5）智能信审

在审核环节，人工智能技术可以根据应用场景智能定制化问卷，通过智能/语音交互审核在人工审核问答环节通过问卷让申请者提供更多信息，并能通过客户信息与问卷信息对申请者进行二次确认，从而评估出信息差距，最终给人工审核提供建议，实现对客户风险的定制化筛选。

2. 贷中风控决策

在贷中审查审批阶段，金融机构可以通过数据的归集，多数据合力定制模型，如反欺诈模型、申请评分模型、授信定价模型等。

目前可以在中国人民银行征信数据、银行行内积累数据的基础上，增加更多维度的变量，如设备类指标、网络类指标、多头借贷类指标等，以适应新的业务模式和风控管理要求。以申请评分模型为例，市场上第三方机构开发了多样的标准分产品，可以运用于贷前申请决策辅助。这些数据弥补了传统银行除了中国人民银行征信数据和行内数据积累外互联网行业数据的缺失，可以对线上贷款业务提供有力支持。

同时，金融机构还可与市场上第三方公司采用联合建模的方式，解决业务冷启动阶段数据缺失和业务发展阶段互联网属性变量缺失的短板，在业务创新和快速增长的同时做好风险防控。

3. 贷后监控服务

金融机构放款后，需要周期性地（按天、周、月等）对用户风险进行监控。智能贷后监控服务可持续扫描借款人的新增风险，帮助银行客户动态监控借款人的状况，第一时间发现可能不利于贷款按时归还的风险，推送信息给相关机构或人员以及时采取适当的风险化解措施。

（四）智能催收

随着金融业务的线上化提速，传统依靠人力的催收模式变得捉襟见肘，面临催收成本高、催收人员情绪波动大、专业程度低、客户触达率低等困境。因此，越来越多的金融机构开始探索智能催收，提升催收质量和效率。

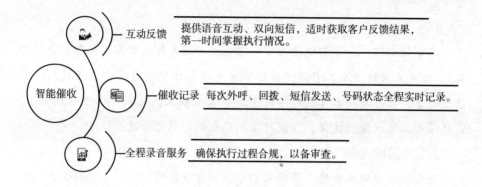

图6-11　智能催收功能

资料来源：《人工智能在银行领域的应用》，2019年4月。

客户画像、评分模型、智能互动工具等改变了传统人工催收的互动和决策方式，更轻型化地协助金融机构适应互联网时代高频低额的业务催收情况。

1. 基于客户画像定制不同交互策略

金融机构可以基于大数据平台建立客户精准画像体系和决策引擎，通过大数据精准匹配参数，根据客户各个维度和各种业务应用场景来描绘客户画像，并根据客户画像制定不同的交互策略。

2. 评分模型为逾期催收提供量化工具

催收评分卡通常包括账龄滚动模型和失联预测模型两类。

账龄滚动模型：通用于预测轻度逾期人群未来进入更加严重的逾期状态的概率，主要目的是捕捉持续逾期的高风险客户。该模型常用的信息包括历史征信记录、负债行为、互联网行为偏好等。

失联预测模型：用于预测逾期客群未来无法触达的概率。通常对刚进入逾期状态的客群就要判断失联的可能性。模型常用的信息包括基础信息、设备信息、互联网行为偏好、联系人信息、位置行为信息、金融类信息等。

3. 智能催收缓解人力资源压力

智能催收可以对催收过程和结果进行全流程管理，所有电话拨打记录、客户交互信息、客户反馈情况等完全展现、结构化储存，为大数据分析提供优质数据基础，便于进行质量控制。

目前多种智能催收互动技术会被运用在不同逾期阶段的客户催收环节，比如"IVR + 短信外呼"可以运用于逾期前 M0 还款提醒，智能语音交互可以运用于 M1、M2 阶段的催收。

智能语音交互是使信息时代各种信息机器像人一样"能听会说"的技术，包括语音合成、语音识别和自然语言理解等。运用强大的自然语言处理引擎，依托长短记忆型递归神经网络 LSTM 深度学习算法，并根据不同业务场景产出各种交互策略。智能语音交互技术目前识别速度和语音流程度完全可以支持 M1、M2 智能催收，可以节省金融机构传统的人工催收成本。

专栏二　生物识别新技术——指静脉识别

（一）指静脉技术简介

在众多生物特征识别方法中，对指纹识别系统而言，早期的研究显示普通软糖就可以攻破。而最近的研究实验中发现，拍照时摆出"V"字手势，也会有很高的概率会被盗取指纹。对人脸识别而言，由于人脸在无遮挡可见光范围内可以轻易采集到，给人脸识别的安全性带来了极大的影响，并且在人们越来越注重隐私的今天，其用户友好性正在逐渐降低。

指静脉识别由于独特的成像模式而独树一帜，成为一种非常具有应用前景的生物特征识别模态，其独特的成像原理在于通过一定波长的近红外光线充分照射手指，光线会通过手指表皮后在手指内部散射，再从手指表面投射出来，在光线的传递过程中，手指皮下浅表血管内的活体红细胞蛋白会吸收近红外光，从而采用近红外摄像头可以采集获得手指静脉暗影图像，即手指静脉影像（见图6-12）。

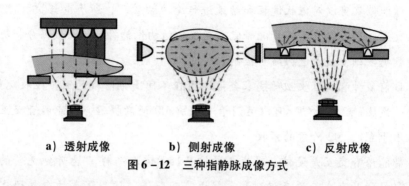

a) 透射成像　　　　b) 侧射成像　　　　c) 反射成像

图6-12　三种指静脉成像方式

这种成像方式使获取的手指静脉图像不受皮肤表面的褶皱、纹理、粗糙度、干湿度等任何缺陷和瑕疵的影响。这种独特的成像方式使指静脉识别具有以下特点。

一是活体检测。指静脉特殊的成像方式使只有存在正常血液流动的活体的手指才能够获取到静脉图像，而非活体的手指无法成像，比如断指、打印手指模型都无法正常成像。

二是高度安全。静脉血管隐藏在手指内部，处于皮下组织中，且需要通过近红外光照射后才能清晰成像，因此极难被复制和盗取，具有天然的防盗性和高安全性。

三是特征稳定。静脉纹理的形成由DNA决定，尽管静脉粗细会变化，但其纹理结构特征在成年后即不再变化，是人体最稳定的生物特征之一。

从上面的分析可以看出，相对人脸识别、指纹识别等一些相对成熟的生物特征识别技术而言，指静脉识别除了具有其他生物特征所共同拥有的唯一性和稳定性，还具有特征的非显性，即位于皮下无法通过肉眼直接观测到，只能通过特殊光照对流动的血液进行动态成像才能获取到，因此相对而言更难被模仿和复制。同时，在隐私安全需求日益增长的今天，指静脉不能在可见光下被盗取，只能在认证时通过特殊装置采集，因此指静脉识别的用户友好性正在不断增强。

此外，指静脉具有活体检测能力，即只有活体手指流动血液中的血红蛋白才具有对特定近红外波长光线的高吸收性，从而形成清晰的静脉图像，这种独特的近红外成像方式使脱离人体的断指或假手指模型难以获取到清晰的指静脉图像，无法实施仿冒攻击。因此，这种活体检测能力使其成为高安全场合的一种有效选择。同时，由于人体的生物特征模态具有不可更改性和不可再生性，因此一旦生物特征模板被盗取，就难以挽回，但是如果该模态具有模板可替换，则可以及时更改模板，从而能够在很大程度上降低模板被盗带来的损失。而相对于大多数生物特征方法，指静脉识别具有良好的模板可替换性，即每人十个手指的静脉纹理均各不相同，即使是每个手指的指背和指肚的静脉纹理不相同，都可以作为识别的模板；即使一个指静脉特征出现问题（如手指意外损伤、手指截断，甚至被窃取），还有足够的备份模板可以更换，因此有良好的应用潜力。

（二）指静脉国内外发展现状

指静脉技术起源于20世纪80年代英国人提出的手静脉技术，日本和韩国紧随其后，达到指静脉技术研究的国际领先水平。

日立公司依托自己的研究所及日本东京大学的研发能力于1997年就开始了对手指静脉认证的研究，至今已经获得多项专利。据不完全统计，在日本国内已经有超过1万家单位正在使用手指静脉识别系统，日本80%以上的ATM取款机搭载了手指静脉身份验证系统。

2014年，美国新泽西州启动的脉搏钱包出现。脉搏钱包内置了生物特征的信用卡终端，商家可以将POS机或收银机与脉搏钱包捆绑来完成交易。而用户绑定信用卡的过程也非常简单，只需在扫描静脉之后绑定自己的手机即可，这也意味着自己的手就是自己的钱包。

2016年9月在东京举办的社会创新论坛上，日立公司展示了其最新研发的指静脉认证系统，该指静脉认证系统无需任何专用硬件采集设备，使用标准的智能手机即可完成认证。这是日立公司首次展示类似的解决方案，希望将该生物识别系统引入网络购物和金融服务。

我国从 2000 年开始陆续有科研院所从事指静脉相关的研究，2008 年日本日立公司将指静脉识别技术引入中国后，该技术在中国的发展一直不温不火，迟迟没有进入主流视野。2010 年左右，指静脉识别逐步开始在国内有所应用，但是直到 2014 年前后，该技术整个生物识别市场占有率还不到 1%。随着一些政策性的引导，目前国内的手指静脉特征识别认证系统经测试"识假率"可低至十万分之一，打破了日、韩等国的技术垄断，达到了国际先进水平，随着指静脉识别国标的制定实施，指静脉识别的市场前景将稳步上升。

（三）指静脉产业政策与未来市场

由全国信息技术标准化技术委员会（SAC/TC28）提出并归口的《信息技术指静脉识别系统指静脉采集设备通用规范》（GB/T33135－2016）于 2017 年 5 月 1 日颁布实施。另外，以公安部为主管部门、全国安全防范报警系统标准化技术委员会为归口单位的《公共安全指静脉识别应用图像技术要求》（GB/T35742－2017）、《公共安全指静脉识别应用算法识别性能评测方法》（GB/T35676－2017）标准已实施。这些标准的颁布进一步推动了指静脉识别在市场上的推广与应用。

数据统计显示，2007～2013 年生物识别技术的全球市场规模年均增速为 21.7%。2015 年生物识别技术全球市场规模已达到 130 亿美元，2020 年预计将达到 250 亿美元，5 年内年均增速约为 14%。其中，指纹识别市场规模将有 130 亿美元，语音识别将有 56 亿美元，人脸识别为 24 亿美元，虹膜识别将有 16 亿美元，其他生物识别技术（指静脉）将有 24 亿美元。自 2010 年起，国内生物识别市场规模增长率保持在 60% 以上，远超全球平均水平。在良好的发展趋势下，预计 2020 年市场规模将突破 300 亿元。其中，指静脉识别市场规模有望达到生物识别的 10% 左右，也就是大约 30 亿元。

预计未来几年指静脉发展速度会超出预期，指静脉技术带动下的应用市场规模巨大，特别是在金融领域的应用探索值得期待。

参考文献

清华大学中国科技政策研究中心：《中国人工智能发展现状与未来》，《中国经济报告》2018 年第 10 期。

韩志雄、杨紫、洪武：《人工智能在金融行业的应用探析》，《金融科技时代》2019 年第 9 期。

弘毅：《人工智能企业 100 强》，《互联网周刊》2018 年第 12 期。

陈大鹏：《金融科技助力转型，"全民生活"App 开启智能生活新格局》，《中国信用卡》2019 年第 8 期。

姜瑜：《人工智能在金融交易中的作用及未来的发展方向》，《农村经济与科技》2019 年第 14 期。

工业和信息化部：《关于印发〈促进新一代人工智能产业发展三年行动计划（2018—2020 年）〉的通知》，2017 年 12 月。

科技部：《关于发布科技创新 2030——"新一代人工智能"重大项目 2018 年度项目申报指南的通知》，2018 年 10 月。

工业和信息化部：《关于印发〈新一代人工智能产业创新重点任务揭榜工作方案〉的通知》，2018 年 11 月。

中国银行业协会、中国信息通信研究院、同盾科技：《人工智能在银行领域的应用》，2019 年 4 月。

埃森哲、百度：《与 AI 共进 智胜未来，智能金融联合报告》，2018 年 1 月 20 日。

田俊荣、陆娅楠、刘志强、赵展慧、李心萍、丁怡婷、韩鑫：《加快经济结构优化升级——把握我国发展重要战略机遇新内涵述评之一》，《人民日报》2019 年 2 月 17 日。

臧俊恒：《人工智能与金融科技监管》，《中国经济时报》2019 年 6 月 28 日。

胥正川：《人工智能加持下的金融科技竞争》，《社会科学报》总第 1662 期 2 版。

《"人工智能"再次写入 2018 政府工作报告！》，搜狐网，2018 年 3 月 13 日，http：//www. sohu. com/a/225072897_ 100098920。

《人工智能四大发展趋势分析》，知乎网，2018 年 10 月 30 日，https：//zhuanlan. zhihu. com/p/47979133。

中关村互联网金融研究院：《中国工程院院士、中国银联董事柴洪峰：金融科技助力精准扶贫》，搜狐网，2018 年 12 月 21 日，http：//www. sohu. com/a/283542376_

120057347。

　　胡群：《金融科技如何更好助力实体经济》，东方财富网，2018 年 8 月 28 日，http：//finance. eastmoney. com/news/1355，20180828935404448. html。

　　李萌、何海锋、刘晓春、张彧通、刘元兴、龚谨、王芳、唐艳红、许晨、谭思瑞、马军丰、关联、杨文尧天、于利航、王好好、余翙琪、夏杰：《重塑与新生——2018 年金融科技法律政策报告》，威科先行－法律信息库，2019 年 3 月 14 日，http：//lawv3. wkinfo. com. cn/topic/61000000600/index. HTML。

第七章　金融物联网

第一节　金融物联网发展概况
——产业生态初具雏形

金融的本质在于价值流通，金融发展的初衷和目标是为实体经济服务，而金融物联网正是面向实体经济、服务实体经济的新型金融业态。2019 年国务院《政府工作报告》中提到，坚持实施稳健的货币政策，引导金融支持实体经济，改革完善货币信贷投放机制，适时运用存款准备金率、利率等数量和价格手段，引导金融机构扩大信贷投放、降低贷款成本，精准有效支持实体经济，不能让资本空转或脱实向虚。如何更好地服务实体经济，是金融行业永恒的话题。

物联网技术与金融服务结合，让金融业能够从时间和空间两个维度上全面感知实体经济行为，进而能够结合大数据和人工智能准确把握实体经济动向，让金融服务业融合到实体经济的每一个环节，激发更多的经济活力，增强金融服务实体经济能力。

（一）物联网产业动态

1. 物联网相关政策标准逐步完善

2019 年，针对物联网相关领域的监管政策逐步完善。国内最为典型的是频谱监管政策，尤其是针对非授权频谱微功率设备的监管，2017～2018 年连续出台两个版本的意见征求稿，基于审慎监管的角度会逐步完善相关制度。国外最为典型的是欧盟出台的《通用数据保护条例》（GDPR），对物联网企业产生的数据相关问题实施严格监管。

2018年9月4日，中国信息通信研究院发布了《物联网安全白皮书2018》，对现有物联网网络和数据安全相关管理政策和标准进行补充，从物联网安全发展态势出发，从物联网服务端系统、终端系统及通信网络三个方面分析物联网面临的安全风险，构建物联网安全防护策略框架，并提出物联网安全技术未来发展方向及建议。

2018年10月，国家市场监督管理总局、中国国家标准化管理委员会在智慧城市领域联合发布了《智慧城市信息技术运营指南》《面向智慧城市的物联网技术应用指南》等六项国家标准，包含智慧城市、信息安全、循环经济等多个领域。

2018年12月，工信部印发《车联网（智能网联汽车）产业发展行动计划》指出，到2020年，实现车联网（智能网联汽车）产业跨行业融合取得突破，具备高级别自动驾驶功能的智能网联汽车实现特定场景规模应用，车联网综合应用体系基本创建，用户渗透率大幅提高，智能道路基础设施水平明显提升，适应产业发展的政策法规、标准规范和安全保障体系初步建立，开放融合、创新发展的产业生态基本形成，满足人民群众多样化、个性化、不断升级的消费需求。

2.感知层设备成本持续降低，基本满足低规模应用需求

感知层设备是物联网的根本，感知层链接了物理世界和信息世界，其主要作用是识别和感知物品信息及外部环境的信息，常见为各式传感器。当前，MEMS和低端应用非MEMS传感器产品单价整体较低，已基本能够满足大规模商用的需求。MEMS工艺因具备半导体制造的大规模制备特点，2000年后单价逐步下降，在2007年被苹果手机首次引入后（主要为MEMS惯性传感器），MEMS工艺成为消费、汽车电子主流传感器工艺并大量推广，单价进一步降低。非MEMS工艺传感器目前在民用领域，技术发展较为成熟，产品成本已能满足规模推广的需求，如家用燃气报警器价格在100元左右，其中气体传感器成本在10元以内。

面向硬件集成、终端安全和强化信号后端处理等下游应用需求的传感器创新成为当今市场的主要方向。例如，在硬件集成方面，TDK将6轴IMU

（3 轴加速度计 + 3 轴陀螺仪）和高精度电容式气压传感器（高度计）集成在一起，从而适应无人机不同飞行阶段所面对的多种拍摄需要；在终端安全方面，以虹膜识别技术和 3D 人脸识别技术为代表的新型生物识别传感器，满足了智能终端多种类型的生物安全保障需要；在强化信号后端处理方面，楼氏电子推出整合 MEMS 麦克风和 DSP 处理器的超微型麦克风，产品能够通过内置于 DSP 中的多种算法实现语音命令唤醒、空间录音及声学事件探测等应用功能。

3. 物联网平台功能趋于完善，对生态场景建设提供基础服务能力支撑

物联网平台是物联网生态中软硬结合的枢纽，最早起源于物联网中间件管理，其目的是在硬件层和应用层中间起到中介作用，管理两者之间的所有交互行为。当前随着通信协议和网络拓扑的完善，物联网平台支持与几乎所有硬件设备间的连接集成，并与第三方应用系统融合，悬垂于底层硬件和上层软件平台之间，提供对所有类型设备的快速高效连接开发能力。各行业巨头和创业企业纷纷入局，侧重于不同的功能点，推出自身的物联网平台。大型物联网平台运营服务商如 PTC Thingworx、Microsoft Azure 等，在不断强化自身平台功能的基础上，开始重点加强对边缘计算、人工智能、数字孪生等高级能力及对工业制造、智慧城市、智能家居等垂直行业的支持，不断联合行业合作伙伴持续孵化多样化解决方案。而第三方中小平台厂商面对大型企业物联网平台，逐渐调整竞争策略，一部分为大型企业平台提供专业模块支持，成为大型平台的紧密供应商，另一部分则更专注于自身优势的垂直行业，不断加强方案落地能力。

在垂直领域生态场景建设中，物联网平台承担着基础能力服务支撑的角色定位，负责海量信息的共享传输和各应用系统的协同联动，赋能上层业务平台拓展业务场景、提升业务能力，为制造、农业、物流、电网、交通、环保、医疗、市政等各个领域的应用和服务提供从设计、研发到测试、推广、运营的产品生命周期全流程有效支撑。根据不断更新的物联网平台定义，其所具备的功能包括：ICP（基础设施云平台）、CMP（连接管理）、DMP（设备管理平台）、AEP（应用使能平台）、BAP（业务分析平台）等，功能复

杂度顺序提升，最终形成对垂直行业生态所有基础能力的完全承载。国内以华为、阿里、三大运营商为典型代表，其中，三大运营商以运营管理为切入点，而阿里、华为则提供包括基础设施、连接管理、设备管理、应用使能、业务分析在内的通用技术能力，通过平台服务简易化设备连接和应用开发，抢占行业市场，通过整合产业链上下游资源构建完整的生态体系。

4. 5G 商用打破物联网通信瓶颈

2019 年 6 月 6 日，工业和信息化部正式向中国电信、中国移动、中国联通、中国广电四大运营商发布 5G 商用牌照，我国已正式进入 5G 商用元年。4G 改变生活，5G 改变社会，5G 被视为开启万物互联新时代的新基础生产力，不仅影响个人的生活方式，而且将催生和推动各行各业的数字化发展。5G 时代来临，物联网将是最大的受益者。

传输通信的带宽容量限制一直是物联网发展的瓶颈。早期物联网设备数量少、距离近，采用有线连接实现物物相连。随着移动通信技术发展，4G 及 NB-IoT、LoRa 等低功耗广域网络技术成熟商用，物联网设备接入数量大幅增加，万物互联成为可能。而 5G 的出现，进一步打破了物联网在通信传输上时间和空间的限制。据测试，时速为 60 千米的无人驾驶车辆，5G 下仅 1 毫秒网络延迟，制动距离为 17 毫米，远低于 4G 网络下 50 毫秒延时的制动距离 1 米。等到 5G 真正普及后，物联网将成为影响未来社会行业发展的核心科技之一。

2019 年初，工信部部长苗圩表示，未来 80% 的 5G 设施将用于物联网，特别是物联网的移动通信场景。可以预见，5G 将极大地拓宽物联网使用场景，结合人工智能、大数据、边缘计算、生物识别等新兴技术，驱动的新应用场景及新业务形态，推动世界向数字化、信息化、智能化方向发展。

（二）物联网金融动态

实体经济的一大特征是经济活动往往涉及更多主体参与，以及更多实体形态商品、生产工具和服务的流转交易，产生大量的资金流、物流、信息流。金融机构通过物联网技术整合资金、项目运营方和产业链上下游资源，改变传统企业内容简单、管理粗放的发展模式，围绕产业链全流程、全生命周期提供定制化金融服务，形成规模化效应，在把控风险的同时实现对资源的高效共享和调配，构建良性产业生态圈，持续助力实体经济。物联网技术和金融服务融合支持实体经济发展的示范效果，激发了越来越多的金融机构、技术公司和实体企业参与金融物联网的创新实践。技术赋能和金融赋能的综合效应，开始在金融物联网应用方案中显现出市场价值。

1. 消费金融

通过物联网技术广泛收集用户日常数据，分析用户行为习惯，在抵押贷款、消费支付、服务营销等多方面实现创新服务模式，提高客户体验、增强客户黏性。通过传统企业和金融科技公司的深度合作，对商品的生产、流通与销售过程进行升级改造，进而重塑业态结构与消费生态圈，进一步满足消费者对便利生活方式的末端需求。

2. 绿色金融

通过物联网技术实现对生产环节的环保认证，进行对绿色资产的溯源认证，降低管理成本，推动建设绿色项目，引导投资者更多地进行绿色低碳投资。

3. 科技金融

通过物联网技术提供全方位金融服务，将金融服务融合到实验研究、中试到生产的全过程，提升技术创新成果转化效率，支持金融机构参与产学研合作创新，加大对企业创新活动的金融支持力度。

4. 普惠金融

金融机构通过物联网技术收集企业全流程生产经营活动信息，实时了解企业运营动向，提供新的风险缓释手段，提高风险管控的可靠性和效率，使商业银行在信息收集、信用评级、交易维护上的成本大大降低，有能力为大批量的小微企业提供金融服务，推动企业创新发展。

5. 物流金融

物流金融是金融机构与物流企业合作，在供应链运作过程中向客户提供的结算、融资和保险等相关服务的统称，其核心是物流融资（狭义上的物流金融就是物流融资），即银行等金融机构通过与物流企业的合作创新，以企业所从事交易项下的担保品为依托，对企业资金投放、商品采购、销售回笼等经营过程的物流与资金进行锁定控制或封闭管理，依靠企业对处于银行监控下的商品和资金的贸易流转所产生的现金流实现对银行授信的偿还。

第二节　金融物联网典型案例
——探索金融领域新应用

（一）数字孪生，赋能金融数字化转型

从最近几年"Digital Twin"（数字孪生）关键词的谷歌热度趋势（见图7-1）可以看出，近两年来，全球对这个词搜索的热度急剧上升，数字孪生受到全球学术、产业界越来越多的关注。另外，权威IT研究与顾问咨询公司Gartner连续三年（2016~2018年）将数字孪生列为当年十大战略科技发展趋势之一，数字孪生技术被认为在未来5~10年将带来极大的商业机遇。

数字孪生技术充分利用了模型、数据，通过集成仿真，实现物理世界与数字世界的双向反馈，保持数字世界与物理世界在全生命周期范围内的协调一致，是未来生产、维护和产品创新的关键，目前已在制造业中得到了广泛的应用。

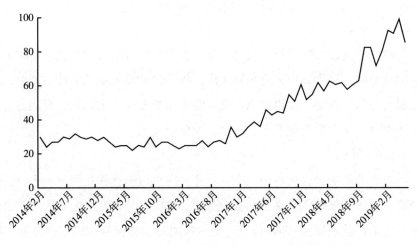

图7-1　2014~2019年"数字孪生"谷歌搜索热度趋势

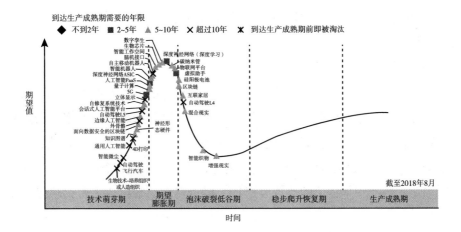

图 7 - 2　2018 年 Garter 新兴技术趋势

目前工业界对数字孪生的应用探索，从最初的产品运维与健康管理，逐渐扩展到产品的设计、生产制造、运行状态监控和维护等产品的全生命周期各个阶段。在此基础之上，结合金融行业现有资产，可将金融数字孪生技术应用场景总体规划划分为有形资产和无形资产两个大的领域，在数字空间分别建立与之对应的数字孪生体，通过模拟仿真，实现资产全生命周期运行管理的优化，达到降本增效的目的。整体规划情况见图 7 - 3。

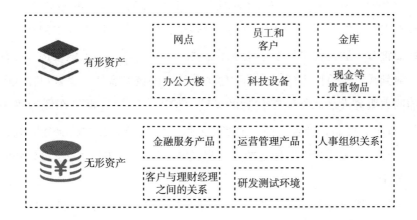

图 7 - 3　数字孪生技术应用场景

下面着重对数字孪生技术在网点、科技设备、金融产品三个场景的应用进行详细说明。

1. 新型数字化社交网点建设

随着金融线上化趋势的迅猛发展，越来越多人开始习惯使用网上银行、移动 App 等线上工具使用金融服务，传统线下银行物理网点的客户访问量持续下降。各商业银行的物理网点普遍面临三大痛点，一是服务低效，二是成本高昂，三是数量有限。然而物理网点作为银行的核心渠道，无法轻言废弃。5G 和数字孪生技术的快速发展，为银行网点的数字化重塑提供了技术基础。

（1）当前网点发展现状和不足

信息化时代，传统银行主动对客"一对一"个性化服务关系，经过 App 变成被动型"一对多"的无差异性服务关系。银行营业网点没有了线下访问流量，跟客户反而处于失联的状态。同时，银行移动 App 日益出现功能同质化情况，难以培养客户忠诚度。现有功能并不是真的以客户需求为中心，无法充分利用客户的社交关系、交易历史，与客户建立真正良好的服务关系，容易被客户切换。

（2）构建新型数字化社交网点

应基于"数字孪生"技术以渐进式、过渡性的方式，对数以百千计的物理网点完成线上线下一体化的数字化转型，建立真正以人为本的新型数字化社交银行。通过使用数字孪生技术，将线下实体环境、组织架构、运营规则映射到线上，将网点建成维护数字关系管理的技术载体。让客户在线上找到的网点服务人员和在线下找到的是同一拨人，客户只要"在线即等于在场"，安全、可靠、合规、便利地解决问题。保持极其弹性的服务时间，超越朝九晚五、按客户随时随地的需要提供解决方案，数字化关系可以随时随地"发生"。

①建立线上虚拟团队（员工）（见图 7-4）。使用数字孪生技术，建立线上"数字关系经理"，能够熟练使用远程数字工具建立与管理客户关系，与之建立可信赖的紧密互信。基于客户偏好的方式，以聊天工具、视

频、语音甚至网盘上的信息分享，进行合规交流交互，或以更加人性化的方式提供个性化定制服务，通过技术重建网点与客户的人性化数字信任关系。

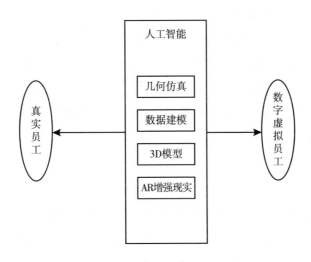

图 7 - 4　数字孪生员工

②为客户提供数字化映射。基于数字画像、数字化足迹、交易历史等相关数据，使用机器学习算法，将客户进行"数字化"。在客户到来前预测分析客户需求，提供更加人性化、"比他还懂他"的预测服务，增强客户黏性。客户关系数字化之后，回归到"一对一"的服务关系。

③建立线上安全运营规则。将线上银行网点人员的专业资格、专业能力、可信度等，进行数字化映射，保证数字化虚拟团队的真实性，方便客户进行审核和选择；通过线上认证方式，识别客户身份，并保护客户隐私信息；建立线上数字化安全运营规则，重构线上业务流程，在满足合规监管要求的情况下，可以在线相互协同服务客户。

2. 科技设备孪生体管理

（1）科技设备管理现状

金融科技资产主要分为两大类，一类是以 ATM 机、存取款一体机、自助服务终端等为代表的对客提供金融服务的自助机具；另一类是以清分机、制卡机、网点柜员设备等为代表的提高内部运营管理效率的机具。这些科技资产的稳定运行，是对外提供稳定金融服务的重要支撑。

目前金融行业对这些科技资产的管理大部分采用资产台账进行记录，缺乏直观的可视化管理界面。同时，对这些科技资产的维修主要分为定期维护和故障维护，定期维护要投入较高的人力，维护时间较长，维护期间设备不可用；而发生故障时再进行维护，已经对使用产生影响，且设备更换及维护也需要较长时间，会造成一定时间无法提供服务。随着金融行业智慧银行系统建设及银行同业竞争加剧，传统的科技资产管理方式已经无法满足新形势下银行资产管理的需要。

（2）数字孪生体管理思路

利用数字孪生技术，在数字空间对科技资产建立对应的数字孪生体（见图7-5），基于历史数据和实时传感数据及机理算法模型，实现对科技资产当前状态的在线监控、故障诊断及预测服务，为资产运维人员提供管理策略支持，提高银行运营服务水平。

①运行监控。基于科技资产孪生体，在数字空间为运维人员提供全方位360度的监控可视化，便于对科技资产进行直观管理。

②故障诊断。通过科技资产孪生体的模拟仿真，对过去物理空间的科技资产发生的故障问题进行分析，精确定位问题原因，对于非专业问题，可通过指令或AR远程辅助运维人员进行维修，降低设备停机对客户的影响。

③故障预测。基于科技资产孪生体一个周期的数据采集，结合维修保养等数据，对实体科技资产提前智能预测各种故障发生的概率与时间，尽可能地降低设备停机对客户服务或内部运营的影响。

（3）典型应用案例

以ATM设备运维为例进行说明，适用于其他物理实体。基于ATM各个核心模块丰富的历史数据，以及依靠传感器实时采集运行状态数据，并使用先进的人工智能算法及硬件设备的物理属性等模型，构建层次化的模块、子系统乃至整个设备的数字孪生体，然后进行模拟仿真，实现对ATM设备当前状态的在线监控、对过去发生故障的精确诊断以及对未来趋势（加钞策

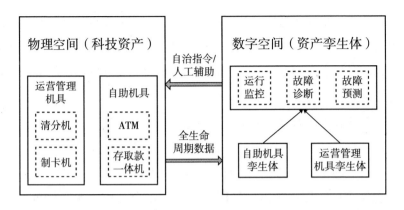

图7-5 科技资产孪生体管理

略或故障）的预测（见图7-6）。基于预测结果，对维修策略、备品备件、加钞的管理策略进行优化，一方面可以降低维保费用，另一方面可提高设备服务时长，降低和避免设备非计划停机带来的损失。

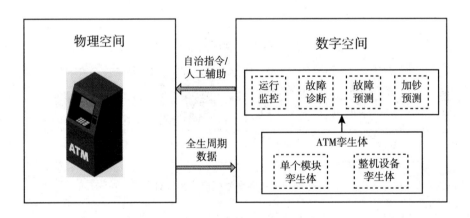

图7-6 ATM孪生体管理

3. 金融产品孪生体设计

（1）金融产品设计现状

目前金融行业的产品，基本上是产品经理根据业务需求设计出来的。产品经理在拿到业务需求后，最早只是大脑里的一个抽象的、模糊的概念，要把这样一个概念变成真真切切的金融产品，产品经理在现阶段基本上是借助鼠标和电脑通过很多次迭代设计完成，然后再交给研发人员进行开发，产品研发出来后才能进行验证设计与业务需求是否匹配，当产品功能与业务需求不符合时，需要重新调整，费时费力，无法满足移动互联网环境下客户需求的快速变化对金融服务的需要。

（2）孪生体产品设计思路

将数字孪生技术应用于金融产品的设计中，引发产品设计的新转变，由最初的"所见即所得"到"所划即所得"，然后再到"所想即所得"，最后达到"直接获得"终极阶段（见图7-7）。在产品设计手段转变的同时，通过在数字空间对设计的产品孪生体进行模拟仿真，验证产品在真实环境中的性能，在产品研发前即可预测产品质量、识别设计缺陷，并在数字孪生模型中进行迭代设计，减少产品研发后与需求的不一致性问题，提高金融产品设计的准确性，大大缩短设计周期，降低研发成本，加快产品快速上线。

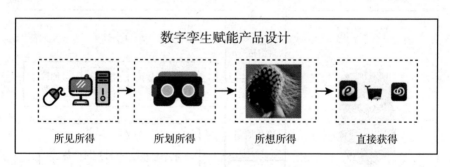

图7-7　数字孪生赋能产品设计

①所见所得：现阶段产品经理是用电脑和鼠标把脑海中的产品画出来。

②所划所得：当 AR 和 VR 技术成熟时，产品经理就不需要电脑和鼠标了，带上眼镜，用手比划，设计即可完成。

③所想所得：当传感器技术成熟时，在人的大脑上安装很多传感器，产品经理想想一个产品长成什么样子，电脑就能把这个产品的模型画出来。

④直接获得：根据客户服务或者交易的数据，利用物联网、人工智能等技术，直接在虚拟空间自动生成满足用户需求的产品服务。

（二）建立边缘计算体系，开创金融物联网新机遇

随着万物互联时代的到来，网络边缘设备产生的数据量爆炸式增长，带来了更高的数据传输带宽需求，同时，新型应用也对数据处理的实时性提出了更高要求，传统云端集中处理模式在这些应用场景已无法高效应对，边缘计算应运而生，引起国内外学术、产业界的广泛关注。从 2015 年开始边缘计算在谷歌热度不断上升（见图 7 - 8）。边缘计算将计算任务部署在接近数据源的计算节点上执行，可以有效减小计算延迟，减少数据传输带宽，提高可用性，并提供数据安全和隐私保护。业界已有众多边缘计算平台发布并在智能家居、智能安防、智慧城市等领域应用落地。

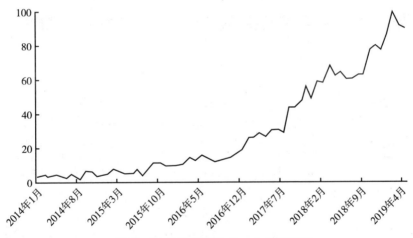

图 7 - 8　边缘计算的 Google 热度趋势

金融领域的特殊性对通信安全、信息保密、数据安全存储等方面有严格甚至苛刻的要求。边缘节点部署在设备端，用于采集需求数据并进行过滤分析，部分场景下采集的数据应用于金融机构业务系统账户信息、资金信息等交叉核验和综合分析，若金融机构直接租用面向互联网环境的通用边缘计算服务，在应用场景拓展、业务系统对接、信息安全保护、数据交叉应用等方面可能受到较多限制。金融物联网的发展需要有边缘计算提供支撑服务，自主搭建或合作使用面向金融领域的垂直边缘计算体系。

中国工商银行深入研究边缘计算体系，结合中国工商银行技术栈及业务应用需求，引入相关技术资源，建设"端边云一体化"、高可靠、开放式边缘计算平台。在技术架构方面，基于 k3s、k3os 实现边缘节点集群搭建，支持边缘计算节点快速、安全地接入云管理平台，基于行内前后端分离技术架构搭建具有边缘计算节点接入、应用部署、监控维护等功能的平台门户，边缘节点集群管理服务基于开源项目 Rancher 搭建，门户与边缘节点集群管理服务通过结构无缝对接，满足中国工商银行 IT 架构转型开放、高容量、易扩展、成本可控、安全稳定、便捷研发六大要求。在安全设计方面，基于中国工商银行现有安全架构体系，从边缘节点的安全、身份和认证管理等方面采取多项安全措施，提升防护能力。边缘计算体系整体架构见图 7-9。

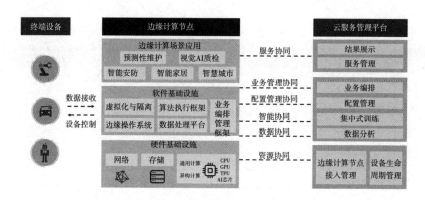

图 7-9 边缘计算体系

边缘计算能够实时、高效、节能地响应用户需求。针对边缘计算适用领域的业务痛点，以下从银行网点智能化转型（见图 7-10）、企业终端便捷入网（见图 7-11）两个领域进行介绍。

1. 银行网点智能化转型

（1）应用背景

以信息技术为代表的新一轮科技和产业革命变革在即，在互联网金融发展和渗透的大背景下，营业网点向智能化转型，成为商业银行迫切的战略选择。网点智能化，将成为银行深耕客户关系、引流获客和保持中高端客户持续增长的重要突破口。商业银行网点智能服务效率的提升，对国内商业银行网点转型发展、激发网点潜能及促进银行客户规模和经营效率稳步增长都具有重要的现实意义。

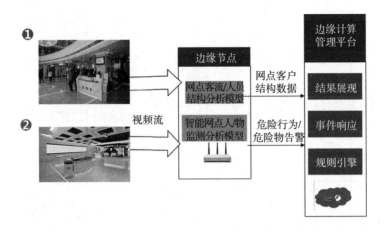

图 7 – 10　银行网点智能化转型

（2）解决方案

部署网点边缘计算节点，结合生物识别、人工智能等技术，建立智能化网点，可为客户提供个性化定制服务，提升银行客户规模和经营效率。提前在边缘节点部署分析模型，在客户无感的情况下，利用网点终端设备采集网点视频信息，在边缘节点分析视频信息，提取客户的人像特征，并与自有系统相检索匹配，获取到点客户信息并推送至边缘管理平台，供服务人员查看，同时边缘管理平台将客户信息推送至后台智能引擎，通过智能引擎数据分析挖掘该客户的潜在需求，方便服务人员为用户推荐更加量身定制和精准化的产品。同时边缘节点还可以实时地分析统计网点客流量和客户在网点内的动线，结合热力图和动线分析图可对分析结果进行展示，为网点布局/业务提升提供参考依据。

2. 企业终端便捷入网

（1）应用背景

由于金融领域系统安全性要求高，部分设备部署在局域网内，无法与云端系统连接，形成数据孤岛。对于弱终端和非智能终端设备，接入云端系统

中国金融科技发展概览（2018～2019）

成本较高，改造也存在困难。因此，设备与云端系统信息交互操作复杂，失误率较高，如何解决该类设备入网，打破数据孤岛瓶颈成为金融行业不可忽视的问题。

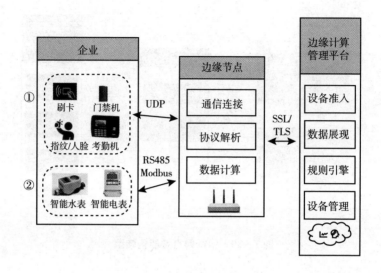

图 7 -11　企业终端便携入网

（2）解决方案

在企业运营管理方面，通过边缘网关节点连接局域网内设备和部分若终端设备，协同云端物联网平台，实现设备的远程管理及数据采集，再通过物联网平台提供数据可视、办公/运营管理的一整套企业服务。小微企业经营状况监控方面，通过边缘网关串口总线，采集水电表非 IP 设备数据，通过规则和模型分析企业经营情况，防范信贷风险。

（三）5G 革新金融行业服务模式，推进网点数字化转型

2019 年 6 月，工信部向中国电信、中国移动、中国联通、中国广电正式发放 5G 商用牌照，标志着中国进入 5G 商用元年。5G 通过一种全新的网络架构，提供峰值 10Gbps 以上的带宽、毫秒级时延，及超高密度连接实现网络性能新跃升。5G 网络将实现真正的"万物互联"，并缔造出规模空前

的新兴产业，为移动通信带来无限生机。物联网扩展了移动通信的服务范围，从人与人通信延伸到物与物、人与物智能互联，使移动技术渗透更广范围，使移动通信技术渗透更加广阔的行业和领域。5G 不仅是移动通信层面的升级换代，还使万物互连更广泛、紧密、智能、安全。"5G + IoT"将产生一系列的"化学反应"，为金融服务创新和升级带来新动能。

1. 案例背景

随着互联网及各项新技术的发展，我国商业银行网点存在岌岌可危，中国银行业协会数据显示，2016 年银行业平均离柜率为 84.31%，2017 年行业平均离柜率为 87.58%，2018 年这一数字达到 88.67%。伴随着银行业离柜率逐年攀升，银行网点规模也在逐年收缩，这意味着高频、耗时长的业务逐渐被迁移至智能机具办理，被线上业务办理取代。为此，银行网点数字化转型势在必行。5G 与物联网技术协同融合，催生和重塑了金融业的各类新应用，新的产品服务与体验引入将为网点数字化转型带来巨大动力。

2. 解决方案及效果

2019 年 4 月 19 日，中国工商银行与中国电信合作推出基于 5G 网络的营业网点正式落地工行北京分行电信大楼支行，实现了网点业务通过高速 5G 网络承载，提高线上线下业务办理速度。

2019 年 6 月 11 日，中国工商银行在苏州推出基于 5G 应用的新型智慧网点。该 5G 智慧网点植根客户智慧金融服务需求，秉持"金融与科技融合、金融与生态融合、金融与人文融合"理念设计，在 5G 技术支持下，网点构建了"技术应用 + 服务功能 + 场景链接 + 生态融合"四位一体的智慧服务体系，为客户带来更加安全、便捷、智慧的金融服务体验。基于 5G、人工智能等新技术的深度整合应用，中国工商银行 5G 智慧网点建立起客户与银行之间更通畅、更紧密的纽带，可以更高效地为客户提供有温度的金融服务。例如，运用生物识别技术，更安全、更精准地识别到店客户身份；通过虚拟人物形象和游戏交互提供个性化互动和营销服务；基于生物识别与多屏交互技术，实现自助办理各类常用业务；使用远程音视频技术，提供远程座席"一对一"服务，突破银行服务在交易介质、时间、空间等方面的限制。

（四）赋能溯源能力建设，创新智慧金融服务

随着我国经济的快速发展，假冒伪劣已成为亟待解决的市场经济痛点，公众对查防伪溯源的需求也日益提高。我国政府逐步颁布相关政策大力提倡产品溯源，政府监管力度持续加强，防伪行业迎来发展机遇。相比传统防伪企业，众多互联网公司纷纷跨界布局防伪溯源行业，以求在供应链管理、商品溯源、金融生态建设等方面拔得头筹。随着近年来金融科技不断创新发展，金融行业已进入智慧转型阶段，金融服务的范围、方式和客户需求在发生深刻变化，依客户需求而变化、提高服务质量谋发展、跨界与平台思维拓宽金融创新边界等理念正在成为银行业的普遍共识。金融行业与政府、各企业合作共建溯源生态体系，切入当前正处于蓝海市场的防伪溯源行业，将为金融行业创新金融业务和服务模式、完善征信体系，为社会各阶层和群体提供更为适当、有效的金融服务，打造智慧金融新生态注入了强大的动能。

1. 发挥金融服务能力优势，共建防伪溯源生态体系

（1）案例背景

防伪溯源一直是各行业与假冒伪劣商品做斗争的直接手段，是支持和推动市场经济发展的重要措施。各行业利用有效的防伪技术手段打击假冒伪劣现象，维护品牌效益，推动了防伪溯源行业发展，但目前防伪溯源体系依然面临缺乏完整追溯顶层设计，各行业溯源体系不兼容，追溯系统难辨真伪的信任危机，溯源商业模式缺乏产业链深度及广度等诸多问题，金融行业可发挥金融服务能力优势，与政府、企业合作共建信息融合、可信认证、互利共赢的溯源生态体系。

（2）解决方案

针对当前溯源行业发展存在的产业痛点，中国工商银行发挥金融服务能力的核心优势，从行业生态共建出发，积极研究防伪溯源技术特征和发展趋势，深入探索防伪溯源和金融的融合应用。中国工商银行防伪溯源云平台，依托中国工商银行物联网平台——"工银聚物"，通过各类物联网设备（RFID 技术、NFC 标签、专用 PDA、摄像头）采集各环节信息数据，实现

产品"端到端"的生产链路数据记录。通过赋予产品独一无二的身份码、引入第三方质量检测、保险公司赔偿保障，将产品的生产、加工、物流、电商、销售及终端消费聚集在整个生态体系中，为企业、政府、合作商、消费者、业务部门等各类用户提供各类溯源技术与解决方案的输出服务，建立"技术＋机制＋增信"的全流程防伪溯源体系（见图7－12）。

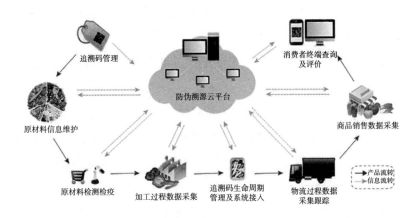

图7－12　中国工商银行防伪溯源云平台体系

（3）实施效果

中国工商银行运用物联网、大数据等互联网技术实现跨界互联，以"合作共赢开放"的理念打造满足行业应用需求的防伪溯源云平台，通过多维度数据采集、全流程追溯等技术手段，为各类用户提供了不同的溯源业务服务，提高企业生产状况、资产状况的真实性，促进产业链资产流、信息流、数据流的透明化。同时，中国工商银行运用平台化、生态化的商业模式构建线上线下一体化服务平台，聚合生态要素，持续完善信用系统体系建设，提升金融服务范围和服务能力，提高中国工商银行在金融市场的竞争能力和金融服务水平。

2. 跨界融合掘出防伪溯源新蓝海，提升金融贵重物品智能管理

我国各商业银行金库，承担着大量现金收付管理、款箱物流调拨、自动柜员机运营，以及实物贵金属、凭证要素、档案的集中保管和调拨管理等职

责。针对各商业银行金库、网点之间贵金属流转运输缺乏数字化管理、物品出入库依据手工登记、无法追踪物品在途流转情况等痛点，可通过跨界融合防伪溯源新蓝海，运用多维度数据采集、全流程追溯等技术手段，提升金融行业贵重物品智能管理。

中国工商银行针对传统金库中贵金属流转运输难以追溯管控的痛点，收集贵金属生产的基本信息作为贵金属产品的溯源数据基础，拟通过引入抗金属标签、PDA 等物联网设备，为每个贵金属产品绑定唯一的"防伪溯源标签"，作为产品防伪验证的依据，以此获取贵金属在生产加工、运输仓储和管理销售过程中的相关活动信息并建立电子标识和信息监控体系，为金库贵金属管理建立数字化管理系统，实现贵金属产品出厂、运输、入库、请领、出库、销售等一系列标准化流程，建设数字化、可视化、可追踪的贵金属管理全流程。贵金属在整个流通环节中受中国工商银行防伪溯源平台监控，厂商、物流公司、金库库管员、押运公司可采用定制扫描枪识别每款产品认证信息及对应节点信息。政府可通过溯源平台对贵金属流转运输进行精准追溯管控。普通消费者可采用手机端软件识别，基于 NFC 技术实现产品验真和溯源查询。中国工商银行建设金库贵金属溯源管理，提升了银行业务的信息化管理能力，也可作为科技能力输出，为企业客户贵重物品管理提供平台支撑，为业务部门扩宽营销渠道，从而提高业务营销竞争力以及企业风险管控能力。

3. 开放防伪溯源能力输出，助力金融业务服务创新

产品全流程的防伪溯源体系建设一直是各个企业直接对抗假冒伪劣产品、提高品牌公信力的重要手段。目前防伪溯源行业面向不同领域不同企业的具体应用存在诸多痛点，比如大企业只能基于自身设计解决方案，小企业缺乏实施能力和意愿，导致追溯系统难辨真伪，存在信任危机。金融行业可以发挥金融服务能力的核心优势，从行业生态共建出发，构建全流程防伪溯源生态体系，为企业客户提供一站式品控溯源增信的解决方案和金融服务，为消费者提供溯源品控增信服务，满足消费者知情权、提高产品公信力以及客户对优质产品的需求，助力金融业务服务创新。

（1）中国工商银行与普洱市政府、茶投公司合作共建"普洱茶防伪溯源项目"

基于普洱市茶叶市场茶叶质量溯源需求，中国工商银行在与普洱市政府、茶投公司充分沟通和对市场充分调研的基础上，合作共建政府监管、质量追溯、公众查询的"普洱茶防伪溯源项目"。依托中国工商银行防伪溯源平台，在该项目中中国工商银行提供金融科技支持和金融服务输出。项目通过收集古茶树生命周期和生产过程中的各项数据进行产量预估，为普洱茶标准建立提供数据基础，将 RFID、NFC 标签、工业二维码等技术，应用于识别、跟踪和追溯有关茶叶种植、加工、运输、仓储和销售过程中的相关活动信息，并建立电子标识和信息监控体系。在质量监控过程中，每一批次茶产品均由当地检测中心进行检验、定级，保证产品质量，且溯源标签发放全程受政府和茶投的监管；在整个流通环节，茶产品受溯源平台监控，运营商采用定制扫描枪识别每饼茶认证信息和流通节点信息，普通消费者采用手机端软件识别，基于 NFC 技术实现产品验真和溯源查询。中国工商银行以茶产品溯源为切入口，联合政府、茶投、茶厂、茶商、茶农、消费者等众多客户资源，产生相应的金融服务，包括为茶企提供防伪溯源金融科技服务输出；为客户提供专属的茶产品溯源服务，发行茶源溯源交易卡；为茶行业的中小企业提供信贷支持，将茶产品全流程溯源信息植入茶厂和茶商的信用档案，完善茶行业金融的征信系统，实施差异化的金融政策等。

（2）中国工商银行食品安全溯源体系

中国工商银行从金融服务民生的战略高度出发，以中国工商银行防伪溯源平台、NFC 标签、定位追踪等金融科技手段为依托，采用"互联网＋物联网＋金融"的应用模式，积极参与食品安全溯源体系建设。以"一物一码、物码同追"为方向，为食品建立唯一的电子身份证——"产品防伪溯源标签"，协同政府食品相关监管部门、企业和经营者，构建食品来源可查询、去向可追溯、食品安全责任可追究的全流程食品追溯综合服务体系。政府监管部门通过工行防伪溯源平台对食品生产、流通、销售渠道进行层层把关，经营者和普通消费者可采用手机端软件识别，基于 NFC 技术实现产品验真和溯源查询，查询收购产品的相关信息，满足消费者知情权、提升市场的公信力。食品安全溯源体系不仅实现了市场信息化和源头追溯，同时完善了食品源头追溯的管理机制，通过捆绑结算、理财、信贷、代缴代扣等金融服务，为发展农业产业链金融和食品加工业金融奠定了良好的基础。

第三节　金融物联网发展趋势
——技术变革带来广阔前景

工信部《信息通信行业发展规划（2016—2020年）》中指出，"十三五"时期是经济新常态下创新驱动、形成发展新动能的关键时期，必须牢牢把握物联网新一轮生态布局的战略机遇，大力发展物联网技术和应用，加快构建具有国际竞争力的产业体系，深化物联网与经济社会融合发展，支撑制造强国和网络强国建设。在物联网高速发展的背景下，通过不断的积极探索、突破创新，金融物联网已在融资、保险、消费等领域取得了良好的试点效果，鼓励和带动了更多的金融和产业资本投入，为行业的发展提供新动能。

（一）物联网技术革新，筑牢金融物联网基石

硬件技术持续创新、迭代升级，逐步突破物联网发展技术瓶颈。从1999年概念提出到现在，物联网经历了20年的技术积累，传感器、芯片、模组、电池等方面的硬件基础不断升级，有了长足进步，但仍未能完全满足物联网的需要。随着《中国制造2025》《国务院关于推进物联网有序健康发展的指导意见》《关于深化制造业与互联网融合发展的指导意见》《国务院关于积极推进"互联网＋"行动的指导意见》等一系列国家政策的不断细化落地，我国制造业的水平与规模都将产生质的飞跃，逐步打破物联网产业发展的各项技术瓶颈，让万物互联的基础得到可靠保证，同时让物联网不断解锁新的能力。

物联网产业需求旺盛、竞争充分，规模化应用推动产业链不断升级。全

球物联网的规模从 2008 年的 500 亿美元快速增长至 2018 年的 1510 亿美元，在连接数的不断增长和梅物卡夫法则的作用下，物联网新一轮的应用增长已经开始，落地场景不断增加，预计到 2020 年超过 65% 的企业和组织将应用物联网产品和方案。旺盛的需求带来的规模效应，将有效地降低生产成本，吸引更多资本、更多厂商投入物联网市场的竞争，推动产业链迭代升级，促进整个行业的进一步提升。成本的降低和效能的提升是物联网应用大爆发的基础，将惠及与物联网相关的所有行业，催化物联网应用在各个场景下的落地开花。

（二）5G 赋能金融物联网，让物联网拥有无限可能

2019 年是中国 5G 商用元年，三大运营商早已在全国范围内提前布局 5G，并在数十座城市进行 5G 试点体验。5G 正式的商用，给金融物联网带来了全新机遇，5G 高速率、海量连接、高安全低延时的特性，将在传输层给予物联网强大助力，不断推进金融创新。

5G 物联网给金融服务带来质的提升。5G 物联网与 VR/AR、音视频等技术的相互促进与协同融合，将变革金融产品与服务模式，在银行与客户连接与服务以及银行对客户的洞察等方面带来新变化和新可能，给客户带来全新体验。在客户连接方面，金融企业交互方式与服务对象的变化，让金融企业与客户的连接更加紧密、服务对象更广；在客户服务方面，三维、远程、移动的全新金融服务体验，为增强客户服务水平和升级带来更多可能，让金融服务方式更加多元；在客户洞察方面，金融企业通过物联网提供的多维数据对客户（个人、企业）进行评级和评价，使金融企业比客户更了解客户自己成为可能。

5G 物联网让金融营销从平面变立体，从宏观到微观。5G 有更高的带宽、速度和更低的时延，给视频通信由现实到虚拟现实、声音画面由高清到全息带来可能，"5G + 多媒体"助力推动 5G 新技术应用与各个金融业务领域创新融合服务新形态，让 VR 移动家庭网点、8K 电商直播、金融端到端零时延服务、尊享远程全息专家服务等应用成为可能。

5G 物联网让金融管理实现从粗放到精细化、从人工到智能、从单一到多元。在 5G 物联网时代下，综合利用生物识别、人工智能等技术，重塑金融行业的运营流程，提升运营管理水平。例如，利用 AGV 等技术，重塑网点、金库、办公大楼等固定场所运营、物流和运转，提高业务运营效率，释放劳动力；通过摄像头，实时跟踪客户在网点的运动轨迹，为网点的运营（窗口服务、机具布放）提供更有价值的数据支撑；将办公所需的计算、存储等资源全部集中在云端，利用 5G 超低时延特性，员工只需联网的低配办公电脑即可享受类似高配电脑办公体验。

5G 物联网给金融产品创新带来虚实结合、沉浸式服务的新特征。5G 物联网融合利用音视频、语言识别、AR/VR 等技术，打造全新的虚实结合的沉浸式金融产品，提升产品的市场竞争力，为智能物金融、3D 拍卖、VR 支付、远程开户/签约等创新业务的发展提供可能。

5G 物联网助力金融风险管理，贷后检查从现场到远程、风险反馈从事后到事前。在 5G 物联网时代，将有更多音视频等数据接入网络，为金融行业的风险管理提供了更广维度、更丰富的客观数据，通过汇总加工内、外数据，有效推进信息交叉验证，完善风险认证和监控预警模型，提前对风险苗头进行预警，将全面提高信贷领域风险控制能力。使用场景包括 Vlog 记录尽职调查，即在贷前背景调查、贷后检查过程中，利用音视频实时记录贷款人的客观资料，有效防范内部人员风险以及客户虚假信息；农林牧业贷后检查，即基于 5G 联网无人机，重点针对较偏远地区的农业、林业、牧业等农作物生长情况进行实时超高清航拍，从而实现抵押品的远程实时核查；用户存取款行为风险检测，即利用 5G 高带宽特性，全方位采集客户在 ATM 上进行存取款的表情、动作、穿戴等特征，通过后台分析，提前预警可能发生的风险等场景。

5G 物联网打造未来银行，实现无处不服务、无处不银行。5G 物联网通用新技术催生和重塑了金融业的各类新应用，以 5G 智慧银行网点建设工作为契机，将新的产品服务与体验引入银行网点数字化转型。5G 物联网提升人们的生活品质，促进企业生产方式变革，引发金融经营管理理念革新，终将对未来银行的业态产生催化作用和颠覆性影响。

（三）AIoT——金融物联网必然的发展方向

万物互联到万物智联。AIoT，即"AI（人工智能）＋IoT（物联网）"，AIoT融合了人工智能技术和物联网技术，是IoT的一种新的应用形态。AI根据大量历史数据和实时观察提供对于未来预测性的洞察。结合对过去和实时数据的分析，AI能够很容易识别出当前的情况，并做出合理推断。AI需要持续的大量数据流入，它可以处理和从中学习的数据越多，其预测的准确率也越高。物联网利用AI的特点，为之提供海量的数据进行学习和训练，将赋予物联网设备更多智力，让万物变得更聪明。

AIoT将推进金融行业深层次全方位的创新。AI的智能特性运用到金融物联网上，能够极大地提升物联网数据的价值。利用AI的极高算力深入发掘、综合分析，可以极大地推动金融产品的深层次变革与创新。例如，利用AIoT全面的信息收集与智能决策能力，为投资者量身定做个性化的金融产品，最大化投资收益；利用AIoT突出的势态感知能力，提升融资、保险等领域的风险管理水平，最大限度地降低资产资金损失的风险，为企业提供全面的金融保障；利用AIoT智能预测的优势，赋予设备故障主动维护甚至是无感自主修复的能力，将会极大地降低设备故障引起的业务损失，同时能够有效降低企业运营成本。

（四）金融物联网发展建议

1. "定标准"与"控安全"双轮驱动，完善金融物联网安全体系

2017年1月，工信部发布《信息通信行业发展规划物联网分册（2016—2020年）》（以下简称《物联网规划》），《物联网规划》提出的六大重点任务中明确指出完善标准体系和提升安全保障能力。随着物联网领域的高速发展，标准和安全依然是保障物联网产业健康发展的重要基石。政府或相关部门应统筹、协调各方，进一步推动金融物联网相关技术标准的统一，强化安全标准，加快安全技术服务建设，加强物联网应用的监督管理，完善

金融物联网安全体系，在保障金融数据安全性的前提下，推进金融物联网安全技术研发和产业化，打造良性互动的物联网生态。

2. 补齐金融物联网技术短板，促进共建物联网生态圈

物联网的发展既需要补齐技术产业短板，也需要加快构建新生态，"补短板"是"建生态"的基础，"建生态"为"补短板"创造新机遇。建议借助金融服务在社会生产中的核心作用和互联网新技术发展，补齐物联网技术金融场景难落地短板，加速金融服务继续向其他领域产业拓展，拓展金融物联网应用场景。在物联网生态蓬勃发展和边云双核心加速布局的背景下，金融机构应以开放的心态加强与互联网科技公司联合，发挥各自优势，加速金融物联网与多样化技术融合，探索金融物联网新盈利模式。金融机构需抓住 5G 通信商用元年机遇，联合政府、各个行业促进共建具有竞争力的金融物联网产业生态，推进数字孪生物联网创新服务，助力智慧金融建设。

3. 5G 通信元年，加快金融物联网创新发展

伴随近年互联网技术的发展新浪潮，5G 通信进入商业元年。通信技术是物联网的核心技术之一，是实现万物互联的基本组成部分，应加快金融物联网应用创新与 5G 技术融合。金融机构需要把握 5G 技术发展的本质，探究在 5G 背景下物联网技术创新和应用创新，加速对数字资产的获取和价值增值。金融行业应用是金融物联网发展的核心目标，通过围绕汽车消费金融、信贷融资业务风险监控、金融机构智能服务等金融行业关系国计民生的重要内容，以 5G 技术为底座，大力推广物联网新技术、新产品、新模式和新业态，发展丰富的智能化服务，推进数字孪生、边缘计算等物联网技术在金融物联网场景落地应用，打造"5G + IoT"物联网生态。扩宽"5G + IoT"物联网模式在金融领域的应用，促进中小金融机构风险控制及运营管理水平提升，为金融机构业务扩展和创新应用提供快速组合、可扩展、安全的服务机制，降低金融机构业务创新成本，引导金融机构物联网应用良性发展，推动金融领域数字化转型升级，为金融服务创新和升级带来新动能。

参考文献

中国信息通信研究院:《物联网安全白皮书(2018年)》,2018年9月。

国家市场监督管理总局、国家标准化管理委员会:《智慧城市信息技术运营指南》,2018年10月。

国家市场监督管理总局、国家标准化管理委员会:《面向智慧城市的物联网技术应用指南》,2018年10月。

工业和信息化部:《工业和信息化部关于印发〈车联网(智能网联汽车)产业发展行动计划〉的通知》,2018年12月27日。

中国信息通信研究院:《物联网白皮书(2018年)》,2018年12月。

工业和信息化部:《工业和信息化部关于印发〈信息通信行业发展规划(2016—2020年)〉的通知》,2017年1月。

第八章　金融区块链

第一节　金融区块链发展概况
——应用落地成为主旋律

2019 年 10 月 24 日，中共中央政治局就区块链技术发展现状和趋势进行第十八次集体学习，中共中央总书记习近平在主持学习时强调，区块链技术的集成应用在新的技术革新和产业变革中起着重要作用，要把区块链作为核心技术自主创新的重要突破口，加快推动区块链技术和产业创新发展。

区块链作为一种融合了点对点传输机制、分布式共识机制、密码学技术和智能合约技术的综合性技术体系，具有高度的透明性、健壮性和不可篡改性，为进一步解决金融行业中的信任问题、安全问题和效率问题提供了新的解决方案，也为金融行业的发展带来了新的机遇和挑战。为应对区块链技术所带来的机遇和挑战，产业界和学术界纷纷开展了金融领域的区块链技术应用探索和理论研究，为深入推进区块链技术与金融行业实际业务的融合提供了强大的动力。同时，近年来，区块链技术发展与政策监管相向而行的趋势越发明显，也为区块链技术与金融行业的深入融合提供了重要的推动力。

（一）各级地方政府积极推出扶持和引导政策

区块技术的兴起与发展逐渐引起了国家战略高层的关注，并为区块链的发展指明了战略发展方向。2018 年 5 月，中共中央总书记、国家主席习近平在中国科学院第十九次院士大会、中国工程院第十四次院士大会上发表的讲话中，将区块链技术与人工智能、量子信息、移动通信、物联网等并列为新一代信息技术，从国家信息技术发展总体战略的角度对区块链技术给予了高度重视。

各级地方政府积极结合国家发展战略规划、区域战略发展规划及地方发展特点，纷纷出台了一批扶持和引导区块链技术及相关企业发展的政策。

2018年5月，浙江人力社保厅发布《高层次人才项目推荐选拔重点产业领域引导目录》，引导浙江在新能源汽车、云计算、大数据、区块链等33个产业领域的发展。

2018年6月，福建省区块链研究院（筹委会）揭牌成立，该研究院旨在探索区块链技术在福建金融、教育、旅游、农业、公益、公共服务等众多领域的落地应用。

2018年9月，上海市杨浦区人民政府发布《促进区块链发展的若干规定（试行）》，颁布了12条促进区块链行业发展的优惠性政策，包括开办费用补贴、办公用房补贴、联盟支持、融资支持等。

2018年10月，海南省工信厅设立"海南自贸区（港）区块链试验区"，"牛津海南区块链研究院""区块链制度创新中心"等也相继成立。

2018年11月，北京市金融工作局联合中关村科技园区管理委员会、北京市科学技术委员会发布了《北京市促进金融科技发展规划（2018年—2022年）》。文件中指出，积极推进以区块链为代表的分布式技术发展，支持区块链技术的基础层、中间协议层、应用服务层的创新探索，支持并审慎探索区块链技术在金融监管与风控、普惠金融、贸易金融、征信、保险、众筹等金融领域的应用。

从上述各省、市出台的推进金融区块链发展的政策可以看出，各级地方政府积极拥抱区块链技术，逐渐明确金融区块链的发力方向，并积极引导企业和社会组织将区块链技术与金融行业的实际业务相结合，推进技术和业务流程创新，夯实产业发展基础。同时，需要指出的是，国内各级政府及职能部门对于数字加密代币依然保持强监管的态势。

（二）区块链标准化工作进一步细化并逐步深入

制定区块链相关技术标准，实现区块链技术的标准化，对推动区块链规范化发展具有重要意义。2018 年，在政府职能部门和相关部门的共同努力下，我国在区块链技术标准化方面取得了实质性的进展，不仅积极制定推出了多项国内标准，也积极参与国际标准制定。

政府职能部门积极出台相关政策推进区块链技术标准化工作落实。2018 年 6 月，工信部发布了《全国区块链和分布式记账技术标准化技术委员会筹建方案公示》，提出了包含基础标准、业务和应用标准、过程和方法标准、可信和互操作标准、信息安全标准等共计 22 项拟推进的国家标准。2018 年 10 月，工信部印发《"十三五"国家信息化规划的通知》，表示将积极构建完善区块链标准体系，加快推动重点标准研制和应用推广，逐步构建完善的标准体系。

相关部门和组织积极合作推进标准化工作取得实质性进展。2018 年已推出的相关标准包括《区块链数据格式规范》《区块链隐私保护规范》《区块链智能合约实施规范》《区块链存证应用指南》《区块链技术安全通用规范》《基于区块链的数字版权管理安全要求》等多项国家标准和团体标准。

积极参与国际标准制定，抢占区块链国际标准话语权。除积极制定推出国内区块链的国家标准、行业标准以及团体标准外，我国相关部门和组织也积极参与国际标准的起草和制定。2018 年，我国相关职能部门、区块链企业、中国区块链专家积极参与 ISO、IEEE、ITU 等国际标准化组织的全球区块链技术及应用标准、相关支持协议的制定工作，如 2018 年 9 月，由国家互联网应急中心（CNCERT）主导的《基于区块链的数字版权管理安全要求》国际标准在国际电信联盟通信标准局安全研究组（ITU-TSG17）成功通过立项，同时 CNCERT 参与《分布式账本技术安全体系架构》《基于分布式账本技术的安全服务》两项 ITU-T 国际标准的编辑起草工作。

（三）金融区块链应用探索进一步展开并逐渐深化

2018 年，金融区块链的应用探索进一步展开，应用场景不断拓展，与实际业务的融合度不断提高，出现了一批具有行业代表性意义的应用实例，基本涵盖金融区块链领域的各个方面，如电商融资平台、客户信息共享平台、跨境直联清算、反欺诈联盟等，从各个方面印证了我国金融区块链的进步与推广步伐。

银行、保险等金融机构结合自身实际业务积极拓展金融区块链的应用场景。例如，中国工商银行紧跟业界发展态势，积极开展区块链前瞻性技术研究，稳步推进区块链技术在资金管理领域的探索与实践，创新推出了业界首个用于建设工程资金管理的区块链平台，也成了雄安新区首个落地的区块链金融创新应用。中国银行基于现行国际支付业务中，跨境支付信息要在多家银行机构之间流转、处理，支付路径长，客户无法实时获知交易处理状态和资金动态，业务处理成本高的现实业务中的痛点，开发了基于区块链的跨境支付系统，并于 2018 年 8 月，通过区块链跨境支付系统，完成了河北雄安与韩国首尔两地之间客户的美元国际汇款。招商银行联合多家单位共同建设标准分链，是一种开放许可链，面向节点运营方、区块链应用（DApp）开发者、业务用户等所有区块链生态参与者开放，为整个生态提供了一个开放、稳定、安全、易用的基础设施。中国人寿保险（海外）股份有限公司积极探索区块链技术在保险业的应用，确定了以澳门地区银保新单保费结算为应用场景项目，并邀请广发保险公司开展保险公司之间的保费结算业务，提升了结算效率，增强了信息安全，提升了客户体验。该项目是中国人寿系统内首个落地的区块链技术应用项目，也是唯一由国有金融机构主导并获中国互联网金融协会认可的"区块链技术在保费结算中的应用研究"项目。

科技公司积极布局金融区块链，抢占行业领先优势。区块链技术具有的公开、透明、防篡改、可追溯的技术特性，为解决企业在融资、贸易方面的难点与痛点提供了新的解决方案，科技性公司瞄准行业痛点和难点，积极布局区块链技术，为企业在融资、资产化等方面存在的难题提供良好的解决方案。如 2018 年 9 月，平安集团深圳金融壹账通智能科技有限公司发布了 ALFA 智能 ABS 平台依托区块链技术，实现 ABS 底层资产逐笔穿透监控，使用户可对资产表现进行实时全程监测。该方案采用区块链技术穿透底层资产，对资产证券化的信任机制进行重塑，缓解了金融资产信息不对称的行业难题，有效打破了资产证券化市场发展的瓶颈。平台的诞生意味着 ABS 行业将正式进入脱离依赖主体信用评级，实现资产公允定价的时代。2018 年 12 月，蚂蚁金服发布了名为"双链通"的基于区块链技术的供应链金融解决方案，意在建立一个基于区块链的供应链协作网络。在蚂蚁金服提出的"双链通"方案中，蚂蚁金服将与合作企业共同构建联盟网络，并为联盟网络提供技术开发与运营服务，同时利用自身优势资源为企业提供安全可靠、合法的融资与金融通道。

伴随社会各界对区块链技术认知的逐步提高，金融区块链的应用探索逐步拓展，在应用探索过程中，无论是金融机构还是科技公司更加关注现有行业或业务场景中存在的难点和痛点，更加客观和理性地看待区块链技术给行业发展带来的机遇和挑战，在实际业务拓展与应用开发过程中也越发务实，积极引领区块链技术"脱虚向实"。

（四）区块链技术备受资本市场青睐，但依然处于早期投资阶段

区块链作为一种新兴的信息科技技术，其发展前景受到广泛关注，也成为资本市场竞相追逐的热点，区块链领域融资热度持续攀升。据统计，2018 年，区块链领域共获得 451 笔融资，中国、美国新加坡分别获得 266 笔、80 笔和 29 笔融资，合计占全球总数的 83.1%，中国在区块链领域融资总额为 154.7 亿美元。进一步分析，国内区块链企业投融资情况，可以看出其呈现如下特征：从获得投资的项目类型来看，投资机构普遍青睐区块链平台类项目；从投资区块领域的资本机构来看，不仅新兴的资本机构积极投资区块链项目，传统的投资机构也对区块行业保持开放态度，积极参与区块链领域的投资；从获得投资的项目地域分布来看，项目最多的是北京，其后依次为上海、杭州、深圳和广州；从融资的资金金额来看，区块链领域相关项目的融资金额均值为 0.7 亿元，所获得的融资额依然偏低，同时从融资的轮次来看，融资多处于天使轮及 A 轮，行业整体依然处于早期投资阶段。

（五）金融区块链技术的研究日益细化和专业化

区块链技术发端于数字加密货币——比特币，因而金融领域被视为区块链技术的发展源头。但是作为一种全新的综合性技术体系，其技术价值被多个领域的专家和学者认同，区块链技术被引入多个领域，如物联网、电子商务、电子政务、医疗等，而金融领域作为区块链技术的发展源头，其研究日益细化和专业化，诸多国际学术组织和学术会议纷纷成立金融区块链的专委会，举办以金融区块链为主题的研讨会。以金融密码技术和数据安全国际研讨会为例，该研讨会 2018 年举办的国际研讨会以金融区块链为主题，并选取了 25 篇会议论文进行刊发，涉及比特币与区块链、安全电子投票研究、可信智能合约三个专题。研究人员围绕智能合约安全可靠性、加密资产、基于区块链的电子证书涉及、电子投票系统安全可靠性、可信智能合约的延展性等问题进行了深入探讨，反映了现阶段金融区块链技术研究中的关注重点，也印证了金融区块链技术研究领域日益细化和专业化。

（六）区块链监管沙盒概念

区块链技术特别是基于区块链技术的数字代币，通常使用 P2P 网络技术，任何地方只要有网络，网上有服务器装有数字代币系统，系统就可运行，且使用持续加密机制，上传数据不能更改。当应用到跨境支付时，交易不经过各国央行系统，政府无法监管；也不经过 SWIFT 系统，挑战现有的国际支付系统。

监管沙盒提供一个"缩小"的真实市场和"宽松"的监管制度，以行政手段对金融科技进行监管，制定资格标准。金融服务公司将软件运行在模拟控制系统下，其中运行的数据只记录在沙盒里，而不记录到真实系统中。监管部门通过沙盒来选择创新公司，保护消费者。

总之，监管沙盒是一个重要的监管创新，向新科技公司提供一个步入正轨的机会，促进区块链行业稳定发展。否则这些公司可能继续开发逃避监管的技术，对金融市场造成的伤害可能更大，监管沙盒也为金融机构大胆创新提供了试验园地。

（七）金融区块链应用落地仍然存在挑战

金融区块链广受重视，相关技术研究与应用探索取得了积极进展，同时依然存在诸多问题。具体到金融区块链应用中，存在的挑战主要体现在如下几个方面。

第一，金融区块链的性能、安全等技术依然存在瓶颈。现阶段学术界围绕区块链的性能延展、交易效率等方面进行了积极的探索，但尚未出现解决"不可能三角"问题的通用性强的技术方案，而金融区块链在此方面也尚未有较大的突破。2018年，多个小型数字加密货币遭遇黑客攻击，损失惨重，为金融区块链的安全性拉响了警报，如何进一步提升金融区块链的安全性、防范安全攻击也成了学术界与产业界关注的重点。

第二，金融区块链的应用探索仍需加强。现阶段，虽然金融机构和科技性企业在金融区块链领域进行了广泛的应用探索，然而并未形成通用性的金融区块链方案，未形成具有绝对技术优势的应用案例，也未找到其他技术无法替代金融区块链技术的业务场景，金融区块链的应用探索仍需进一步加强。

第三，政策引导需要强化和细化。现阶段，各级政府积极拥抱区块链技术，为区块链企业发展提供政策便利，但现阶段依然需要进一步强化政策扶持力度，同时要实现政策精准化，防止在政策引导和支持下形成"泥沙俱下"的局面，将政策真正落到实处，让具有技术优势、发展势头好的企业真正享受到优惠政策。

第二节　金融区块链典型案例
——场景选择与效果探索

（一）中国银行：区块链贸易金融服务平台

2018年9月，中国银行、中信银行、中国民生银行联合研发推出区块链福费廷交易平台（BCFT）。该平台基于区块链技术为福费廷业务量身打造预询价、资产发布后询价、资金报价多场景业务并发、跨机构协同的应用服务流程。

　　截至 2018 年末，全国规模以上工业企业应收账款规模已达 14.3 万亿元，创历史新高，同比增长 8.6%。2011 年以来，全国规模以上工业企业应收账款规模增加了 7.27 万亿元，增幅达 103%。

　　贸易金融业务是针对企业应收账款融资的一种综合金融服务，因其具备真实贸易背景、逆经济周期而行等特点，能够较大地满足企业应收账款融资需求，提升企业资金周转效率，降低企业杠杆率，改善商业信用环境。在缓解企业融资难、融资贵问题的同时，有力助推实体经济转型升级。

　　目前银行间贸易金融业务主要还是线下撮合方式（见图 8 - 1），效率低、风险高。跨机构资产金额较大，需要满足行内层层审核、授权管理，导致交易时间长、效率低。大部分跨机构资产交易撮合人是产品经理，依赖产品经理的私人朋友圈，监管部门无法收集更多资产、资金线下撮合信息，违规现象经常发生。目前线下撮合过程中，大部分是"一对一"的机构买卖方式，基本没有涉及多方的资产拆分，导致无法体现数字资产的最大价值。区块链模式下福费廷业务流程见图 8 - 2。

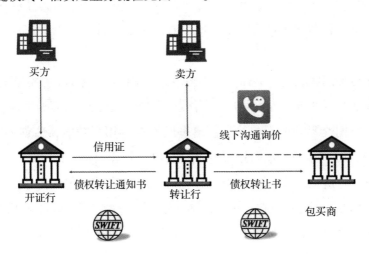

图 8 - 1　传统模式下福费廷业务流程

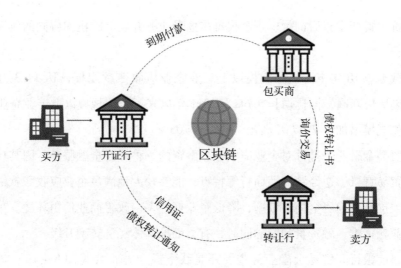

图8-2　区块链模式下福费廷业务流程

建设区块链贸易金融平台，可以解决目前贸易金融二级交易市场电话、邮件询报价问题，提高询报价的便利性；提交价格的透明度，对丁卖方为主的资产出让方，有助于降低融资成本；公开的资产交易平台，可以有效规范现有贸易金融业务"各自为政"的乱象，规范交流、交易规则；区块链技术可以保证数据的一致性和不可篡改性，为贸易金融交易提供安全保障；应用区块链技术可以将交易信息实时向企业开放，实现了信息的完全透明。

该平台采用联盟链的形式，由中国银行、中国民生银行、中信银行基于目前行业通行的业务流程共同开发，体现了平等、互信、公开的原则。该平台依据银行间交易业务场景，自主研发区块链应用层功能，独创 Business Point 管理端，有效便利地衔接银行多层级组织管理架构。该平台为贸易金融业务量身打造预询价、资产发布后询价、资金报价多场景业务并发、逻辑串行的应用服务流程，保障了系统的兼容性、通行性、灵活性和拓展性。该平台利用区块链、大数据等技术手段，有效解决了传统银行间资产交易的四大难题。

一是解决电话、邮件、微信等传统信息发布渠道交易信息失真难题，平台通过密钥身份认证、资产核心要素验证、智能信用评级等方式确保资产信息真实、唯一、有效，有利于规范交易、稳定市场价格、便利化操作和节约交易成本。

二是解决价格撮合与资产转让脱节难题，平台集合了资产发布、资金报价、offer 要约、债权转让等一系列环节，实现了"一站式"服务，有效避免了意向达成后交易拖延的情况发生，最大化缩减交易成本、提升融资效率。

三是解决多主体交易标准不统一难题，平台将交易核心数据统一化、标准化后"上链"，通过智能合约、共识机制、分布式数据库，配合 Business Point 定制开发，在求同存异的前提下，高度一致化核心交易环节，极大降低了多交易主体之间在文本、要素、流程匹配方面的"无效摩擦"，让平台成为跨行间贸易金融交易的"润滑剂"。

四是解决交易操作人员工作量繁复且保密成本极高等难题，平台数字化程度高，其块链结构、多节点存储、状态可追索、数据可共享、唯一性不可篡改、加密安全保障高等诸多与生俱来的优势，使上述难题迎刃而解。

该平台的成功上线是科技创新对银行间交易场景的充分挖掘和赋能，将有效重塑银行间资产交易流程，极大提升资产交易效率和安全性，推动全行业高质效发展，最终优化客户体验，体现金融服务实体经济的宗旨。

目前平台运行稳定，已经吸引平安银行、光大银行及多家城商行加入，支持福费廷交易与国内信用证，累计交易额已近 300 亿元。该平台在合作模式上探索出多家银行联合开发、平等共享的机制，形成了区块链技术共同创新、成果共享的良好合作氛围，推动了银行业区块链生态圈的发展。

（二）中国邮政储蓄银行：U 链福费廷业务系统

中国邮政储蓄银行以超级账本（Hyperledger Fabric）为基础，建设了 U 链福费廷业务系统，实现了信用证从开具到承兑全流程链上跟踪，快速衔接福费廷二级市场，并建立"福费廷区块链系统交易市场"，有效撮合金融机构间交易。

近年来，我国银行业大力发展贸易金融，福费廷业务凭借其独特的优势得到银行青睐，迅速取代了传统出口押汇和国内信用证卖方押汇/议付的市场地位。随着我国经济增速放缓，进入"三期叠加"阶段，福费廷业务也存在一些风险隐患，特别是在涉及司法纠纷时，其法律适用的不确定性在一定程度上影响了银行资产的安全，必须对其潜在风险予以充分关注。

在福费廷业务中，卖方银行通常在信用证项下买断受益人对开证行的债权，自行持有或在二级市场进行转卖。因为有开证行的承兑或承付，所以对买入福费廷的银行来说属于低风险业务。

但近年来，企业伪造虚假贸易背景的手段越来越隐蔽，部分企业借贸易融资之名，骗取银行融资进行投机。近期我国部分大宗商品价格剧烈波动，贸易背景真实性屡受质疑，部分企业资金链紧绷甚至断裂，福费廷融资的风险转移功能难以完全发挥。在此情况下，建设一套专门的基于新技术的国内信用证福费廷业务平台显得迫切而重要。

中国邮政储蓄银行以企业级开源区块链平台 Hyperledger Fabric 为基础，共识机制采用 Fabric 提供的 KAFKA 算法，并结合 J2EE 应用框架，开发了包括共享账本、智能合约、隐私保护和共识机制四大机制在内的 U 链福费廷业务系统。中国邮政储蓄银行 U 链福费廷业务系统实现了信用证产生的项下议付、福费廷等融资业务。该系统具有追溯精度优化、去中心化、强隐私安全、去信任中介等特点。U 链福费廷业务系统提高了一级市场的业务审单效率，减少人工判断失误；为业务提供增信，降低业务风险；实现了福费廷业务处理流程的衔接及优化。

原有业务流程存在以下问题。一是交易多方互信成本偏高。福费廷业务交易多方各自相互独立且信息不透明，为保证互信问题需进行多次握手确认，业务流程复杂。二是福费廷的票据审核复杂且需重复审单。福费廷的相关票据类型繁杂，审核复杂。在一级市场，开证行对福费廷的相关票据进行审核，在二级市场，每次债权的让渡，福费廷包买行都需要对相关的票据进行重复审核。三是工作效率低下，存在潜在风险。跨部门、跨机构协同目前缺乏有效的协同手段及渠道，更多通过线下的沟通、材料投递及审核完成。

　　经过研究发现，区块链技术的分布式信息存储、多方记账、不可篡改的特点可以很好地应用在福费廷业务中。

　　1. 业务信息及材料的电子化

　　由于信用证及福费廷业务涉及很多单证的开具及审核，而目前许多单证是通过线下开具，然后通过纸质或者扫描的方式完成业务的处理，如信用证相关材料、运输单据、贸易合同、发票等。区块链系统的构建将对相关票据信息电子化，一旦录入区块链系统，那么在福费廷业务中，业务的各方（开证行、通知行、交单行、议付行、转卖行、包买行等）可以便捷地查看相关信息，减少线下材料邮寄或者交单的成本。

　　2. 业务信息的跨部门、跨机构共享

　　信用证及福费廷业务涉及多个机构，包括开证行、通知行、议付行、转卖行、包买行等，各个机构之间的信息传递通常通过交单、传真、报文等进行业务协同，即使在同一个机构，如包买行审单和放款，福费廷业务也往往需要多部门的协同。区块链的共享账本可以使加入区块链的各个机构及单个机构内的各个部门之间实现信用证及福费廷相关信息的共享，从而提升整个跨部门的协同效率。

　　3. 业务的安全及隐私保护

　　由于信用证及福费廷业务涉及企业和金融机构，在信息共享和业务协同的同时，区块链的安全和隐私保护支持可以确保只有经过授权的机构及用户才可以查看区块链的共享账本信息及操作相关账本，账本信息是无法篡改、删除和替换的，而每个机构及用户的操作是可追溯且不可抵赖的。

　　4. 业务"背书"支持

　　信用证及福费廷业务由于审单流程较长，同时存在信用风险等特点，现有的业务模式对于债权的历史交易信息缺乏有效的背书支持，所以每一次债权的让渡都需要包买银行重新审单。区块链的共享账本存储了交易的历史信息，而参与历史交易的各方可以提供天然的背书支持，同时区块链的共识技术确保了每一次交易的发生都可以由业务相关方提供背书支持，从而有效降低业务信用风险，进而提升业务效率。

5. 智能化决策支持

通过区块链系统的智能合约，将业务验证规则进行预封装，在福费廷的业务审批发生时，提供自动化的校验结果以支持相应的审批决策，如合同、信用证及关联单据、承兑电文的交叉校验及一致性检查支持。自动化的智能校验可以提升整个业务审批的效率和风险预警的准确率等。

U链福费廷业务系统已于2018年9月上线，该系统实现了信用证从开具到承兑全流程链上跟踪，并建立"福费廷区块链系统交易市场"，交易双方无须线下协调，可在线上交易市场发布收证意向及包买意向，有效撮合交易。另外，本系统建立了一个基于区块链的让渡报文通知模式，与SWIFT让渡报文模式并行。

U链福费廷业务系统打通信用证的一级市场与二级市场，实现从信用证至福费廷业务的信息共享，利用区块链的身份认证和分布式账本技术特性，经链上交易较多一方的认可为业务提供增信、降低业务风险。通过联盟链实现业务回溯、私钥筛选资料可见性、共识机制背书信息安全、线上传输优化流程时效、分布账本提高安全边际。

通过区块链技术引入更多银行和企业参与，丰富了平台的意向交互和业务处理等相关功能，凭借其对业务数据的信息累积、数据共享实现联盟链的组建。该系统可以支持数十家银行区块链网络互联互通。

（三）苏宁金融：苏宁金融区块链物联网动产质押融资平台1.0～2.0

在动产质押、库存融资等涉及货物监管的供应链金融业务中，如何对抵质押物进行有效监管是最核心的业务问题。苏宁金融在供应链金融动产质押融资实践中着眼于通过金融科技技术创新来解决这一行业痛点问题。

苏宁金融使用了区块链、物联网等前沿技术来赋予资金方对远程资产进行智能化监控和管理的能力，解决供应链动产金融行业中资产无法溯源、无法实时可见等痛点，减少对人工巡库的依赖，降低操作风险与道德风险，避免抵质押物被调包、偷窃或其零件被拆卸，杜绝暗箱操作，实现了信息流、物流、现金流、感知流"四流合一"。

苏宁金融通过抵质押物标准化、存证上链流通等手段，打破了运用该技术的业务划分局限，所有标的都将同时以现货和数据资产的形式存在。在这种情况下，押品的范围将极大扩展，原本不适宜进行质押的货物，可以被纳入商业银行的融资范围，如快消品类、工业半成品类，甚至是食品生鲜类。融资客群也将扩大，原本动产业务主要服务于部分贸易类客户，在押品延伸后，可以拓宽至中小批零企业、加工企业、小微商户、农户，真正实现普惠金融。商业银行的业务范围也进一步扩大，原本无法实现动态监管、影响企业融资灵活使用、交易成本高的业务，现在可以通过存证的流通实现快速流转。

在传统动产质押融资业务中，根据动产的货权表现形式不同，动产融资业务模式主要分为货权凭证融资和现货融资两种。其中，商业银行对货权凭证融资的接受度要优于现货融资。由于商业银行自身不具有动产监管的资质和条件，目前的动产融资业务主要以委托仓储监管企业的方式来实现，仓储监管企业作为代理人，占有和管理货物，向银行提供质押物的数量、物理状态甚至价值信息。银行掌握质押物信息的准确真实程度高度依赖仓储监管企业对质押物的管理程度。

动产质押融资业务风险主要表现为重复融资风险、押品无法有效监控的风险、纸质单据易造假的风险。商业银行在动产质押融资业务方面做过较多尝试，主要集中于钢材、煤炭、有色金属等大宗商品。而长三角钢贸事件、青岛港铁矿石融资事件等都给商业银行造成了较大损失，大部分银行针对此类业务转而采取逐渐压缩退出的政策。银行对中小企业动产质押更难以接受，一是因为中小企业缺乏房地产等不动产、厂房设备等银行认可的"足值"质押物；二是金融机构缺乏对诸如版权、技术专利等知识产权进行认证及价值评估的标准、经验和能力；三是金融机构普遍不具备对于快消品、鞋服百货等零散、低值商品进行定价估值和存货监管的能力。

苏宁金融使用前沿技术将质物标准化、智能化、存证区块链化。所有业务相关方可以作为区块链的节点，通过分布式网络接入动产质押区块链联盟，同步更新押品存证信息。在场景化的联盟链中，客户、监管方、保险方、质检方等各参与主体各司其职，共同监督。

苏宁金融区块链物联网动产质押融资平台将原本烦琐的动产融资业务决策操作流程变得智能化、自动化。押品存证与押品关联，物的转移即伴随支付的同步完成，当客户需要融资时，只需在线申请并对押品加签质押标注并登记公示，银行即可在调取相关信息匹配通过后自动线上放款，客户实时取得融资款项。

以往，银行为中小企业提供的融资形式通常依赖房产抵押、第三方担保等，融资规模有限。经营像饮用水这种 SKU 品类较多、单品货值较低、进出库操作较频繁、仓储分布较广的商品的代理商一般很难从银行获得融资。供应链上的所有交易都是真实存在的，是否可以用仓库中储存的货物来获取融资？如果能够做到信息流、资金流、货物流或商流的统一，答案是肯定的。在供应链运营过程中，核心企业掌握商业交易信息，仓储及配送企业掌握物流信息，银行掌握资金信息，但都是各管一段，各信息之间是相互割裂的，无法形成一个供应链完整的、真实的画像，这也是中小企业融资难的一个原因。

苏宁金融区块链物联网动产质押融资平台核心技术是基于 Fintech 应用实现对货物的全程有效管控：运用物联网技术，将主观信用转化为客观信用，最大可能规避仓储监管机构的道德风险；运用区块链技术，确保供应链上的交易信息真实、可追溯和不可篡改。同时，充分运用互联网技术进行全线上操作——在线核库、在线质押、在线放款、在线赎货、在线还款，极大简化企业融资办理流程。

核心厂商将货物发送至苏宁银行指定仓库并转化为质押物。依托苏宁物流的全国仓储、配送能力，商品入库全程录像，特定仓位由物联网设备实时监控，对未经授权行为可及时发出预警。同时，货物的进出库数据与仓储机构实时同步，并通过区块链传输到货易融系统，确保数据及时、准确。在实现动态估值、动态监管的情况下，提高了企业融资效率和货物周转率。据介绍，在手续和材料完备的情况，最快 10 分钟即可放款到账。

为解决动产质押、存货质押融资业务中缺乏可信监管的问题，苏宁金融采用了区块链技术将业务流程数据与告警信息上链，无需第三方机构即可实现资金提供方、仓储监管方、货主之间的可信数据交换，同时使用了传感器对资产进行在库实时监控，通过统一的物联网平台对设备进行全生命周期的管理，确保货物在质押期间得到有效的监控保障。

该物联网监控平台内置多个服务模块，流媒体服务实现流媒体分发；中心管理服务负责设备接入以及 TCP Session 维护；接口服务实现基础的用户管理/设备管理/后台和接口，并提供安全 API 接口供外部调用；数据管理服务实现上报数据的管控查阅；录制服务专门做拉流录像和视频抓图。各个服务模块之间采用"Http + Json + Redis"相互沟通控制。

区块链的防篡改特性能够确保每一笔货物出入库记录和质押记录的可靠性和有效性。区块链的隐私性可以确保各方商业机密安全地存储在区块链上且不会被泄露。区块链的开放性可以容纳更多的仓储监管机构、银行接入平台，公平竞争。物联网技术实现动产质押业务的信息流、资金流和实体流合一的风险管理框架，拓展了供应链金融服务的边界。区块链动产质押系统基于超级账本 1.4.0 版本开发，在隐私保护方面具有四大商业机密保护机制：通道机制、数据上传权限机制、私有数据机制及多方加密机制。同一笔业务中的仓储监管企业、金融机构、融资企业及其他关联企业节点将加入同一通道，该通道的数据只有通道成员才能够访问。同时为确保数据的真实性、有效性，企业只能上传自己采集的数据，比如仓库管理员的巡库信息只能由仓储监管企业来上传。通过密钥交换算法，多方共同创建起一个密钥，并使用该密钥来加密涉及商业机密的数据，有权限的企业才能够访问和修改涉及商业机密的数据。

苏宁金融区块链物联网动产质押融资平台将物联网和区块链各自的技术特点相结合，采用区块链技术记录抵质押物的所有权，运用物联网技术监控抵质押物的物品形态，据此实现物权和物品的确认。在风险控制方面，苏宁金融还使用了视频流媒体和人工智能（机器视觉）对仓库进行视频监控在线分析，智能识别资产周围的区域、人员等环境变化进行环境监控，及时发出风险预警，实现"智能仓储"的风险预警自动化、智能化，有效控制货物监管过程中库管人员操作层面的道德风险以及融资方在监管方面监守自盗或串通作弊的风险，避免抵质押物被调包、偷窃或零件被拆卸。

相比由仓储监管企业单方面进行抵质押物监管的传统模式，苏宁金融的区块链物联网动产质押融资平台使金融机构也可以参与抵质押物的监控管理，金融机构所掌握的抵质押物品信息的准确真实程度也不再依赖仓储监管企业的管理能力。目前市场上的动产监管产品大多采用中心化的方式对监控数据进行存储管理，数据的增删改等操作不公开透明，且效率低下，风险不可控。相比之下，苏宁金融区块链物联网动产质押融资平台将物联网感知的数据以存证的形式存储在区块链上，业务相关方均可实时查看数据，能有效防范数据被篡改，一旦发生风险事件，区块链上记录的数据还可以作为法律证据，以便认定责任。苏宁金融区块链物联网动产质押融资平台 1.0 版本已于 2018 年 8 月上线并成功试运行，2.0 版本于 2019 年上线。

以煤炭质押融资为例，苏宁金融区块链物联网动产质押融资平台 1.0 版本于 2018 年 8 月下旬在泰州市太和港上线。该平台实现完整的融通仓融资模式，将区块链技术和物联网技术运用到供应链金融业务中，提高了仓储监管企业的动产管理水平，降低了金融机构的业务风险，完善了银行的风控体系。同时平台缩短了客户的融资周期，降低了融资准入门槛，为客户提供了更多融资选择。

苏宁金融区块链物联网动产质押融资平台解决了供应链金融的核心资产监管问题，且其扩展性强、安全性强，风险较传统监管手段低，使资金方在授信审批中对库存融资、动产质押等业务更有信心。使用该平台后，库存融资业务授信额度可提升 10 倍。

截至 2018 年底，该平台上针对煤炭质押融资业务的授信金额已超 2000 万元，放款金额达到 500 万元。作为应用方，苏宁银行通过该平台 1.0 版本为靖江太和港务公司的 30 多家货主提供 300 万~500 万元的小额贷款融资。此外，苏宁银行还在继续开拓钢铁、有色金属、汽车、快消品等其他商品的动产质押领域。2019 年第一季度，通过该技术在汽车金融项目的场景验证，苏宁银行预期为客户提供近 2 亿元的汽车库存融资业务的授信额度。2019 年第二季度，某数码通讯公司主要依托线上平台及线下渠道销售手机，需要向上游品牌手机厂家或国家级代理商采购预付大量资金。苏宁银行根据该公司与供应链上游的真实有效订单，以"华为""苹果""小米"等品牌手机为质押，依托苏宁物流进行货物监管，通过该区块链物联网动产质押融资平台 2.0 版本"货易融"线上平台为该公司提供 2000 万元的贷款支持，满足了企业迫切的融资需求，更高效地服务实体经济领域。

通过技术手段提高生产效率，区块链作为"数字化信任载体"在银行和企业之间实现安全、有效的信息共享。物联网通过机器视觉、GPS、3D 激光扫描、RFID、物联网产品电子代码、条形码、电子围栏、重力传感器、图形计算、边缘计算等感知技术实现对动产的位置、温度、体积、重量、移动、操作人员等状态的自动监控。结合了这两项技术的苏宁金融区块链物联网动产质押融资平台 2.0 版本"货易融"可实现对同一客户质押的商品进行全国跨仓监管和动态实时监控。支持行业不仅涵盖钢铁、有色金属、汽车、能源等传统货押行业，还扩展至家用电器、数码/3C、家装建材、日化快消等行业。实现全线上化融资操作，达到"见货即贷、随借随还"。借助股东优质生态圈资源，打通货物快速处置通道，这一应用的推广将有效解决供应链金融里中小微企业融资难、融资贵的难题。

随着 5G 通信技术逐渐开启商用，"物物相通、万物互联"的物联网时代即将开始：超强的带宽码率将打通所有"场景"，让"场景"之间的自由组合、互通互联成为可能。届时，无论何种商品种类，其价值、归属信息、仓储动态都将在 AI 的追索下，成为动产质押融资的有效媒介。但当前还有诸如"资产"价值评估体系建设、违约追索能力提升、监控成本压降等诸多难题亟待解决。苏宁银行在这一实践中将积极对接征信、海关、税务等政务部门数据，以及保险、担保、评级公司等金融服务机构数据，快速推进全场景的 O2O 供应链金融服务，构建完整的供应链金融生态圈。未来两年内力争将动产质押融资的范围拓展至生态圈全品类，解决生态圈内、供应链上每一家企业、每一位店主的融资需求。

（四）中国银联电子合约及存证平台

中国银联电子合约及存证平台是为机构提供的基于区块链技术的电子签约及存证解决方案，对电子合同的全生命周期进行管理，实现电子合同签署、电子存取证、合同智慧法律管理等，通过区块链技术保证签约过程可追踪、防篡改，从而解决机构业务场景中与签约相关的合规、存取证及合同管理问题。

例如，房屋租赁行业中，作为中小微企业的长租公寓需要扩张，需要不断投入资金收取房源，资金链紧张，业务过程中逐渐演变出"租金贷"业务，即租户向金融公司申请租房贷款，金融公司一次性把资金付给公寓，租户再按月偿还金融公司贷款。政府监管部门加强对房屋租赁行业的监管，具体手段则是加强对租房合同的管理，从根本上杜绝一房多贷、一房多租问题，减少长租公寓不合理杠杆，从而大大降低暴雷风险。

通过对接房屋租赁协会平台，银联电子合约及存证平台采用区块链技术，与第三方 CA 机构、公证处组建联盟链。一是实现电子签约过程关键证据数据及合约摘要上链，在合规的基础上提供基本的签约及事后存取证服务；二是实现房屋贷款数据上链，将其作为信贷记录数据共享给金融机构，便于金融机构将其作为共债等评判依据。

电子合约签约服务作为房屋租赁行业实现规范化的重要抓手，行业暴雷风险明显降低，金融机构放贷更有依据，业务模式可推广复制。

（五）国泰君安：区块链技术在 ABS 业务的应用

目前，市场上的 ABS 业务存在多方参与、中间环节较长、关键数据易被篡改、信息不对称等问题，导致监管难以执行到位，制约了当前 ABS 业务发展。区块链技术具有去中心化、不可篡改、可溯源、共享账本等特点，正好可解决上述痛点。

2018 年上半年，国内 ABS 产品余额近 2 万亿元，但市场还远达不到欧美市场的发达程度，主要原因有：项目尽职调查阶段，ABS 基础资产数据采集由原始权益人以中心化的方式提供，透明性较差，评级机构难以给出公平公正的信用评级；发行阶段，ABS 业务参与方众多、流程长、业务效率低，数据在各方流转缺乏统一协调管理，且底层资产数据记录易被篡改，中间各个环节若存在造假难以被发现；存续阶段，ABS 业务数据交互量大且频率高，信息不对称造成的违约风险、信用风险概率高，使监管工作难以落实。

1. 项目方案

2015 年 8 月，国泰君安资金同业部发行了国内首单以券商两融债权为基础资产的 ABS——"国君华泰融出资金债权 1 号资产支持专项计划"，利用两融债权资产作为融资补充工具，对盘活公司存量资产、补充公司营运资金、改善公司财务结构具有重要的作用。本案例将以该 ABS 为背景进行介绍，其主要业务流程见图 8–3。

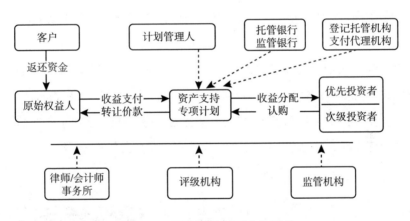

图 8–3　两融债权 ABS 业务模式

主要参与主体如下。

客户：与券商签订协议进行融资的客户，融出资金债权的债务人。

原始权益人：向客户融出资金形成基础资产的债权人，设立专项计划时向资产支持专项计划转让基础资产。

计划管理人：负责设立资产支持专项计划，并在存续期管理资产支持专项计划购买的基础资产，向计划投资者分配收益和本金。

投资者：认购资产支持专项计划，根据计划约定获取收益分配。

托管银行：开立资产支持专项计划专用账户并托管资金。

评级机构：出具信用评级报告。

律师/会计师事务所：出具法律意见书。

监管机构：对 ABS 业务全流程进行监管。

本案例主要解决以下问题：利用区块链上链保存原始基础资产，利用智能合约进行上链和筛选，确保原始资产数据质量；利用智能合约实现 ABS 关键业务流程，提高业务效率；利用智能合约实现监管体系建设；设计智能合约模板，支持多种底层基础资产，实现灵活的业务逻辑；构建券商间通用的 ABS 信息服务平台，实现互联互通和数据共享。

2. 方案设计

（1）搭建联盟链网络

引入券商、资管、监管、律所/评级等机构共建账本。采用市场上较成熟的金链盟 BCOS 框架，使用 CA 技术保证节点准入认证，使用通信信道加密保证节点通信安全，使用可插拔的共识算法（PBFT、RAFT）实现高效的节点共识，使用零知识证明同态加密实现隐私数据保护。系统假设了中国人民银行法定数字货币，并在链上进行交易记账，而交割清算通过链下导出文件的方式完成。系统将联盟链锚定主流公链，进一步增强系统不可篡改能力（见图 8 - 4）。

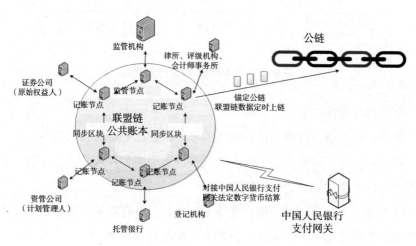

图 8 - 4　联盟链架构

（2）设计智能合约模板，实现灵活的业务场景

不同的基础资产有不同的融资特点。例如，对于两融债权类资产，主要根据客户历史履约意愿、逾期情况、维持担保比例等指标进行现金流预测及信用定价，而对于股票质押资产则关注标的股票评级、客户信用评级、融资规模等指标。系统抽象出通用要素设计为父合约，将个性化要素设计为子合约，通过父合约调用子合约可实现灵活的智能合约模板。

（3）使用智能合约实现关键业务逻辑

利用智能合约实现基础资产筛选、现金流预测、信用定价、重复转让检查等关键逻辑。例如，在两融债权场景中，券商通过集中交易系统导出每日客户两融数据，需要按双方事前约定好的规则，筛选出最优的每日合约资产，故可利用智能合约进行筛选和最优性校验。由于智能合约一旦确定即会按规则执行，故可确保筛选出的是最优资产，将信任由"人"转移到"代码"，增强了公信力。

（4）建设监管体系

利用区块链从信息披露、风险管控、事后追责三个方面实现监管体系建设。一方面，利用智能合约，强制 ABS 各业务关联方及时完整地定期披露相关信息，如资产管理报告、重大事项公告等，对于不按时披露的进行发函警示或业务禁止，严重的进行资金冻结。另一方面，对业务流程中涉及的关键数据，包括资金池情况、债权汇款情况、债权人信用变化情况等信息实时上链固化保存，对任何修改做到溯源可查。风险管控是通过智能合约进行全局监测和风险预警，例如，当市场总金额规模超过预设阈值，系统进行预警并自动阻止新专项计划的生成，控制 ABS市场总量及风险。当风险不可避免地发生后，利用区块链可溯源特性，对 ABS 交易全生命周期流程进行分析，形成完整的证据链，方便判断事件责任方，并进行相应追责处理。

（5）链下系统和链上系统相结合。某些具体的金融业务需要进行逻辑运算、数据处理等，耗时往往大于区块生成时间，这类复杂业务操作可链下执行，而利用链上智能合约做正确性证明，减轻链上业务处理压力。

（6）激励评级积分机制。利用智能合约设计一系列激励机制，鼓励各业务参与方诚信交易、按时履约。系统对能体现参与方诚信度的关键指标进行监控，如历史违约记录、基础资产质量等。对于履约能力好、信用评级高的交易方给予一定的积分激励，由智能合约自动发放，且在联盟链内部流转。获得较高评级积分的交易方享有一定优选权，如产品排名优先、交易费率抵扣等。后续可利用该积分开展跨机构合作，如黑名单共享、数据价值流通、营销引流等。

3. 项目效果

目前国泰君安已经完成了一期开发，实现了 ABS 基本业务逻辑。

图 8-5 展示通过智能合约模板配置 ABS 底层基础资产要素，图 8-6 展示该资产是否上链，未上链的资产可通过调用基础资产筛选和上链智能合约进行上链。

图 8-7 展示利用智能合约模板创建和管理专项计划，每一个专项计划均生成一个工厂合约地址（母合约），该专项计划在交易参与方签名共识后生效，图 8-8 展示签名情况。

图 8-9 展示专项计划所属每日合约详情数据，该数据将同步到所有业务参与方节点，一经签名确认，将无法被篡改。

由于每日专项计划底层合约可能发生变化，故需要进行循环购买和重复转让检查，确保底层资产符合要求且具有唯一性，图示 8-10 展示专项计划每日签名情况。

4. 存在问题及前景

从技术角度分析，由于 ABS 业务本身性能要求不高，技术上容易满足。从业务合规角度考虑，目前遇到并亟待解决的问题有如下几点。

一是监管合规问题。目前区块链技术在实际金融业务场景下允许的创新尺度或监管底线尚不明确。例如，区块链的一大特性是发行数字资产，利用数字资产的流通性和激励机制促进生态自生长和发展，用数字资产代表金融产品可能存在监管和合规问题，故本案例也未做相关设计。

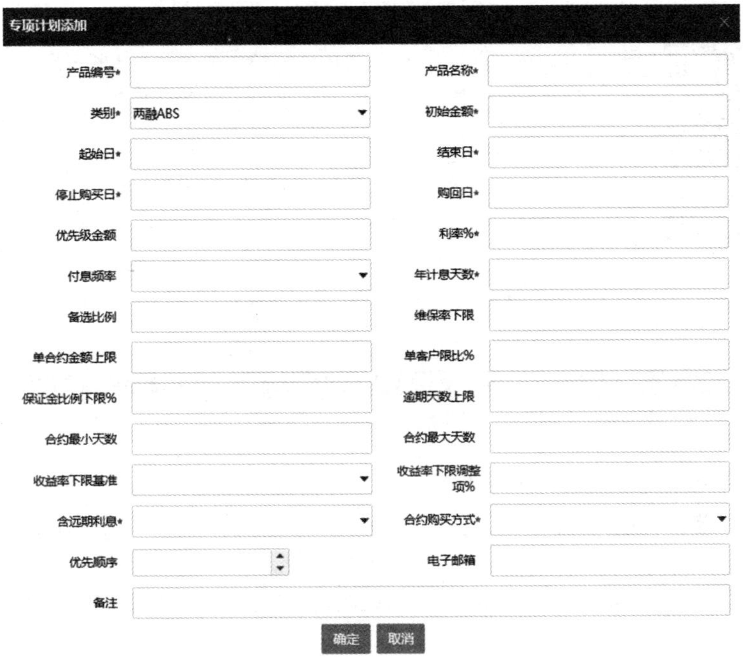

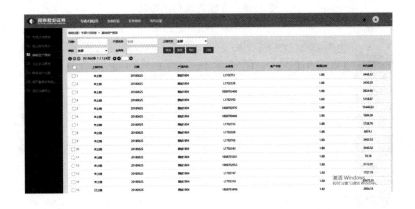

图 8-5 基础资产配置

图 8-6 基础资产筛选和上链

二是支付结算问题。如何打通链上和链下支付是当前区块链应用落地的一大障碍。区别于比特币等非法定数字货币，目前中国人民银行数

图 8-7　专项计划创建和管理

图 8-8　专项计划签名详情

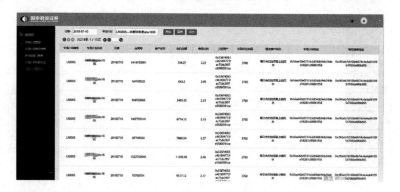

图 8-9　每日合约详情数据

字货币研究所在积极研究法定数字货币，将极大促进区块链应用真正落地推广。

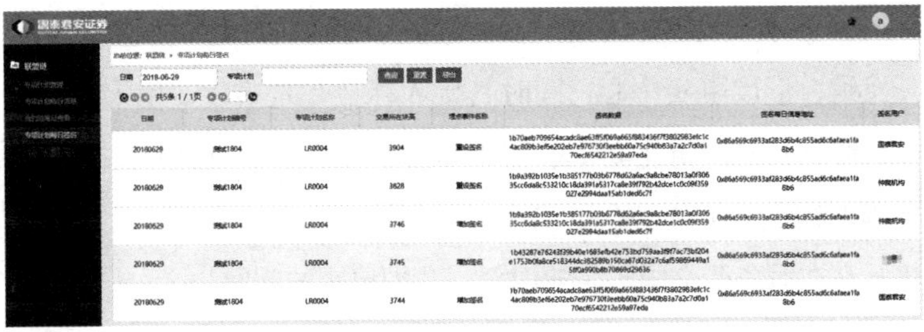

图 8 - 10　专项计划每日签名

三是联盟链治理问题。不同于传统金融机构中心化系统，联盟链是一个需要多方共同维护的去中心化系统，关于该系统运营主体归属如何划分、智能合约如何协调运维升级、法律责任如何判断、意外情况如何应急处理等问题尚无案例。

将区块链技术应用在 ABS 场景中有很好的发展前景，具体表现在：①联盟链成员共享了 ABS 账本数据，由不可篡改的区块链系统进行信任背书，使机构间信任得以增强，有助于更加高效透明地进行业务协作，提升业务效率；②利用智能合约实现 ABS 关键业务流程，使 ABS 全生命周期业务流程得以有效管理，形成一个完整的跟踪链，杜绝了任何环节造假的可能，在一定程度上降低了事中风险，也使业务流程更加自动化；③区块链分布式、去中心化、点对点的架构模式，使参与系统的各方享有平等地位，有利于异构的金融机构加入，减少了信息不对称造成的利益损失；④监管机构可作为节点加入，能够实时获得账本完整数据，有利于监管机构及时高效执行监管要求，缩减中间环节，提高智能化监管能力。

（六）招商银行：标准分链

近年来，区块链技术得到了广泛的关注，如何向用户提供区块链服务也成为所有网络建设者、应用开发者面临的问题。根据参与方范围的不同，业内曾经普遍认为有三种链的形态：公有链、联盟链和私有链。而经过长时间的实践后发现，这三种形态并不能很好地满足参与各方的需求，如公有链并未能实现其所宣称的完全分布式，算力集中在少数人手中，链的发展以及代码实现控制在核心开发组，形成事实中心，同时其接入存在一定难度，也未能给普通互联网网民带来便利；联盟链主要为联盟参与方提供服务，导致同一种业务重复建设的情况越来越多，服务受众范围小；私有链存在于企业内部，集中管理、过度中心化，存在服务受众限于企业内部、范围更小的问题。

为更好地服务广大区块链应用开发者、服务使用者，使其享受区块链技术带来的进步，繁荣区块链生态，在对各种区块链形态的优势和不足进行分析之后，招商银行提出了"开放许可链"这种新形态的链，并基于国内自主开发的开源区块链底层平台 CITA 建设了标准分链。

区块链技术已经被多家机构在多种应用场景中验证并在实际业务中使用，然而在应用实践中也暴露了以下问题：节点数量少，网络存在安全性问题；复用度低，资源损耗大；网络管理复杂，维护成本高；链上应用单一，用户少，无法发挥网络规模效应。

针对这些问题，结合对当前区块链应用和使用现状分析，招商银行提出了分层建设的思路，将区块链应用从逻辑上分为基础设施层、应用层和用户层。基础设施层负责区块链网络的建设，同时提供运维监控、链上治理等功能。区块链网络的节点由多个机构维护，面向所有实名认证的用户开放。应用层负责开发各类 DApp，开发者无须关心基础设施层的建设，并且可以使用已有的通用基础服务减少重复开发的工作，提高分布式应用开发效率。用户层直接使用 DApp，无须关心基础设施层的维护与应用层的开发。这种新的基础设施层称之为开放许可链，是对区块链形态的补充，介于公有链和联盟链之间（见图 8-11）。

在这种思路下，招商银行基于国内自主开发的开源区块链底层平台 CITA 建设了标准分链。标准分链是一种开放许可链，由招商银行牵头，准许其他机构参与建设，节点分布在多个机构，面向所有开发者以及普通业务用户开放。标准分链包括底层区块链网络、管理平台、中间件、缓存服务器、浏览器、标准分 App、标准分小程序、监控、加密服务、文件服务等多个产品，提供已经部署好的区块链网络，实现对用户以及 DApp 的管理，支持丰富的服务接口，满足应用开发需求，用户使用也更加便捷。

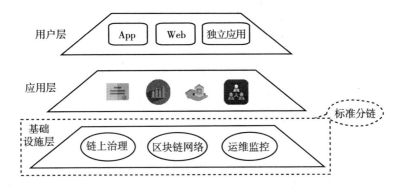

图 8 - 11　分层建设思路

普通用户经过实名准入之后，可以通过标准分链 App 及小程序访问平台上的 DApp，之后可以通过平台提供的区块浏览器或者查询接口验证链上数据，利用区块链技术提高访问各类 DApp 过程中的数据可靠性，防止应用方恶意篡改个人数据。

标准分链现已发布测试网和主网，底层环境可同时支持多个应用，以服务的方式向上层应用提供对区块链的操作，开发者根据使用情况按需支付少量的服务费用即可快速、便捷地使用区块链技术。统一管理的底层区块链网络大幅降低了各应用独自部署、运维底层网络的技术与资源成本；丰富的基础服务使开发者不必将所有工作都从头做起，直接通过 API 调用来加快应用开发与实现进度；主网已部署 8 个节点，tps 超过 5000，可以满足大部分应用对网络安全性和性能的要求。截至 2019 年上半年，平台已上线 4 个 DApp，最短开发周期小于 1 个月，极大地降低了区块链技术应用的难度，为业务快速探索和在应用中使用区块链技术提供了保障。

（七）中建电商：招商银行供应链金融协作平台

为解决建筑行业供应链环节中所面临的企业融资难、融资贵，融资流程不透明、融资风险大等痛点问题，中建电子商务有限公司（以下简称"中建电商"）与招商银行携手打造了中建产业互联网协作平台，共创建筑行业金融服务新业态，此举有利于打通信用流转，促进资产盘活。

　　中建电商是中国建筑成员企业之一，其搭建的电子商务平台依托中国建筑庞大稳定的采购需求，集采购招标、在线交易、物流整合、供应链融资于一体。中建下属局公司和成员企业的采购需求，绝大部分在中建电商的平台上进行。中建电商希望依托平台数据，接入商业银行，为供应商提供融资便利。

　　在各类融资过程中，银行会针对借款人的信用情况进行调研。调研材料包括借款人提供的各类财务数据。为获得款项，可能存在借款人对上报数据作假、篡改的情况。为避免该情况的发生，贷款人甄别数据的成本和时间不得不大大增加，也造成借款人获得融资款项的时间变长、成本变高。

　　利用区块链技术的集体维护、数据不可逆、不可篡改的特性，不仅能够对借款人提供的资料增信，还能降低融资调研成本和时间，可广泛应用于供应链融资、金融租赁等各种融资贷款场景。

　　采用区块链技术构建的供应链金融协作平台，可以将中建电商提供的平台数据进行加工，形成贸易背景存证，能够为中建电商的供应商增信，其原理见图 8－12。

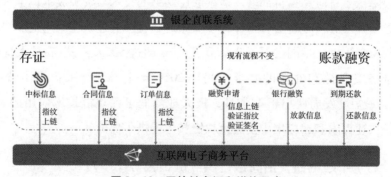

图 8－12　区块链存证和增信示意

　　连接该协作平台后，在供应商中标、签署合同、生成订单、收到供应商发票等一系列贸易事件发生时，中建电商将贸易事件的标的计算 Hash 值和时间戳存证到区块链上。存证在区块链上的只是标的资料的 Hash 值或者签名信息，标的资料本身并不保存于链上。该设计既保证了供应商信息的安全和隐私，又实现了存证 Hash 值和签名标签的公开透明，链上任何参与者都可以查询、验证。

供应商和中建电商贸易中生成应收账款后希望融资，需要选择一家商业银行，将佐证贸易背景真实性的申请资料（中标文件、贸易合同、合同项下的订单和销售发票等信息）提供给该银行。银行核对材料后计算材料的 Hash 值，并在区块链存证里查询。若提交的申请资料文件在区块链上都有存证，且存证的时间戳适合贸易发生时间，则形成对应的证据链，申请材料就可以被银行采纳信任。申请材料的存证验证查询示意见图 8 – 13。

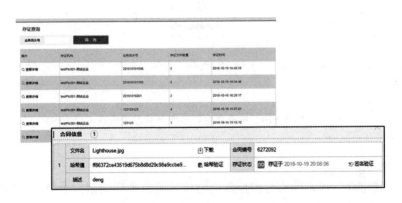

图 8 – 13　存证验证查询示意

供应链金融协作平台除提供存证和融资申请服务外，还连接了银行的信贷系统，提供融资款项审批结果通知、供应商还款信息通知等服务，是一个联通核心企业、供应商、银行三方，构建信息交互和共享的交互协作平台。该平台的部署设计示意见图 8 – 14。

为达到公信要求，区块链节点须由不同的机构持有。该平台的维护需要公共技术团队的系统升级支持。招商银行和中建电商将区块链应用部署至公有云，既方便技术人员对平台的维护，也方便区块链应用的推广。此外，部署在云端的各节点，可以方便地部署在同一网段，避免了相互开通服务端口

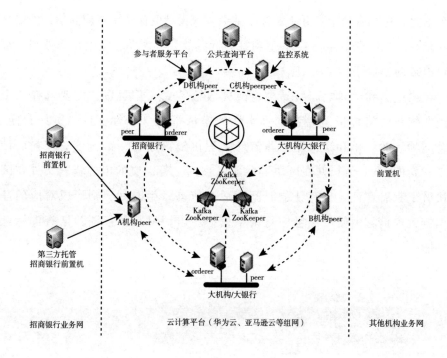

图 8－14　供应链金融协作平台部署示意

的麻烦。

中建电商区块链项目是供应链金融协作平台推广的第一个应用。后续平台将计划扩展应用到其他企业场景，携手更多金融同业伙伴，旨在共同建立一个产融/贸融区块链生态平台。

项目基于开源区块链平台，引入应用信息加密、交易身份匿名等安全防范措施，保证了区块链账本中的资源既面向关联方共享透明，又保护了非关联方的信息安全。而且从非关联方的角度来看，各关联方的身份都是匿名的。为解决用户隐私问题，该平台共经历了两个技术隐私设计阶段。第一阶段为"握手"隐私保护设计。此设计的缺点是产生了额外的交易交互过程，增大了系统实现的复杂度，增加了交易实现成本。第二阶段采用零知识证明算法，在不增加额外交易和交易成本的基础上，完成了用户身份匿名和隐私保护。

招商银行与中建电商强强联手，依托招商银行自主研发的金融协同解决方案，将区块链技术垂直应用于供应链融资场景，实现银企间应收账款融资全流程链上协同。传统供应链金融往往存在融资难、融资贵等问题，该平台利用区块链数据难以篡改、可溯源等技术特性，实现了融资便利性和成本的创新突破。同时，区块链技术的去中心化、公开透明、智能合约优势，使融资过程中的贸易背景真实性问题得以解决，为用户提供更为开放、高效、可信、可审计的协同机制。

该平台自 2018 年 10 月底上线以来，截至 2019 年 2 月底，已存证供销资料超过 29.3 万个，发起融资申请 290 余笔，累计融资金额达 6.36 亿元。

（八）中再集团：核共体"核·星"业务运营平台

中国核共体"核·星"业务运营平台是中国再保险（集团）股份有限公司（以下简称"中再集团"）基于区块链实现的第一个保险行业的联盟链，也是目前国内乃至全球首个应用区块链技术实现全业务流程支撑的核保险业务系统。该平台于 2018 年 12 月 28 日正式投入使用，目前已有来自 29 家境内成员公司和 26 家境外转分保接受人的超过 200 个用户申请使用，年在线交易保费已超过 7 亿元。同时，作为全球区块链业务应用的典型案例，"核·星"业务运营平台对于行业的深入应用具有良好的示范效应。未来，平台将继续通过"保险 + 科技"的服务形式，为大众构建一个安全、可信、开放的行业联盟，为联盟各方提供更加便捷、有价值的服务，为社会的高质量发展注入活力。

1. 传统核保险业务依赖线下人工处理，管理成本高昂

传统核保险业务更多地依赖线下的人工处理，执行机构和成员公司之间普遍使用电话、邮件、传真等沟通手段，数据信息载体通常为纸质合同文本或者账单。此种模式交易效率较低、数据传输速度较慢，且易出错。一方面，共同体机构成员众多、人员变动频繁，缺乏统一的业务沟通方式，造成成员间数据信息延迟，易导致信用或法律风险；另一方面，业务管理机构的管理成本高企，难以满足业务服务要求。

2. 区块链特性与核共体业务模式天然吻合，能够为发展提供新思路

随着业务的发展，传统核保险业务模式沟通低效、成本高昂、安全性弱等诸多问题日益突出，亟须通过新的思路和手段保障业务稳定。核保险业务是通过"保险共同体"的形式提供服务，共同体成员间虽然是相互独立的业务实体，但天然具备商业网络关系。区块链技术已发展多年，其以分布式、去中心化、不可篡改的技术特点为企业间构建对等的、可信任的交易网络奠定了基础，这与核共体的联盟形式极为贴近。通过区块链构建机构间的服务平台，可以简化沟通方式、降低交易成本、提高业务处理效率，同时基于区块链形成的可信交易网络，也为机构间数据共享、发展创新业务提供了机遇。

3. "核·星"业务运营平台以服务为基础打造全新平台化服务模式

中再集团于2019年提出了"平台化、科技化、全球化"的发展战略，中国核共体依据自身的特点和目标建设了核共体"核·星"业务运营平台。"核·星"业务运营平台定位于执行机构和成员公司信息传递与数据共享，旨在解决共同体核心业务流程效率低和信息传递不畅问题，目标是提升全流程的数字化水平，增加透明度，为成员公司及用户提供多样化服务。

4. "核·星"业务运营平台以科技为驱动建设产业链共享生态

平台坚持以科技赋能业务，以开放建设生态。平台采用了"微服务"架构体系打造上层应用，以"布比"区块链技术为支撑，利用区块链可追溯、不可篡改的特性保障交易可靠性，在核保险交易中的商机、分保信息、承保能力数据、账单信息、保单信息等均实现了链上存证，使交易可追溯，使管理有依据。此外，未来平台将继续拓展服务，与大数据、人工智能等技术的结合使核共体的服务向上下游拓展。例如，与物联网结合实现对核危险品的追踪及监控，通过原材料定位、权属追踪，为相关方提供核燃料全生命周期管理；通过风险、安全评估及认证，为保险与再保定价提供依据，增强核风险管控能力。平台将通过连接各方，为产业链建立多方共享的生态，普惠大众。

（九）中再集团：首款全产业链区块链保险产品助力打造健康生态联盟——中再轻松筹区块链平台建设实践

近年来，互联网意健险产品迅速发展壮大，其特点是前端销售直接面对互联网用户，借助互联网渠道的流量优势和承保理赔低成本优势，单笔保单金额较小，保单数量较多，交易频度高，规模效益可观。但在传统再保模式下，再保公司获取分出公司的汇总账单和明细资料通常以季度为单位，时间严重滞后。这种模式对直保公司而言，市场有效数据无法及时传导到各方，降低了对一线市场的敏感度；对再保公司而言，缺乏及时的市场数据反馈，给产品政策快速调整和后续产品研发都造成很大困扰。此外，该模式的数据传输以邮件、电话为主要沟通渠道，以 PDF、Excel 格式文件为信息载体，存在较大信任风险和数据篡改风险。

1. 区块链技术赋能、双链融合，打造首款全产业区块链数字化平台

作为全产业链区块链保险的行业开拓者，中再集团及旗下子公司中国财产再保险有限责任公司（以下简称"中再产险"）携手轻松筹、华泰保险完成了区块链在保险领域的布局，创新技术也赢得了业内的认可，焕发强大的生命力。2018 年 10 月底，中再产险、华泰保险和轻松筹共同开展"区块链＋意健险"产品全链条整合项目，中再集团将"再保险区块链"平台与轻松筹独立研发的"阳光链"结合起来，打造首款全产业链区块链数字化平台，实现产品从销售、承保到再保的流程联通和信息共享，提升了保险机构和企业之间数据流通的效率，为共赢的商业模式带来更大的想象和实现空间（见图 8 - 15）。

"区块链＋意健险"产品整合项目，第一次将区块链底层技术运用到健康险全产业链，其建设的信息数字化平台具备承保数据、理赔数据自动传输功能，并且能够基于获取的数据进行大额赔案通知告警，充分满足了业务部门及时跟踪产品销售情况和跟踪大额理赔赔案的需求。

该平台实时打通前端渠道，中端承保、理赔和后端再保等环节，让保险企业之间实现信息共享，重构保险生态，赋予互联网保险高效率、高透明的

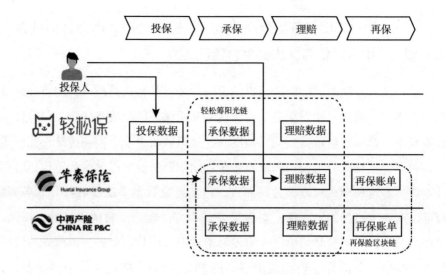

图 8-15　中再轻松筹区块链全流程示意

势能，是构建保险新生态、再保新模式的有益尝试。

2. 提升运营效率，实现信息共享，促进业务变革发展

互联网"保险+区块链"的组合很好地解决了信息不对称的难题，区块链技术可以通过不同的权限把保险中介公司、保险公司、再保公司连接在一起，在区块链上设置不同的数据权限，规范查看范围。这样一来，保险企业之间既实现了数据的共享，也能更及时地得到问题反馈。目前的再保险公司和保险公司对接的流程复杂且时间较长，往来文件和资料要经过多层盖章和审核，区块链简化了财务系统等多方面的检验真伪的过程，节省了大量的人力成本、时间成本和材料成本，大大提升了运营效率。此外，所有的保险数据都存储在一个链上，意味着所有的资源受链条上所有相关者的监督，也就能有效避免"骗保"等行为，减少行业损失。

该平台的建设有力促进了业务和场景变革。首先，再保公司践行了"再保直保化"的模式转型，让再保人走向前端，更加敏锐地发现前端市场信息，及时获得反馈。其次，行业首次将直保公司、销售渠道和再保进行数

字化整合，实现全保险产业链条打通，提升数据传递效率。再次，通过多方紧密合作，开拓了新的销售渠道和业务合作模式，再保公司提升了业务质量和积累数据质量。

3. 再保险区块链赋能行业，倡导平等参与、价值引领、开放高效的生态圈

中再集团在 2016 年开始研究布局区块链行业，首先提出再保险区块链交易平台，将区块链特性与保险行业结合，打通直保－再保交易，赋能行业应用。中再集团联合多家机构于 2018 年正式对外发布第一份《再保险区块链白皮书》，为行业联盟的创建打下了基础。此外，中再集团基于区块链还建设了服务于核共体联盟的"核·星"项目，基于私有链的"直保－再保交易平台"项目，以及面向牧民遭遇自然灾害的"白灾项目"等，这些项目在产生良好经济效益和社会效益的同时，也为行业创造了互惠共赢的生态合作环境。

中再集团将继续坚持基于区块链建立开放的平台机制，倡导平等参与、价值引领、开放高效的合作理念，培育行业市场，推动联盟平台和业务的持续迭代与完善，逐步形成行业生态合作的基础性平台网络，不断推进产业生态的跨界融合创新和数字化变革。

第三节　金融区块链发展趋势
——技术快速发展，应用加速推进

区块链在 2018 年经历了过山车式的发展，2019 年区块链的产业发展逐渐趋于理性并向实体经济靠拢，围绕实体经济的区块链应用逐步开始试点，试商用成为 2019 年区块链发展的新业态。同时，区块链产业发展从单一模式向政府、企业、联盟、科研院所等多方力量协同的模式发展，金融成为其中不可或缺的一环，将进一步推动区块链产业应用场景的落地。区块链未来的发展呈现以下几个趋势。

1. 区块链技术逐步进入3.0时代

如果将比特币作为区块链 1.0 时代的话，区块链 2.0 时代则更多展现的

是区块链单点技术的发展，如同态加密、零知识证明、智能合约的算法等，从而实现区块链单技术模式的技术升级和改造。而 2019 年区块链逐渐进入 3.0 时代，技术趋向于融合，"区块链＋"的形态出现，区块链技术与云计算、大数据、人工智能等前沿技术深度融合、集成创新。区块链与 5G 融合，将提升区块链网络的传输带宽、降低网络延时；区块链与人工智能、大数据融合，区块链作为可信数据的获取方，而人工智能、大数据则作为数据的加工方，相互配合，在保障数据可信的同时进行数据价值的深度挖掘；区块链与云计算的融合，这里包含区块链在云上提供 PaaS 服务能力，同时区块链与边缘云协同，让区块链进入边缘云，加强区块链对下行的管理和认证；区块链技术与其他数字技术的集成创新。

区块链产业逐渐走向金融领域不同的细分场景。区块链技术要实现在不同场景的落地，需要解决诸多技术环节的问题，如计算的处理瓶颈、多链路可用性等。一些数据的隐私将通过多样性的签名策略、国密算法、硬件加密与私钥保护、零知识证明、同态加密等密码学算法得到保护。区块链的共识算法会归一，从而更好地实现多系统的共识互通、多链环境的部署与同构或异构区块链之间的跨链互操作等，同时技术也会融合，如 Hyperledger 与以太坊在技术上可能相互渗透，未来不排除技术形成一套开源体系的可能。

在区块链 3.0 的时代，区块链技术将与垂直行业深度融合，改变生产关系、提升效率、节约成本，实现基于互联网的价值传递。

2. 区块链技术会越来越倾向于为实体经济服务

区块链区别于互联网作为第四代革命，其根本原因在于，互联网讲究的是信息的连接，而区块链强调的是价值的传递，价值链上多方信息的结合将更加紧密，实现数据真实可信是根本，从而助力数据资源有序可信地流转，让数据的权属更明晰、数据资源的共享更容易。

区块链技术与金融行业的融合可以从支付清算、资产交易、供应链金融、权益证明四个角度切入。

首先，区块链用于支付清算体系效果最为明显，通过区块链可以实现每笔资金流向的可追溯。利用区块链技术可以在全球银行间建立分布式账本，支付命令不可篡改，跨国支付和同业对账可做到实时，可有效解决对账成本高、效率低下的问题。按照高盛的分析，从交易开始到结算完成通常需要21天，而采用区块链，在前期账本信息可信的情况下，可实现7天结算完成。

其次，区块链技术推动各类资产（资产证券化、股权交易等）的可信交易。以各类资产为标的的交易涉及多方流转，并涉及具体交易时间，既要确保交易方不能随意篡改交易要素，又要对历史交易进行追溯，而区块链技术可以很好地解决这一问题。通过智能合约自动发起交易业务，还可以极大地减少人为干预可能引发的错误和风险。同时，探索区块链系统与中心化系统共同连接应用也是一个持续的话题。

再次，区块链在供应链金融中的应用场景较为广泛。"区块链＋供应链金融"是区块链在银行对公业务领域的最佳应用场景，具有广阔的市场空间。供应链金融具有系统性、结构性的业务理念，决定了信息流是供应链金融风险把控的关键。如何获取真实、全面、有效的数据，既是供应链金融风控的基础，又是风控的难点，通过区块链的分布式账本等技术可以在供应链参与方中的众多企业、众多金融机构间搭起一张可信的信息网络，从企业经营的源端获取信息，然后利用区块链对端到端的信息数据透明化、不可篡改性，所有参与方都通过一个去中心化的记账系统分享商流、物流、资金流信息。银行根据真实的企业贸易背景、实时产生的运营数据开展授信决策，缩短资料数据收集、校验、评估的作业时间，降低风险成本，提升决策的精确性和效率。而企业通过供应链金融可以获得更低的贷款成本、更迅捷的金融服务，帮助业务的顺利开展。

最后，区块链技术的数字签名和时间戳，可以建立现实社会中的KYC证明。区块链技术特点与权益发行、交易和流转所必需的确权、不可篡改、可追溯等业务特征存在共性，可以在权益市场得到较为广泛的应用。基于区块链技术，可以建立统一的权益市场，实现每笔交易可追溯，效率明显提升，且同步共享，有效防止反复登记、伪造、不透明等现实权益市场存在的问题。

3. 区块链监管沙盒将会日益成熟

监管沙盒对区块链行业的健康发展起到了重要作用。在现有探索性工作的基础之上，监管沙盒未来会日益成熟。不同应用的需求、实现方式和解决的问题不同，监管沙盒的设计也会有所差异。随着监管沙盒面向的场景更加丰富，沙盒的设计与实现也会更为全面。

区块链技术日新月异，以后的区块链技术和现在可能大不相同，因此沙盒技术会不断更新，更加与时俱进。例如，在线检测系统会更方便用户使用，用户可以随时随地监视管理。沙盒会更加重视法律和技术监管，而不是单个方面，让监管更加全面和便捷。

监管沙盒会更加全球化。全球化发展是主题，未来的监管必然是全球共同合作进行。全球化的监管沙盒可以让金融科技公司同时在不同国家进行测试，并帮助监管机构识别和解决常见的跨境问题。

4. 金融领域在区块链应用的政策将会进一步明确

区块链技术在金融领域缺乏足够的政策支持，目前大方向的政策已经出台，支持区块链等新技术在金融领域试点，但区块链如果在金融领域出现问题，将与现有金融系统的考核机制相冲突，在风控与选择区块链等新技术应用二者中，风控将会更优先，从而导致金融行业推行区块链等新技术的难度加大。因此，需要一行两会共同制定金融系统区块链应用的指导细则，明确鼓励新技术应用，同时调整当前的考核制度，让金融体系敢于尝试应用新技术，进一步加快金融的数字化改革进程。

参考文献

国务院：《"十三五"国家信息化规划》，2016 年 12 月 27 日。

中华人民共和国工业和信息化部：《全国区块链和分布式记账技术标准化技术委员会筹建方案公示》，2018 年 6 月 28 日。

《浙江省人力资源和社会保障厅关于公布高层次人才项目推荐选拔重点产业领域引导目录的通知》，2018 年 4 月 24 日。

上海杨浦区人民政府：《促进区块链发展的若干政策规定（试行）》，2018 年 9 月。

中关村科技园区管理委员会、北京市金融工作局、北京市科学技术委员会：《北京市促进金融科技发展规划（2018 年—2022 年）》，2018 年 11 月 13 日。

卢少雄、蒋成柳：《"海南自贸区（港）区块链试验区"正式设立》，人民网，2018 年 10 月 8 日，http：//hi. people. com. cn/n2/2018/1008/c231190 – 32130790. html。

李冰：《去年国内金融科技"吸金"3256. 3 亿元　区块链融资衔枚疾进总额超 300 亿元》，证券日报网，2019 年 1 月 19 日，http：//www. zqrb. cn/jrjg/hlwjr/2019 – 01 – 19/A1547827600296. html。

第九章 金融网络安全

第一节 金融网络安全概况
——成果与挑战并存

网络安全是国家安全和经济发展的战略资源，尤其是金融网络安全，是我国重点保护的领域。近年来，5G、大数据、人工智能、区块链、云计算等新型技术在金融业得到广泛运用，推动金融科技不断创新、变革，降低了金融运营成本降低，提高了金融服务效率。但是相关安全投入不足，金融网络安全防御系统较为脆弱，存在潜在的安全问题。同时，实施网络攻击的犯罪分子逐渐团体化和组织化，并且其攻击目的性更强，攻击手段更加专业化，越来越难以防范。这需要我们重视金融网络安全，加强网络安全防御技术和应用研究，逐步完善相关的法律法规，以保证金融网络安全的健康发展。

伴随金融领域信息技术的深刻变革，全球金融网络安全形势越发复杂多变，金融网络安全治理也面临诸多新挑战。在享受移动支付、实时交易的快捷便利同时，组织和个人还面临高级持续性威胁（APT）、分布式拒绝服务攻击（DDoS）、网络病毒攻击等网络安全威胁，以及数据库漏洞、内部人员泄密、云端威胁等信息安全威胁，还需要防范移动支付安全漏洞和区块链安全漏洞等。

（一）金融网络安全现状分析

1. 全球金融网络安全状况
随着计算机等技术的发展和传统领域数字化进程的持续推进，信息网络逐步深入经济、科技、工业和教育、文化等多个领域，并促使多个领域实现交叉发展，如区块链、人工智能等计算机技术与金融功能的结合，深刻影响了金融行业的商业模式和人们生活的方式。但与此同时，网络安全问题也越来越复杂化，主要表现为网络恶意攻击手段多样化、攻击行为规模化、攻击影响扩大化，且具有网络病毒形式多变、传播速度快、破坏力大、隐蔽性强等特点。当下，全球网络安全形势复杂多变，主要表现在以下五个方面。

第一，恶意网络攻击频率增加。据瑞得韦尔（Radware）统计，2018年全球大约有93%的企业遭受过恶意网络攻击，且约有1/3的企业每周都会受到网络攻击。企业遭受网络攻击的频率较往年出现大幅提升。此外，有报告指出，2018年共发生超过200万起网络袭击事件，造成损失逾450万美元。

第二，数据泄露事件呈爆炸式增长。金雅拓（Gemalto）公司发布的2018年上半年数据泄露水平指数（Breach Level Index）报告显示，2018年上半年发生945起数据泄露事件，外泄近45亿条数据，同比增长近133%。经统计，2018年全年共计发生2216起数据泄露事件，其中较为严重的事件有Facebook泄露8700万条用户信息、圆通快递泄露10亿条快递数据、瑞智华胜窃取30亿条用户数据等。

第三，安全漏洞暴露增多。瑞思贝斯安全公司（Risk Based Security）报告称，2018年共披露22022个安全漏洞，同比增长5.71%。其中Web相关漏洞占比约为47.9%，与访问身份验证相关的漏洞占比约为27.5%。此外，该报告发现大约有27.1%的漏洞是暂时无法修复的，如iOS平台WebView组件漏洞（UIWebView/ WKWebView）等。

第四，勒索软件增长趋缓，挖矿木马危害市场。2018年勒索软件增长趋势延缓，勒索软件集团数量也有所下降，但勒索病毒仍然是主要威胁病毒之一。此外，挖矿木马趁势迭起。保点公司（Check Point）发布的《2019年安全报告》指出，2018年加密货币挖矿软件感染木马的数量比勒索软件多10倍，其中攻击手段排名第一的是恶意挖矿软件（Cryptominers），全球大约有37%的企业组织受其威胁，且每周仍有超过20%的公司受到攻击。

第五，云安全威胁兴起，但未引起足够重视。根据 Check Point 调查统计，2018 年全球大约有 18% 的组织遭遇了"云端安全"网络攻击事件，主要事件类型有账户盗用、数据窃取和恶意软件感染。但是仍有 30% 的 IT 专业人士认为公有云安全应当是云端服务供应商的责任，大约 59% 的 IT 人员没有采取任何威胁防御措施。

从行业来看，金融行业因具有特殊性，其网络安全更是受到极大的威胁。

第一，金融类网络钓鱼案件迭起。据卡巴斯基统计，2018 年，其反网络钓鱼技术共检测到 482465211 次试图访问网络钓鱼页面的行为。其中，试图访问金融类钓鱼页面的行为占 44.7%。在全部金融类网络钓鱼案件中，针对银行的网络钓鱼攻击占比为 55%，针对支付系统的网络钓鱼攻击占比为 14%，针对电商的网络钓鱼攻击占比为 8.9%。

第二，银行恶意软件攻击猛烈。据统计，2018 年，被银行木马攻击的用户数量为 889452 人，同比增长 15.9%。其中，24.1% 的用户是企业用户。此外，俄罗斯、德国、印度和中国等国家的用户最常受到银行恶意软件的攻击。2018 年是遭受恶意移动软件攻击最猛烈的一年，金融网络安全形势发生了较大的变化。

2. 中国金融网络安全状况

全球的网络安全形势严峻，我国也不例外，在解决一些传统网络安全问题的同时，又面临新的网络攻击问题。根据国家互联网应急中心（CNCERT）发布的《2018 年我国互联网网络安全态势综述》，我国一些传统的安全问题如恶意程序感染、网页后门、网页篡改等得到进一步有效控制，但在关键信息基础设施和云平台等方面仍旧面临较大的安全风险，APT 攻击、DDoS 攻击、数据泄露等问题依旧严重。

据统计，2018 年 CNCERT 处理约 10.6 万起网络安全事件，主要是网页仿冒、安全漏洞、恶意程序、DDoS 攻击等。与此同时，CNCERT 成功关闭控制规模较大的僵尸网络 772 个，成功切断 390 万台被黑客感染主机的控制。根据 CNCERT 检测结果，2018 年我国境内感染网络病毒终端累计有 616 万个，同比降低 70.6%；遭植入后门的网站累计有 31790 个，同比降低 46.5%；遭篡改的网站有 23459 个，同比降低 61.3%；我国境内发起 DDoS 攻击的活跃控制端数量同比降低 46%，被控端数量同比降低 37%。

近年来，我国互联网金融发展迅速，为掌握我国互联网金融平台网络安全态势，保证我国金融网络安全，CNCERT 利用技术优势，对我国互联网金融相关网站、移动金融 App 等进行监测。

根据 2018 年监测结果，发现互联网金融网站存在高危漏洞 1700 个，其中排名前三的分别是 XSS 跨站脚本漏洞、SQL 注入漏洞和 Spring 框架目录遍历漏洞，具体分布情况见图 1。随着互联网金融竞争力的提升，各互联网金融平台运营商的网络安全意识有所增强，金融平台的网络防御系统逐渐加强、防护能力逐渐提高，但是仍有部分平台安全维护不到位，CNCERT 监测到高危互联网金融网站达 330 个，情况不容乐观。

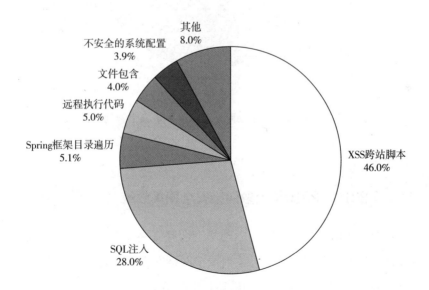

图 9 - 1 2018 年中国互联网金融网站高危漏洞分布情况

资料来源：CNCERT《2018 年我国互联网网络安全态势综述》。

在移动金融 App 方面，CNCERT 监测了 430 个互联网金融 App，共发现 1005 个安全漏洞，其中高危漏洞 240 个。高危漏洞主要类型有明文数据传输漏洞、网页视图明文存储密码漏洞、签名未检验漏洞和源代码反编译漏洞等，具体情况见图 2。这些安全漏洞可能导致交易资料和客户信息的泄露，破坏互联网金融的网络安全生态。

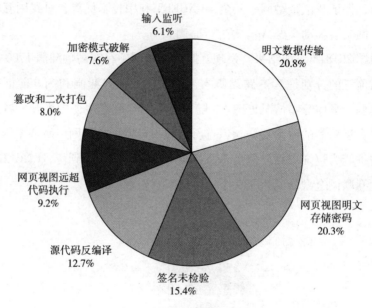

图 9-2 2018 年中国互联网金融移动 App 高危漏洞分布情况

资料来源：CNCERT《2018 年我国互联网网络安全态势综述》。

（二）2018～2019年金融网络安全相关政策

随着经济和信息技术的发展，网络安全越来越受到国家和政府的重视，工信部、网信办等部门出台了一系列关于网络安全的政策法规。其中，本书对 2018～2019 年出台的有关金融网络安全政策进行了梳理。

2018 年 3 月 30 日，中央网信办和证监会印发《关于推动资本市场服务网络强国建设的指导意见》，旨在促进资本市场的完善，推动金融网络安全的建设和创新发展。

2018 年 10 月 19 日，国家网信办发布《区块链信息服务管理规定（征求意见稿）》。2019 年 1 月 10 日，正式公布《区块链信息服务管理规定》，自 2019 年 2 月 15 日起施行，主要用于规范区块链信息服务的发展，促进金融网络安全的发展。

2019 年 5 月 24 日，国家网信办等部门发布《网络安全审查办法（征求意见稿）》，替代《网络产品和服务安全审查办法（试行）》，重在加强关键基础信息设施安全，提高国家网络安全要求，有助于维护金融网络安全。

2019 年 5 月 28 日，国家网信办发布《数据安全管理办法（征求意见稿）》，从数据收集、数据处理使用、数据安全监督管理三个方面提出了相关政策要求，以保障个人信息和重要数据安全，为金融网络创造良好的网络环境。

2019 年 6 月 30 日，工信部和北京市人民政府发布《国家网络安全产业发展规划》，建设国家网络安全产业园区，这将对网络安全发展起到重要的促进作用，同时为金融网络安全提供技术支持和产业支撑。

2019 年 7 月 22 日，国家网信办、国家发改委、工信部、财政部发布《云计算服务安全评估办法》，自 2019 年 9 月 1 日起施行。这是从云计算服务方面制定的办法，旨在保障云计算服务的安全，扩大了金融网络安全的法律保障范围。

2019 年 9 月 27 日，工信部发布《关于促进网络安全产业发展的指导意见（征求意见稿）》。当前我国网络安全面对各种威胁，包括网络攻击、恶意代码、安全漏洞等，希望通过对网络安全产业的支持，提升网络安全技术，保障我国网络安全，也将为我国金融网络安全提供重要保障。

2019 年 6 月 25 日，《密码法（草案）》提请十三届全国人大常委会初审。2019 年 10 月 26 日，十三届全国人大常委会第十四次会议表决通过《密码法》，自 2020 年 1 月 1 日起施行。该法旨在规范密码的应用和管理，保障网络信息安全，为网络安全的发展提供了重要的法律保障，是金融网络安全的法律基石。

（三）金融网络安全面临的威胁分析

1. 网络安全威胁

（1）高级持续性威胁

高级持续性威胁（Advanced Persistent Threat，APT），通常是指带有政府背景的组织或小团体，以窃取国家机密资料、重要商业信息、破坏重要网络基础设施等为目的，利用其特殊的技术手段对选定目标发动长期持续性网络攻击的活动。APT 攻击手法主要有鱼叉邮件攻击或 BEC 攻击、网络流量劫持、水坑攻击等。

截至 2018 年，全球范围内 APT 攻击组织至少有 80 个，其中针对中国境内金融、能源、政府机构等组织发动 APT 攻击的境内外黑客组织累计达到 38 个。在这 38 个 APT 组织中，针对中国境内目标的攻击最早可以追溯到 2007 年，目前仍然处于活跃状态的 APT 组织包括"Lazarus""海莲花""摩诃草""蔓灵花""Darkhotel""Group 123""毒云藤""蓝宝菇"等。

根据威胁情报公司的统计，自 2015 年起，Lazarus 组织针对全球范围内银行业发动的网络攻击已累计造成上亿美元损失。其中，2018 年该组织发起的 FASTCash 攻击从 23 个国家/地区 ATM 设备盗走数千万美元。此外，Lazarus 组织将其目标范围扩散至银行业、POS 机终端、ATM 设备、金融科技公司及密码交易所等。

因此，我国金融业面临的 APT 攻击威胁极其严重。而且，一旦被 APT 攻击成功，会给我国金融业带来难以挽回的损失。

（2）分布式拒绝服务攻击

分布式拒绝服务攻击（Distribution Denial of Service，DDoS），是指许多 DoS 源攻击同一个目标服务器的攻击方式。最常见的 DDoS 攻击是利用 TCO 协议三次握手的缺陷进行的，其他的攻击类型还有 SYN 变种攻击、针对 UDP 进行的攻击等。

绿盟科技发布的《2018 年 DDoS 攻击态势报告》指出，DDoS 攻击规模呈现扩大的趋势，攻击能力普遍提高。2018 年，DDoS 的攻击次数达到 14.8

万次，单次攻击平均峰值达到42.8Gbps，同比增长204%。

从DDoS攻击地域分布情况来看，受攻击最严重的国家是中国，占全部攻击的比重为36.7%；其次是美国，占比为32.0%（见图9-3）。中国近几年一直是受DDoS攻击最严重的国家。

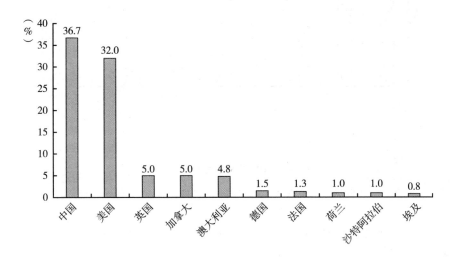

图9-3　全球DDoS攻击目标IP分布

资料来源：绿盟科技全球DDoS态势感知系统（ATM）。

从DDoS攻击目标行业分布来看，受攻击最严重的行业依次是云服务/IDC、游戏、电商、IT/软件和金融，占比分别为30.7%、27.6%、9.2%、5.5%和4.6%（见图9-4）。此外，据相关机构统计，我国已经有超过60%的金融机构使用云服务，再加上金融行业本身所受到的DDoS攻击，我国金融行业受DDoS攻击威胁的情况较为严重。

（3）网络病毒攻击

网络病毒一直是破坏网络安全的重要攻击手段之一。据瑞星发布的《2018年中国网络安全报告》，2018年瑞星"云安全"系统共截获病毒样本7786万个，病毒感染11.25亿次，病毒总体数量同比增长了55.63%。按病毒类型分类，第一大种类病毒是木马病毒，占比为61.60%；其次是灰色软件病毒和病毒释放器，占比分别为14.53%和

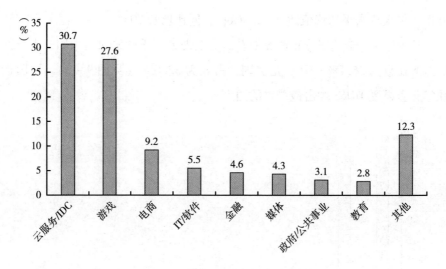

图 9 – 4　DDoS 攻击目标行业分布

资料来源：绿盟科技全球 DDoS 态势感知系统（ATM）、绿盟科技威胁情报中心。

12.52%。此外，受利益驱动，许多犯罪组织转向勒索病毒和挖矿木马领域。

腾讯安全联合实验室调查 2018 年企业用户网络安全状况称，勒索病毒、挖矿木马也是企业安全的主要威胁。从企业感染病毒的情况来看，最主要的病毒还是风险软件，占比达 50%；勒索类病毒占比居高不下，为 4%；挖矿木马占比逐渐提升，达到 1%。从行业感染病毒情况来看，金融和科技类行业更容易受到风险软件的威胁，主要是因为金融和科技行业的机密资料更受犯罪组织的欢迎，极易成为风险软件的首选目标。从不同行业访问风险站点分布来看，科技、金融行业更容易受到欺诈信息的影响。

2. 信息安全威胁

（1）数据库漏洞

在信息时代，数据库凭借其能够快速、高效处理数据的特点，成为信息系统的核心。随着云计算、大数据、物联网等信息技术的发展和应用，各行业数据量从 TB 级增至 PB 级，数据规模不断扩大，数据库安全的重要性不言而喻。但是数据库本身存在一定的安全威胁，即数据库漏洞。

金融行业的数据库中不仅包括金融机构自身的相关资料，而且包括个人客户身份信息、银行卡密码、企业客户财务资料，甚至还有政府机密资料等非常重要的数据。数据库包含的核心资料价值越高，往往越容易成为黑客的攻击目标。黑客会利用其发现的数据库漏洞发动网络攻击，通过种植木马病毒、电脑蠕虫等手段窃取数据库资料。金融行业的信息数据一旦被泄露，信息掌握者可利用用户信息直接侵占其财富利益，给用户造成不可估量的损失，对金融企业政策运作造成严重威胁。

（2）内部人员泄密

在信息安全问题上，除了外部攻击、安全系统自身缺陷等问题，还需要考虑人为因素，尤其是内部管理人员，他们掌握着企业的重要信息资源，一旦泄密将给企业带来重大损失。金融平台的工作人员泄密可括平台代码、核心流程、平台数据库、交易审核机制等层次。平台代码的泄露，可以导致恶意攻击者了解数据存储和处理的基本框架、数据库的结构，进而分析系统或者平台的漏洞；核心流程的泄露，可以导致恶意攻击者了解整个系统或者平台的数据流向，进而实施旁路窃取；平台数据库的泄露，轻则可以让恶意攻击者获取金融平台客户的基本资料，重则导致客户用户名与密码的泄露，从而导致客户的私人信息泄露甚至资金损失。内部人员的泄密，会从根本上破坏企业的安全防御系统，造成大量信息泄露，给企业和客户的财产安全带来严重的威胁。

（3）云端威胁

中国信息通信研究院发布的《云计算发展白皮书（2019）》显示，2018 年我国云计算整体市场规模达到962.8 亿元，同比增长39.2%。其中公有云市场规模437 亿元，同比增长65.2%；私有云市场规模525 亿元，同比增长23.1%。经预测，未来几年我国云计算市场将保持稳定增长态势。

在云计算快速发展的同时，其存在的安全威胁也不容忽视。我国金融行业已经开始普遍使用云服务，金融行业最关注的云服务安全风险是信息和数据的保护、业务访问权限的控制等，但是现在的云服务供应商还不能完全化解这方面的风险。不仅如此，大部分使用云服务的金融机构并未重视云威胁，部分机构甚至不主动采取安全防御措施，使我国金融机构面临较大的云安全威胁。

3. 其他安全威胁

（1）移动支付安全漏洞

随着金融科技的兴起，移动支付得到广泛运用，移动支付安全的重要性日益凸显。截至 2018 年，我国手机网民规模达 8.17 亿人，使用手机上网的比例达到 98.6%；网购用户规模达 6.10 亿人，其中手机网购用户规模达 5.92 亿人，占手机网民的 72.5%。但是，目前依然有较多的用户担心移动支付的安全问题。

除此之外，我国大部分提供移动金融服务的 App 也存在安全规范问题，缺少标准的安全监管流程，甚至部分 App 缺乏对其代码和业务逻辑的充分安全性测试，导致许多 App 存在安全漏洞，容易遭受黑客的攻击。通常金融类的 App 会涉及客户的私人资料和资产信息，如果存在安全隐患，会给客户的财产安全带来较大的风险，严重者会影响金融机构的稳定经营，给金融行业带来冲击。

（2）区块链相关安全漏洞

随着比特币的诞生，其背后的区块链技术也逐渐受到人们的关注。区块链技术具有开放性强、加密性好等特点，在金融、资产管理、贸易结算等方面有广泛的运用前景。2017 年，国务院把区块链技术列入"十三五"规划。目前，国际上区块链技术主要运用于加密货币，截至 2018 年 12 月，整个加密货币市场总值超千亿美元。然而区块链在技术层面和应用层面存在一定的安全局限性，2018 年全年加密货币遭受严重的网络攻击，被盗取或诈骗金额达 17 亿美元，其中 Coincheck 黑客攻击造成的损失达 10 亿美元。区块链相关的安全问题亟待解决。

第二节　金融网络安全典型案例

—— 由外而内全方位安全实践

（一）中国工商银行：互联网金融应用攻击行为监控体系

1. 案例背景

互联网业务的快速发展使互联网金融企业的攻击面不断扩展，系统安全防护和异常监控投入的人力、物力也逐渐增加。同时，黑客的攻击手段更具多样性和伪装性，往往在攻击和入侵形式上与应用逻辑紧密结合，如暴力猜解、欺诈劫持、代客访问、逻辑攻击等，不仅能造成企业敏感数据泄露和利益损失，还能攻击企业客户，造成客户资金损失，使企业处在被动防守态势，缺乏主动性和预测性。

针对黑客的攻击行为，多数企业部署外网边界防护设备和安全风险监控系统均采取了控制措施并部署了监控规则，很大程度防范了网络安全入侵和攻击行为。但是在与黑产博弈的过程中可以发现，黑产团伙不断尝试升级攻击手法，采用多种手段绕过外网边界防护设备及安全风控规则。为更加有效地应对互联网应用攻击行为，要运用大数据、机器学习等技术识别潜在风险，通过设备数据、行为数据和交易数据，识别设备终端和用户行为、交易中的异常，加大应用攻击行为监控和响应的力度，最大限度降低风险和威胁的影响。

2. 需要解决的问题

互联网渠道已经成为企业向客户提供服务的重要渠道。随着互联网金融应用的增多，互联网业务的安全攻击行为越发猖獗，安全攻击行为的识别与防护已成为业界研究热点，主要是攻击行为隐藏于互联网业务正常业务逻辑、无明显攻击载荷，综合多种隐蔽技术手段（IP代理、设备伪造等），导致触发网络防护规则失效，难以及时发现攻击行为。如果根据已知风险事件设定专家规则，在短时间内可有效识别，但当攻击手法发生改变时，规则无法自适应调整，准确性就会降低，导致对于未知的恶意行为很难提前感知，故需通过数据分析手段建立数据采集、模型设计、监控响应的全流程体系，达到识别并阻断攻击行为、预测攻击行为的目的，深度挖掘黑产团伙，减少互联网金融攻击给企业及客户带来的安全隐患。

3. 解决方案

应用攻击行为监控体系分为数据层、模型层和应用层（见图9-5），该监控体系利用特征工程将原始数据转换成精确的、可量化的数据，以便更好地理解和计算。处理后的数据采用数据挖掘、机器学习、知识图谱等技术手段从设备、行为及交易三个维度识别风险并进行风险关联分析，形成事前、事中、事后的全流程监控。针对各类应用的业务特性，采集业务流全生命周期的设备、行为、交易数据，通过对客户端数据、操作行为及应用流量的实时捕获进行事前管控、事中监控、事后分析，实现攻击行为告警、溯源、攻击类型统计及安全事件的追溯与分析。

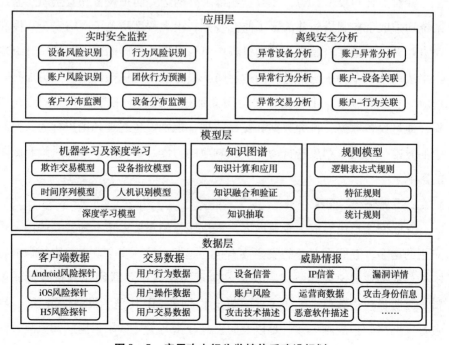

图9-5 应用攻击行为监控体系建设规划

（1）数据层

作为应用攻击行为监控体系的数据基础，数据层负责数据采集、清理和特征提取。数据层包含客户端数据、交易数据和威胁情报三大类数据，其中客户端数据通过在 App 或 Web 中部署风险探针采集客户侧数据，用于提取设备特征发现客户侧风险，如风险设备、高危应用、代理访问等；交易数据包含用户行为、操作及交易数据，如用户的鼠标轨迹、击键频率、交易轨迹、时序等，用于识别客户的异常行为和交易；威胁情报是收集、评估和运用关于安全威胁、攻击利用、恶意软件和漏洞等信息的数据集合，帮助监控体系识别安全威胁并辅助决策，为发现未知的安全风险提供更多的主动权。

（2）模型层

该层提供模型的全生命周期管理，负责模型的训练、更新和部署等，利用数据层提取的设备、行为和交易特征训练机器学习模型、构建知识图谱、设计交易风险规则等，风险模型的判别结果送入应用层进行组合分析，实时发现应用系统中的潜在风险和攻击行为。根据待监控应用系统的风险情况，部署的模型按照功能类别可分为设备风险模型、行为风险模型、交易风险模型和关联分析模型，以保证模型从设备、行为、交易多个维度识别风险，同时根据系统的数据吞吐量部署计算和存储能力，以保证机模型的训练效率和风险识别的实时性。包含的攻击行为识别模型利用大数据技术分析用户设备、行为及交易特征，训练机器学习、深度学习模型识别设备风险、行为风险和交易风险并使用设备指纹技术识别互联网金融业务的访问设备，从设备维度精准打击攻击行为，结合各类风险分析结果运用知识图谱、图学习等进行风险关联分析，深入挖掘攻击团伙，预测攻击趋势。

（3）应用层

应用层负责处理模型层的模型检测结果，进行风险的关联分析、展现、反馈及统计，根据监控的时效性要求可分为实时安全监控和离线安全分析。实时安全监控可实时处理模型判别结果，并根据预设的防护措施做出决策。在设备维度，设备风险识别需判别设备潜在威胁并结合账户认证体系，确保设备和客户账户的安全性，若发现存在设备风险需根据系统要求进行管控；在行为、交易维度建设客户行为风险识别能力，根据模型判别结果对异常行为、异常交易进行事中监控和处置，并利用关联分析预测团伙行为。离线安全分析可用于分析和关联监控系统发现的异常情况，利用统计分析、知识图谱等技术预测攻击趋势、归集已知威胁，对事中和事前措施进行补偿。

4. 案例应用实践及效果

互联网金融应用攻击行为监控技术的核心思想是在大数据架构之下，应用机器学习、深度学习等技术发现复杂数据与攻击行为之间的关系，并进行实时的攻击监控。从设备、行为、交易三个维度建立多层次、立体化的全业务流程监控体系，通过事前管控、事中监控、事后分析进行有效监控，精准打击制造攻击行为的设备、账户，减少误杀。随着大数据技术的进一步发展和基础架构计算、存储能力的逐步提升，基于数据分析的应用攻击行为监控技术或将成为未来监控的主流技术。

（二）中国农业银行：信贷智能质检系统

1. 案例背景

金融科技日新月异，商业银行赖以生存的环境正发生深刻的变化，过去单纯依靠信贷资产规模扩张的"外延式"高速发展和高盈利的时代已基本结束，信贷领域发展已进入下半场，线上信贷业务高速增长，客户群体下沉，欺诈风险和系统操作风险渐渐凸显。

2. 需要解决的问题

目前商业银行传统信贷业务风控主要针对线下信贷业务，关注信用风险、聚焦客户还款意愿和还款能力，缺少对线上信贷业务欺诈风险和系统操作风险的有效防控手段，且往往采取事后分析的手段，缺少实时风险防控的能力。

3. 解决方案

针对商业银行传统信贷风控在线上信贷业务欺诈风险和系统操作风险实时防控方面的不足，搭建信贷智能质检平台，提供如下功能。

流批一体实时质检引擎。基于新一代开源流计算框架 Flink，自研搭建了流批一体的实时质检引擎，实现了端到端语义一致，攻克了难以实时发现风险并在事前和事中阻断这一业界难题，实现了毫秒级的质检核查服务响应时间，达到业界领先水平。

全模多维数据集市。支持实时、准实时、批量接入线上信贷业务数据、客户行为数据，并引入信用卡核销名单、贷款核销名单、资金监测名单等，已建立 10 亿级的质检数据集市。

自适应智慧服务架构。一是智慧巡航，支持机构、渠道、产品多维智慧限流，全服务、高性能双模式智能切换，特殊时点平台服务自动降级；二是智慧处置，实现处置任务智能分配，并根据客户风险偏好等提供"千人千面"的针对性处置方式，对高危风险自动提升处置级别。

智能质检模型工厂。利用专家经验构建质检模型库，构建规则模型和机器学习模型近百个，通过复杂关系分析构建知识图谱建立关联风险网络，通过数据挖掘发现客户异常操作，引入有督学习引擎推动已知风险自动适应，引入无督学习引擎实现未知风险态势感知，人机协同推进风险模型迭代优化。同时实现了规则参数化灵活配置，支持质检规则的灵活配置、热部署。

实时全景风险云图。基于实时流计算和 Echarts 组件构建高性能风险云图，将线上信贷风险从过检量、预警量、拦截量、发生地区、触发规则、每日趋势等方面进行统计，提供风险广播、地图下钻等强大功能，构建全行线上信贷风险实时"画像"，实现秒级风险预警及处置数据展示，提升风险发现与处置效率。

4. 案例应用实践及效果

项目采用 Flink、Kafka、Redis 和基于 Hadoop 的大数据框架，实现针对线上信贷业务客户异常行为和系统操作风险的全方位智能质检平台，总体上实现了"全面覆盖、多维特征、科技赋能"的效果。

一是全面覆盖。提供覆盖全客户、全产品、全渠道、全周期、全模式的质检能力。客户方面，覆盖对公客户、个人客户、三农客户；产品方面，已接入线上信贷业务各产品条线进行质检；渠道方面，已接入掌银、网银、超级柜台等多个渠道；周期方面，覆盖事前、事中、事后各环节，提供实时、准实时、批量质检能力；模式方面，覆盖线上、线下等多种场景，支持申请模式、交易模式等多种质检模式。

二是多维特征。构建了近千个纬度的质检特征库，建立以客户为核心的全息画像，如职业、学历、年龄、身高、单位地址、手机号、配偶、逾期情况等；建立设备画像，如设备号（MAC/IMEI）、IP、手机型号、品牌、登录频率、是否越狱等。

三是科技赋能。平台对外可输出混合计算能力和质检建模能力。混合计算能力方面，提供丰富的 API 和功能库，支持配置化开发，具备高吞吐量、低延时、可线性拓展等高性能优势；质检建模能力方面，积累了丰富的特征库（设备、客户、行为等）、风险名单、知识图谱可进行知识分享，构建的质检模型库、处置策略库和智能推荐算法可协同提供模型支撑能力。

信贷智能质检平台上线以来，在预警处置中介团伙骗贷方面效果显著。目前，平台服务接口总调用量超过 2000 万次，质检核查服务平均响应时间低于 100 毫秒，预警率为 0.45% 左右，拦截率为 0.24% 左右，为线上信贷业务安全、高质量运行保驾护航，全面提升了农行信贷产品风控智能化水平。

（三）国泰君安：威胁情报管理平台

1. 案例背景

国泰君安高度重视信息安全水平建设，为抵御日益增长的网络攻击威胁，保障公司金融业务稳定开展，国泰君安已于 2017 年引入最新大数据平台和人工智能技术，投入大量人力、物力搭建了涵盖全网设备和系统日志的采集、处理、整合、存储、分析的全流程平台，探索建设由威胁感知、威胁数据共享、应急指挥和仿真测试四大子系统组成的网络安全态势感知平台。2018 年，网络环境越发复杂，不同的攻击行为更加产业化、团伙化，入侵手法也越发多样化与复杂化，使传统安全解决方案不断受到挑战。国泰君安加快建设对网络威胁信息的获取和共享能力，建立了威胁情报管理平台，建成了基于威胁情报、异常规则等技术的流量检测分析平台，并与现有安全体系及态势感知平台融合，丰富态势感知平台数据来源，弥补流量检测能力，并利用威胁情报提高态势感知平台和传统安全设备的威胁检测、关联分析基础能力，形成基于威胁情报的流量检测分析与态势感知能力，与现有安全体系融合形成覆盖防御、检测、响应和预防的端到端安全运营体系。

2. 需要解决的问题

国泰君安已经部署了功能完备的边界防护、入侵检测、Web 应用防护等设备，传统的安全防御体系建设较为完善，但是无法及时发现、响应新型攻击和已经进入内网的未知威胁。同时，虽然已通过集中的流量管理设备对关键网络流量进行统一采集，但是威胁发现能力不足，安全人员无法快速定位关键威胁并对其进行处置。如何提高整体的威胁检测能力成为该企业安全管理人员必须解决的问题。

3. 解决方案

在企业内网部署威胁情报数据管理平台（TIP）（见图 9 – 6），整合多源威胁情报、企业自定义情报，为统一日志收集与分析平台提供高质量威胁情报查询接口，帮助进行数据关联分析、深度挖掘以及告警优先级排列，提高态势感知平台威胁发现和深度分析能力。另外，TIP 可以编排策略与防火墙、WAF 等安全设备进行自动化联动。

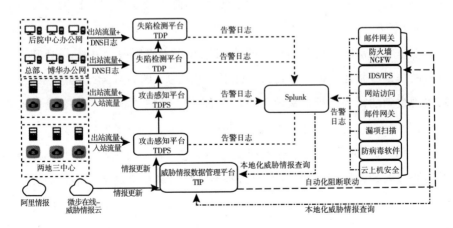

图 9 – 6　威胁情报数据管理平台（TIP）部署架构

（1）部署架构

首先，需要在总部各办公网出口位置旁路部署失陷检测平台，利用威胁情报、异常规则、机器学习模型等先进检测技术对出站流量进行威胁检测，发现内部被感染主机与外部主控端通信行为，精确定位内部失陷机器（准确率为99.99%），并通过网络、终端日志关联分析，智能绘制被感染主机内网行为地图，提高告警准确率，提升智能化、自动化威胁事件分析水平，实现"全网实时检测、聚焦关键威胁、精确定位源头、攻击智能还原"。

其次，在两地三中心数据中心网出口部署攻击感知产品，旁路镜像接入出站、入站双向流量，帮助企业在现有传统安全产品基础上，实现攻击行为准确感知、攻击过程完整追溯、攻击成功精准告警、企业实际暴露资产梳理。基于双向流量准确判断外部攻击成功与否，有效判别针对性攻击和随机性攻击，帮助企业安全人员聚焦真实威胁。按照攻击者、攻击告警时间线对同一黑客进行归类合并，有效提高威胁分析自动化程度，降低企业安全运维压力。

最后，国泰君安依托 SIEM 平台全面收集基础设备、应用系统、安全设备等日志数据，初步构建了安全运营中心。但随着网络安全态势日趋复杂化、隐蔽化，Gartner 等权威机构研究也显示高级威胁检测分析能力已经成为 SIEM/SOC 等态感平台核心能力，而且现阶段 SIEM/SOC 平台缺少高精准、上下文丰富的失陷检测和 Web 攻击感知告警数据源。另外，SIEM 平台收集的海量威胁元数据中存在大量误报，并且缺乏专注于对手的意图或基于过去观察到的行为进行未来攻击预测的能力，做到"知己"但是难以实现"知彼"。因此，在上述建设成果的基础上，国泰君安将失陷感知、攻击感知作为 SIEM/SOC 针对失陷检测和攻击感知的探针，将精确、情报信息丰富的告警打入 SIEM/SOC，提高平台告警准确性及基于丰富情报信息的关联分析能力，并一定程度上对现有误报进行筛选过滤，提高 SIEM/SOC 的核心基础能力。

通过 SIEM/SOC 的分析结论联动边界安全设备进行威胁阻断是实现安全

运营自动化、提高安全响应速度的关键能力。关联分析和阻断联动的前提是告警日志准确，威胁情报可以帮助提高告警的准确性，而且关联分析规则中加入情报验证可大大提高关联分析的准确性。因此，需要利用威胁情报对收集日志进行查询，触发精准高危告警，下发阻断策略，实现与边界设备自动化联动。

（2）平台应用架构与功能

威胁情报管理平台主要由情报存储模块、情报处理模块和情报管理模块三部分组成（见图9-7）。

图9-7　威胁情报管理平台功能架构

①情报存储模块

实现情报原始文件、标准化处理后的情报存储，历史情报存储以及基于情报的定期报告存储，主要存储模块分为以下几个方面。

原始情报存储：为保证从各类情报源获取的更新情报能够完整地进行情报库的更新，系统将实时获取的更新情报作为文件存储在情报管理平台，并针对运营情报指标（Indicator of Compromise，IOC）写入处理队列，等待数据标准化模块依次处理写入标准的情报存储库。

告警事件存储：存储经过处理的各数据源提供的告警数据，用于自身的情报生产。

标准化情报存储：用于存储标准化处理后的情报数据，存储于关系型数据库中。

用于评估的历史情报存储：将历史情报进行存储用于回溯评估。

高级情报存储：将平台获取的高级情报报告、自定义情报报告，以文件的方式进行存储。

自有情报存储：用于存储使用者从其他来源或自身收集到的情报。

②情报处理模块

负责情报的数据接入、数据收集与标准化关联分析、评估引擎、情报生产，主要功能包括以下几个方面。

数据接入：接入多源的情报数据，支持接入商业情报源和开源情报源，要求各情报源支持国际通用的 STIX 格式。由该模块实现实时的抓取，保证情报管理系统能够第一时间更新最新数据。

关联分析：将情报按照多种维度进行关联分析，并实现向下钻取。该模块依赖云端海量的关联数据，如网络基础数据 whois、PDNs 等，以及样本动态分析结果等，并运用情报关联的黑客组织和事件进行多情报的关联。

评估引擎：对接入各个源的情报进行及时性、丰富性、差异性的评估。

③情报管理模块

基于情报数据提供的检索、关联、情报生产、高级情报和报表产出的管理功能，主要包括以下几个方面。

情报可视化：将威胁情报的整体现状以可视化大屏的方式进行展现，帮助掌握整体威胁情报的能力，并提供多维度情报的检索能力，帮助用户快速获得具体的情报报告或者情报指标。

高级情报：可实现高级战略情报的订阅和获取。

黑客画像：基于自身情报创建企业自有的黑客画像，并对黑客资产进行自动化关联。

自定义情报：提供情报、情报属性以及情报关联的自定义能力，并应用基础数据对情报自动进行上下文信息的丰富。

情报生产：用户可自定义配置情报生产相关策略，基于自身数据完成更高效的情报产出。

情报共享：基于本地情报以特定方式在组织内和组织间进行情报分发和共享，同时产品还提供本地化高并发 API 供组织内部情报查询使用。

平台主要功能包括支持多源情报的整合，同时支持自定义情报，帮助企业形成"自有"威胁情报数据与应用中心（见图 9 - 8）。帮助企业快速形成威胁情报体系，实现采集、生产、管理、输出、积累等各项情报能力，助力企业向积极主动安全体系转型。日志平台通过情报查询 API 进行"高级"威胁情报查询，利用丰富情报数据对告警进行深入分析。应用情报检测与分析接口，对告警 IP 进行筛选、分析，定位高危告警，为告警增加攻击者信息，缩短威胁发现时间，加快威胁处置响应速度。根据情报查询结果筛选高危 IP，下发策略到防火墙、WAF 实现自动化阻断。及时发现内网机器与远控地址的通信行为，并联动防火墙对高危告警进行实时拦截，为安全团队预留了充分的时间进行分析和处置。

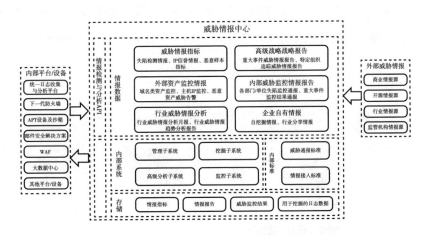

图 9 - 8　威胁情报数据与应用中心

4. 案例应用实践及效果

通过将安全分析平台与威胁情报平台相结合，国泰君安可以将所有人、过程和技术统一在智能驱动的防御背后，效果显著。以下为威胁情报在安全分析及响应工作中具体使用的案例。

（1）威胁情报在应急工作中协助问题定位、提高响应速度

利用威胁情报数据之间的关系进行关联分析，从单一线索追踪到可能的黑色产业资源，并进行提前防御。

分析场景：威胁情报命中外网恶意主机发起攻击。

分析过程：通过对防火墙外连日志的分析追溯，筛选目标地址为威胁情报中可信度为"高"的连接。在已发生的案例中，通过对目的 IP 进行进一步追踪，发现该 IP 已在威胁情报库被标记为"C&C""垃圾邮件""僵尸网络"等多个恶意标签，确定该主机感染病毒。

结论：这是一起内网主机感染病毒木马后主动发起外连的安全事件，通过防火墙日志和主机连接日志可以发现异常外连行为，基于威胁情报可以快速确认外连恶意主机，节约溯源分析的时间。

（2）威胁情报协助快速判断可疑的数据泄露行为，提高告警的精准度

分析场景：非法外连服务器泄密事件。

描述：公司内部文档共享服务器 10. x.xx.xx 专供内部员工访问和使用。

分析过程：发现服务器 10. x.xx.xx 访问外网 IP，连接数和访问次数不高（见图 9 - 9）。

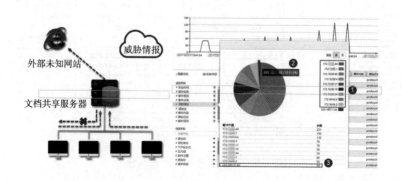

图 9 - 9　非法外联分析

自动查询和匹配威胁情报，确认此服务器存在非法外联行为——外网 IP 地址在情报 IP 信誉库中。登录终端使用 netstat-ano 排查后发现存在与恶意 IP 通信行为

结论：发现敏感的内部文档共享服务器 10.×.××.×× 向外部 C2 服务器有通信，确认文档共享服务器感染木马，存在敏感数据泄露的风险（见图 9 - 10）。

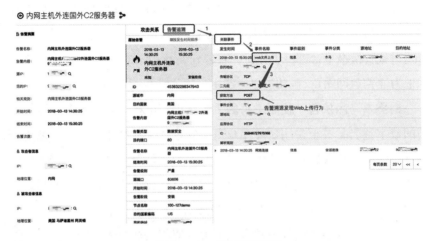

图 9 - 10　威胁情报匹配

（3）通过威胁情报协助，发现终端被植入木马

分析场景：员工访问钓鱼网站下载钓鱼软件，被植入木马后门。

描述：木马团伙专门用一个服务器来部署名为"万能驱动"的钓鱼网站，在上面放置诱导用户下载安装的链接。该"万能驱动"网站页面高仿"驱动精灵"官网，实则是一个钓鱼网站，两款软件的名称和类型比较相近，极具迷惑性，木马团伙的仿冒意图明显。

分析过程：通过 SIEM 平台发现某终端持续访问恶意域名 rj. s ××× 2. cn，然后发现有周期性 POST 请求，提交信息到恶意网站。

对该钓鱼网站的服务器进一步挖掘发现，该服务器使用多个域名来进行钓鱼，即钓鱼域名均指向同一服务器 IP（222.×××.51）。挖掘过程中发现，该服务器首页为仿冒"驱动精灵"的官网钓鱼页面，还部署了其他的钓鱼

页面，均是仿冒常用电脑软件的下载页面，会判断域名来控制返回给用户正常的或恶意的下载链接，进而提高其隐蔽性。

从钓鱼网站下载的安装包是经过二次打包的程序，并且图标也做了欺骗性修改，一旦用户下载运行，就会先执行木马模块的释放流程。而且该木马自我隐藏能力极强，通过挂钩内核注册表对象回调和磁盘读写回调来隐藏自身，通过比对重启前后的注册表，发现重启系统后，驱动服务 drvtmpl 的内容发生变化，注册表项伪装成了一个 USB 扩展驱动，此时使用 ARK 工具的 HIVE 解析功能也无法还原真实注册表信息。

通过威胁情报平台进一步分析，域名 rj. s×××2. cn 和 IP222. ×××. 51 均已被标记为"钓鱼网站"，确认这是一起木马团伙精心策划的木马感染事件。

总结：木马团伙善于使用木马的手法来做流氓推广业务盈利，盗用知名公司的数字签名，甚至采用诱导用户退出安全软件的社工套路，不断更新其木马自我隐藏、自我保护的技术，最终在安全软件严防死守的夹缝中得以生存。通过日志分析结合威胁情报实时检测可以让此类恶意行为现原形。

（4）通过威胁情报协助，发现伪装激活程序木马连接

分析场景：伪装激活程序被员工下载后使用，被植入后门。

描述：SIEM 平台发现某主机对恶意域名 xz. ×××. com 存在周期性 POST 请求。

分析过程：终端排查分析发现，该员工下载了一款名叫"老裁缝激活工具"。"老裁缝激活工具"的"激活"按钮被点击后，会联网请求下载执行 inst. exe，该文件是整个病毒的母体，然后请求访问 hxxp：//xz. tujingdy. com/rule. lce 去下载 Rule. lce 并解密文件。Rule. lce 是一个自定义文件格式的"模块包集合"，接下来 inst. exe 对 Rule. lce 文件结构偏移进行读取，解析并解密出 PE 文件，解密完后的 PE 文件会进行 CRC 值校验，如果校验无误则释放成文件到"ProgramData \ LCFApp"目录下。根据不同版本的系统，从 Rule. lce 中读取 x86 或者 x64 位驱动，然后以 Vq 开头的随机命名的方式生成驱动文件和创建注册表信息，最后把核心模块备份到注册表中，使用 regedit 命令打开注册表编辑器，可以看到 Rule. lce 所有文件名

配置信息和 RMP 浏览器劫持配置信息。此外，在该终端的文件路径下发现该木马存在更新包。

威胁情报平台显示，在 C&C 通信服务器中包含"laocaifeng"字符串，"老裁缝激活工具"从 2015 年就已经开始制作病毒，但是由于核心模块都是内存加载，文件不落地，从而很难被发现。"老裁缝激活工具"会按照制作者的计划，通过云端规则下发任务的方式，对电商进行劫持，被劫持的电商有京东、天猫、淘宝、唯品会、国美、蘑菇街等。

结论：员工下载伪装的激活程序，被植入木马后门，通过 SIEM 平台的日志分析结合威胁情报可完整还原整个事件过程。

（四）华为：基于大数据和人工智能的全网高级威胁防御和态势感知方案

1. 案例背景

金融系统作为国家关键基础设施系统且存在大量价值信息，是政治、经济诉求黑客组织攻击的主要目标。金融科技利用大数据、人工智能、区块链、云化等新兴技术助力金融业务转型升级，新技术应用打开更多攻击面、暴露更多安全风险。而攻防对抗的本质是人与人的对抗，黑客利用加密攻击、AI 编写攻击工具、混淆变形、购买软硬件漏洞利用工具、免费使用开源攻击即服务等手法，完全绕过基于签名或规则的传统防御，因此，建立金融边界和内部已知、未知威胁纵深防御体系迫在眉睫。近年来大数据逐渐规模化商用，人工智能取得重大进展，在某些网络安全领域已有成功应用，可用于对抗不断变化的黑客攻击手段。

2. 需要解决的问题

上述背景下，新型威胁对银行纵深防御系统提出五大诉求。

（1）如何准确检测恶意文件：黑客向潜在受害者发送其关注话题的邮件，受害者难以察觉，点击后即被感染，这种方法的成功率非常高，90% 的 APT 攻击利用鱼叉式钓鱼，也就是说邮件是防御的关键环节。

（2）如何发现绕过 WAF 的网站入侵行为：黑客利用未知漏洞入侵

Web 服务器，控制网站服务器，然后进行内网渗透，这样黑客就渗透了生产网。

（3）如何发现被恶意软件感染控制的终端：银行办公网不能直接上互联网，确实比较安全，但是由于各种原因，还是有部分人员可以访问互联网，或是部分老的业务系统没有装杀毒软件，或是杀毒不能更新，或是安全保护措施相对较弱的分行，各种情况都有，非常复杂。所以终端就成为安全的短板，黑客会从薄弱的短板处进来。

（4）如何发现内部威胁：外部没有攻进来的黑客一般不被重点关注，如何第一时间准确发现攻入的黑客是关键。还有一个就是内部违规，金融系统内存在大量有价值信息，如何识别内外串通窃取信息，以及实现大量驻场合作方人员的信息安全管理，这些都需要技术手段。

（5）如何发现隐蔽外发通道：黑客可以利用协议无校验的弱点，直接在 Ping、DNS 请求报文的载荷中放入外泄数据，就可绕过现网安全设备传输出去。

（6）如何快速调查处置：大量疑似攻击告警事件，依赖人工分析调查取证，效率低、响应慢。

3. 解决方案

华为利用大数据和人工智能、机器学习、深度学习等高级安全分析技术，利用大量黑白样本，让机器自动学习黑客的攻击方法，自动输出检测模型，利用机器来对抗不断升级的黑客攻击手段，覆盖钓鱼邮件/供应链攻击渗透、加密和非加密黑客远控通信（含 WebShell 后门通信）、侵入黑客攻击和员工内部违规行为、隐蔽通道外泄等关键攻击链环节，同时利用安全编排自动化响应（SOAR）引擎，实现威胁事件自动化调查取证和自动化威胁处置。

网络空间安全智能系统（Cyber-Security Intelligence System，CIS）大数据安全分析平台核心功能和逻辑架构见图 9 - 11 和图 9 - 12。

下面重点介绍 CIS 在大数据和人工智能应用方面的相关功能。

（1）基于 Hypervisor 行为捕获和 AI 分析的第三代文件沙箱（FireHunter）

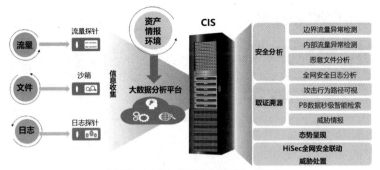

CIS = 信息收集 + 安全分析 + 取证溯源 + 态势呈现 + 威胁处置

图 9 - 11　CIS 大数据安全分析平台核心功能

图 9 - 12　CIS 整体逻辑架构

当前市场上第二代沙箱的检测软件和恶意程序共处于一个操作系统中，这样会导致恶意软件探测到是沙箱执行环境而拒绝执行，并且依赖 Hook 接口获取文件行为信息，语义和行为都不够完整，针对不同操作系统和应用还需要开发不同 Hook 代码，并且需要基于不同的恶意行为序列提前编写好恶意代码判断依据。

华为第三代沙箱虚拟化层检测，也就是地下一层检测，恶意软件无法感知，且所有行为都会被虚拟化层捕获，与操作系统和应用无关，病毒语义更完整。利用这个技术，误报率大幅降低、检出率大幅提升（见图 9 - 13）。

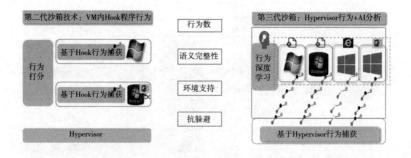

图 9 - 13　第二代和第三代沙箱架构

未知文件判定方面有三种 AI 应用，一是利用机器学习判定是否异常，二是利用卷积神经网络的深度学习方法判定具体属于哪种恶意软件，三是对于未知家族无法分类的则基于无监督聚类，识别大致分类（见图 9 - 14）。

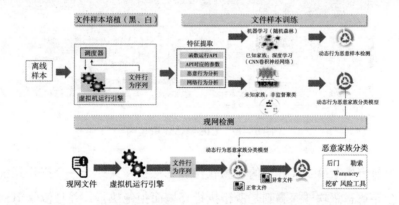

图 9 - 14　FireHunter 基于动态行为的 AI 恶意判定和 AI 家族分类

（2）有监督学习检测加密流量攻击

黑客加密攻击将占 70%，加密了之后连之前能看清的狗（内容）和它身上的胎记（签名）都看不见了，导致基于签名的检测失效，但是留下了一些具备区分度的微弱线索，通过 AI 利用这些线索可以区分加密后的各种攻击行为（见图 9 - 15）。

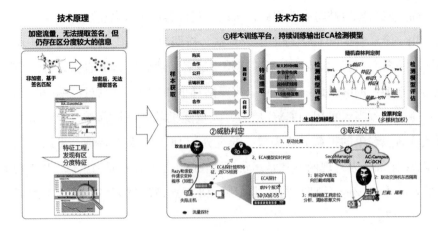

图 9 – 15　有监督加密解密通信分析（ECA）算法，
免解密发现加密金融木马勒索 C&C 通信

（3）CIS 有监督学习基于四层流量检测非加密的顽固黑客远控 C&C 通信

攻击特征被混淆、乱序、填充等，导致基于签名无法检测，但是我们可以通过特征工程，大量学习黑白样本，机器自动输出检测模型，用于识别不同顽固木马间谍通信行为（见图 9 – 16）。

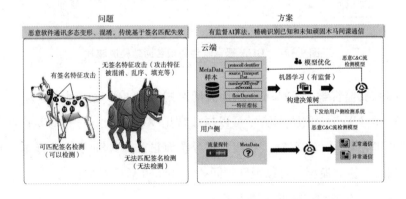

图 9 – 16　有监督 AI 变形攻击分析算法，基于四层流量
统计发现顽固木马间谍软件 C&C 通信

（4）无监督学习 DNS 流量检测 DGA 恶意软件

域名生成算法（Domain Generation Algorithm）、C&C 通信黑客采用固定

IP、固定域名容易被防火墙拦截，所以采用机器动态域名生成算法来生成域名，用一个私有的随机字符串生成算法，按照日期或其他随机种子（比如Twitter头条），每天生成一些随机字符串域名，然后用其中的一些当作C&C域名。在他们的bot malware里面也按照同样的算法尝试生成这些随机域名，然后碰撞得到当天可用的C&C域名，大量随机域名做烟幕弹，导致基于情报或域名黑名单的拦截方式失效。通过分析DGA域名的特性，可以识别很多DGA异常行为，现网不管是运营商城管道还是企业互联网出口，均发现大量的conficker、zeus等僵尸网络类软件。DGA恶意软件和域名通信检测流程见图9-17。

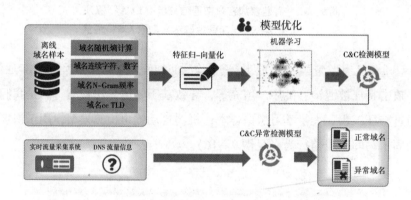

图9-17　DGA恶意软件和域名通信检测流程

（5）有监督学习Webshell通信流量检测WebShell后门通信行为

WAF（Web应用防火墙）可以拦截常见WebShell，但WebShell脚本容易变形和混淆，突破WAF，我们通过分析海量的WebShell通信样本，利用特征训练出检测模型，可以识别不同的WebShell后门通信行为。

（6）全网主动诱捕发现侵入黑客

中度交互蜜罐通过部署一样的系统放置假数据模拟客户真实业务，成本非常高，设计定制交付困难，一般用于攻击预警、样本捕获做攻防分析，很难大规模应用到现网。华为利用Deception技术，利用网络对不存在资源做诱捕，发现可疑并将流量转到中度交互，中度交互模拟Top协议中度交互，以去掉扫描器和员工不小心踩中，具备低成本、高准确率、全网大规模覆盖的优势。

（7）隐蔽通道检测

有监督学习 DNS 流量检测 DNS 隐蔽通道。DNS 通道是隐蔽通道的一种，通过将其他协议封装在 DNS 协议中进行数据传输，黑客利用它实现诸如远程控制、文件传输等操作，绕过 FW/IPS 防御。我们通过分析海量样本DNS 子域名提取及特征计算，通过样本训练输出检测模型（见图 9 – 18）。

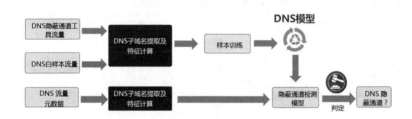

图 9 – 18　DNS 隐蔽通道检测流程

（8）威胁事件分钟级调查取证

利用 PB 级大数据离线分析和秒级智能检索能力，实现威胁可视化回溯、感染终端自动定位、Netflow/Metadata 网络元数据/日志智能检索（见图9 – 19），辅助快速确认调查取证。

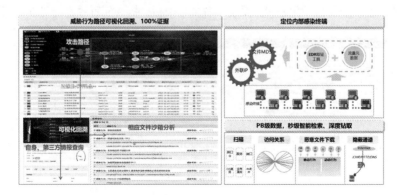

图 9 – 19　威胁可视化回溯、感染终端定位、智能检索

（9）网络和安全协防

网络和安全设备可以做探针采集网络信息，可以做执行器拦截隔离威胁，实现 SDSec 全网安全协防，保护客户投资，获得高级安全体验。网络和安全协防流程见图9-20。

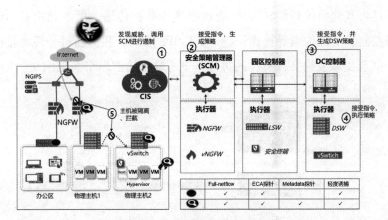

图9-20 网络和安全协防流程

（10）自动威胁分析和处置

利用安全编排自动化响应（SOAR）引擎，基于日志、Metadata、情报、Netflow、漏洞等上下文信息，灵活定义调查分析脚本，实现自动化调查取证；同时基于威胁可信度、威胁范围、威胁类型编排终端侧、网络侧引流、拦截隔离等动作策略，实现威胁自动化处置；系统预置常见模板，提升配置效率（见图9-21）。

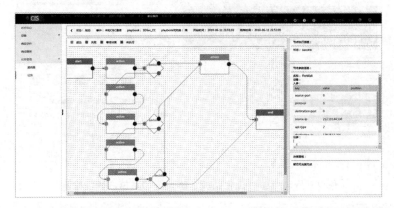

图9-21 CIS 基于安全编排自动化响应（SOAR）引擎的自动化调查和处置配置界面

（11）全网安全威胁态势呈现

基于资产、漏洞、威胁呈现主要的风险和趋势，对外展示网络安全治理水平，对内指导企业投资决策（见图9－22）。

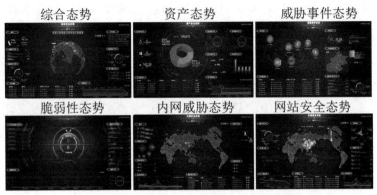

综合态势　　资产态势　　威胁事件态势

脆弱性态势　　内网威胁态势　　网站安全态势

图9－22　全网安全威胁态势感知大屏展示

4. 案例应用实践及效果

该方案在金融行业应用效果显著，通过SDSec解决方案，可将网络和安全设备作为探针和执行器，实现采集、分析、处置的端到端闭环，分钟级精确发现并遏制0day、定向攻击、APT等高级威胁，通过构筑纵深防御体系，助力金融数字化转型。在某银行上线后带来的主要效果体现在两个方面。

一是未知威胁发现能力从无到有，发现时间从84天缩短至几分钟。例如，每天发现1X＋绕过FW/SWG/IPS传统防御的入侵流量，包括加密或变形的木马、间谍、勒索、挖矿通信流量；每天发现2X＋绕过SMG/终端杀毒软件的恶意文件，包括混淆变形的僵木蠕、间谍、勒索软件等；发现针对1X起WebShell事件，含X起找马事件（Webshell后门扫描）、X起种马事件（上传Webshell文件）、X起用马事件（上传文件）；发现多起Ping/DNS隐蔽通道、多起内部扫描事件。二是威胁处置效率从2.5天缩短到10分钟。部署本系统前，需要手工分析威胁，并跟区域管理员联系处置；部署本系统后，在网络侧发现问题，通过情报确认，如情报无足够信息，可以自动下发取证终端获取感染文件行为分析，辅助判断威胁。

（五）亚信安全：某银行安全防护项目

1. 案例背景

随着网络安全威胁和安全风险不断增加，网络病毒、邮件病毒、Dos/DDos 攻击、APT 攻击等造成的损失越来越大，网络攻击行为向着分布化、规模化、复杂化等趋势发展，仅依靠防火墙、入侵检测、防病毒、访问控制等单一的网络安全防护技术，已不能满足网络安全的需求，迫切需要新的技术，及时发现网络中的异常事件，实时掌握网络安全状况，将事中、事后处理转向事前自动评估预测，降低网络安全风险，提高网络安全防护能力。

目前国家对网络信息安全越来越重视，《网络安全法》已于 2017 年 6 月 1 日开始施行。2019 年 5 月 13 日，网络安全等级保护制度 2.0 发布。《网络安全法》的施行、等级保护制度的出台将极大地推动网络信息安全建设的发展。

2. 需要解决的问题

终端病毒威胁、管道安全的 APT 攻击、威胁内容传播及垃圾邮件困扰和数据防泄密等一直是银行业所面临的重要问题。以往传统模式普遍以各个安全产品单一管控为主，无法对网络数据等信息进行自动分析处理与深度挖掘，无法对网络的安全状态进行分析评价并感知网络中的异常事件与整体安全态势，也无法从整体上动态反映网络安全和防御状况，并对网络安全的发展趋势进行预测和预警。

3. 解决方案

通过恶意文件防护、勒索防护、Web 信誉、机器学习及可疑文件提交等技术构建终端一体化安全防护体系。管道安全防护体系利用边界安全防护设备，实现 APT 定向威胁防护、C&C 违规外联防护、0day 攻击及漏洞防护，以及提供精细化内容安全策略；利用邮件安全网关防护设备，实现病毒邮件、垃圾邮件、钓鱼邮件和高级威胁邮件防护，利用内网深度威胁发现设备，实现对内网横向移动攻击、内网外联监控防护构建全方位态势感知平台。

系统框架策划吸收 PPDR 安全模型，同时借鉴 Gartner 自适应安全防御理念，在获取、理解、评估和预测的基础上，增加了行动环节，通过在网络、中间件、主机等设备上部署探针和日志收集程序，获取基础设施、安全设施、网络和应用系统等相关的日志信息，分析处理并展示整体态势和威胁态势。

4. 案例应用实践及效果

安全防护体系及态势感知平台建设包括终端安全防护、管道安全防护、数据防泄密、资产统一管理等，安全防护体系及态势感知平台已于 2017 年 12 月在该行上线，分别在生产网、办公网和互联网区域部署相应的安全产品和提供服务。上线以来，终端上能实时查杀病毒威胁；管道上，外网进入内网威胁（APT 攻击防护、恶意病毒内容、垃圾邮件）能被阻拦在外网边界处；数据防护上，为数据流转过程提供了安全保护，防止数据外泄，统一管控。安全态势感知平台通过采集终端、管道、数据资产信息，进行信息汇总、关联分析，达到告警事件的发现、分析、遏制、消除、优化效果，进一步完善、增强了行内整体信息安全防护和监控，实现了威胁态势可视化，并提供全网威胁态势预警。态势感知平台融入了大数据技术、人工智能技术、云安全技术、自动化防御技术、威胁情报等，使整个态势感知平台适用性更为广泛，服务领域也逐渐增多，同时促进了安全行业的发展和进步。

第三节　金融网络安全发展趋势
——紧紧围绕信息保护与网络安全

2018 年，金融网络安全领域在攻防两方面均凸显新的特征。从攻击者角度来看，勒索软件即服务使勒索攻击实现难度大幅度降低，挖矿木马在虚拟货币火热的大背景下因其简单直接的获利方式颇受青睐，金融科技大潮下利用公众安全意识不足而行骗获利的钓鱼网站和伪移动应用大行其道，变化多端的白利用技术和更加匿名化的控制基础设施使 APT 攻击的复杂性和隐蔽性进一步提升。对金融企业而言，个人信息保护随着公众意识的觉醒和监管要求的骤然提升得到前所未有的关注，也使数据最为集中的大数据平台的安全防护得到重视，威胁情报和大数据技术的有效利用极大地强化了安全事件检测能力。

（一）个人信息保护获得前所未有的关注

互联网和移动通信技术的飞速发展及社交媒体和电商的兴起，极大地改变了人们的生活。人们在享受新兴技术带来的便利的同时，也面临个人信息被泄露的危险。近年来，个人信息保护面临前所未有的挑战，公民个人信息被不当利用的情况频繁发生。几乎可以说每个人都有过个人身份信息和网上活动信息被泄露，各种广告推销、欺诈电话严重影响工作和生活的遭遇。随着对这种状况不满的持续增长，大众对于个人信息的保护意识逐渐增强，对于企业过度收集和不当使用个人信息的行为逐渐不再容忍。

2018 年 5 月 26 日，欧盟《通用数据保护条例》正式生效，可谓史上适用范围最广、要求最严、处罚最重的个人信息保护法律，引发全球关注。几乎与此同时，我国个人信息保护国家标准《信息安全技术个人信息安全规范》也正式发布。各个国家立法均引入以风险控制为中心的个人信息保护理念，要求掌握数据的企业必须在个人信息处理过程中遵循合法处理、目的限制、最小够用等基本原则，保护数据主体知情权、纠正权、删除权等基本权利，尽到数据保护的义务。高悬的监管红线，成为企业推动个人信息保护工作的核心驱动力。

印度国家身份认证系统和喜达屋酒店集团客户数据等超大规模个人信息泄露事件的曝光给所有忽视网络安全工作的企业以风险提示，高价值的个人信息始终是组织化网络犯罪团伙的最高优先级攻击目标。

掌握大量高敏感度、高价值的公民个人财产信息的金融企业在公民保护意识觉醒、监管力度加大和网络攻击威胁加剧的三重压力下，不得不重视个人信息保护，尤其是在个人信息收集治理、数据主体权利保障、数据安全技术防护和数据对外开放管控等方面。

（二）大数据平台综合防护能力稳步提升

网络攻击逐利性的特征使企业高价值数据成为大部分攻击的最终目标，大数据因其蕴藏的巨大价值和集中化的存储管理模式成为网络攻击的重点目标。大数据在收集、存储、共享、使用等过程面临的安全威胁愈演愈烈，信息安全问题也成了大数据应用发展的瓶颈，企业普遍意识到安全防护不足的大数据将是数据灾难，并逐步健全大数据安全保障体系，强化安全支撑。

大数据平台往往基于开源模式，自身安全机制存在局限性，且往往需要到各个节点进行配置，烦琐且低效。通过使用商业化的大数据安全管理平台，其安全策略管理、集中认证授权和安全审计及敏感数据保护能力得到有效提升。

通过自动化的安全基线检查发现危险配置项，防止配置弱化或疏忽导致的风险。集中管理大数据平台的用户账号、程序账号，实现统一认证，支持双因素认证，降低账号盗用冒用的风险。集中管理访问权限，依据数据类型、操作类型进行授权，控制应用系统、运维人员、数据分析人员对大数据平台的访问，并可对特定敏感数据操作触发金库模式要求现场授权。实现对操作行为的全面审计，支持敏感数据审计轨迹追踪。

在识别大数据平台中敏感数据的基础上，实现对敏感数据的存储加密、导出加密和静态及动态脱敏，有效防止大数据平台敏感数据泄露。同时，数据水印和血缘追踪技术给事后追踪和溯源提供了有效的技术支撑。

（三）威胁情报和大数据技术应用事件检测能力有所提升

在完成基础安全防护体系和安全运维体系建设后，已有的防御机制已经可以根据以往的经验构建防御策略并有效防御绝大部分网络攻击。然而，攻击手法变化多样，尤其是具备强大能力的 APT 攻击组织所使用的组合攻击往往复杂且隐蔽，静态的防御策略并不足以应对所有的攻击行为。如何尽量在攻击的早期阶段有效发现越过现有防御机制、危害企业网络安全的攻击行为，并人为介入处理、动态调整防御策略，已经成为安全团队面临的优先级最高的挑战。

为达成该目标，关键是避免安全团队被自身多层防御中各种产品产生的大量日志及事件数据淹没，真正关注那些会造成实质性威胁的安全事件。在安全数据平台具备企业安全数据集中分析的能力后，将 IOC 情报、资产信息、漏洞信息和攻击告警综合分析，结合攻击链条进行攻陷研判，发现失陷资产并进行响应处置已经成为普遍做法；利用大数据技术建立正常操作行为和流量基线，检测发现偏离正常模型的疑似异常操作，以及违规操作和攻击过程中的数据获取、命令和控制行为；运营级情报尤其是对手战术及技术的公共知识库的发展，为应对组织化的 APT 攻击行为提供了有效助推，安全团队能在发现相关攻击行为的蛛丝马迹后，全面了解攻击发起者尤其是其使用的技术手段和工具，开展更有针对性的细化调查并动态调整防御策略进行精准应对。

（四）安全设备联动助力快速响应

一次网络攻击的初始化往往在分钟级即可完成，数据获取往往也是小时级或者天级可以完成的操作，不能足够快速地进行响应，便无法有效地防御网络攻击。在具备足够的检测能力后，如何快速响应是当前安全团队面临的最大挑战。

为应对这种挑战，提升安全编排、自动化及响应能力成为企业安全团队重点发力的领域。充分的准备是必不可少的前提，针对常见攻击场景，提前拟定标准的应对预案并充分演练已经成为安全团队的基础工作。安全编排、自动化及响应能力提升的关键在于通过统一控制台集成整个安全防护体系，在检测发现攻击行为后通过单一界面直接采取行动，对攻击行为进行取证溯源，联动不同安全设备进行安全策略的动态调整，建立遭受入侵后的对抗能力、被攻击后的恢复能力，确保数据泄露损失最小化，实现业务连续性的最大化。通过建立跨人员、设备和过程的无缝协同，可有效地提高工作精准度，缩短处置时间，并强化安全运维流程的文档化及证据管理。

（五）勒索软件即服务火热，挖矿木马流行

勒索软件是感染受害者的机器并阻止或加密他们的文件的恶意代码，黑客通过勒索软件要求受害用户支付赎金。当勒索软件安装在受害者机器上时，它会搜索并定位敏感文件和数据，包括财务数据、数据库和个人文件。开发勒索软件的目的是让受害者的机器无法使用。用户只有两种选择：一是在没有获取原始文件保证的情况下支付赎金，二是将 PC 从互联网断开。

勒索软件即服务是恶意软件销售商及其客户的盈利模式，使用这种方法的恶意软件销售商可以获取新的感染媒介，并有可能通过传统方法（如电子邮件、垃圾邮件或受损网站）接触他们无法达到的新受害者。RaaS 客户可以通过 Ransomware-as-a-Service 门户轻松获取勒索软件，只需配置一些功能并将恶意软件分发给不知情的受害者即可。此外，除了使用勒索软件即服务平台，购买定制恶意软件还可以通过犯罪论坛或网站进行，其中可以雇佣黑客来创建个人恶意软件。

RaaS 商业模式使恶意行为者无须任何技术专业知识就可以毫不费力地发起网络敲诈活动，让网络罪犯们在零编码的情况下轻松定制自己的恶意软件，加上不菲的收益，让勒索软件即服务类威胁持续加剧。

另外，比特币等数字货币的火爆直接导致了挖矿木马的出现。由于数字货币并非由特定的货币发行机构发行，而是由挖矿机程序依据特定算法通过大量运算所得，不法分子将挖矿机程序植入受害者的计算机中，利用受害者计算机的运算力进行挖矿，这种用户不知情的挖矿机程序就是挖矿木马。挖矿木马主要有两种传播方式——僵尸网络和网页挖矿。网站的大量页面一旦被植入了挖矿木马下载代码，用户使用存在安全漏洞的浏览器访问这些页面，电脑或手机就会感染挖矿木马，成为帮助黑客挖矿赚钱的"肉鸡"。挖矿木马主要攻击对象为服务器。大部分服务器的性能远高于个人电脑，并且服务器大多是"疏于看管"的，挖矿木马可以长期潜伏。

挖矿木马出现于 2012 年，在 2017 年开始大量传播。2018 年，挖矿木马的流行程度已远超游戏盗号木马、远程控制木马、网络劫持木马、感染型

病毒等传统病毒。当前，各类挖矿木马如"雨后春笋"般涌现，且植入手法各异，为攻击者带来不菲的收益。2018 年，挖矿木马样本每月产生的数量达百万级别，远超游戏盗号木马等传统病毒。2018 年，亚信安全共拦截挖矿木马127144 次，挖矿木马家族 528 种。挖矿木马在 2018 年席卷全球，其攻击行业中，制造业以 46% 的被攻击率居首位，其次是政府、石油和天然气行业。在非法利益的直接驱使下，挖矿木马不断更新手段，在目标选择、技术对抗、渠道选择等方面成为病毒木马黑产中的"中坚力量"，挖矿木马俨然成为最流行的病毒。

勒索软件和挖矿木马的大行其道，要求企业必须持续关注基础安全防护体系建设，建立全面覆盖网络、终端、服务器和邮件的恶意代码防护体系，并加强用户安全意识教育，不给攻击者可乘之机。

（六）钓鱼网站依旧活跃，仿冒移动应用大幅增长

金融和信息技术的加速融合不断革新金融服务模式，我国主要银行业金融机构的网上银行、手机银行账户数已达 21.6 亿户，主要电子交易笔数替代率平均达到 72.1%。"十二五"期间，主要电子交易中手机银行的交易占比增长近 43 倍。而大量普通民众信息安全意识仍旧比较薄弱，在这种背景下，通过互联网实施远程非接触式诈骗大行其道。

金融企业长期以来面临的钓鱼网站问题依旧广泛存在。为逃避安全厂商对钓鱼网站的封杀，钓鱼网站越发重视使用更多隐蔽且有效的传播手法，如利用短网址、云存储、浏览器、互联网产品的分享功能来传播链接，并最终通过网址跳转，将受害者引诱到钓鱼网站上进行诈骗。2018 年通过移动应用实施网络诈骗的事件尤为突出，具有与正版软件相似图标或名字的仿冒App 数量呈大幅增长趋势，金融类 App 更是被仿冒的热点对象。仿冒 App通常采用"蹭热度"的方式来传播和诱导用户下载并安装，可能造成用户通讯录和短信内容等个人隐私信息泄露，或在未经用户允许的情况下私自下载恶意软件，造成恶意扣费等危害。

解决钓鱼网站和伪冒移动应用问题，根本之道在于加强用户安全意识教

育，同时企业可通过加强域名隐私保护，进行移动应用加固并防止被逆向篡改，开展渠道监测及时发现并推动渠道下架伪冒移动应用，通过有效的防护和治理手段增加攻击者攻击成本。

（七）APT攻击的复杂性和隐蔽性进一步提升

网络安全圈内流传着这样一句话：世界上只有两种大型企业，一种是知道已经被黑客入侵的企业，另一种则是被入侵却浑然不知的企业。尽管不少人认为这样的言论未免言过其实，但不可否认的是，以APT攻击为代表的高级新型攻击正在冲击企业安全防线，作恶团伙暗中潜伏，伺机发起攻击窃取机密数据、破坏生产系统。在全球范围内的APT攻击逐渐呈高发态势。

APT攻击是利用先进的攻击手段对特定目标进行长期持续性网络攻击的攻击形式。主要通过向目标计算机投放特种木马（俗称特马），实施窃取国家机密信息、重要企业的商业信息和破坏网络基础设施等活动，具有强烈的政治、经济目的。随着中国国际地位的不断提升，各种与中国有关的政治、经济、军事、科技情报搜集对专业黑客组织有极大的吸引力，使中国成为全球APT攻击的主要受害国之一，多个境外攻击组织轮番对中国境内的政府、军事、能源、科研、贸易、金融等机构进行攻击。不仅如此，中国周边国家以及共建"一带一路"国家，也成为APT组织重点"关注"的对象。

APT组织的高端攻击技巧对普通网络黑产从业者起到教科书般的指导示范作用，比如在精心构造的鱼叉钓鱼邮件附件中使用带漏洞攻击或宏代码攻击的特殊文档，利用高危漏洞入侵企业服务器系统等。针对企业的APT攻击最终会殃及普通网民，2018年典型的攻击案例之一是黑客团伙对驱动人生公司的定向攻击，通过控制、篡改服务器配置，利用正常软件的升级通道大规模安装云控木马。鱼叉攻击、水坑攻击及远程可执行漏洞和密码爆破攻击等三大攻击手段依然是APT攻击的最主要方式。鱼叉攻击使用鱼叉结合社工类的方式，投递带有恶意文件的附件，诱使被攻击者打开。从曝光的APT攻击活动看，2018年使用鱼叉攻击的APT攻击活动占比超过95%。同时，APT 组织会在目标用户必经之地设置"水坑"进行"守株待兔"。除了鱼叉和水坑攻击，利用远程可执行漏洞和密码爆破进行攻击，也成了一种可选的攻击方式。Fileless 攻击（无文件攻击）以及将通信的 C&C 服务器存放在公开的社交网站上、使用公开或者开源工具、多平台攻击和跨平台攻击成为 APT 攻击技术的主要发展趋势，APT 攻击的复杂性和隐蔽性进一步提升。亚信安全预测，网络犯罪分子也会不断提升他们的专业技术突破防御。

日趋复杂和隐蔽的 APT 攻击使传统的基于单一节点输入数据并通过规则匹配发现问题的检测手段难以奏效，对企业安全事件检测能力提出了更高的要求。威胁情报和大数据技术应用发挥了重要作用，对全网威胁情报和生产环境数据进行整合分析并发现并异常成为行之有效的手段。

专栏一　网络主动诱捕新技术

传统防御部署在边界，内部缺乏横向流量安全检查，成为防御侵入黑客内部扩散的短板。业界采用安全分析、蜜罐或密网、诱捕方案来解决此类问题。诱捕方案使用欺骗手段，来阻止或甩掉攻击者的认知过程、破坏攻击者的自动化工具、延迟攻击者的行为或检测攻击。诱捕方案因成本低、仅对攻击者暴露、接近零误报、可马上感知刚进入黑客、动态变化环境更逼真等优势被广泛接受。2017~2019 年，Gartner 连续三年将 Deception 技术评选为顶尖网络安全技术之一。2022 年，嵌入欺骗功能的威胁检测产品比重预计将从当前的 5% 增加到 25%。

业界诱捕方案涵盖网络、终端、应用、数据四个技术层面。网络侧欺骗难度最低且容易部署；终端侧欺骗要求部署探针，运维成本高且存在兼容性风险；应用侧欺骗需要实现复杂的应用仿真；数据侧欺骗需要提供大量欺骗数据。四种技术的欺骗难度依次加大（见图 9-23）。

华为公司作为网络和安全整体解决方案提供厂商，利用交换机、防火墙、CIS 流探针作为诱捕探针（decoy sensor），利用防火墙/独立 CIS 探针设

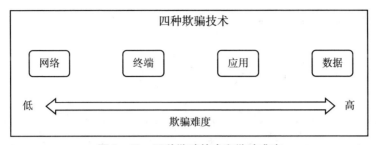

图 9 - 23　四种欺骗技术和欺骗难度

备作为诱捕器（decoy），利用 CIS 诱捕管理中心进行集中管理（decoy manager），实现全网分布式网络主动诱捕方案（见图 9 - 24）。

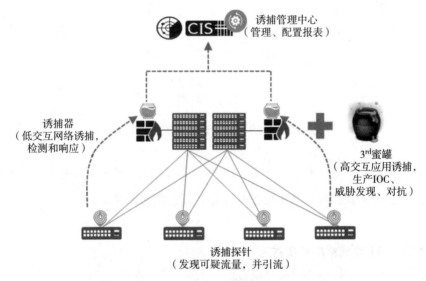

图 9 - 24　CIS 全网分布式网络主动诱捕方案

　　诱捕探针：利用网络中不存在的资源（IP 地址、端口）创建大量虚拟资源，模拟黑客关注的仿真业务，将这些仿真业务放在黑客横向移动时可以看到的地方，并将黑客访问虚拟资源的可疑行为转向诱捕器。

　　诱捕器：诱捕器会模拟业务交互，如文件共享、远程控制、内部 Web 业务系统访问、数据库访问、关键基础业务等常见应用协议模拟，通过模拟认证和登录成功、文件共享和 Http 上传下载等基础协议行为，排除员工无意访问、扫描器日常扫描行为，精确识别内部恶意扫描攻击行为。

诱捕管理中心：适用于分布式环境，管理多个诱捕器，进行集中分析和呈现。

第三方蜜罐联动：诱捕系统可以将可疑流量转给第三方高交互应用诱捕（蜜罐），通过模拟真实业务，生产攻击检测方法（IOC）、情报，主动发现威胁、对抗黑客。

CIS 网络主动诱捕系统工作流程见图 9 – 25。

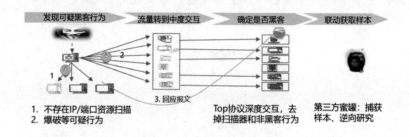

图 9 – 25　CIS 网络主动诱捕系统工作流程

该方案在政府、金融、公安、能源、高端制造、高校等场景发现大量未知恶意软件扩散、内部黑客攻击行为等事件，现网无误报。

专栏二　AI 对抗新热点技术

安全厂商利用 AI 自动学习检测模型来对抗黑客，在某些领域取得较好的效果。同时，黑客利用 AI 躲避技术绕过 AI 检测模型，实现更加精准的攻击。

闪避攻击是学术界研究最多的一类攻击，通过修改输入，让 AI 模型无法对其正确识别。对抗样本是最具代表性的三种闪避攻击之一。

研究表明，深度学习系统容易受到精心设计的输入样本的影响。这些输入样本就是学术界定义的对抗样例或样本（adversarial examples）。它们通常在正常样本上加入人眼难以察觉的微小扰动，可以很容易地"愚弄"正常的深度学习模型。如图9-26所示，经过"相同程度的随机扰动"，将正常样本变成对抗样本"变种猫"。

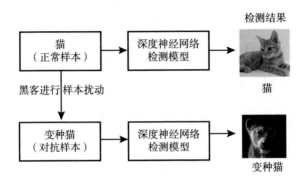

图9-26　黑客利用样本扰动躲避 AI 检测原理

公式"标签转换率（K）＝发生扰动的图像数/总的图像数"可以用来衡量输入样本的标签在扰动下发生变化的可能性。安全厂商对"变种猫"提取标签转化率K_1，并采用"相同程度的随机扰动"进行二次扰动，获得标签转化率K_2（见图9-27）。

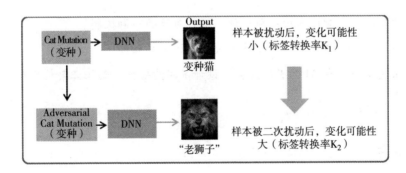

图9-27　检测产品进行二次扰动发现欺骗样本

实验关键观察结果：给定相同程度的随机扰动，对抗样本比正常样本的标签更容易改变，利用这个原理识别对抗样本，如上述案例，发现$K_2 > K_1$，确定为对抗样本，直接生成检测到对抗样本的告警事件。

华为发布了《AI 安全白皮书》，设计了三个层次的防御手段，包括上述防闪避攻击，确保 AI 安全（见图 9 – 28）。

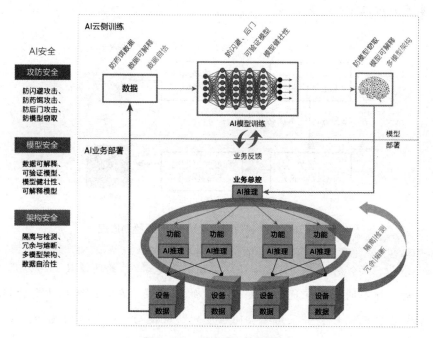

图 9 – 28　华为 AI 安全框架

攻防安全：对已知攻击所设计的有针对性的防御机制。

模型安全：通过模型验证等手段增强模型健壮性。

架构安全：在 AI 部署的业务中设计不同的安全机制保证架构安全。

参考文献

卡巴斯基实验室：《2018 年金融行业网络威胁报告》，2018 年 2 月 28 日。

国家互联网应急中心：《2018 年我国互联网网络安全态势综述》，2019 年 4 月 16 日。

奇安信威胁情报中心：《全球高级持续性威胁（APT）2018 年总结报告》，2019 年 1 月。

中国电信云堤、绿盟科技：《2018 年 DDoS 攻击态势报告》，2019 年 2 月 27 日。

绿盟科技：《2018 年网络安全观察报告》，2019 年 4 月 25 日。

瑞星:《2018 年中国网络安全报告》，2019 年 1 月 18 日。

腾讯安全:《2018 企业网络安全年度报告》，2019 年 1 月 18 日。

中国信息通信研究院:《云计算发展白皮书（2019）》，2019 年 7 月。

中国互联网络信息中心:第 43 次《互联网络发展状况统计报告》，2019 年 2 月 28
日。

亚信安全网络监测实验室:《亚信安全 2018 年度安全威胁回顾及预测》，2019 年 2
月。

华为技术有限公司:《AI 安全白皮书》，2018 年 10 月。

Lawrence Pingree, " Emerging Technology Analysis: Deception Techniques and
Technologies Create Security Technology Business Opportunities," Gartner（16 July 2015）.

Gorka Sadowski/Rajpreet Kaur, " Improve Your Threat Detection Function With
Deception Technologies," Gartner（27 March 2019）.

第十章　金融科技监管

第一节　金融科技监管概况
——监管科技受重视

2018 年以来，在政府和金融业自身需求双重驱动下，金融科技迅猛发展，也促使监管部门不断推出新的监管规则，尤其是地方金融领域出现的一些问题，成为当前金融科技风险防范的重点。总体来看，金融科技的发展给相关的监管带来了新的挑战，也带来新的机遇。

（一）金融科技监管现状

1. 政府继续鼓励金融科技创新

金融科技创新正在重塑金融业态，改变金融行业的生态和服务模式。金融科技拥有显著的普惠性，可以有效提升金融服务效率，提高金融的可得性，强化对实体经济的服务能力。同时，技术还能让商品交换更充分，让人们有更多的选择，从而提高整个社会的福利水平。基于这些优点，全球都在鼓励金融创新，中国也不会例外。

2019 年 3 月，中国人民银行金融科技委员会召开 2019 年第一次会议。会议指出，"在新一轮科技革命和产业变革的背景下，金融科技蓬勃发展，为金融业转型升级提供源源不断的动力"。此外，中国人民银行还确定了 2019 年的工作重点："研究出台金融科技发展规划，明确金融科技发展目标、重点方向和主要任务，加强统筹布局与行业指导……聚焦央行履职与行业发展，发挥全系统和社会力量深化金融科技基础性研究，凝聚形成产学研用发展合力。充分运用金融科技手段优化信贷流程和客户评价模型，降低企业融资成本，纾解民营企业、小微企业融资难融资贵问题，增强金融服务实体经济能力。"① 2019 年 8 月 22 日，中国人民银行正式印发《金融科技（FinTech）发展规划（2019—2021 年)》，并提出到 2021 年，建立健全我国金融科技发展的"四梁八柱"，进一步增强金融业科技应用能力，实现金融与科技深度融合、协调发展，明显增强人民群众对数字化、网络化、智能化金融产品和服务的满意度。

各地方政府也在推出促进金融科技发展的计划。2018 年 10 月，北京市出台《北京市促进金融科技发展规划（2018 年—2022 年)》，打造形成"一区一核、多点支撑"的空间布局。其中"一区一核"是指建设北京金融科技与专业服务创新示范区及核心区；"多点支撑"是指打造各具特色的金融科技创新与产业集群，包括金融科技底层技术创新集群、银行保险科技产业集群、金融科技安全产业集群、财富管理产业集群。② 上海、深圳、杭州虽尚未从市级层面出台专门针对金融科技的发展规划，但是也通过不同渠道表示要大力发展金融科技。

主管部门一直在引导金融行业的创新，并营造出一种相对宽松的环境，为金融科技创新提供土壤，同时在积极思考如何改进监管规则或行为，为金融创新提供便利和支持。

2. 监管机构不断更新完善监管规则

2018 年是落实十九大报告防范化解重大金融风险的攻坚年。监管机构对金融科技的理解和认识逐步加深，正在健全和完善助力金融科技长远发展的监管规则。从近期各主管机构的表态来看，监管的规则和规范将会快速完善。金融历来是强监管领域，而且目前金融科技领域的确存在一些无序发展的行业乱象和监管真空问题，依法合规经营也是大势所趋。

---

① 《中国人民银行金融科技（FinTech）委员会召开2019年第一次会议》，中国人民银行网站，2019年3月8日，http://www.pbc.gov.cn/goutongjiaoliu/113456/113469/3781959/index.html。
② 《关于印发〈北京市促进金融科技发展规划（2018年—2022年)〉的通知》，北京市人民政府网站，2019年6月18日，http://www.beijing.gov.cn/zfxxgk/1100411/ghjh32/2019-06/18/content_8994a1df876543948c75717f0b161ab4.shtml。

监管部门一直在努力消除监管短板，不断更新完善监管规则，规范市场运行。2018 年 1 月，中国人民银行发布《中国人民银行关于优化企业开户服务的指导意见》，鼓励银行积极运用技术手段提升账户审核水平，包括鼓励银行将人脸识别、光学字符识别（OCR）、二维码等技术手段嵌入开户业务流程，作为读取、收集以及核验客户身份信息和开户业务处理的辅助手段。① 2018 年 5 月，中国人民银行严惩支付机构为非法互联网平台提供资金清算、支付服务的违法违规行为。2018 年 8 月，全国金融技术标准化委员会（以下简称"金标委"）发布关于征求《聚合支付安全技术规范》（征求意见稿）的通知，提出聚合技术平台的基本框架，规定了聚合支付系统实现、安全技术、安全管理、风险控制等经营要求。② 2018 年 10 月，金标委发布关于征求《支付受理终端注册数据规范》（征求意见稿）的通知，旨在加强支付受理终端安全管理，保障支付受理终端注册信息和交易信息的真实性、完整性、可追溯性和一致性。③

以网贷平台为例，经过整顿，大量不合格机构已经离场。网贷天眼研究院发布的数据显示，截至 2019 年 3 月 31 日，我国 P2P 网贷平台数量累计达 6591 家，其中 5341 家已经离场，在运营平台有 1250 家。值得关注的是，仅 2019 年 3 月的离场平台就超过 200 家。原因是有些平台未达到监管机构提出的一些资质要求、业务规范要求以及自身的盈利标准和要求，进而选择良性退出。④

3. 地方金融监管成为防控金融科技风险的关键领域

通过地方金融创新，地方政府会获得更多的金融资源配置。因此，地方

---

① 《中国人民银行关于优化企业开户服务的指导意见》，中国人民银行网站，http：//www. pbc. gov. cn/zhengwugongkai/127924/128038/128109/3463546/index. html。
② 《金标委〈聚合支付安全技术规范〉公开征求意见：数据留存、管理及风控等要求更严格》，安全内参网站，2018 年 8 月 10 日，https：//www. secrss. com/articles/4592。
③ 《关于征求〈支付受理终端注册数据规范〉（征求意见稿）的通知》，全国金融标准化技术委员会站，2018 年 9 月 30 日，http：//www. cfstc. org/jinbiaowei/2929444/2973740/index. html。
④ 《受多地 P2P 平台清退影响 3 月问题平台数量出现激增》，网贷天眼网站，2019 年 4 月 5日，https：//news. p2peye. com/article - 539016 - 1. html。

政府会尝试各种方法来鼓励或刺激地方金融创新。近年来，地方非传统金融机构利用金融科技进行了大量创新，推动了互联网小贷和股权众筹等多种金融业态的发展。但是，这些金融科技创新也在许多维度上对金融系统运行与监管基本规则构成挑战，给消费者和市场带来新的风险，并且在事实上造成了许多金融乱象。部分互联网金融企业违规经营，扰乱金融秩序，打着金融科技的旗号，侵犯消费者利益。例如，大量 P2P 企业出现提现困难、停业、跑路等问题，通过发行代币的形式（ICO）进行融资活动等。

2018 年，国家明确表示由地方金融办对"7 + 4"类机构实施属地化监管，即"小额贷款公司、融资担保公司、区域性股权市场、典当行、融资租赁公司、商业保理公司、地方资产管理公司"七类机构由中央监管部门制定规则，地方金融监管部门实施监管；对"投资公司、开展信用互助的农民专业合作社、社会众筹机构、地方各类交易场所"这四类机构强化地方金融监管，提高准入门槛，严格限定经营范围。

然而，金融科技的发展使部分金融机构摆脱对实体网点的依赖，依托互联网开展业务。依靠网络互联互通的特性，地方金融机构会很自然地跨区域开展业务。他们虽然设立在某一地区，接受当地金融办监管，但经营范围涵盖全国。这就造成了金融机构收益本地化、风险外部化的局面，地方金融办依靠有限的地方监管资源较难快速识别风险，也不能做到及时干预，保护消费者和投资人利益。[①]

（二）金融科技给监管带来新的挑战

1. 金融科技发展重塑金融业态

金融科技给传统金融机构、互联网金融和科技企业带来新机遇的同时，也引发传统金融业态的重塑。以银行为例，商业银行支付结算等中间业务受到第三方支付企业的冲击，同时商业银行的储蓄业务也受到了网络货币基金等的影响，加剧了金融脱媒和去中介化趋势。此外，金融科技还影响了商业

---

① 孙国峰：《金融科技时代的地方金融监管》，中国金融出版社，2019，第 2 ~ 4 页。

银行和客户的连接，大量高价值用户支付数据被支付机构截取。一些未接受过严格监管、内控管理水平较低的科技企业进入金融行业，造成了一定的金融风险。

金融科技影响金融机构经营模式。由于金融科技发展时间较短，金融机构的技术应用存在一定的趋同性。这可能导致金融机构产生一致性预期，而一致性预期可能造成金融市场的高频波动。当金融从业者在某个时点想法高度一致，会导致一致性操作。以证券市场为例，由于从业机构应用的是大数据技术，监控的是同样的舆情，得到的也是相似的分析结果。如果分析结果对某类股票比较悲观，从业机构可能会基于此判断同时抛出此类股票或进行更多的同向操作。这样的极端情形可能导致市场崩溃。

2. 数据安全影响金融安全

首先，金融科技的广泛应用可以提升金融服务数字化水平，也给金融信息安全带来了更加严峻的管控风险。一是金融科技推动了金融业务全流程的数据化，尤其是大量非传统金融企业参与金融服务市场，个人金融信息数据使用范围扩大、渠道增加，客观上增加了信息泄露的风险。二是金融科技应用衍生大量创新性金融服务模式，监管的滞后性往往给部分非法机构利用监管漏洞、非法获取或使用个人金融信息带来了便利。三是目前大量金融科技应用侧重于获取效益和提升价值，能够直接创收的技术往往被大范围采用和开发。而安全保护属于成本性投入，难以带来明显的经济效益，造成当前金融科技业务发展能力与安全防控能力显著失衡，也间接给危害个人金融信息安全的违法犯罪行为提供了可乘之机。

其次，金融信息安全与每个客户甚至每个公民的利益都有直接关联。黑客盗取金融机构的客户信息从而转卖获利，或者金融机构直接在承诺范围外使用数据牟利，都会直接侵犯个人的切身利益。所以说金融信息安全既关系国家的安全和金融机构的经营，更关系每个人的利益和安全。网络安全威胁、数据安全威胁、业务安全威胁正在严重影响金融行业的正常运行，金融安全态势越来越严峻，需要予以极大的关注。

最后，金融科技应用促成了数据寡头的诞生。尤其是大量互联网企业进入金融服务市场，在支付等一些典型领域往往形成类似互联网发展模式的"赢者通吃"局面。排名靠前的少数几家企业几乎垄断市场，中小竞争者或者被收编，或者被市场挤出，从长远看不利于市场活力和创新能力的保护。而且这样的垄断往往带来用户入口和数据使用的寡头效应，数据垄断比技术垄断更难突破，容易产生所谓"新数字鸿沟"问题，形成新的"信息孤岛"，数据整合使用难度反而增加。

3. 监管面临新挑战

金融科技的核心是信息技术，其业务模式背后是庞大、复杂、相互关联的信息系统，以及海量的信息流、复杂的信息结构。在这种情况下，大量的数据难以被监管机构触及，客观上给监管增加了难度。此外，监管政策存在滞后性，而匹配金融科技创新建设恰当的监管基础设施会加剧这种滞后性。

例如，跨境金融科技应用挑战监管有效性。在跨境收支业务层面，外汇指定银行系统是办理跨境收支业务的中间枢纽，负责对跨境收支的真实性、合规性等要素进行审核，同时是外汇管理数据采集的关键环节，对目前的监管体系起着至关重要的作用。然而应用区块链技术后，消费者可以轻易地绕开银行实现资金跨境流转。美国 Circle 公司推出基于区块链技术的免手续费的跨境转账业务。Circle 会将初始货币转换为比特币，然后转账给收款人的比特币地址，如果对方不想要比特币的话，还可以再转换为当地货币，从而完成跨境交易。这项业务替代了银行在跨境收支中的中介作用，存在潜在的洗钱风险。

传统监管手段无法满足风险监测需要。以移动互联网、大数据、云计算、人工智能、区块链等技术为支撑的金融科技正深刻影响金融服务范式、风险定价机制和风险管控模式。面对高度虚拟化、网络化、分布式的金融科技体系，与之匹配的信息技术、监管能力以及技术资源对监管体系提出了新要求。传统监管手段已不能适应金融科技带给金融市场的变化，监管者需要快速更新知识结构和识别潜在风险的科技手段，增强监管有效性。

第二节　监管科技和合规科技发展概况

——利用金融科技创新合规管理与监管实践

（一）监管科技和合规科技发展现状

2018 年是监管科技（SupTech）和合规科技（RegTech）概念走向实施的关键一年。2017 年以前，关于监管科技的讨论更多停留在理论和倡导的层面。2018 年，监管科技则正式进入制度化和具体应用的实验阶段。主管部门渴望获取更加全面且准确的数据，以对市场进行精准把控并提高监管效能。因此，监管机构拥有充足的动力来部署并应用监管科技。无论是中央监管机构还是地方监管机构都对监管科技寄予厚望。

2018 年，中央经济工作会议要求打好防范化解重大金融风险攻坚战。在中央监管层面，证监会制定了促进合规科技和监管科技发展的具体实施计划。2018 年 8 月，证监会正式印发《中国证监会监管科技总体建设方案》，明确了监管科技信息化建设工作需求和内容，明确了七大类 32 个监管业务分析场景，提出了数据资源管理工作思路和监管科技运行管理"十二大机制"。2019 年，中国人民银行金融科技委员会工作重点之一就是"持续强化监管科技应用，提升风险态势感知和防控能力，增强金融监管的专业性、统一性和穿透性，坚决守住不发生系统性金融风险的底线"。为此，中国人民银行制订关于监管科技的 2019 年工作计划。在地方监管层面，《北京市促进金融科技发展规划（2018 年—2022 年）》提出"加强监管科技在风险防范和处置方面的应用与落地，助力各级金融监管部门，有效防控金融风险"。这一规划制定了推进监管科技和合规科技的具体领域和方式。此外，许多地方金融局也多次提到监管科技和合规科技方面的应用计划。

事实上，2018 年已经有多个监管科技项目正在建设当中。2017 年 12 月，北京市金融局宣布将和腾讯联合开发金融安全大数据监管平台。当月，深圳市金融局也宣布和腾讯联合开发基于深圳地区的金融安全大数据监管平台。2018 年 4 月，上海市金融服务办公室、中国人民银行上海分行、上海银监局联合发布《关于提升金融信贷服务水平优化营商环境的意见》，指出将建设本市新兴金融业态监测分析平台，推动各类信用信息平台和信用主体加强信息互动共享。2018 年 5 月，贵阳市金融办和蚂蚁金服成立"贵阳市金融科技实验室"，并计划应用蚁盾风险大脑防范金融风险。

（二）监管科技的应用场景

监管科技的应用场景主要包括身份识别、市场交易行为监测、合规数据报送、法律法规跟踪、风险数据融合分析、金融机构压力测试六大方向。[1]

一是身份识别。首先，应用大数据技术收集信息建立档案，了解客户基础信息。其次，利用生物特征信息的稳定性、不易复制性的特点，在建立账户和进行账务交易时加入生物识别技术，提升金融机构用户身份识别能力。最后，通过大数据比对，识别异常操作，对账户异常违规操作进行拦截。

二是市场交易行为监测。利用大数据、知识图谱等技术，对关联交易数据进行分析，进而识别诈骗、集资、多账户操纵、票据虚开等违规违法行为。

三是合规数据报送。目前许多国家在研究机器可读的数据报送技术。金融机构通过整合内部数据，提高数据质量，增加统计维度，实现合规数据报告快速生成。机器可读的数据报送和监管报告可以提高信息生产者和消费者及监管机构的信息处理的可用性、质量和及时性。

四是法律法规跟踪。通过自然语言处理等人工智能技术，可以自动识别、采集、归档新发布的金融监管法律法规，对比新旧文件的异同，生成跟踪报告。法务人员可以应用工具从海量法律文档中快速找到需要的条文字段。

五是风险数据融合分析。通过监管平台的建设运营，实现多家金融机构

---

① 何阳：《监管科技（RegTech）前沿技术与应用研究》，中国信通院网站，2019 年 4 月 17 日，http：//www.caict.ac.cn/kxyj/caictgd/201904/t20190417_ 197906.htm。

互认，在平台内分享数据、聚合和分析数据。之后，平台可以为金融机构提供风险信息，也为监管部门提供支撑。

六是金融机构压力测试。构建"监管沙箱"和"金融风洞"等环境，金融机构在虚拟环境中模拟真实交易场景验证金融创新。通过数据技术持续记录金融机构运行数据，评估系统风险。

第三节　金融科技监管展望
——金融科技监管体系持续完善

（一）构建科学有效的监管规则和体系

1. 加快监管理念转变，提高监管的协调性

随着金融科技的发展，我国金融监管模式需要逐渐从机构监管向功能监管和行为监管转变。金融跨业经营会导致监管真空和监管重叠。机构监管可能变得不合时宜，按照金融业务的实质，对相同或类似金融功能的业务进行统一分类监管的功能监管模式更加适宜。功能监管增强了监管体系的适用性和弹性，易于保持监管的持续性和一致性。

2. 弥补中国金融科技监管体系短板

一是完善金融科技标准体系。加强与国际标准组织和国际监管机构在信息交换、政策融合、业务监测和危机防范等方面开展合作，为制定国内监管政策奠定基础。二是针对金融科技呈现的业态，加强顶层设计，明确业务边界、监管分工与监管职责，在国家层面统筹建立包括"一行两会"、工信、工商、公安、检察院、法院等部门以及地方政府在内的监管协调机制。还要建立一致、有效的金融科技监管原则、指标体系和监管工具。三是大力发展监管科技。充分利用"技术管理技术"的监管手段，进行跨行业、跨市场交叉性金融风险的甄别和防范。四是逐步增强跨境监管能力。互联网渠道天然拥有全球经营的特性。以数字代币为例，国内正式禁止数字代币后，许多数字代币企业转移到国外继续面向中国消费者提供服务。同样，其他国家企

业也可以通过金融科技在中国监管框架外面向中国消费者提供服务。面对这种挑战，主管部门需要用开放的心态积极与国际监管机构合作，加强跨境业务监管。①

（二）深化金融科技监管研究

监管机构加强金融科技监管研究和实践的同时，要积极推动各类市场主体加强对金融科技活动相关风险的研究和交流，深入探讨金融科技理论和实践问题，增强风险识别能力，防范金融科技创新风险，维护消费者合法权益，助力金融科技健康发展。

一是依托自律组织和行业协会，推动金融科技企业联合行动，严格执行法律法规，净化金融科技竞争生态。尤其是在数据保护领域，可以组织金融行业各方主体，协同制定统一的金融行业数据保护规范，制定明确的数据安全使用标准，对金融数据的使用权限、使用范围、使用方式和安全机制等，进行严格的规范化、标准化管理。建立有效的投诉机制和惩罚机制，实施全程全网的数据安全使用管控与源头追诉。

二是积极发挥行业组织的平台作用。打造具有品牌影响力的金融科技监管交流分享平台，建立金融科技监管长效沟通和协调机制，促进监管科技成果分享和互动交流。同时，通过专题活动宣传和推广，展示监管科技成果，增加社会关注度。

（三）持续强化合规科技和监管科技协同应用

主管部门应通过监管科技提升风险态势感知和防控能力，增强金融监管的专业性、统一性和穿透性，坚决守住不发生系统性金融风险的底线。

首先，探索提高监管及时性的监管基础设施。充分应用科技手段，提高

---

① 刘勇：《提高金融科技监管的"四性"》，中国金融新闻网，2019 年 3 月 25 日，http：//www. financialnews. com. cn/ll/ft/201903/t20190325_ 156962. html。

金融监管的技术支撑能力。随着金融与科技的深度融合，金融产品创新的周期越来越短，覆盖大范围人群的能力越来越强，相应风险的积累程度和传播速度也被放大，对监管的及时性、有效性提出了更高的要求。因此，应推进常态化金融风险监测机制，加快监管技术平台的建设，完善金融风险监测预警机制。[①]

其次，推动合规科技发展，降低金融系统合规成本，提高金融系统稳定性。合规科技充分利用现代科技，更有效解决金融机构监管合规需求，满足监管部门要求（法律法规、准则标准）及内部管理规定，防范和化解经营风险。通过收集和梳理金融机构交易数据，可以清晰地甄别每一笔交易触发者和交易对手的信息，并持续跟踪、监测，实现对该笔交易资金来源和最终去向的全链条监控。如此，金融机构可以掌握更加全面的交易信息，提高合规风险管理水平。

此外，监管科技与合规科技，基本采用类似的工具和技术手段，在满足监管合规要求、降低监管合规成本、提高监管合规效率等方面，具有一致的目标，因此，监管机构和金融机构可以联合起来，构建通用监管合规基础设施，全面协同推动监管科技和合规科技在金融风险防范和金融机构合规中的应用，督促银行业、保险业、证券业等金融机构及新技术企业健全风险预警指标体系。监控重点区域、特定客户群等风险变化趋势，及时发出预警信号。关注社区、论坛和社交媒体上的相关信息，充分利用大数据等技术进行正、负面判断，及时发现和处理问题。支持各类机构充分利用金融科技构建合规系统，优化合规管理机制，降低合规成本。

专栏　国际金融科技监管发展动态

金融科技在全球迅猛发展，成为许多国家经济发展的一个重要引擎。然

---

① 刘勇：《提高金融科技监管的"四性"》，中国金融新闻网，2019 年 3 月 25 日，http：//www.financialnews.com.cn/ll/ft/201903/t20190325_156962.html。

而，它给实体经济及不同业务带来了不容忽视的风险隐患。因此，相关国家采用多种方式对金融科技进行了不同程度的监管。

（一）国际监管机构关注的视角

各类国际监管组织构建金融科技监管团队，从不同的视角分析金融科技的发展路径及其潜在风险。

金融稳定理事会（FSB）重点关注金融科技中的区块链、分布式账户技术的发展动态以及潜在风险。除此之外，FSB还成立金融创新网络工作组，跟进负责金融科技的相关研究进展。

巴塞尔银行监管委员会（BCBS）组建专业研究团队，重点关注相关技术升级对商业银行经营和业务的冲击以及未来风险管控的方式方法，具体做法是实地调查各国对金融科技的认知态度、监管框架构建的基础及鼓励金融创新的政策措施。

国际证监会组织（IOSCO）持续发布众筹行业相关报告，其目的是更加全面地评估金融科技领域的新技术，如区块链、云技术、大数据、智能投顾等在金融市场的普及应用和风险评估。

国际保险监督官协会（IAIS）发布2015年的《普惠保险业务准则》，其对金融科技发展过程中首要监管的三大核心分别是反欺诈、金融数据和消费者权益保护。

（二）各国（地区）金融科技监管发展现状

各个国家和地区参考其区域内金融科技监管出台的政策和建议，结合本国的实际情况制定相关的法律法规或指定意见，采取恰当的监管措施，维持本区域的金融科技平稳发展态势，降低潜在风险带来的不确定性。目前，在金融科技领域中，网络融资、移动支付和电子货币已经具备相对成熟的监管框架和较为完善的法律规定，而区块链等创新性领域的监管框架和法律规定还处于探索阶段。

1. 根据金融科技的业务属性，制定相适应的监管制度

（1）美国金融科技监管

美国当前对金融科技领域采取的监管模式为限制型监管，其主要做法是参照金融科技中的金融本质，无论以何种形态出现的新技术，都按照其涉及的金融业务与功能，有机地融入现有金融监管体系。

美国计划未来的金融科技监管模式将由当前的限制型监管转向主动适应型监管，具体表现在继续深化六项金融服务行业政策目标，包括金融监管框架与保持在金融科技领域的国际竞争力等。完善十项基本原则，如改进金融基础设施建设，提高金融服务的效率和效能等。对于金融科技的发展，美国监管机构采取鼓励的态度。同时，监管部门构建监管框架、制定法律规定及组建监管机构的依据，是具体金融产品与服务的基本属性。

（2）欧洲金融科技监管

欧盟委员会提议根据金融科技的不同业务，对现有监管制度进行调整，以改进金融科技监管框架及具体条文。根据提议，欧洲监管机构（ESAs）研究分析切合金融科技的监管方法，如建立创新中心、监管沙箱和创新加速器。欧洲证券及市场管理局（ESMA）分析挖掘资本市场中的相关数据，并且将监督投资基金管理，审批欧盟或欧盟之外的国家在欧盟发展金融科技的计划和协议。在欧盟中，对金融科技监管最具有代表性的国家是英国。英国金融科技监管的模式是主动型监管。在这种模式下，监管机构主动对金融科技中发展规模较大的业务制定相关的监管政策。

（3）发展中国家金融科技监管

发展中国家金融市场发展通常相对落后，金融科技起步相对较晚，但一些国家也在积极地推进和完善金融科技的监管。例如，印度央行十分主动地制定完善金融科技监管的框架与法规，出版了区块链发展白皮书，对数字金融发展进行试点，对银行金融科技相关的新业务完成审核后颁发特别牌照。墨西哥监管当局为减少本国金融系统风险，严格国际资本流入，对金融科技企业尤其是涉及第三方支付和数字货币的企业进行严格的监管审核。墨西哥还积极同英、美等国合作，构建规范金融科技企业行为的监管框架。

2. 各国常用的金融科技监管模式

（1）监管沙盒

根据英国金融行为监管局（FCA）发布的《监管沙盒》（*Regulatory Sandbox*）报告，监管沙盒"是一个'安全空间'，企业可以在其中测试创新性的产品、服务、商业模式和提供机制，不会因从事所述活动而立即招致通常的监管后果"。英国最早使用监管沙盒项目，FCA在2016年5月就启用监管沙盒。新加坡金融管理局（MAS）于2016年6月准备实行本国版的"监管沙盒"。加拿大证券管理委员会（CSA）创立"监管沙盒"负责本国金融科技领域的指引创新。"监管沙盒"方式有效帮助英国、新加坡、加拿大、澳大利亚等国监管层在管控风险的前提下，促进金融科技的革新。

（2）监管科技

监管科技是借助科技的创新发展，从智能分析、信息数字化、特定编码以及大数据等方面保证对金融科技监管的效果和效率。第一，监管科技大大改进了监管数据收集和分析工作。第二，监管科技有助于改进KYC（充分了解你的客户）的质量和效率。第三，监管科技帮助监管部门改善监管金融服务市场的方式。

目前，监管科技已经在多个国家和地区得到推广和应用。例如，澳大利亚监管当局在2016年末正式成立监管科技部门，澳大利亚证券与投资委员会（ASIC）推出《257号监管指南》，结合"监管沙盒"手段，允许初创企业试运行。2017年10月24日，澳大利亚政府出台金融科技监管新规草案，该草案允许金融科技公司在特定阶段对零售和批发客户测试产品和服务，即便其尚未取得监管部门发放的牌照或许可证。巴西央行实施了一个基于网络的监管科技解决方案，允许监管部门和信息提供者之间方便安全地共享信息。该系统收集数据以评估风险控制，并通过报告生成来保障监视过程。加拿大金融市场管理局（AMF）宣布成立金融科技实验室，探索如何利用科技监管来改善监管业务流程。

（3）创新中心

"创新中心"模式，即支持和引导机制，使市场主体能够及时全面地了解监管方要求，保证金融科技的创新产品和业务的合规性。英国、新加坡、澳大利亚、日本等国已经采取相关的制度安排。

（4）创新加速器

"创新加速器"模式是一种监管部门、政府部门及相关金融科技公司三方合作机制，及时评估相关金融产品的可行性以及市场价值，加快其向实际应用转化的速度。这种方式的目的是通过资金或政策的支持加速金融科技相关领域的发展。一些国家也称之为"孵化器"安排。目前，已经实施创新加速器的机构包括新加坡金融管理局、英格兰银行等。

参考文献

《中国人民银行金融科技（FinTech）委员会召开2019年第一次会议》，中国人民银行网站，2019年3月8日，http：//www. pbc. gov. cn/goutongjiaoliu/113456/113469/3781959/index. html。

《解读：〈北京市促进金融科技发展规划（2018年—2022年）〉的通知》，北京市科学技术委员会网站，2018年11月13日，http：//kw. beijing. gov. cn/art/2018/11/13/art_ 171_ 2844. html。

中国人民银行：《中国人民银行关于优化企业开户服务的指导意见》，2018年1月17日。

《央行：严惩支付机构为非法互联网平台提供资金清算》，第一财经网，2018年5月15日，https：//www. yicai. com/news/5423101. html。

《金标委〈聚合支付安全技术规范〉公开征求意见：数据留存、管理及风控等要求更严格》，安全内参网，2018年8月10日，https：//www. secrss. com/articles/4592。

《关于征求〈支付受理终端注册数据规范〉（征求意见稿）的通知》，全国金融标准化技术委员会网站，2018年9月30日。

《受多地P2P平台清退影响 3月问题平台数量出现激增》，网贷天眼，2019年4月5日，https：//news. p2peye. com/article - 539016 - 1. html。

孙国峰：《金融科技时代的地方金融监管》，中国金融出版社，2019。

《证监会正式发布实施监管科技总体建设方案》，中国证监会网站，2018年8月31日。

何阳：《监管科技（RegTech）前沿技术与应用研究》，中国信息通信研究院网站，2019年4月17日，http：//www. caict. ac. cn/kxyj/caictgd/201904/t20190417_ 197906. htm。

刘勇：《提高金融科技监管的"四性"》，中国金融新闻网，2019 年 3 月 25 日，http：//www. financialnews. com. cn/ll/ft/201903/t20190325_ 156962. html。

李文红、蒋则沈：《金融科技（FinTech）发展与监管：一个监管者的视角》，《金融监管研究》2017 年第 3 期。

申嫦娥、魏荣桓：《基于国际经验的金融科技监管分析》，《中国行政管理》2018 年第 5 期。

田晓宏：《全球金融科技监管创新模式及其借鉴作用》，《中国金融家》2019 年第 9 期。

图书在版编目（CIP）数据

中国金融科技发展概览 . 2018 - 2019 / 陈静主编 . --
北京：社会科学文献出版社，2020.5
ISBN 978 - 7 - 5201 - 6227 - 2

Ⅰ. ①中… Ⅱ. ①陈… Ⅲ. ①金融 - 科技发展 - 概况
- 中国 - 2018 - 2019 Ⅳ. ①F832

中国版本图书馆 CIP 数据核字（2020）第 029091 号

中国金融科技发展概览（2018~2019）

主　　编／陈　静

出 版 人／谢寿光
组稿编辑／邓泳红　陈　雪
责任编辑／陈　雪
文稿编辑／李惠惠

出　　版／社会科学文献出版社·皮书出版分社 （010）59367127
　　　　　地址：北京市北三环中路甲 29 号院华龙大厦　邮编：100029
　　　　　网址：www.ssap.com.cn
发　　行／市场营销中心 （010）59367081　59367083
印　　装／天津千鹤文化传播有限公司

规　　格／开　本：787mm×1092mm　1/16
　　　　　印　张：24.5　字　数：373 千字
版　　次／2020 年 5 月第 1 版　2020 年 5 月第 1 次印刷
书　　号／ISBN 978 - 7 - 5201 - 6227 - 2
定　　价／168.00 元

本书如有印装质量问题，请与读者服务中心（010 - 59367028）联系